Teaching Trends 2014

Waxmann Verlag GmbH
Steinfurter Straße 555, 48159 Münster
info@waxmann.com

DIGITALE MEDIEN

IN DER HOCHSCHULLEHRE

Eine Publikationsreihe des ELAN e.V.

herausgegeben vom

ELAN e.V.

Band 2

Olaf Zawacki-Richter, David Kergel,
Norbert Kleinefeld, Petra Muckel,
Joachim Stöter, Katrin Brinkmann
(Hrsg.)

Teaching Trends 2014

Offen für neue Wege:
Digitale Medien in der Hochschule

Waxmann 2014
Münster • New York

Bibliografische Informationen der Deutschen Nationalbibliothek

Die Deutsche Nationalbibliothek verzeichnet diese Publikation in der
Deutschen Nationalbibliografie; detaillierte bibliografische Daten sind
im Internet über http://dnb.d-nb.de abrufbar.

Digitale Medien in der Hochschullehre, Band 2

ISSN 2199-7667
ISBN 978-3-8309-3170-6

© Waxmann Verlag GmbH, Münster 2014

www.waxmann.com
info@waxmann.com

Umschlaggestaltung: Steffen Ottow, Clausthal-Zellerfeld
Titelbild: © kasto – Fotolia.com
Druck: Hubert und Co., Göttingen
Gedruckt auf alterungsbeständigem Papier, säurefrei gemäß ISO 9706

Printed in Germany

Inhalt

Gabriele Heinen-Kljajić

Vorwort

Wissen ist eine der wichtigsten Ressourcen der Zukunft nicht nur in modernen Industrie-gesellschaften. Bei der Wissensvermittlung spielen heute moderne Kommunikations- und Informationstechnologien z.B. in Form von frei zugänglichen Onlinekursen oder auch modernen Kursplattformen zur Studienorganisation eine immer bedeutendere Rolle. Viele Hochschulen in Niedersachsen haben erkannt, dass digitale Medien und digitale Kommu-nikationsformen wichtige Bausteine einer modernen Lehre sind. Die Integration solcher digitalen Medien in der Lehre ist bei vielen Hochschulen bereits Alltag, denn digitale Me-dien erweitern den didaktischen „Werkzeugkasten" und das Methodenspektrum der Lehre in sinnvoller und zukunftsorientierter Weise.

Seit ca. zehn Jahren stellen wir fest: Der ‚Digital Turn' hat also auch die Lehre er-reicht. Hierfür nur ein Beispiel: Nach der JIM-Studie 2013 (Jugend, Information, Multi-Media) nutzen 72% der 14- bis 19-Jährigen heute ein Smartphone, die nahezu tägliche Internetnutzung ist in dieser Gruppe Alltag. Diese Generation der „Digital Natives" kommt mehr und mehr an die Hochschulen. Sie bringen Erwartungen und Wünsche an die digitalen Informations- und Kommunikationsangebote, IT-Infrastrukturen und digitalen Dienste mit. Ob nun „Fluch oder Segen", die digitale Transformation und digitale Ange-bote machen also auch nicht vor der Hochschullehre halt. Dies bedarf seitens der Politik, der Verwaltung und der Hochschulpräsidien einer strukturierten Auseinandersetzung mit den Chancen aber auch mit den Risiken dieser Entwicklung. Aus der Sicht des Ministeri-ums für Wissenschaft und Kultur in Niedersachsen stellen wir uns in Zusammenarbeit mit entsprechenden Einrichtungen, Verbänden und Experten den vor uns liegenden Heraus-forderungen. So spielt dieses Thema beispielsweise eine große Rolle im Kontext der Ziel-vereinbarungen mit den Hochschulen, und das Land fördert unterschiedliche innovative Projekte der Hochschulen sowie von Hochschulverbünden.

Die letzten Jahre haben gezeigt: Durch den Einsatz unterschiedlicher E-Learning-Formate und allgemein den Einsatz digitaler Medien in der Lehre lassen sich Wirkungsra-dius und Wirkungsweise der Hochschullehre ausbauen und verbessern, beispielsweise auch zur Gewinnung von beruflich qualifizierten Studieninteressierten, zum Aufbau ge-meinsamer Studiengänge in Kooperation mehrerer Hochschulen oder zum Ausbau der weiterbildenden und berufsbegleitenden Studienangebote. Diese Erweiterung der Wir-kungsweise von Hochschullehre durch digitale Medien kann besonders dann gut gelingen, wenn mit dem Medien- und IT-Einsatz eine Verbesserung der Lernerfolge und eine Unter-stützung bei der Studienorganisation z.B. in Form von selbstgesteuerten und kollaborati-ven Lernprozessen auch über das Internet erreicht werden kann.

Weitere Fragen z.B. zur Betreuung und Qualitätssicherung, Anerkennung von Studien-
und Prüfungsleistungen, zum Urheberrecht der in der Lehre eingesetzten Materialien und
zum Datenschutz sind aber noch offen. Hier ist das Ende einer längeren und spannenden
Entwicklung noch nicht erreicht. Viele niedersächsische Hochschulen haben sich angesichts dieser kommenden Herausforderungen im ELAN e.V. zur gegenseitigen Unterstützung und zum Austausch zusammengeschlossen. Ziel dieses Vereins ist es, als Impulsge-
ber sowie Unterstützungs- und Serviceeinrichtung zur stetigen Qualitätsverbesserung der
mediengestützten Lehre zu wirken und die Kooperation der Mitglieder (Universitäten,
Hochschulen und eine Volkshochschule) im Bereich standortübergreifender Lehre voran-
zubringen. Ein weiteres Beispiel ist der Zusammenschluss mehrerer Hochschulen im
Hochschulverbund der Virtuellen Fachhochschule. Durch die Förderprogramme des Landes und den Auf- und Ausbau des E-Learning-Netzwerks durch die Mitglieder des ELAN
e.V. nimmt Niedersachsen heute in Deutschland eine führende Rolle bei den Themen
E-Learning und Campus Management an Hochschulen und anderen Bildungseinrichtun-
gen ein.

Bei aller Euphorie beim Einsatz neuer Technologien ist vor allem eines wichtig: Der
Sinn eines Studiums beschränkt sich nicht allein auf Wissensvermittlung. Die Aneignung
von Kompetenzen, die personale/soziale Bildung der einzelnen Person und die Entfaltung
der Gesamtpersönlichkeit spielen eine ebenso wichtige Rolle. Dabei ist der kontinuierliche
persönliche Kontakt zwischen Lehrenden und Lernenden im Lernprozess sowie zwischen
Lernenden untereinander von herausragender Bedeutung. Hier können elektronische
Kommunikationsformen Unterstützung leisten, ersetzen können und sollen sie den Lehrenden nicht.

Zu vielen der hier genannten Themen und Fragestellungen bieten die Beiträge dieses
Kongressbands spannende Anregungen und erhellende Darlegungen. Das Spektrum der
Themengebiete reicht vom forschenden Lernen mit digitalen Medien über digitale Medien
für heterogene Zielgruppen bis hin zu Bildungstechnologien und Medienkompetenz. Die
Fachbeiträge beleuchten die aktuellen „Teaching Trends" und fördern die Kooperation
und Vernetzung einer modernen Hochschullehre.

Ich lade Sie ein, seien auch Sie offen für neue Wege des Einsatzes digitaler Medien in der
Hochschule!

Gabriele Heinen-Kljajić
Niedersächsische Ministerin für Wissenschaft und Kultur

Claus R. Rollinger

Vorwort

Sehr geehrte Kongressteilnehmerinnen und Kongressteilnehmer,

als Vorstandsvorsitzender des ELAN e.V. freue ich mich, dass Sie am zweiten wissenschaftlichen Kongress des ELAN e.V. teilnehmen, der in diesem Jahr an der Carl von Ossietzky Universität Oldenburg stattfindet.

Vor dem Hintergrund der langjährigen ELAN-Förderung und Unterstützung durch das Land Niedersachsen, welche die Etablierung und den Ausbau von E-Learning an niedersächsischen Hochschulen zum Ziel hatte, gilt es, weitere Herausforderungen bei der Verbesserung der Lehre an Hochschulen zu meistern. Neue Impulse werden hierbei durch aktuelle Diskussionen rund um das Thema „Massive Open Online Course" (MOOC), durch neue Einsatzmöglichkeiten z.B. von Whiteboards oder auch durch das veränderte Nutzerverhalten unter dem Stichwort „Mobile Learning" gesetzt.

Im Rahmen des wissenschaftlichen Kongresses mit dem Titel „Teaching Trends – Offen für neue Wege: Digitale Medien in der Hochschule" werden wir Ihnen spannende Lösungsansätze für die Herausforderungen, vor denen die akademische Lehre beim Technologie-Einsatz in Zukunft steht, vorstellen und präsentieren.

Es erwarten Sie anregende Keynotes sowie spannende Vorträge in den drei Abschnitten „Forschendes Lernen mit digitalen Medien", „Digitale Medien für heterogene Zielgruppen" und „Bildungstechnologien und Medienkompetenz".

Erfahrene Expertinnen und Experten werden Ihnen entsprechende Konzepte und Ansätze näher vorstellen und gern mit Ihnen diskutieren.

Ich möchte mich an dieser Stelle insbesondere bei unserer Ministerin Frau Dr. Gabriele Heinen-Kljajić und den Mitarbeiterinnen und Mitarbeitern in ihrem Ministerium für die dauerhafte Unterstützung in den letzten Jahren herzlich bedanken. Weiterhin danke ich Herrn Prof. Dr. Olaf Zawacki-Richter als wissenschaftlichem Leiter des Kongresses und den Kolleginnen und Kollegen des begleitenden Programm-Komitees für ihre Arbeit sowie den Referentinnen und Referenten für ihre Beiträge. Danken möchte ich nicht zuletzt auch allen Helferinnen und Helfern, die an diesem Kongress im Vorfeld mitgewirkt haben und aktuell mitwirken und damit zum Erfolg dieses Kongresses beitragen.

Ihnen als Kongressteilnehmerinnen und Kongressteilnehmern wünsche ich, dass Sie interessante Ansätze kennenlernen, viele und gute Gespräche führen sowie spannende Anregungen aus Oldenburg mitnehmen können!

Mit freundlichen Grüßen

Prof. Dr. Claus R. Rollinger
Vorstandsvorsitzender des ELAN e.V.

Olaf Zawacki-Richter

Vorwort

Das Lernen und Lehren mit digitalen Medien nimmt an Hochschulen einen hohen Stellenwert ein und wird durch aktuelle Programme des BMBF wie den „Qualitätspakt Lehre" oder „Aufstieg durch Bildung – offene Hochschulen" weiter gefördert. Digitale Medien können einen wichtigen Beitrag für hochschuldidaktische Innovation, für mehr Durchlässigkeit und die weitere Öffnung der Hochschulen für neue Zielgruppen leisten.

Vor diesem Hintergrund hatten der ELAN e.V. und die Universität Oldenburg Hochschullehrer/innen, Nachwuchswissenschaftler/innen sowie Projekt- und Verbundmitarbeiter/innen, die sich schwerpunktmäßig mit dem Einsatz digitaler Lerntechnologien und deren Weiterentwicklung beschäftigen, eingeladen, Beiträge zu folgenden drei Themenschwerpunkten als Grundlage für die vorliegende Veröffentlichung einzureichen:

- Forschendes Lernen mit digitalen Medien
- Digitale Medien für heterogene Zielgruppen
- Bildungstechnologien und Medienkompetenz

Im Mittelpunkt stehen hier empirische Ergebnisse, theoriegeleitete Ansätze, Beispiele und Erfahrungsberichte zur Umsetzung und Integration didaktischer und technologischer Trends in der Hochschullehre im Hinblick auf digitale Medien.

Im forschenden Lernen wirken die zentralen Aufgaben der Universität – Forschen und Lehren – synergetisch zusammen. Forschendes Lernen stellt hohe Ansprüche an Lernende und Lehrende. Es gilt, Studierende als Forschende zu verstehen, die selbst Forschungsfragen formulieren, Versuchsanordnungen bzw. ein methodisches Design entwickeln, Daten sammeln und Forschungshypothesen prüfen. Der Entdeckungs-, Prozess- und Lösungscharakter eines solchen universitären Lernens kann intelligente Verknüpfungen mit den handlungs- und partizipativen Potentialen lernerzentrierter E-Learning-Ansätze eingehen. In diesem Abschnitt (A) werden die wesentlichen Herausforderungen und didaktischen Möglichkeiten für den Einsatz von digitalen Medien im Kontext des forschenden Lernens erörtert.

In einem weiteren Abschnitt (B) stehen die so genannten nicht traditionellen Zielgruppen im Mittelpunkt, die durch berufliche und familiäre Verpflichtungen selten in der Lage sind, ein Studium mit umfangreichen Präsenzanteilen zu absolvieren. Die Möglichkeiten eines raum-zeitlich flexiblen Lernens durch digitale Medien eröffnen diesen Personen die Perspektive, ein Studium dennoch aufzunehmen. Digitale Medien besitzen das Potential, diesen Zielgruppen ein erfolgreiches Studium zu ermöglichen, u.a. indem der Einsatz digitaler Medien an die individuellen Lernbedürfnisse angepasst werden kann und sich somit die Hochschulen für sie öffnen.

Schließlich erfordert die Nutzung von digitalen Medien, Tools und Services nicht nur auf Seiten der Studierenden Kenntnisse und Kompetenzen im kritischen Umgang mit diesen Angeboten, sondern auch auf Seiten der Lehrenden, damit diese didaktisch gewinnbringend eingesetzt werden und somit die Hochschullehre bereichern und vielfältiger gestalten. Hierfür bedarf es besonderer Angebote und Supportstrukturen. Trotz vielfältiger Ansätze ist der Einsatz digitaler Medien in der Hochschullehre noch immer nicht die Regel und sollte auch zur Verbesserung der Medienkompetenz von Studierenden und Lehrenden weiter vorangetrieben werden. Im letzten Abschnitt (C) dieses Bandes werden ausgewählte Bildungstechnologien beleuchtet und Ansätze zur Entwicklung akademischer Medienkompetenz der Lehrenden vorgestellt.

Als Herausgeber dieses Bandes und wissenschaftlicher Leiter des Teaching-Trends-Kongresses 2014 wünsche ich allen Leserinnen und Lesern auch im Namen aller beteiligten Autorinnen und Autoren, dass die hier veröffentlichten Arbeiten Anknüpfungspunkte für ihre Forschung und Praxis bieten.

Prof. Dr. Olaf Zawacki-Richter
Carl von Ossietzky Universität Oldenburg
Fakultät I – Bildungs- und Sozialwissenschaften
Center für lebenslanges Lernen (C3L)

Petra Muckel & David Kergel

Einführung: Forschendes Lernen mit digitalen Medien

1   Lernen und Forschen als genuin vernetzt denken

Forschen und Lernen jeweils als neugiermotivierte Such- und Erkenntnisbewegungen zu denken, die im Fall des Gelingens, bisweilen auch im Fall des Scheiterns mit einem Zuwachs an Erkenntnissen einhergehen, weist auf eine Gemeinsamkeit hin, die das forschende Lehren und Lernen[1] didaktisch zu nutzen versucht: Solch eine *Parallelisierung der Erkenntnisprozesse im Forschen und Lernen* (vgl. dazu auch Wildt, 2009), die durch die „korrespondierenden Logiken" (Ludwig, 2011) beider Bewegungen ermöglicht wird und naheliegt, wird in der Didaktik des forschenden Lernens gezielt initiiert und zum Programm einer Lernkultur erhoben. Diesem Programm hat sich das BMBF geförderte Projekt „Forschungsbasiertes Lernen im Fokus" der Carl von Ossietzky Universität verpflichtet.[2]

Lernende werden dabei – begleitet und angeleitet durch Lehrende – durch die einzelnen Forschungsphasen geführt und durchlaufen den gesamten Forschungszyklus oder einzelne Abschnitte, also

a.   interessengeleitete Entwicklung einer (relevanten) Fragestellung;
b.   Literaturrecherche;
c.   Auswahl, Erprobung, bisweilen auch Entwicklung sowie Anwendung von Datenerhebungs- und einer Datenauswertungsmethode/n;
d.   Durchführung einer kleinen empirischen Studie/eines kleinen Forschungsprojektes;
e.   Dokumentation, Präsentation, Publikation der Studie und ihrer Ergebnisse.

In einem solchen forschenden Lernprozess werden neben Methoden- und Kommunikationskompetenzen auch Grundannahmen der wissenschaftlichen Forschung, wie z.B. „[a]

---

[1]   Da wir im Folgenden die grundlegenden Lern- und Erkenntnisprozesse jedes Forschungsprozesses fokussieren, differenzieren wir nicht – wie dies der Projektname nahelegen würde – zwischen „forschungsbasiertem", „forschungsorientiertem" und „forschendem Lernen", sondern verwenden die drei Begriffe quasi synonym.

[2]   FLiF ist Teil des gemeinsamen Bund-Länder-Programms für bessere Studienbedingungen und mehr Qualität in der Lehre. Dieses Vorhaben wird aus Mitteln des Bundesministeriums für Bildung und Forschung unter dem Förderkennzeichen 01PL11056 gefördert. Die Verantwortung für den Inhalt dieser Veröffentlichung liegt bei den Autor/inn/en. Für weitere Informationen siehe http://www.uni-oldenburg.de/flif/ (03.09.2014).

Beobachtungen können nicht geleugnet werden, und [b] die Grundlagen müssen ihnen angepasst werden" (Bateson, 1981, S. 22), mit den Studierenden gemeinsam erarbeitet.

Forschendes Lernen mit digitalen Medien

Die Forschungs- und Lernpraxis wird dabei in vielen Aspekten *digital unterstützt:* In allen Phasen der Forschungsprozesse aller Disziplinen sind Informations- und Kommunikationstechnologien inzwischen fest verankert. Deren Handhabung wird ebenfalls als Kompetenzen im Studium vermittelt. Gleichzeitig sind die Akteure in allen Phasen des forschenden Lernprozesses mit anderen Forschenden und Lernenden vernetzt und tragen ihrerseits dazu bei, die Lern-/Forschungsressourcen und Lernschritte offenzulegen, zukünftig vielleicht im Sinne der Open Education Ressources (OER)- und der Open-Access-Bewegungen auch anderen – innerhalb und außerhalb der Universität – anzubieten.

Doch wie verstehen wir den Lernprozess des forschenden Lernens heute? In der theoretischen und didaktischen Aufarbeitung der digitalen Entwicklungen nehmen wir unseren Ausgangspunkt u.a. bei Bateson (1981, S. 366), der Lernen „als dem Wesen nach kommunikativ" begreift. Um das Lernen zu verstehen, betrachten wir es als „Kommunikationsphänomen" und wenden die Erkenntnisse der Kommunikationstheorien darauf an. In einem ersten Versuch, sich einer Definition des Lernbegriffs anzunähern, konstatierte Bateson (1981, S. 366): „Das Wort ‚Lernen' bezeichnet zweifellos eine *Veränderung* irgendeiner Art, um *was für eine Art* der Veränderung es sich handelt, ist eine schwierige Angelegenheit." Das Lernen als Veränderungsprozess zu begreifen bleibt abstrakt; für den Ansatz des forschenden Lernens möchten wir darum einige spezifizierende Charakteristika, deren theoretische Aufarbeitung erst am Anfang steht (vgl. z.B. Ludwig, 2011; Reiber, 2007; Speck et al., 2012) ergänzen:

Das forschende Lernen ist übereinstimmend durch ein *partizipatives Moment* charakterisiert: Getreu der alten konfuzianischen Erkenntnis: „Tell me, and I will forget. Show me, and I may remember. Involve me, and I will understand" zielt dieses Lernen auf ein *tiefes Verstehen* und impliziert ein *eigenes Tun/Mittun,* ein eigenes Forschen der Lernenden. Ein weiterer Aspekt des Partizipationsmoments ist im vorliegenden Fall das *kollaborativ (auch: interdisziplinär) organisierte* Forschen. Dabei gehen wir mit Holzkamp (1993) lerntheoretisch gesehen vom lernenden Subjekt aus und konzipieren Lernen als soziales Handeln. Soziales Handeln, und dies hat Holzkamp am Beginn der 1990er Jahre noch nicht voraussehen können, bedeutet im 21. Jahrhundert, Leben, Lernen und Arbeiten in und mit digitalen sozialen Netzwerken *nahtlos* zu verknüpfen, also in einer Weise, dass die Übergänge zwischen diesen Lebensbereichen gleichsam verschwinden:

> „For today's students, ICT [information and communications technology] is not so much a tool as it is a way of life. It's deeply embedded in all aspects of their lives: living and learning are interwoven, and, likewise, they expect their institutional environment to present seamless web connecting the academic, social, and administrative uses of computing. A framework, or architecture, that unified these traditionally separate infospheres to produce a new form of a learning ecology – an active place where the virtual and the physical seamlessly and synergistically coexist – is necessary" (Brown, 2000, S. 80).

Die Studierenden, die sich in nahtlos koexistierenden digitalen und physikalischen Welten bewegen, erwarten von der Lerninstitution Universität eine weitgehend vernetzte Lernarchitektur und Lernökologie – wo sie diese nicht angeboten bekommen, werden sie diese via Facebook, QR-code, What'sApp, WordPress etc. selbst schaffen. Lernen selbst findet dabei sowohl intra- wie auch interindividuell statt und wird vielfältig von digitalen Medien unterstützt, z.B. durch die Eröffnung von Kommunikationswegen, durch umfangreiche Tools zur Literatur- und Datenrecherche, für die Kommunikation von Forschenden/Lernenden untereinander, für die Präsentation/Sichtbarmachung von Forschungserkenntnissen etc. Damit ist Lernen gleichzeitig digital unterstützt, selbstgesteuert und sozial/interaktiv angeregt.

2   Zu den Beiträgen dieses Abschnittes

Im Artikel *„Lernen und Medienhandeln im Format der Forschung"* gehen die Autorinnen Sandra Hofhues, Gabi Reinmann und Mandy Schiefner-Rohs analytisch auf den Ansatz des forschenden Lernens ein, um einen zeitgemäßen Zugang zu diesem Lehr-Lernkonzept zu ermöglichen. So werden aus medienpädagogischer, hochschuldidaktischer sowie forschungstheoretischer Perspektive Grenzen und Möglichkeiten eines forschenden Lernens ausgelotet. Die zunehmende Bedeutung von digitalen Medien in der Wissenschaft bzw. im Forschen wird hierbei medienpädagogisch aufgearbeitet, indem für einen handlungs- und produktionsorientierten Umgang mit Neuen Medien im Zuge des forschenden Lernens plädiert wird.

Im Artikel *„Forschendes Lernen 2.0 – lerntheoretische Fundierung und Good Practice"* behandelt David Kergel die lerntheoretischen Grundlagen des forschenden Lernens und eines forschenden Lernens 2.0. Ein forschendes Lernen 2.0 setzt sich u.a. mit den Herausforderungen des medialen Wandels auseinander, der Lernen und Forschen zunehmend prägt und seine Wurzeln v.a. in den Bereichen E-Science und E-Learning 2.0 hat. Anhand eines Good-Practice-Beispiels (Das Ich und das Netz – subjektorientiertes E-Learning 2.0), das als Pilotveranstaltung im Sommersemester 2014 an der Carl von Ossietzky Universität durchgeführt und evaluiert worden ist, wird paradigmatisch die Umsetzung des forschenden Lernens 2.0 in der hochschulpädagogischen Praxis vorgestellt.

Die zunehmende Digitalisierung der Wissenschaft, die sich mit dem Begriff E-Science fassen lässt, wird im Artikel *„E-Science und forschendes Lernen"* in Bezug zu den Herausforderungen eines forschenden Lernens 2.0 gesetzt. Die Autorin Birte Heidkamp setzt sich mit den Potentialen sowie den theoretischen Aspekten auseinander, die eine integrative Zusammenführung von E-Science, E-Learning 2.0 sowie forschendem Lernen 2.0 mit sich bringt. Neben dieser theoretisch basierten Phänomenanalyse stellt die Autorin Good-Practice-Beispiele vor, die im Rahmen des FLiF-Projektes konzeptioniert und durchgeführt wurden/werden und als Beispiele für ein integratives Zusammenführen der Ansätze E-Science und forschendes Lernen 2.0 verstanden werden können.

Im Artikel *„Hinzulernen im Verlauf des Forschenden Lernens auf Basis von Open Educational Resources. Unterstützung einer flexiblen Wissensvermittlung mit Referatorien"* wird von Gerd Hoffmann der Begriff des „Ad-hoc-Lernens" als Teilelement des forschenden Lernens ausdefiniert sowie mediendidaktisch konzeptionalisiert. Mit Bezug auf den Ansatz von Personal Learning Environments (PLR) und der zunehmenden Etablierung von Open Educational Resources (OER) wird im Sinne der Lernerzentrierung des forschenden Lernens ein Referatorium-Konzept vorgestellt, welches das Ad-hoc-Lernen unterstützt und zugleich einen geleiteten Zugang zu OERs ermöglicht. Durch ein solches Referatorium kann der/die forschend Lernende selbstbestimmt auf die Wissensbestände des Internets zugreifen. Zugleich ermöglicht die Filterfunktion eines Referatoriums einen zielgerichteten Zugang zu OER-Materialien, so dass die forschend Lernenden nicht durch einen Material-Overload im Zuge der Daten-Recherche in ihren Lernprozessen eingeschränkt werden.

Die Autorinnen Eva Poxleitner und Marlen Arnold führen in ihrem Artikel „*Forschungsbasiertes Lernen mit selbsterstellten Lernapps*" Ansätze des Mobile Learning mit einem zeitgemäßen Verständnis des forschenden Lernens integrativ zusammen. In Zusammenarbeit mit Ziemann..IT hat die Fraunhofer Gesellschaft im Rahmen des BMBF-Programms „Aufstieg durch Bildung – offene Hochschulen" die Software „iAcademy" (www.iacademy.mobi) entwickelt. Mittels dieser Software können Studierende eigene Lernapplikationen (Lernapps) für mobile Devices wie Handys und Tablets erstellen. Der Artikel stellt Evaluationsergebnisse und Nutzungsbeispiele für den Einsatz selbstentwickelter Lernapps vor und zeigt auf, inwiefern ein Einsatz von selbsterstellten Lernapps im Ansatz des forschenden Lernens zu lokalisieren ist.

Literatur

Arnold, R. (2006). Die Systemik des Erwachsenenlernens. In R. Balgo & H. Lindemann (Hrsg.), *Theorie und Praxis systemischer Pädagogik* (S. 177-219). Heidelberg: Carl Auer.

Bateson, G. (1981). *Ökologie des Geistes. Anthropologische, psychologische, biologische und epistemologische Perspektiven.* Frankfurt/M.: Suhrkamp.

Brown, J. S. (2000). Learning in the Digital Age. In J. S. Brown (Hrsg.), *The Social Life of Information* (S. 65-86). Boston, MA: Harvard Business School Press. Abgerufen von: http://www.johnseelybrown.com/learning_in_digital_age-aspen.pdf [10.06.2014].

Holzkamp, K. (1995). *Lernen. Subjektwissenschaftliche Grundlegung.* Frankfurt/M./New York: Campus.

Huber, L. (2004). Forschendes Lernen. 10 Thesen zum Verhältnis von Forschung und Lehre aus der Perspektive des Studiums. *Die Hochschule, 2*(13), 29-49.

Ludwig, J. (2011). *Forschungsbasierte Lehre als Lehre im Format der Forschung.* Potsdam: Brandenburgische Beiträge zur Hochschuldidaktik. Abgerufen von: http://pub.ub.uni-potsdam.de/volltexte/2011/4985/ [06.12.2013].

Reiber, K. (2007). Grundlegung: Forschendes Lernen als Leitprinzip zeitgemäßer Hochschulbildung. *Tübinger Beiträge zur Hochschuldidaktik, 1*(3). Abgerufen von: http://tobias-lib.uni-tuebingen.de/volltexte/2007/2924/ [31.07.2013].

Speck, K., Wulf, C., Viertel, M., Arnold, D., Ivanova-Chessex, O. (2012). Praxisbezüge im Studium durch „Forschendes Lernen". Befunde aus der erziehungswissenschaftlichen Methodenausbildung an der Universität Oldenburg. In W. Schubarth, K. Speck, A. Seidel,

A., C. Gottmann, C. Kamm, M. Krohn, M. (Hrsg.): *Studium nach Bologna: Praxisbezüge stärken?! Praktika als Brücke zwischen Hochschule und Arbeitsmarkt. Befunde und Perspektiven* (S. 287-298). Wiesbaden: VS-Verlag für Sozialwissenschaften.

Wildt, J. (2009): Forschendes Lernen: Lernen im „Format" der Forschung. *Journal Hochschuldidaktik*, 20, 2, S. 4-7.

Sandra Hofhues, Gabi Reinmann & Mandy Schiefner-Rohs

Lernen und Medienhandeln im Format der Forschung

Abstract

Das Interesse am forschenden Lernen und an der theoretisch-konzeptionellen wie auch empirisch basierten Weiterentwicklung dieses Konzepts ist im deutschsprachigen Raum groß. Der Bologna-Prozess könnte dieses bis dahin vor allem normativ geprägte Interesse befördert haben, da er die Verbindung von Lehre und Forschung aus unterschiedlichen Perspektiven auf den Prüfstand stellt. Bringt man noch die digitalen Medien in die Diskussion zum forschenden Lernen ein, eröffnen sich mindestens drei Zugänge: (a) Man kann das Lernen im Format der Forschung in Verbindung mit Medien näher betrachten. (b) Man kann Einsatzmöglichkeiten digitaler Medien innerhalb verschiedener Konzepte forschenden Lernens prüfen. (c) Man kann die Frage nach dem Forschungsverständnis einer Disziplin oder eines Fachs in den Mittelpunkt stellen und dessen Einfluss auf individuelle Haltungen und die Gestaltung von Lehr-Lernszenarien und Medien beleuchten. Der Beitrag zielt darauf ab, die Nutzung digitaler Medien beim forschenden Lernen breiter zu betrachten als bisher üblich und mehrere Sichtweisen einzunehmen: eine hochschul- und mediendidaktische ebenso wie eine medientheoretische und -soziologische. Entsprechend wird der Kontext von Lernen, Medienhandeln und Bildung (durch Wissenschaft) erweitert, in der Erwartung, dass damit auch interdisziplinäre Forschungsfragen mit theoretischer, empirischer und praktischer Relevanz möglich werden.

1 Einführung: Perspektivenwechsel

Geht es um akademische Bildung und ihre Ziele, steht das forschende Lernen wieder (oder immer noch) im Fokus des Interesses. Bringt man in die Diskussion um das forschende Lernen zudem die digitalen Medien ein, eröffnen sich drei Perspektiven oder Zugänge: Aus der *Perspektive des Lernens* stellt sich vor allem die Frage, wie man in und mit der Forschung *lernen* kann; in der Folge können dann auch Möglichkeiten interessant werden, Prozesse des forschenden Lernens mit digitalen Medien zu unterstützen. Aus der *Perspektive der Medien* rückt die Frage in den Vordergrund, welche Potenziale Medien in ihrer Eigenschaft als Lehr-Lernwerkzeug und/oder als eigener Lern-/Bildungsraum für das Lernen und mit Blick auf forschendes Lernen auch für den Prozess des Forschens bereithalten. Die erste Perspektive ist eine hochschuldidaktische, die zweite eine medienpädagogi-sche (einschließlich mediendidaktische).

Eine dritte Perspektive wird in der Diskussion um das forschende Lernen eher wenig eingenommen, nämlich die des Forschens. Aus der *Perspektive des Forschens* kann man zum einen fragen, in welcher Weise digitale Medien Forschungstätigkeiten erleichtern, erweitern oder verändern; zum anderen kann man fragen, welche Lern- und Erkenntnis-prozesse man in einem mediengestützten Forschungshandeln erwarten kann. Aus unserer Sicht wird diese dritte Perspektive mit Bezug zur Hochschul- und Wissenschaftsforschung in der Diskussion um forschendes Lernen mit digitalen Medien bislang eher vernachläs-sigt. Gleichzeitig aber halten wir sie für diejenige Perspektive, die den Merkmalen des forschenden Lernens besonders gut gerecht wird. Ziel unseres Textes ist, die verschiede-nen Perspektiven zu skizzieren und Argumente dafür zu liefern, die Möglichkeiten aller drei Perspektiven zu nutzen, wenn es darum geht, Chancen und Grenzen des forschenden Lernens zu untersuchen sowie neue Formen forschenden Lernens zu entwickeln und zu erproben.

2   Hochschuldidaktische Perspektive: forschendes Lernen

Forschendes Lernen ist ein Gegenstand der Hochschuldidaktik mit Tradition – insbeson-dere im deutschsprachigen Raum unter dem Leitbild der Einheit von Forschung und Leh-re. Aber auch in der internationalen Hochschulforschung zum Lehren und Lernen spielt die Frage eine große Rolle, wie man im Kontext Hochschule die Besonderheit akademi-schen Lehrens und Lernens fördern und Forschung, Lehren und Lernen wirkungsvoll mit-einander verbinden kann (Brew, 2006; Trigwell, Martin, Benjamin & Prosser, 2000; Jenkins, Healey & Zetter, 2007). Die folgenden Kapitel fassen die für unseren Beitrag wichtigsten Erkenntnisse und Forderungen aus beiden Bereichen pointiert zusammen.

2.1   Forschendes Lernen in der Tradition „Bildung durch Wissenschaft"

Das forschende Lernen wurde in Deutschland vor allem durch die programmatische Schrift der Bundesassistentenkonferenz (BAK, 1970/2009) in den 1970er Jahren bekannt. Das Konzept unter dem Dach „Bildung durch Wissenschaft" (z.B. Huber, 1993) wurde bereits damals theoretisch durchaus umfassend entfaltet (vom genetischen Lernen zum Nachvollziehen von Forschung bis zum Lernen anhand eigener Forschung), ohne dass allerdings parallel dazu empirische Erkenntnisse etwa zur Umsetzbarkeit und Wirkung verschiedener Varianten forschenden Lernens vorlagen. Noch im Jahr 2004 beklagte Hu-ber den Überschuss an Programmatik gepaart mit einem Mangel an empirischer Fundie-rung zum forschenden Lernen (Huber, 2004, S. 30).

Die 1970er Jahre waren eine fruchtbare Phase der Diskussion zum forschenden Lernen in Verbindung mit hochschul- und wissenschaftspolitischen Reformen, die auch in der

Lehr- und Forschungspraxis sichtbar wurden. Danach beherrschten andere Themen, z.B. Strukturpolitik oder Studienreformen, die hochschuldidaktische Diskussion der 1980er und frühen 1990er Jahre (vgl. Wildt, 2013). Neues (wahrnehmbares) Interesse am forschenden Lernen zeigt sich mit Fortschreiten des Bologna-Prozesses in den 2000er Jahren, in denen vermehrt eine bessere Orientierung am Lernenden in der Hochschullehre eingefordert wurde. Hierzu wurden auch Impulse aus der internationalen Diskussion herangezogen (Jenkins, Healey & Zetter, 2007). Ein Sonderfall dürfte die Lehrerbildung sein, die mit vergleichsweise wenigen Unterbrechungen immer wieder das Konzept des forschenden Lernens bemüht hat und auch in der aktuellen Diskussion um die Umsetzungschancen und Lerneffekte forschungsorientierter Lehre bzw. forschenden Lernens nach wie vor *einen* Kristallisationspunkt darstellt (Altrichter, Wilhelmer & Sorger, 1989; Altrichter, 2003; Altrichter & Mayr, 2004; Fichten, 2010).

Im Zentrum neuerer Arbeiten steht eher das forschende Lernen in seiner Variante als studentische Forschung, die den gesamten Prozess des Forschungshandelns umfasst. In diesem Zusammenhang stellt die *Analogie* zwischen Lern- und Forschungshandeln eine leitende Denkfigur dar: Lernen im Sinne erfahrungsgeleiteten Lernens und Forschen im Sinne empirischen Forschens haben nach Ansicht mehrerer Autoren gemeinsame Merkmale, die sich didaktisch nutzen lassen (vgl. Wildt, 2009; vgl. Kapitel 3.2).

Zu den zentralen Kennzeichen forschenden Lernens gehört die *Problemorientierung* (vgl. Kapitel 2.1). Was das aber genau heißt, darüber besteht keine Einigkeit: Man kann forschendes Lernen als eine Variante problemorientierten Lernens sehen, die sich unter anderem in der Bearbeitung von Fallaufgaben oder anderen projektorientierten Aufgaben niederschlägt (z.B. Euler, 2005). Man kann forschendes Lernen aber auch als eine spezielle Form des situierten Lernens verstehen, das durch kontextspezifische Merkmale von Wissenschaft (z.B. Neuheit von Erkenntnissen, kritisch-reflexive Distanz) geprägt sein muss (Reinmann, 2009). Möglich ist ebenso, nur solche Lernprozesse als forschendes Lernen zu bezeichnen, bei denen Studierende intrinsisch motivierte Fragestellungen zum Ausgangspunkt ihrer eigenen Forschungen machen (Huber, 2009).

Forschendes Lernen wird darüber hinaus mit der Erwartung verbunden, dass es Kompetenzen fördert, die auch außerhalb des akademischen Rahmens (a) für die Berufswelt (Stichwort „Employability"), (b) für das Leben als Bürger/in in demokratischen Gesellschaften (Stichwort „Citizenship") und (c) für die lernende Person selbst (Stichwort Persönlichkeitsbildung) wichtig *und* nützlich sind (z.B. Euler, 2005): Kritisch denken sowie Phänomene und Ereignisse hinterfragen, informiert Entscheidungen treffen und eigene Ideen hervorbringen, sich selbst reflektieren und beständig dazulernen, sind Beispiele für Lernziele, die in allen Lebensphasen und somit auch nach einem Studium in mehrfacher Hinsicht von wachsender Relevanz sind (Hutchings, 2007). Neben die fachliche tritt in dieser Argumentation die überfachliche Kompetenzentwicklung als Wirkung forschenden Lernens (Spronken-Smith & Walker, 2010). Die „alte Idee" von der Einheit von Forschung und Lehre findet im forschenden Lernen bzw. in der forschungsorientierten Lehre eine aktuell anschlussfähige hochschuldidaktische Strategie, was sich unter anderem in einer ganzen Reihe von Projekten wiederspiegelt, die in der Förderlinie des Qualitätspakts Lehre[1] an mehreren Hochschulen umgesetzt werden.

Auf theoretischer Basis verweisen mehrere Autoren (z.B. Reiber, 2007; Huber, 2009; Reinmann, 2009) darauf, dass forschendes Lernen an sich ein Oberbegriff ist, da es *verschiedene* Ausprägungen geben kann und in der Folge auch verschiedene Formate forschungsorientierter Lehre existieren (wie in der Schrift der BAK von 1970 bereits angerissen): z.B. forschendes Lernen beim Verfassen einer Abschlussarbeit, forschendes Lernen in Forschungsseminaren mit verteilten Aufgaben, forschendes Lernen bei der Mitarbeit an einem größeren Forschungsprojekt in peripherer oder zentraler Position. Betont wird häufig, dass neben der individuellen die soziale Dimension wissenschaftlichen Handelns für die Gestaltung hochschuldidaktischer Szenarien berücksichtigt werden muss, will man die Potenziale forschenden Lernens umfänglich nutzen (Sesink, 2003). Das gemeinsame Forschungshandeln Studierender ist in dieser Argumentation ebenso wichtig wie individuelle Prozesse des Fragens, Suchens, Reflektierens etc.

Die theoretische und konzeptionelle Renaissance forschenden Lernens in Deutschland sowie Entwicklungs- und erste Forschungsprojekte, die öffentlich gefördert werden und dem Thema Sichtbarkeit verleihen, können allerdings nicht darüber hinwegtäuschen, dass die Realität an deutschen Hochschulen nach wie vor von einer *konsequent* forschungsorientierten Lehre im Sinne der hier skizzierten Konzepte noch weit entfernt ist. Gefördert werden zwar allgemeine Problemlösefähigkeiten, Schlüsselkompetenzen für Studium und Beruf und wissenschaftliches Denken (z.B. Merkel, 2001; Gutermann, 2007; Sabatini, 1997). Befragungen, deren Ergebnisse Selbsteinschätzungen von Studierenden offenlegen, zeigen aber: Wenn in der Hochschullehre ein Bezug zur Forschung hergestellt wird, überwiegen problemorientierte Lehr-Lernszenarien, die Studierende immerhin anregen, eigenen Problemlösungen zu kreieren. Die Möglichkeit, im Studium eigene Untersuchungen oder „Experimente" durchzuführen, sehen Studierende dagegen weniger (Multrus, 2012, S. 53). Die Erfahrungen mit forschendem Lernen im letztgenannten Sinne steigen allerdings, wenn Studierende in höhere Fachsemester kommen (Multrus, 2012, S. 54).

2.2 Forschendes Lernen in der internationalen Forschung und Praxis

Der internationale Diskurs zum forschenden Lernen weist deutlich pragmatischere und weniger programmatische Züge auf als der deutschsprachige. Dies hat historische Gründe, aber auch hochschulpolitische und disziplinäre/fachliche. Die wachsende Internationalisierung der Bildungsforschung und damit auch der hochschuldidaktischen Forschung bzw. der hochschulbezogenen Lehr-Lernforschung haben bereits zu Annäherungen geführt und machen zudem deutlich, dass die verschiedenen Akzente vereinbar, mitunter auch komplementär sind. Insbesondere liefert die empirisch ausgerichtete internationale Forschung

---

1   www.qualitaetspakt-lehre.de/ (10.09.2014).

zu „Higher Education" auf der hochschuldidaktischen Gestaltungsebene der Lehrveran-staltungen (Flechsig, 1975) fruchtbare Erweiterungen für das forschende Lernen.

Ein auffallender Unterschied zur deutschen Theorie- und Forschungslandschaft sind Arbeiten zum „Student Life Cycle". Gemeint sind damit die unterschiedlichen Studien-phasen, die für forschendes Lernen bzw. forschungsorientierte Lehre entsprechend unter-schiedliche Ausgangsbedingungen darstellen und eine Differenzierung des forschenden Lernens nahelegen. Möglich ist unter dieser Rahmung unter anderem ein forschendes Ler-nen in frühen Studienphasen, selbst in der Studieneingangsphase, was beispielsweise in Deutschland bis vor kurzem wenig thematisiert wurde.[2] In diesem Zusammenhang weist auch die wahrgenommene Rolle der Studierenden einen Unterschied auf: Man liest in der angloamerikanischen Literatur deutlich häufiger davon, dass Bachelor-Studierende, also „Undergraduates", als Forschende angesprochen und in dieser Rolle akzeptiert und geför-dert werden (Gutermann, 2007; Merkel, 2001). Entsprechend wird „Undergraduate Re-search" (im Deutschen: studentische Forschung) stärker als „normales" Prinzip in der Leh-re verstanden, eingeplant und umgesetzt sowie variabler ausgestaltet: Verschiedene Szena-rien sehen unterschiedliche Grade von Involviertheit, Beteiligung und Selbstorganisation im Prozess des Forschens vor. Dies bringt zumindest das Potenzial mit sich, dass sich Rol-lenzuschreibungen im Prozess des Lehrens, Lernens und Forschens (nach dem Motto: „hier die Lernenden, da die Forschenden und Lehrenden") nicht zu früh und nicht zu stark verfestigen.

Die bereits erwähnte Ausdifferenzierung verschiedener Konzepte forschenden Lernens bzw. forschungsorientierter Lehre findet ihren Niederschlag in zahlreichen verschiedenen Bezeichnungen wie z.B. Research-Teaching Nexus (z.B. Trowler & Wareham, 2008), Research-based Teaching oder Scholary of Teaching (z.B. Trigwell et al., 2000). Trägt man die internationale Diskussion zusammen, werden folgende Schwerpunkte sichtbar (z.B. Healey, Jenkins & Zetter, 2007): „Research-based Teaching" und „Research-tutored Teaching" sind Formate, in denen Studierende einen aktiv-produktiven Part haben, also selbst forschend tätig sind. „Research-led Teaching" und „Research-oriented Teaching" dagegen sind Formate, in denen die Studierenden einen rezeptiven Part haben und For-schung eher über den Inhalt in die Lehre integriert wird. Das Quadranten-Modell von Jenkins und Healey (2011) visualisiert diese Unterscheidung wie folgt:

---

2   Dies wird sich in der nächsten Zeit vermutlich ändern, da zum einen Projekte mit diesem Schwerpunkt im Rahmen des Qualitätspakts Lehre des BMBF gefördert wurden und hier zumindest Projektergebnisse zu erwarten sind: www.qualitaetspakt-lehre.de/de/3013.php (22.07.2014).

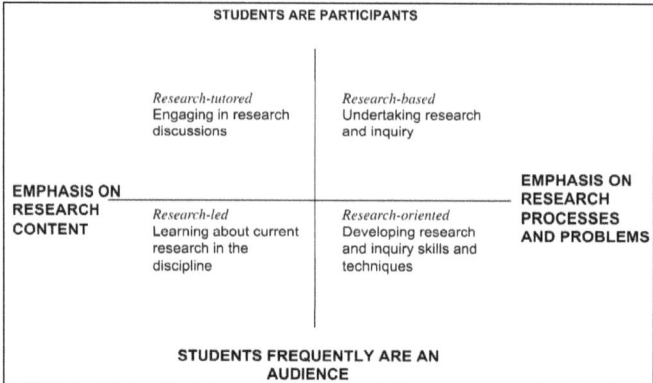

Abbildung 1:   Forschungsorientierung nach Jenkins und Healey (2011, S. 38)

Das skizzierte Modell macht deutlich, dass es neben dem ‚Königsweg' forschenden Lernens im Sinne studentischer Forschung, die den gesamten Zyklus eines Forschungsprozesses umfasst, weitere Formen forschenden Lernens gibt, die in der aktuellen deutschsprachigen Debatte keine nennenswerte Rolle spielen, in den 1970er Jahren aber durchaus noch Erwähnung fanden.

Eine Gemeinsamkeit in der deutschen und internationalen Diskussion zum forschenden Lernen ist die Relevanz des Fragens und der damit einhergehenden Problemanalyse seitens der Lernenden. Vor diesem Hintergrund erklärt sich womöglich auch, dass speziell das Konzept des ‚Inquiry-based Learning' im deutschsprachigen Raum breit rezipiert worden ist (allerdings mit einem Schwerpunkt auf Schule und Lehrerbildung), denn: Es stellt in hohem Maße darauf ab, Lernende darin zu fördern, Fragen zu stellen, kritisch zu denken und Probleme kooperativ zu lösen (Friedman, Crews, Caicedo, Besley, Weinberg & Freeman, 2010, S. 766). Allerdings ergeben sich hier wieder Abgrenzungsprobleme zum (ebenfalls breiten) Konzept der Problemorientierung beim Lehren und Lernen (siehe oben).

3   Medienpädagogische Perspektive: Medienhandeln im Lernprozess

Medien haben in der Gesellschaft seit jeher das Informations- und Kommunikationsverhalten stark beeinflusst, das Lehren und Lernen mit Verzögerung ebenfalls zumindest tangiert und Wissenschaft und Forschung häufig als Kontext auserkoren, aus der eine entsprechende Vorreiterrolle in Bezug auf Mediennutzung und Medienhandeln erwächst. Geht es um forschendes Lernen mit digitalen Medien aus der Sicht der Medienaneignung und -nutzung, liegt eine medienpädagogische Perspektive nahe: Diese *kann* in eine didaktische Richtung gehen und hat dann potenziell eine Nähe zur hochschuldidaktischen Perspektive, insbesondere, wenn man die internationale Forschung und Praxis zum Lehren und Lernen an der Hochschule betrachtet. Sie kann aber auch in eine medientheoretische oder -soziologische Richtung gehen und bringt dann andere Rahmungen für den Zusammenhang von Lernen, Forschen und Medien mit sich. Die erst genannte Richtung favorisiert die Werkzeug-Metapher, wenn es um das Lernen mit Medien geht, die zweitgenannte eine Raum-Metapher. Beide wollen wir im Folgenden kurz beleuchten und auf den Mehrwert für unsere Argumentation prüfen.

3.1 Mediengestütztes Lernen vor dem Hintergrund der Werkzeugmetapher

Lehren und Lernen mit Medien in der Hochschullehre hat sich interessanterweise relativ unabhängig von der hochschuldidaktischen Theorie, Empirie und Praxis entwickelt. Seit Mitte der 1990er Jahre haben diverse Förderprogramme dafür gesorgt, dass an deutschen Hochschulen viel mit digitalen Medien experimentiert worden ist (z.B. Mayrberger, 2013). Dabei sind nahezu alle lehr-lerntheoretischen Ansätze zum Zuge gekommen: Behavioristische Lerntheorien haben in der ersten Ära des interaktiven Multimedia-Lernens Übungs- und Trainingsprogramme beflügelt. Kognitivistische Theorien haben parallel dazu unter anderem neue Formen der Aufbereitung von Inhalten (z.B. Text-Bild-Kombinationen und Hypertext) angeregt (Niegemann, Domag, Hessel, Hein, Hupfer & Zobel, 2008) und Erwartungen dahingehend geschürt, dass in naher Zukunft selbstlernende, ‚intelligente‘, Programme für ein möglichst individualisiertes Lernen zur Verfügung stehen. Insbesondere konstruktivistisch geprägte Ansätze zum problemorientierten Lernen haben in der internationalen Forschung und Entwicklung zahlreiche kreative Lehr-Lern-Szenarien (z.B. Anchored Instruction, Goal-based Scenarios) hervorgebracht, die digitale Medien zu verschiedenen Zwecken einsetzen (Niegemann et al., 2008): zur multimedialen Aufbereitung von Geschichten, Falldarstellungen und anderen Ankern zum problemorientierten Lernen, zur Kommunikation und Kollaboration beim sozialen Problemlösen und/oder zur Konstruktion eigener Artefakte als Problemlösungen.

Aufgrund der konzeptionellen Nähe zum problemorientierten Lernen lassen sich viele Erkenntnisse zum Medieneinsatz bei diesen konstruktivistisch geprägten Lernformen auch für das forschende Lernen nutzen. Das gilt vor allem für diejenigen Ausprägungen problemorientierten Lernens, die mit möglichst offenen und komplexen Problemen, selbstorganisierten Prozessen des Problemlösens und sozialen Kontexten arbeiten (Funke & Zumbach, 2005; Loyens & Rikers, 2011). Grenzen der Übertragung von Erkenntnissen entstehen dort, wo es um die Art des Problems geht (das beim forschenden Lernen zwingend ein wissenschaftliches ist) und um die Rolle und Haltung des ‚Problemlösers‘ (die beim forschenden Lernen aufgrund wissenschaftlicher Standards eine kritisch-reflexive sein soll).

Das gemeinsame Merkmal der hier nur angerissenen Formen des Lehrens und Lernens mit digitalen Medien in der Hochschullehre – inklusive des forschenden Lernens als womöglich besondere Form problemorientierten Lernens – besteht darin, dass digitale Medien vor allem als *Werkzeug* verwendet werden. Sie dienen als Hilfsmittel, um das Lehren wie auch das Lernen zu unterstützen: Im Prozess des Lehrens können digitale Medien die Vermittlung von Information (als Text, Bild, Audio, Video oder Multimedia) verbessern und damit potenziell den Prozess der Informationsrezeption beim Lernen erleichtern. Sie können im Prozess des Lehrens die Gestaltung von Aufgaben (mit interaktiven oder sozialen Medien) bereichern und damit das Einüben oder Erschließen von Wissen beim Lernen fördern. Sie können aber auch die soziale Interaktion zwischen den am Lehr-Lernprozess beteiligten Personen erweitern oder (z.B. unter Nutzung von Online Communities oder sozialen Netzwerken) so verändern, dass neue Formen der Kommunikation und Kooperation in die Lehr-Lernsituation Einzug halten. Jüngeren Datums sind schließlich Versuche, digitale Medien in der Hochschullehre als Video (z.B. Krammer & Reusser, 2005) oder E-Portfolio auch zur Reflexion von Lernprozessen quasi auf der Metaebene des Lernens einzusetzen (Bauer & Baumgartner, 2012). Nutzbar sind E-Portfolios entsprechend auch zur reflexiven Begleitung forschenden Lernens (Reinmann & Sippel, 2011).

Insgesamt betrachtet aber wird die Nutzung digitaler Medien beim forschenden Lernen vergleichsweise wenig thematisiert und untersucht (Dürnberger, 2014). Einzelne Hinweise für Einsatzszenarien beziehen sich z.B. auf die digitale Bereitstellung von Zusatzinformationen zum wissenschaftlichen und methodischen Arbeiten (z.B. Dürnberger, Reim & Hofhues, 2011), auf die Unterstützung einzelner Lern- und Arbeitsphasen (z.B. Bremer, 2000) oder auf den Aufbau von Online-Communities für Forschende (Bauer, Weidmann & Mertes, in Druck).

3.2   Mediengestütztes Lernen vor dem Hintergrund der Raummetapher

In allen oben genannten Beispielen mediengestützten Lehrens und Lernens – auch in denen mit Bezug zum forschenden Lernen – ist der Einsatz digitaler Medien in der Regel geplant: Es handelt sich um mediendidaktische Entscheidungen und diese sind Teil des didaktischen Designs. Keine nennenswerte Rolle spielt dagegen die selbständig initiierte Nutzung digitaler Medien seitens der Lernenden, die sich abseits des formalen Bildungsrahmens ereignet und sich in der Folge der Beobachtung oder gar Kontrolle durch Lehrende entzieht (Hofhues & Schiefner-Rohs, im Druck). Auch das individuelle Medienhandeln als Forschungshandeln ist in der primär didaktischen Diskussion mediengestützten Lehrens und Lernens kaum ein Thema. Rückt man genau diesen Aspekt des Medienhandelns in den Fokus, werden medienpädagogische Konzepte mit Bezug zur Medienwissenschaft und Mediensoziologie relevant (siehe weiterführend Vollbrecht, 2010).

Diese Konzepte werfen auch ein anderes Licht auf das forschende Lernen mit digitalen Medien: Neben oder an die Stelle der Aneignung und Nutzung von Medien als Werkzeug tritt der Leitgedanke, dass Lernende Medien selbst gestalten und diese als Kommunikations- und Handlungsräume nutzen. Für das forschende Lernen im Sinne der studentischen Forschung heißt das: Lernende verwenden Medien nicht nur in der vorab vorgedachten und arrangierten Art und Weise, sondern übernehmen eine mitbestimmende Rolle und gestalten den Mediengebrauch im Rahmen ihrer Forschungsprozesse selbständig aus. Speziell für sozio-kommunikative Aspekte des Handelns im Forschungsprozess (Austausch über Themen, Aushandeln von Fragen und Methoden, Diskussion von Ergebnissen, Verbreitung von Resultaten etc.) bieten Medien darüber hinaus die Chance, eigene Räume mit besonderen, von materiellen Räumen unterscheidbaren, Merkmalen zu kreieren.

Auch das Medienhandeln selbst erzeugt Raum für Bildung durch Wissenschaft (vgl. Sesink, 2003): Der Diskurs als Element von Forschungstätigkeit, also z.B. ein Aushandlungsprozess in einer bestimmten Phase des Forschens, erfolgt nicht nur *mit* Medien, sondern auch *in* Medien, sodass sich Medium und soziale Interaktion wechselseitig beeinflussen und verändern. In diesem Sinne werden Medien tatsächlich zu *sozialen* Medien durch ihren Gebrauch (Münker, 2009, S. 10).

Diese Ausprägung der medienpädagogischen Perspektive nimmt Anleihen aus der Medien- und Bildungstheorie und stellt damit einen zweiten pädagogischen Bezugsrahmen zur Verfügung, der über die Raummetapher besonders gut deutlich wird. Speziell das Potenzial sozialer Medien wird über diese Perspektive greifbarer und liefert andere Ansatzpunkte zur Nutzung digitaler Medien als die primär mediendidaktische Perspektive mit ihrer Betrachtung von Medien als Werkzeug.

4 Perspektive des Forschens: Lernen und Medienhandeln im Format der Forschung

Forschung als Namensgeber und prägendes Element für das forschende Lernen an Hochschulen bleibt in der Literatur als Perspektive auf die Analyse und Gestaltung dieser Form ders Lernens und der dafür erforderlichen Lehre im Hintergrund. Aus dem vorangegangen Kapitel werden im Folgenden die Potenziale digitaler Medien noch einmal aufgegriffen und auf den Prozess des Forschens angewandt. Wie sich Forschen und Lernen ähneln, aber auch unterscheiden, wird vor diesem Hintergrund besonders wichtig. Vollständig wird die Perspektive des Forschens auf das forschende Lernen allerdings erst dann, wenn auch die jeweilige Auffassung von Forschung in der (Sub-)Disziplin bzw. in dem Fach berücksichtigt wird, in dem forschend gelernt werden soll.

4.1 Mediengestütztes Forschen

Für Wissenschaftler dürfte der Einsatz digitaler Medien im Forschungsprozess heute selbstverständlich sein, mitunter sogar implizit in dem Sinne ablaufen, dass man den Medieneinsatz gar nicht mehr als besonderen Akt thematisiert: Das beginnt bei der Recherche von Forschungsergebnissen in Datenbanken und anderen Formen digitaler Wissensbasen (natürlich unter Nutzung von Online-Recherche-Tools), geht über die Nutzung von Anwendersoftware bei der Erstellung von Erhebungsmethoden und die selbstverständliche Verwendung von Statistik-Programmen und/oder Systemen zur Aufbereitung qualitativer Daten und endet bei der digitalen Texterstellung, der Präsentation auf Projekt-Webseiten, der Veröffentlichung in elektronischen Zeitschriften oder der videografierten Vortragstätigkeit auf Tagungen (z.B. Reinmann, Hartung & Florian, 2014).

In allen Phasen des Forschungsprozesses können somit digitale Medien genutzt werden. Sie dienen dann häufig dazu, einzelne Vorgänge oder Schritte effizienter zu gestalten (z.B. bei der Recherche, Datenauswertung oder Ergebnisverbreitung). Mitunter ermöglichen sie aber auch neue, ohne das jeweilige digitale Werkzeug nicht mögliche, Vorgänge (z.B. Analyse von großen Datenmengen, Konstruktion neuer Impact-Faktoren).

Da Forschen als Tätigkeit sowohl eine individuelle als auch eine soziale Komponente hat (Sesink, 2003), bezieht sich der Medieneinsatz nicht nur auf die Generierung wissenschaftlicher Erkenntnisse, sondern auch auf die Kommunikation zwischen Wissenschaftler/inne/n: Forschendes Tun findet also auch *im* Medium statt. Unter dieser Betrachtung rücken Fragen der wissenschaftlichen Netzwerkbildung, Wissenschaftskommunikation und medial geprägten Wissenschaftssozialisation (Hofhues & Schiefner-Rohs, 2012) ins Zentrum des Interesses. Digitale Medien ermöglichen oder erleichtern nicht nur verschiedene Ausprägungen einer zeit- und ortsunabhängigen Kommunikation und Kollaboration. Sie bieten darüber hinaus einen Raum, um z.B. Nachwuchswissenschaftler/innen in eine Community einzuführen oder Reflexionen (z.B. über Formen und Art der Wissenschaftskommunikation) anzuregen (vgl. Bihrer, Tremp & Schiefner, 2010).

Mit anderen Worten: Nicht nur beim Lernen, sondern auch beim Forschen lassen sich die Werkzeug- und Raummetapher anwenden und unter Rückgriff dieser beiden Metaphern *verschiedene* Formen der Mediennutzung analysieren und gestalten. Darüber hinaus können Medien auch Inhalt der Forschung (etwa in der Informatik) sein. Um den durch Medien möglichen Handlungsraum für das forschende Lernen besser zu beleuchten, erscheint es an dieser Stelle sinnvoll, noch einmal genauer die Gemeinsamkeiten und Unterschiede zwischen Forschen und Lernen zu erörtern.

4.2   Zwischen Forschen und Lernen

In der aktuellen deutschsprachigen Diskussion um das forschende Lernen spielen die bereits genannten Ähnlichkeiten zwischen Lern- und Forschungsprozessen eine wichtige Rolle vor allem für didaktische Entscheidungen. Wildt (2009) verbindet z.B. einen idealtypischen Forschungszyklus mit dem Lernmodell von Kolb, da sich darin ähnliche Handlungsfelder für Lernende und Forschende abzeichnen: Ausgehend von einer Erfahrung, die reflektiert wird, wird eine veränderte Konzeption der Wirklichkeit angestrebt, welche zur erneuten Erfahrung führt und einen Lernzyklus in Gang setzt, der einem Forschungszyklus ähnelt. Auch die Zielrichtung ist eine ähnliche, denn es geht beim Lernen wie beim Forschen um eine „Erweiterung der Handlungs-/Begründungs-/Erklärungsfähigkeit" (Ludwig, 2011, S. 10).

Die analogen Prozesse aber sollten nicht dazu verleiten, die Unterschiede zwischen Forschen und Lernen zu vernachlässigen: Beide Tätigkeiten folgen einer unterschiedlichen Handlungslogik. Lernprozesse erweitern die individuelle Handlungsfähigkeit, Forschungsprozesse dagegen die kollektive. Das heißt: Wenn Studierende forschend lernen, dann wissen und können sie zunächst einmal als Individuen mehr. Ein wissenschaftlicher Erkenntnisgewinn ist dabei keineswegs ausgeschlossen, mitunter sogar angestrebt, steht aber nicht unbedingt im Zentrum. Innerhalb der Forschung dagegen ist der Erkenntnisgewinn für die wissenschaftliche Gemeinschaft zentral. Der persönliche Lerngewinn des Forschenden kann sehr groß sein; von kollektivem Interesse ist er nicht. Der Grund dafür ist, dass das Wissenschaftssystem hinter der Forschung andere Regeln kennt und einen anderen Zweck verfolgt als das Bildungssystem hinter dem Lernen. Das heißt: Wissenschaft und Bildung haben ihre je eigene Logik, aus der sich auch verschiedene Handlungspraxen herausbilden – mit und ohne Medien.

Zu diesen Handlungspraxen gehört unter anderem, dass formale Bildung und damit Lernen immer einen vergleichsweise hohen Anteil an Fremdorganisation aufweisen, Wissenschaft und damit Forschen dagegen stets einen relativ hohen Anteil an Selbstorganisation haben. Forschen ist zudem in hohem Maße unsicher und von vielen Bedingungen abhängig, trägt also in der Regel ein potenzielles Scheitern in sich (z.B. Bollnow, 1958). Lernen im formalisierten Kontext der Hochschule dagegen kann zwar das Scheitern didaktisch einkalkulieren und sogar sinnvoll nutzen, stößt aber aufgrund von verbindlichen Curricula und Prüfungssystemen schnell an Grenzen, was Misserfolgs- und Fehlertoleranz betrifft. Schließlich lassen sich Rollen im Kontext der Hochschullehre nicht gänzlich aufweichen, sodass eine Differenz von Lernenden und Lehrenden bestehen bleibt, was im Forschungshandeln weder nötig noch nützlich ist: Hier unterscheiden sich Beteiligte lediglich graduell im Hinblick auf Erfahrung und Expertise voneinander, können aber (prinzipiell) gleichberechtigt handeln. Allerdings ist diese Sichtweise mitunter auch nur eine theoretische, denn in der Wissenschaftspraxis stehen Nachwuchswissenschaftler/innen ebenfalls in einem ‚Meister-Schüler-Verhältnis' zu denjenigen (etablierten) Wissenschaftler/inne/n, die sie über die Betreuung von Qualifizierungsarbeiten und/oder Mentoring-Beziehungen in eine wissenschaftliche Disziplin bzw. in ein wissenschaftliches Fach einführen. Durch einen stärkeren Fokus auf Forschung und Forschungshandeln aber wird diese disziplinäre Sozialisation anders wirksam als im Bildungskontext.

4.3 Forschendes Lernen in und mit digitalen Medien in der Fachkultur

Eine Perspektive auf das forschende Lernen, welche die Forschung als Ausgangspunkt verwendet, muss sich zwangsläufig damit auseinandersetzen, dass es verschiedene Auffassungen von Forschung gibt. Nicht nur verschiedene Disziplinen, sondern mitunter auch Teildisziplinen und darunter subsumierte Fächer können ganz verschiedene Forschungsverständnisse und damit verbundene unterschiedliche Standards und Normen haben, was natürlich Einfluss auf die Frage nimmt, wie man forschend lernen kann oder soll (Jenkins & Healey, 2011) und welche Rolle dabei digitale Medien spielen. Sowohl die deutschsprachige als auch die internationale Literatur zum forschenden Lernen weist allerdings eine starke Dominanz der Sozialwissenschaften auf, sodass Forschungs- und Medienverständnisse anderer Fachkulturen in der Diskussion um forschendes Lernen in wesentlich geringerem Ausmaß vertreten sind. Die mangelnde Berücksichtigung *verschiedener* Auffassungen und Traditionen von Wissenschaft und Forschung in vorhandenen (Teil-) Disziplinen könnte ein wesentliches Hindernis dafür sein, forschungsorientierte Lehre in unterschiedliche Studienprogrammen zu integrieren und dort in vielfältiger Form umzusetzen. Dieser Umstand könnte auch den Blick auf das Medienhandeln beeinflussen, denn: Der Medienbegriff und das Handeln mit Medien unterscheiden sich innerhalb verschiedener Fachkulturen (für einen Überblick siehe Huber, 1992; Jenert, 2014; Wildt, 2011). Je nach (Sub-)Disziplin oder Fach sind Medien Inhalt des Forschungshandelns oder ausschließlich auf der methodischen Ebene von Interesse. Auf dieser Ebene wiederum dürfte auch die oben getroffene Unterscheidung der Aneignung und Nutzung von Medien als Werkzeug und/oder Handlungs- oder Kommunikationsraum fachkulturell geprägt sein.

Mit Blick auf das forschende Lernen erscheinen uns vor allem diejenigen Unterschiede in der Forschungsauffassung bedeutsam, die das Verhältnis von methodischer Strenge und praktischer oder gesellschaftlicher Relevanz haben (Dilger, 2012). Dieses Verhältnis bestimmt auch mit, ob und wie wahrscheinlich inter- und transdisziplinäre Forschung ist, die per se eine Auseinandersetzung mit verschiedenen Fachkulturen beinhalten muss. Der fachkulturelle Einfluss auf das forschende Lernen ist jedenfalls kaum erforscht: Ob also z.B. disziplinäre oder interdisziplinäre Forschung in welcher Phase des Studiums mehr oder weniger Potenziale oder Grenzen für das individuelle und soziale Lernen an der Hochschule bieten, sind offene Fragen, für die es bislang weder theoretisch noch empirisch befriedigende Antworten gibt.

5   Fazit: Wechseln der Perspektiven

Für ein tiefes Verstehen und eine adäquate Gestaltung forschenden Lernens mit digitalen Medien reicht es nicht, das hochschuldidaktische Konzept des forschenden Lernens einfach um eine mediendidaktische Perspektive zu erweitern. Zum einen sollte der Beitrag die Notwendigkeit deutlich gemacht haben, die Nutzung digitaler Medien eher breiter aus einer medienpädagogischen Sicht zu beleuchten, die neben der didaktischen auch eine medientheoretische und -soziologische Sicht zulässt und fördert. Zum anderen wollten wir mit unserem Beitrag zeigen, dass (unabhängig von den Medien) die Perspektive des Forschens eine ist, die bislang zu wenig berücksichtigt wurde, wenn es um forschendes Lernen geht – was in der Folge auch für das forschende Lernen mit digitalen Medien gilt. Alle drei Perspektiven haben ihren Nutzen, lenken sie die Aufmerksamkeit doch auf jeweils wichtige, aber eben nicht erschöpfende Aspekte des mediengestützten forschenden Lernens. Dass sich Medien sowohl im Kontext der Bildung als auch der Forschung als Werkzeug *und* als Handlungs- oder Kommunikationsraum verstehen und nutzen lassen, könnte eine wichtige Weichenstellung dafür sein, verschiedene mediendidaktische, medientheoretische und mediensoziologische Erkenntnisse miteinander zu verbinden und für die Förderung forschenden Lernens zu nutzen.

Ziel des Beitrags war es nicht, eine Perspektive – die hochschuldidaktische, die medienpädagogische oder die des Forschens – als ‚die bessere' zu identifizieren und zu propagieren. Vielmehr schließen wir aus der Skizze der drei Perspektiven, dass ein systematischer Wechsel derselben für die Gestaltung von Szenarien zum mediengestützten forschenden Lernen notwendig und fruchtbar ist: Hochschullehre und das Lernen im Studium finden in einem formalen Setting statt und unterliegen dem Referenzsystem der Bildung. Forschung findet im besten Fall am gleichen Ort statt und hat für die Lehre ein Potenzial, das bis heute aus unserer Perspektive nicht annähernd ausgeschöpft wird, unterliegt aber einem anderen Referenzsystem mit eigenen Regeln und Handlungspraxen. Forschendes Lernen ist vor diesem Hintergrund eine Forderung, die stets in einem Spannungsverhältnis zwischen zwei Referenzsystemen steht, das sich nie vollständig auflösen lässt und daher notgedrungen einen situativ angepassten Perspektivenwechsel benötigt. In ähnlicher Weise können Medien sowohl als Werkzeug in der Forschung und beim Lehren und Lernen genutzt werden als auch zur Konstruktion von Forschungs- und Bildungsräumen dienen. Beides schließt sich nicht aus, beide Teilperspektiven können nützlich sein, je nachdem welchen Aspekt des Lehrens, Lernens oder Forschens man mit welcher Zielsetzung durch Medien unterstützen will.

Für die Praxis der Hochschullehre dürften *zwei Aspekte* relevant sein, wenn es darum geht, diesen Wechsel an Perspektiven umzusetzen: Der erste Aspekt bezieht sich auf den im Text genannten Student Life Cycle, der Impulse dafür geben kann, verschiedene Formen forschenden Lernens in verschiedenen Phasen des Studiums umzusetzen. Folgt man beispielsweise dem Zürcher Framework für forschendes Lernen (Tremp & Hildbrand, 2012), dann lassen sich nicht nur mehrere Grade und Qualitäten forschenden Lernens unterscheiden, die im Verlauf des Studiums ihren Platz finden können, sondern auch darauf abgestimmte variable Leistungsnachweise bzw. Prüfungsformen. Eine solche Integration in das Prüfungssystem erscheint notwendig, will das forschende Lernen nicht nur Beiwerk und/oder abhängig von besonders engagierten Hochschullehrer/inne/n sein. Der zweite Aspekt betrifft die organisationalen Bedingungen für forschendes Lernen auf der Mikro-, Meso- und Makroebene von Lehre und Studium: Forschungshandeln müsste nicht nur in der direkten Interaktion zwischen Lehrenden und Studierenden eine Chance zur Verwirklichung haben. Auch auf der Ebene der Programmgestaltung müssten Strukturen geschaffen werden, die forschendes Lernen nicht nur zulassen, sondern fördern. Schließlich bedarf es einer hochschulpolitischen Haltung, mit der Bildung durch Wissenschaft ernsthaft nach innen und außen vertreten und unterstützt wird und Medien mit diversen Blickrichtungen sinnvoll integriert.

Literatur

Altrichter, H. (2003). Forschende Lehrerbildung. Begründungen und Konsequenzen des Aktionsforschungsansatzes für die Erstausbildung von LehrerInnen. In A. Obolenski, & H. Meyer (Hrsg.), *Forschendes Lernen. Theorie und Praxis einer professionellen LehrerInnenausbildung* (S. 55-70). Bad Heilbrunn: Klinkhardt.

Altrichter, H. & Mayr, J. (2004), Forschung in der Lehrerbildung. In S. Blömeke, P. Reinhold, G. Tulodziecki, & J. Wildt (Hrsg.), *Handbuch Lehrerbildung* (S. 164-184). Bad Heilbrunn: Klinkhardt.

Altrichter, H., Wilhelmer, H. & Sorger, H. (1989). *Schule gestalten: Lehrer als Forscher. Fallstudien aus dem Projekt „Forschendes Lernen in der Lehrerausbildung".* Klagenfurt: Hermagoras.

Bauer, P., Weidmann, A. & Mertes, K. (in Druck). Forschungsorientiertes Lehren und Lernen mit Hilfe einer Forschungscommunity. In: K. Rummler (Hrsg.), *Lernräume gestalten – Bildungskontexte vielfältig denken. Reihe Medien in der Wissenschaft.* Münster: Waxmann.

Bauer, R. & Baumgartner, P. (2012). *Schaufenster des Lernens. Eine Sammlung von Mustern zur Arbeit mit E-Portfolios.* Münster: Waxmann.

Bihrer, A., Tremp, P. & Schiefner, M. (2010). Forschendes Lernen und Medien – Ein Beispiel aus den Geschichtswissenschaften. In S. Mandel, M. Rutishauser & E. Seiler Schiedt (Hrsg.), *Digitale Medien für Forschung und Lehre* (S. 95-105). Münster: Waxmann.

Bollnow, O. F. (1958). Wagnis und Scheitern in der Erziehung. *Pädagogische Arbeitsblätter zur Fortbildung für Lehre und Erzieher, 10.* Jg., 337-349.

Bremer, C. (2000). Forschend und handelnd im Netz: Instrumente für aktives, kooperatives Lernen in virtuellen Lernumgebungen. In: B. Berendt, A. Fleischmann, J. Wildt, N. Schaper & B. Szczyrba (Hrsg.), *Neues Handbuch Hochschullehre,* B 1.17 (S. 1-37). Bonn: Raabe Verlag.

Brew, A. (2006). *Research and Teaching. Beyond the Divide.* Hampshire, New York: Palgrave Macmillan.

Bundesassistentenkonferenz – BAK (1970/2009). *Forschendes Lernen – Wissenschaftliches Prüfen. Schriften der Bundesassistentenkonferenz 5.* Bonn.

Dilger, A. (2012). *Rigor, wissenschaftliche und praktische Relevanz.* Diskussionspapier des Instituts für Organisationsökonomik 3/2012, Westfälische Wilhelms-Universität Münster, 2012.

Dürnberger, H. (2014). *Forschendes Lernen unter Einsatz digitaler Medien beim Verfassen der Bachelorarbeit – Potenziale für die Schlüsselkompetenzentwicklung* (Dissertation an der Zeppelin Universität).

Dürnberger, H., Reim, B. & Hofhues, S. (2011). Forschendes Lernen: Konzeptuelle Grundlagen und Potenziale digitaler Medien. In T. Köhler & J. Neumann (Hrsg.), *Wissensgemeinschaften. Digitale Medien – Öffnung und Offenheit in Forschung und Lehre* (S. 209-219). Münster: Waxmann.

Euler, D. (2005). Forschendes Lernen. In S. Spoun & W. Wunderlich (Hrsg.), *Studienziel Persönlichkeit. Beiträge zum Bildungsauftrag der Universität heute* (S. 253-272). Frankfurt: Campus Verlag.

Fichten, W. (2010). Forschendes Lernen in der Lehrerbildung. In U. Eberhardt (Hrsg.), *Neue Impulse in der Hochschuldidaktik* (S. 127-182). Wiesbaden: VS Verlag für Sozialwissenschaften.

Flechsig, K.-H. (1975). Handlungsebenen der Hochschuldidaktik. *ZIFF-Papiere Fernuniversität 3.* URL: http://deposit.fernuni-hagen.de/1703/1/ZP_003.pdf (07.07.2014).

Friedman, D. B., Crews, T. B., Caicedo, J. M., Besley, J. C., Weinberg, J. & Freeman, M. L. (2010). An Exploration Into Inquiry-Based Learning by a Multidisciplinary Group of Higher Education Faculty. *Higher Education, 59* (6), 765-783.

Funke, J. & Zumbach, J. (2005). Problemlösen. In H. Mandl & H. F. Friedrich (Hrsg.), *Handbuch Lernstrategien* (S. 206-220). Göttingen: Hogrefe.

Guterman, L. (2007). What Good Is Undergraduate Research, Anyway? *Chronicle of Higher Education*, 53 (50), 12.

Hofhues, S. & Schiefner-Rohs, M. (2012). Doktorandenausbildung zwischen Selbstorganisation und Vernetzung: zur Bedeutung digitaler sozialer Medien. In G. Csanyi, F. Reichl & A. Steiner (Hrsg.), *Digitale Medien – Werkzeuge für exzellente Forschung und Lehre* (S. 313-323). Reihe Medien in der Wissenschaft (Band 61). Münster: Waxmann.

Hofhues, S. & Schiefner-Rohs, M. (in Druck). Education Beyond Facebook. Critical Reflections on the Current State of ICT in Higher Education. In B. Patrut (Hrsg.), *Social Media in Academia: Research and Teaching. Proceedings of SMART 2013*. Heidelberg: Springer.

Huber, L. (1992). Neue Lehrkultur – alte Fachkultur. In A. Dress, E. Firnhaber, H. v. Hentig & D. Storbeck (Hrsg.), *Die humane Universität. Bielefeld 1969–1992* (S. 95-106). Festschrift für Karl Peter Grotemeyer. Bielefeld: Westfalen Verlag.

Huber, L. (1993). Bildung durch Wissenschaft – Wissenschaft durch Bildung: hochschuldidaktische Anmerkungen zu einem großen Thema. In H. Bauersfeld & R. Bromme (Hrsg.), *Bildung und Aufklärung: Studien zur Rationalität des Lehrens und Lernens* (S. 163-175). Münster: Waxmann.

Huber, L. (2004). Forschendes Lernen. 10 Thesen zum Verhältnis von Forschung und Lehre aus der Perspektive des Studiums. *die hochschule*. 2/2004, 29-49.

Huber, L. (2009). Warum Forschendes Lernen nötig und möglich ist. In: L. Huber, J. Hellmer & F. Schneider (Hrsg.), *Forschendes Lernen im Studium. Aktuelle Konzepte und Erfahrungen* (S. 9-36). Bielefeld: UniversitätsVerlagWebler.

Hutchings, W. (2007). *Enquiry-Based Learning: Definitions and Rationale*. Centre for Exellence in Enquiry-Based Learning. URL: www.campus.manchester.ac.uk/ceebl/ resources/papers/hutchings2007_definingebl.pdf (07.07.2014).

Jenert, T. (2014). Verändern Medien die Lernkultur? Mögliche Rollen von Technologie zwischen virtuellen und physischen Lernräumen. In T. Skerlak, H. Kaufmann & G. Bachmann (Hrsg.), *Lernumgebungen an der Hochschule. Auf dem Weg zum Campus von morgen* (S. 159-175). Münster: Waxmann.

Jenkins, A. & Healey, A. (2011). Research based learning – a collection of case studies in different disciplines. In I. Jahnke & J. Wildt (Hrsg.), *Fachbezogene und fachübergreifende Hochschuldidaktik* (S. 37-46). Bielefeld: Bertelsmann.

Jenkins, A. Healey, M. & Zetter, R. (2007). *Linking teaching and research in disciplines and departments*. The Higher Education Academy: York.

Krammer, K. & Reusser, K. (2005). Unterrichtsvideos als Medium der Aus- und Weiterbildung von Lehrpersonen. *Beiträge zur Lehrerbildung, 23*(1), 35-50.

Loyens, S. M. M. & Rikers, R. M. J. P. (2011). Instruction Based on Inquiry. R. E. Mayer & P. A. Alexander (Hrsg.), *Handbook of Research on Learning and Instruction* (S. 361-381). Educational Psychology Handbook Series. New York: Routledge.

Ludwig, J. (2011). *Forschungsbasierte Lehre als Lehre im Format der Forschung*. Brandenburgische Beiträge zur Hochschuldidaktik, 3. Potsdam: Universitätsverlag Potsdam.

Mayrberger, K. (2013). Medienbezogene Professionalität für eine zeitgemäße Hochschullehre – ein Plädoyer. In G. Reinmann, M. Ebner & S. Schön (Hrsg.), *Hochschuldidaktik im*

Zeichen von Heterogenität und Vielfalt. Doppelfestschrift für Peter Baumgartner und Rolf Schulmeister (S. 197-214). Norderstedt: Books on Demand GmbH.

Merkel, C.A. (2001). Undergraduate Research at Six Research Universities. A Pilot Study for the Association of American Universities. URL: www.aau.edu/assets/0/76/354/390/75d36cb3-64fd-4a3f-80e9-560d50506041.pdf (07.07.2014).

Münker, S. (2009). *Emergenz digitaler Öffentlichkeiten. Die Sozialen Medien im Web 2.0.* Frankfurt: Suhrkamp Verlag.

Multrus, F. (2012). Forschung und Praxis im Studium: Befunde aus Studierendensurvey und Studienqualitätsmonitor. URL: http://kops.ub.uni-konstanz.de/bitstream/handle/urn:nbn:de:bsz:352-222461/Multrus_222461.pdf?sequence=3 (07.07.2014).

Niegemann, H.M., Domag, S., Hessel, S., Hein, A., Hupfer, M. & Zobel, A. (2008). *Kompendium multimediales Lernen.* Berlin: Springer.

Reiber, K. (2007). Grundlegung: Forschendes Lernen als Leitprinzip zeitgemäßer Hochschulbildung. *Tübinger Beiträge zur Hochschuldidaktik, 1* (3), 6-12. URL: www.tat.physik.uni-tuebingen.de/~speith/publ/TBHD_Beitrag_Forschendes_Lernen.pdf (07.07.2014).

Reinmann, G. (2009). Wie praktisch ist die Universität? Vom situierten zum Forschenden Lernen mit digitalen Medien. In L. Huber, J. Hellmer & F. Schneider (Hrsg.), *Forschendes Lernen im Studium. Aktuelle Konzepte und Erfahrungen* (S. 36-52). Bielefeld: UniversitätsVerlagWebler.

Reinmann, G., Hartung, S. & Florian, A. (2014). Akademische Medienkompetenz im Schnittfeld von Lehren, Lernen, Forschen und Verwalten. In P. Imort & H. Niesyto (Hrsg.), *Grundbildung Medien in pädagogischen Studiengängen* (Schriftenreihe Medienpädagogik interdisziplinär) (S. 319-332). München: kopaed.

Reinmann, G. & Sippel, S. (2011). Königsweg oder Sackgasse? E-Portfolios für das forschende Lernen. In T. Meyer, K. Mayrberger, S. Münte-Goussar & C. Schwalbe (Hrsg.), *Kontrolle und Selbstkontrolle. Zur Ambivalenz von E-Portfolios in Bildungsprozessen* (S. 185-202). Wiesbaden: VS Verlag für Sozialwissenschaften.

Sabatini, D. (1997). Teaching and Research Synergism: the Undergraduate Research Experience. *Journal of Professional Issues in Engineering Education and Practice, 123*(3), 98-102.

Sesink, W. (2003). *Einführung in das wissenschaftliche Arbeiten. Mit Internet – Textverarbeitung – Präsentation* (6. Auflage). München: Oldenbourg.

Spronken-Smith, R. & Walker, R. (2010). Can Inquiry-Based Learning Strengthen the Links Between Teaching and Disciplinary Research? *Studies in Higher Education, 35* (6), 723-740.

Tremp, P. & Hildbrand, T. (2012). Forschungsorientiertes Studium – universitäre Lehre: Das «Zürcher Framework» zur Verknüpfung von Lehre und Forschung. In T. Brinker & P. Tremp (Hrsg.), *Einführung in die Studiengangentwicklung* (S. 101-116). Bielefeld: Bertelsmann.

Trigwell, K., Martin, E., Benjamin, J. & Prosser, M. (2000). Scholarship of Teaching: a Model. *Higher Education Research & Development, 19*(2), 155-168.

Trowler, P. & Wareham, T. (2008). *Tribes, territories, research and teaching: Enhancing the teaching-research nexus.* Heslington: The Higher Education Academy.

Vollbrecht, R. (2010). Der sozialökologische Ansatz der Mediensozialisation. In D. Hoffmann & L. Mikos (Hrsg.), *Mediensozialisationstheorien. Modelle und Ansätze in der Diskussion* (S. 93-108). 2., überarbeitete und erweiterte Auflage. Wiesbaden: VS.

Wildt, J. (2009). Forschendes Lernen: Lernen im „Format" der Forschung. *Journal Hochschuldidaktik*, 20(2), 4-7, URL: http://www.zhb.tu-dortmund.de/hd/fileadmin/JournalHD/ 2009_2/2009_2_Wildt.pdf (07.07.2014).

Wildt, J. (2011). Ein Blick zurück – Fachübergreifende und/oder fachbezogene Hochschuldidaktik: (K)eine Alternative? In I. Jahnke & J. Wildt (Hrsg.), *Fachbezogene und fachübergreifende Hochschuldidaktik.* (S. 19-34). Bielefeld: Bertelsmann Verlag.

Wildt, J. (2013). Entwicklung und Potenzial der Hochschuldidaktik. In M. Heiner & J. Wildt (Hrsg.), *Professionalisierung der Lehre. Perspektiven formeller und informeller Entwicklung von Lehrkompetenz im Kontext der Hochschulbildung* (27-57). Bielefeld: Bertelsmann.

David Kergel

Forschendes Lernen 2.0
Lerntheoretische Fundierung und Good Practice

Abstract

Forschendes Lernen 2.0 kann als ein Ansatz verstanden werden, der die Lehr-Lernform des forschenden Lernens mit dem radikalen medialen und gesellschaftlichen Wandel der letzten zehn Jahre integrativ verbindet. Hier kann u.a. an die Digitalisierung der Wissenschaften (E-Science) sowie an den handlungs- und produktionsorientierten Ansatz des E-Learning 2.0 angeknüpft werden. E-Science wie E-Learning 2.0 erfordern einen hohen Grad an Partizipation, um das kollaborative Potenzial, über das beide Ansätze definiert sind, aktualisieren zu können. Um dieses Potenzial im Sinne des forschenden Lernens abzurufen, gilt es, die Lernenden zum *Produzieren im Internet unter forschungsorientierten Gesichtspunkten zu ermutigen*. Neben der gezielten Vermittlung von Sachkompetenz (z.B. Vermittlung von forschungsmethodischen Strategien) gilt es hierbei – auch im Sinne der Selbstwirksamkeitserwartung seitens der Lernenden –, eine produktive, ermutigende Haltung gegenüber den Web-2.0-Medien zu bahnen. Eine solche Haltung wiederum verweist auf die Relevanz, unter Lehr-Lernprozessen mehr als die Vermittlung/Aneignung von Sachkompetenz zu verstehen und die Erlebnisdimension in Lehr-Lernprozessen angemessen einzubeziehen. Der Ansatz des forschenden Lernens 2.0 soll aus medienpädagogischer Perspektive für die Herausforderungen des digitalen Wandels sowie die emanzipatorischen Potenziale sensibilisieren, die diesem Wandel sowie dem Ansatz des forschenden Lernens inhärent sind. Mittels der Herausarbeitung lerntheoretischer Fundierungen sowie der Darstellung eines Good-Practice-Beispiels wird im Rahmen des Artikels der Bogen eines forschenden Lernens 2.0 von der Theorie bis hin zur Praxis geschlagen.

1   Einleitung

Forschendes Lernen 2.0 kann als ein Ansatz verstanden werden, der die Lehr-Lernform des forschenden Lernens mit dem radikalen medialen und gesellschaftlichen Wandel der letzten zehn Jahre integrativ verbindet. Für den vorliegenden Aufsatz sind vor allem die beiden folgenden Fragestellungen leitend:

- Wie lässt sich forschendes Lernen angesichts eines sich beschleunigenden medialen Wandels verstehen?[1]
- Wie können anwendungsorientierte, zeitgemäße Ansätze des forschenden Lernens entwickelt werden?

Die Thematisierung eines forschenden Lernens 2.0 an der Carl von Ossietzky Universität Oldenburg, das sich mit diesen heuristischen Leitfragen auseinandersetzt, bindet verstärkt anwendungs- sowie produktionsorientiert Lernende in forschungsbasierte E-Learning-Szenarien ein. Im Zuge des BMBF geförderten Q-Pakt-Projektes „Forschungsbasiertes Lernen im Fokus" (FLiF) werden im Sinne von Pilotveranstaltungen E-Learning-Szenarien entwickelt, die den Ansprüchen eines partizipativen Umgangs mit den digitalen Medien im Sinne des forschenden Lernens gerecht werden.[2]

Im Rahmen dieses Artikels werden, um den Ansatz eines forschenden Lernens 2.0 angemessen zu beleuchten,

- die lerntheoretische Fundierung forschenden Lernens 2.0 (vgl. Kapitel 2.2),
- eine begriffliche Fassung des forschenden Lernens 2.0 (vgl. Kapitel 2.3) sowie
- mittels eines Good-Practice-Beispiels (vgl. Kapitel 2.3.1) die Umsetzung forschenden Lernens 2.0 in die Lehr-Lern-Praxis vorgestellt.

2   Vom forschenden Lernen zum forschenden Lernen 2.0

Aeppli, Gasser, Gutzwiller und Tettenborn (2011) weisen auf die Uneinheitlichkeit der begrifflichen Fassungen des forschenden Lernens hin und verorten die verschiedenen begrifflichen Definitionsansätze des forschenden Lernens zwischen den Polen eines explorativ geleiteten Erkenntnisgewinnes seitens des Lerners auf der einen und der, durch systematische Forschungsstrategien gewonnenen, Generierung ‚objektiv neuen' Wissens auf der anderen Seite. Hubers (2013) Definition steht hierbei paradigmatisch für die letztgenannte Position: „Der harte Kern darin ist, dass die Lernenden selbst forschen, Lernen und Forschen auch der Tätigkeitsform nach zusammenfallen" (Huber, 2013, S. 23), während bereits Dewey implizit vor einer Verkürzung/Einengung des forschenden Lernens auf hochschuldidaktische Ansätze warnt:

> „Wir drücken uns oft so aus, als ob eigenes Forschen ein besonderes Vorrecht der Forscher oder wenigstens der fortgeschrittenen Studierenden wäre. Alles Denken ist jedoch Forschung, alle Forschung ist eigene Leistung dessen, der sie durchführt, selbst wenn das, wonach er sucht, bereits der ganzen übrigen Welt restlos und zweifelsfrei bekannt ist" (Dewey, 1993, S. 198).

---

1   Aufgrund der mediendidaktischen Ausrichtung dieses Beitrags wird eine weitere Bedeutungsdimension forschenden Lernens 2.0 – *Kann forschendes Lernen im Kontext von sozialen Transformationen wie der Globalisierung eine sinnvolle Anwendung finden?* – für diesen Beitrag ausgeklammert.

2   Einige dieser Modelle werden in Form von Good-Practice-Beispielen aus dem Blickwinkel der E-Science von Birte Heidkamp in diesem Band diskutiert.

2.1 Vom entdeckenden zum forschenden Lernen: das Lern-Kontinuum

Anknüpfend an die Überlegungen von Aeppli et al. (2011) wird hier für ein Verständnis des forschenden Lernens plädiert, das nicht quasi dichotomisch von anderen Lernformen abgegrenzt wird. Vielmehr wird, mit Bezug auf die problematisierende Haltung Deweys gegenüber einer hochschuldidaktischen Verkürzung des forschenden Lernens, ein konzeptioneller Ansatz vorgeschlagen, der ein Lern-Kontinuum zwischen den Polen „entdeckendes Lernen" und „forschendes Lernen" aufspannt: An dem einen Ende eines solchen Lern-Kontinuums steht das entdeckende Lernen. Im entdeckenden Lernen wird das Wissen vom Lernenden mehr oder weniger gezielt selbst erkannt beziehungsweise konstruiert (vgl. eingehender zu dem Konzept des ‚entdeckenden Lernens' die erkenntnistheoretischen Schriften des Reformpädagogen Freinet, 2000). Im forschenden Lernen dagegen, das sich an dem anderen Pol positionieren lässt, wird Wissen strategisch und gezielt anhand der Nutzung von Forschungsmethodiken selbst erkannt. Im Idealfall soll durch das forschende Lernen neues Wissen generiert werden. Ein einendes Moment stellt hierbei das sogenannte „explorative Verhalten" (vgl. Gibson, 1998) dar. Exploratives Verhalten zeichnet Lernen zu allen Lebensphasen aus. So verweist Schäfer (1999) darauf, dass bereits der Säugling für ideales Lernen regelmäßig mit neuen und anregenden Reizen in Kontakt kommen soll (die aber nicht bedrohlich/überfordernd sein dürfen). Anhand dieser Reize soll der Säugling die Welt selbst entdecken. Nach Gopnik (2009) versucht bereits der Säugling Phänomene „zu entdecken", also zu erkennen und, dem jeweiligen Entwicklungsstand entsprechend, zu verstehen: „Babys eignen sich Informationen über jedes interessantes Ereignis, das sie beobachten, (…) geradezu gierig an, egal ob sie nützlich und wichtig zu sein scheinen oder nicht" (Gopnik, 2009, S. 44). Dieses angeborene explorative Verhalten, das sich als anthropologische Konstante verstehen lässt, zeichnet auch das forschende Lernen aus. Ein Wesensmerkmal des forschenden Lernens besteht darin, dass das entdeckende Lernen wissenschaftlich fundiert wird. Quasi als ein Zwischenschritt steht das sogenannte selbstregulierte Lernen, das ein hohes Maß an Abstraktionsfähigkeit zur Metareflexion des eignen Lernprozesses erfordert:

> „When defining self-regulated learning, it is important to distinguish between self-regulation processes, such as perceptions of self-efficacy, and strategies designed to optimize these processes, such as intermediate goalsetting (…) Self-regulated learning strategies refer to actions and processes directed at acquisition of information or skills that involve agency, purpose, and instrumentality perceptions by learners" (Zimmerman, 1990, S. 5).

Die Metareflexion des Lernens, die als eines der konstitutiven Element des forschenden Lernens angesehen werden kann, bedarf im Sinne Piagets der Erlangung formal-operationaler Kompetenz (vgl. Piaget, 1975) und ist folglich an die Entwicklung der kognitiven Kompetenzen der Lernenden gebunden. Das selbstregulierte Lernen nimmt durch seine metakognitive Perspektive auf Lernprozesse eine Übergangsposition zwischen den Polen ‚entdeckendes Lernen' und ‚forschendes Lernen' ein, da es weg von einer intuitiven, nicht lernstrategisch geleiteten Wissenskonstruktion hin zu forschungsmethodisch fundierten Prozessen der Wissenskonstruktion überleitet.

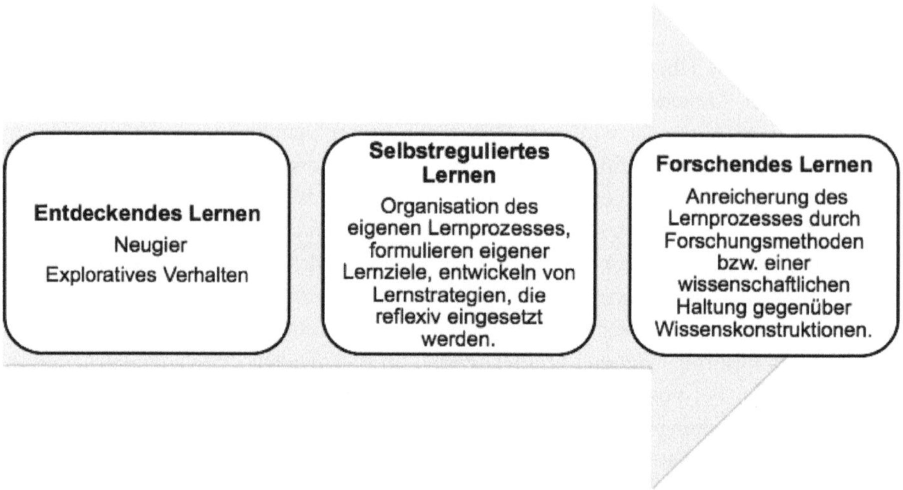

Abbildung 1: Schematische Darstellung des Lernkontinuums (eigene Darstellung)

Ausgehend von diesen Überlegungen zum Lernkontinuum „entdeckendes Lernen – forschendes Lernen" kann die folgende Definition zum forschenden Lernen von Huber als ein idealtypisches Verständnis des forschenden Lernens herangezogen werden, ohne dass es anderen Lernformen bzw. Lernkonzeptionen dichotomisch gegenüber gestellt wird:

> „Forschendes Lernen zeichnet sich vor anderen Lernformen dadurch aus, dass die Lernenden den Prozess eines Forschungsvorhabens, das auf die Gewinnung von auch für Dritte interessanten Erkenntnissen gerichtet ist, in seinen wesentlichen Phasen – von der Entwicklung der Fragen und Hypothesen über die Wahl und Ausführung der Methoden bis zur Prüfung und Darstellung der Ergebnisse in selbstständiger Arbeit oder in aktiver Mitarbeit in einem übergreifenden Projekt – (mit)gestalten, erfahren und reflektieren" (Huber, 2009, S. 11).

Forschendes Lernen als Lehr-Lernkonzept bietet partizipative Möglichkeiten, erfordert aber auch ein hohes Maß an Selbststeuerung seitens der Lernenden (diese Form der Selbststeuerung wird wiederum unter anderem im Ansatz des selbstregulierten Lernens thematisiert). Grundvoraussetzung für ein solches Verständnis vom forschenden Lernen ist eine *explorative Haltung* der Lernenden. Forschendes wie entdeckendes Lernen lebt von der intrinsischen Motivation der Lernenden. Die Lernenden müssen durch ihre Neugier zu dem Formulieren von Fragen, zu der Entwicklung von Forschungsfragen, zu einem Entwickeln eines Forschungsdesigns und der Durchführung des Forschungsvorhabens getrieben werden. Für die Qualitätssicherung ergibt sich hieraus, dass im Zuge der Entwicklung von Lehr-Lernszenarien, die sich dem forschenden Lernen verpflichtet sehen, die Förderung

- der Neugier,
- der intrinsischen Motivation sowie
- der Selbsterfahrung der Lernenden,

besondere Beachtung verdienen. Die Bedeutung von Emotionen in Lernprozessen wurde u.a. in Studien von Pekrun (1992; 1998) aufgearbeitet. Abele (1995) hat in Experimenten herausgearbeitet, dass Emotionen insofern den Lernprozess mitgestalten, als dass eine positive Stimmung zu einem optimierten Erinnern führt und schnelleres Problemlösen ermöglicht. Weiner (1985) wiederum weist darauf hin, dass u.a. Freude über eigene Erfolge die Leistungsmotivation erhöht. Unter anderem mit Bezug auf diese Studien lässt sich die These ableiten, dass die Selbsterfahrungen des Lernenden in Lehr-Lernszenarien den Erfolg von Lernprozessen (im Kontext des forschenden Lernens) beeinflusst: Die Wirksamkeitserwartung, also die Erwartung/Haltung, eine Handlung erfolgreich durchführen zu können, hängt auch von der Selbstattribution des Lernenden ab (*schreibt sich der Lernende die Kompetenzen zu, um ein Verhalten auszuführen?*). Mit einer hohen eigenen Selbstwirksamkeitserwartung kann exploratives Verhalten gefördert werden, da die Aktivität, die exploratives Verhalten erfordert, durch eine hohe Selbstwirksamkeitserwartung eher ausgeführt wird (vgl. Bandura, 1977). Mit der Realisierung eines didaktischen Prinzips, das auf einer *Souveränisierung des Lerners* im Lernprozess gründet, gilt es neben der autonomen Aneignung/Einübung von Sachkompetenz das Gefühl der Selbstwirksamkeit zu stärken. Im Sinne einer angemessenen Entwicklung von didaktischen Leitprinzipien ist es relevant, die lerntheoretischen Fundierung dieser Lernerzentrierung forschenden Lernens angemessen herauszuarbeiten:

> „In order to develop the use of e-learning from a pedagogical point of view, it is therefore not enough to study the existing practice. Instead, it is necessary to have an understanding of theoretical principles of the learning process and of the ideal learning environment. It means that the use and design of e-learning should be grounded in a learning theoretical approach and cannot be based on an existing practice" (Daalsgard, 2005, theoretically grounded evaluation, para. 3).

Daalsgard macht auf die Verknüpfung konkreter (e-)didaktischer Strategien mit ‚grundlegenden‘ lerntheoretischen Positionen aufmerksam. Um die konkreten didaktischen Strategien angemessen zu konzeptionieren, ist die lerntheoretische Verankerung der konkreten didaktischen Strategien ebenfalls relevant. Um Bedingungen und Faktoren für das Gelingen von forschungsbasierten Lehr-Lernszenarien gegenstandangemessen formulieren zu können, werde ich in einem ersten Schritt zunächst eine lerntheoretische Verortung von forschungsbasierten Lehr-Lernszenarien vorschlagen, um darauf aufbauend eine Umsetzung eines Lernszenarios darzustellen, dass als Good-Practice-Beispiel im Sinne des forschenden Lernen 2.0 verstanden werden kann.

2.2   Lerntheoretische Fundierung des forschenden Lernens

Im Folgenden wird in Abgrenzung zu behavioristisch und kognitivistisch orientierten Lerntheorien herausgearbeitet, inwiefern der Ansatz des forschenden Lernens auf einem (sozial-) konstruktivistischen lerntheoretischen Paradigma beruht.

Die Art und Weise, wie Lehr-Lernszenarien strukturiert sind, ist abhängig von dem Verständnis *was*, *wie* in dem jeweiligen Szenario vermittelt und gelernt werden soll. In der Darstellung der ,drei klassischen' Lerntheorien „Behaviorismus", „Kognitivismus" und „Konstruktivismus" wird für die Ableitung der grundlegenden Lernprinzipien aus erkenntnistheoretischer Perspektive skizziert, was der Lernende gemäß den einzelnen wie lernen soll.

> „A learning theoretical approach is developed on the basis of a philosophical understanding of knowledge and learning. A learning theory can be defined as *a conception of the individual, the world, the individual's relation to the world, and knowledge.* Analytically, learning principles can be divided into the form, content and relations of a learning environment. The concept of form describes the organisation of the students' work; *how* do the students work with the subject matter? Content describes organisation of the subject matter; *what* are the students working with? Finally, the concept of relations describes the relationship between the participants (teachers and students) in the learning environment and their respective roles. Learning principles can be defined as *an approach to form, content and relations of the learning environment*" (Dalsgaard, 2005, a framework for evaluation, para 2).

Die Grundannahmen über den/die Lernende/n und seine/ihre Verortung in Lehr-Lernprozessen können als signifikante Differenzen in den lerntheoretischen Positionsbestimmungen elaboriert werden, die sich später auch in unterschiedlichen Gestaltungselementen von Unterricht überführen lassen.[3]

Behavioristische Ansätze theoretisieren Lernprozesse als Verhaltensänderungen, die als Reaktion auf äußere Einflüsse zu verstehen sind. Hierbei wird ausschließlich beobachtbares Verhalten fokussiert, um einem Wissenschaftsverständnis zu genügen, das sich programmatisch von introspektiven Ansätzen abgrenzt, die als nicht wissenschaftlich kritisiert werden. Gemäß der Prämisse, nur beobachtbares Verhalten zu untersuchen, stellt das sogenannte Reiz-Reaktions-Modell die verhaltenstheoretische Grundlage des Behaviorismus dar. Mentale Prozesse werden als „Black Box" ausgeklammert, da sie nicht wissenschaftlich angemessen aufgearbeitet werden können. Vor allem das sogenannte operante Konditionieren, das von Skinner lerntheoretisch gefasst wurde, ist für die didaktische Aufarbeitung von Lernprozessen relevant: Durch bestimmte Stimuli wird Verhalten geformt und Verhaltensdispositionen werden ,trainiert'. Ein Verhalten wird häufiger bei positiver Verstärkung (angenehme Konsequenz) oder negativer Verstärkung ausgeführt (Beendigung eines unangenehmen Reizes/Zustandes). Bei einer Bestrafung oder dem Ignorieren eines Verhaltens wird dieses Verhalten weniger häufig ausgeführt oder gar ge-

---

3   Hierbei sei mit Bezug auf den Begriff der Lerntheorie darauf verwiesen, dass diese keine abgeschlossenen, klar definierten, kohärenten und empirisch abgesicherte Theoriesysteme darstellen, sondern wissenschaftstheoretisch orientierte, vor allem experimentalpsychologische Forschungsprojekte bzw. Ergebnisse darstellen.

löscht. Der/Die Lernende wird in behavioristischen Ansätzen eher als *passiv-reagierend* und wenig initiativ verstanden. Gemäß diesen Ansätzen wird die/der Lernende nicht selbst aktiv. Sie/Er reagiert lediglich auf äußere Reize bzw. wird auf diese hin aktiv (in dem sie/er eine Reaktion zeigt).

Kognitivistische lerntheoretische Ansätze sind vor allem im Bereich der Lern- und Gedächtnisforschung anzusiedeln und fokussieren stärker komplexe Lernphänomene wie Wahrnehmung, Problemlösung, Entscheidungsverhalten. Lernprozesse werden als Informationsverarbeitungsprozesse theoretisiert. Laucken charakterisiert diese Betrachtung als einen „rechneranalogem Jargon", der sich vor allem seit den 70er Jahren zunehmend etabliert hat (Laucken, 1998, S. 230). Aus *erkenntnistheoretischer* Perspektive sind kognitivistische Ansätze ebenso wie behavioristische Ansätze objektivistischen Positionen verpflichtet. Die/Der Lernende eignet sich über Prozesse der Informationsaufnahme, Informationsverarbeitung und Informationsspeicherung die objektiven, kausalen Strukturen der Welt an. Um die objektiv bestehenden Strukturen angemessen zu internalisieren, ist aus didaktischer Perspektive vor allem der Einsatz der angemessenen Methoden und Problemstellungen relevant. Das Lernangebot dient als Mittler zwischen den objektiven Strukturen und deren Internalisierung durch den Lernenden im Zuge des Lernprozesses.[4] Der Lernende wird weniger rezeptiv als in behavioristisch orientierten Ansätzen gefasst, da die lerntheoretische Orientierung kognitivistischer Modelle individuelle Informationsverarbeitungsprozesse (oftmals in Form von Feedbackprozessen) verarbeitungslogisch theoretisiert. Durch die Thematisierung des inneren Verarbeitungsprozesses wird den Lernenden mehr (Handlungs-)Freiheit in Lernprozessen als im Behaviorismus zugestanden. Laucken problematisiert in diesen Ansätzen einen „informationsverarbeitungstheoretische[n] Individualismus" (Laucken, 1998, S. 232), der zugleich ein „kognitiver Individualismus" (Laucken, 1998, S. 232) ist: „Erst werden soziale Bezüge individualisiert, dann werden die Kontakte zur sozialen Umwelt gekappt, übrig bleibt eine InformationsverarbeitungsMonade, deren Informationsverarbeitungsprogramm es nun zu erforschen gilt" (Laucken, 1998, S. 232). Das lernende Individuum wird als Funktionseinheit begriffen. Dabei wird die Einbindung in den sozialen Kontext, der Lernen signifikant mit beeinflusst, nach Laucken allerdings nicht angemessen gewürdigt. Diese soziale Dimension von Lernen wird v.a. von konstruktivistischen Ansätzen thematisiert.

In *konstruktivistisch orientierten Lerntheorien,* die auf einer Re-definition der Relation des Individuums zur Wirklichkeit beruhen, internalisieren die Lernenden nicht länger objektiv gegebene Strukturen. Vielmehr wird deren Wissen um Welt und Wirklichkeit als Konstrukt theoretisiert. Jäger (1998, S. 50) sieht den „Grundgedanken des Konstruktivismus" dementsprechend darin, „Theorien als Konstruktionen zu verstehen und über das Verfahren und den Zweck des Herstellens dieser Konstruktionen deren Sinn aufzuklären" (Jäger, 1998, S. 33). Im Rahmen des erkenntnistheoretischen Perspektivwechsels des Konstruktivismus „verschiebt sich der Akzent von der Welterkenntnis zur Selbsterkenntnis" (Siebert, 1999, S. 50). Ein konstruktivistisches Verständnis von Lernen geht davon aus, dass Sinnstrukturen, die logische Gliederung der Welt, die Herstellung von Kausalitä-

---

4   Piagets Äquilibrationsansatz lässt sich auch als Anpassungsmodell verstehen, das den Prozess der Internalisierung objektiver Strukturen beschreibt.

ten Konstrukte darstellen, die im Zuge eines Lernprozesses generiert werden. Es geht also nicht um die Internalisierung objektiver Strukturen, sondern um einen Ordnungsprozess von Welt, der als eigenständige (Konstruktions-)Leistung des Lernenden angesehen werden kann.

In der Weiterentwicklung der *sozial-konstruktivistischen Ansätze* wird ergänzend die soziale Dynamik im Rahmen konstruktivistischer Erkenntnisakte elaboriert (vgl. Gergen, 1994; Gergen & Gergen, 2009). Erkenntnis ist kein isolierter autoreferentieller Prozess eines vereinzelten Individuums, das für sich alleine lernt, sondern vollzieht sich als intersubjektiver Erkenntnisprozess. Lernende als Mitglieder einer Lerngruppe versuchen, zu einem gemeinsamen Verständnis der Lerninhalte zu kommen (als ein paradigmatisches Beispiel für eine solche kollektive Wissenskonstruktion lässt sich Wikipedia anführen). Bedeutungen werden in einem gemeinsamen Verständnisprozess ausgehandelt. Auf diese Weise wird individuelles Wissen geteilt. Dieses sozial geteilte oder distribuierte Wissen kann dafür eingesetzt werden, gemeinsames Wissen zu konstruieren. Diese kollektiven Konstruktionsprozesse können auch als Ko-Konstruktionsprozesse verstanden werden (vgl. hierzu auch Sutter, 2009).

Im Gegensatz zum Behaviorismus und Kognitivismus betont der Konstruktivismus verstärkt die *Individualität im sozialen Kontext* sowie die *emotionale Durchdringung* der jeweiligen Wissensstrukturen (vgl. Siebert, 2005). Wissen wird trotz sozialer Teilung und Bedeutungsaushandlung auch immer *individuell erfahren*. So individuell (nicht isoliert!) wie jeder Lernende ist auch die jeweilige von ihr/ihm konstruierte ‚Wissensstruktur‘. Die Dynamik und Individualität der Lernprozesse spiegelt sich in der Dynamik und Individualität der jeweiligen Konstruktion von Wissensstrukturen; dies lässt die spezifische motivationale Disposition eines jeden Lernenden sowie dessen Erlebnis des Lernprozesses wichtig werden. Die Passung der individuellen Wissensstrukturen mit der Umwelt (*Können andere mein Verständnis von Welt, meinen Umgang mit Daten, Fakten etc. nachvollziehen?*), wird im intersubjektiven, emotional grundierten Verständigungsakt hergestellt. Dieses Zusammenspiel zwischen individueller Konstruktion von Wissensstrukturen und sozialer Aushandlung der Bedeutung von Daten, Fakten etc. wird erkenntnistheoretisch von sozial-konstruktivistischen Ansätzen aufgearbeitet und verlangt eine erkenntniskritische Selbstreflexion: „Die Erfahrungsabhängigkeit von Wirklichkeit nötigt zur Toleranz gegenüber den Konstrukten Andersdenkender" (Siebert, 1999, S. 44).

2.3   Forschendes Lernen 2.0, der Versuch einer begrifflichen Fassung

Aus der Diskussion der drei klassischen Lerntheorie-Traditionen möchte ich drei Elemente einer lerntheoretischen Verortung forschenden Lernens vorschlagen, die als Grundlage für eine Skizze des Forschenden Lernens 2.0 dienen soll. Die Grundhaltung des forschenden Lernens basiert auf einer Offenheit des Wissens, weil Lernende sich nicht bereits vorhandenes Wissen aneignen oder objektiv vorgegebene Strukturen internalisieren. Vielmehr müssen im forschenden Lernen die Entwicklung von Forschungsfragen und die Erarbeitung einer forschungsmethodisch angemessenen fundierten Antwortstrategie auf einer neugierigen, explorativen Grundhaltung basieren. Statt eine defizitorientierte Perspektive auf den Lernenden einzunehmen, die darüber definiert ist, was der Lernende noch nicht weiß, schätzt und fördert forschendes Lernen die Auseinandersetzung der Lernenden mit der Welt, um in Interaktionsprozessen Wissen zu konstruieren. Eine wesentliche Voraussetzung dafür, die mit einer Forschung verbundene mühsame und oft langwierige Arbeit auf sich zu nehmen, liegt in einer Verknüpfung dieser Arbeit mit einer persönlichen Neugier. Erst wenn Wissen nicht nur kognitiv erarbeitet, sondern auch emotional erfahren wird, trägt diese Neugier durch einen Forschungs- und Lernprozess hindurch. Lernprozesse können auf dieser Folie als Erlebnisse verstanden werden, in denen sich das Individuum im sozialen Kontext selbst erfährt.

Diese Erlebnisdimension der Wissenskonstruktion hat das forschende Lernen in der Konzeptualisierung von Lehr-Lernszenarien angemessen zu berücksichtigen. Für die theoriebasierte Konzeptionierung von Evaluationsstrategien bedeutet dies, dass die Selbstwahrnehmung/Selbsterfahrung der Lernenden in forschungsbasierten Lehr-Lernszenarien ebenfalls zu berücksichtigen ist. Diese Aspekte – Offenheit des Wissens, Generierung von Wissen via Interaktion, emotionale Durchdringung von Wissen – möchte ich darum als Elemente einer sozial-konstruktivistischen orientierten Lerntheorie des forschenden Lernens vorschlagen.

Forschendes Lernen wird, wie beschrieben, u.a. durch den radikalen medialen Wandel herausgefordert, der unsere Lebenswelten tiefgreifend re-strukturiert. Mit dem Ansatz des forschenden Lernens 2.0 kann diesen Herausforderungen lehr-lernpraktisch entsprochen werden. Im Rahmen dieses Beitrages wird hierbei vor allem auf die Herausforderungen einer digitalen Ausweitung der Wissenschaft, die sich unter anderem mit dem Begriff E-Science fassen lässt (vgl. Kergel, Heidkamp & Muckel, 2014 sowie den Beitrag von Heidkamp in diesem Band), Bezug genommen: Die Öffnung der Wissenschaft durch Web-2.0-Technologie führt zu einer verstärkten Etablierung von digital basierten Formen der Wissenschaftskommunikation, wie sich anhand von Open Peer Review Journals wie iTel[5], Wissenschaftsblogs wie der Blog der Medienpädagogin Gabi Reinmann[6] oder der Diskussion und zunehmenden Etablierung von Open Educational Resources (OER) aufzeigen lässt. Wenn Forschung zunehmend über eine digitale Infrastruktur organisiert ist, muss dieses Phänomen im forschenden Lernen aufgegriffen und didaktisch operationalisiert werden. Es gilt, den Lernenden über handlungs- sowie produktionsorientierte Lehr-Lernszenarien zu einem produktiven, Inhalt generierenden Umgang mit Web-2.0-Medien im Sinne des forschenden Lernens zu ermutigen.

Hierbei ist neben der Sachkompetenz auch die Bedeutung der emotionalen Dimension des Lernens bzw. die Seite des subjektiven Erlebens gemäß den oben skizzierten Elementen in der Tradition der sozial-konstruktivistischen Ansätzen didaktisch angemessen zu berücksichtigen. Die Berücksichtigung der Erlebnisdimension ergibt sich auch aus dem Umstand, dass ein Web 2.0 orientiertes E-Learning sich mit einer eher konsumierenden Haltung der Lernenden gegenüber Web-2.0-Medien auseinanderzusetzen hat (vgl. einge-

---

5   www.itel-journal.org/index.php/itel/index (19.07.2014).

6   http://gabi-reinmann.de/ (19.07.2014).

hender zum E-Learning 2.0 Downes, 2005). Oftmals werden Web-2.0-Medien rezeptiv und nicht produktiv genutzt (vgl. Kleinmann, Özkilic & Göcks, 2008). Das kollaborative Potenzial, welches den Web-2.0-Medien strukturell inhärent ist,[7] soll durch den programmatischen Ansatz des E-Learning 2.0 aktualisiert, die konsumierende Haltung der Lernenden gegenüber Web-2.0-Medien geändert werden (vgl. Martin & Noakes, 2012). Lehr (2012) betont bezüglich dieser Herausforderungen, „dass das didaktische Konzept des handlungsorientierten Unterrichts potenziell einen besonders hohen Mehrwert durch den Einsatz von Web 2.0 erfahren kann" (Lehr, 2012, S. 48f.).

Mit Bezug auf den Ansatz des forschenden Lernens gewinnt eine solche Aktualisierung des partizipativen, kollaborativen Potenzials von Web-2.0-Medien an Relevanz, um die Lernenden wie die Lehrenden darin zu unterstützen, sich in eine zunehmend digitalisierte Wissenschaft einschreiben zu können und dadurch ihr Forschen und Lernen als genuin vernetzt zu begreifen. Dabei ist die sozial-konstruktivistisch basierte Haltung der Lehrenden darauf ausgerichtet, die Lernenden als Forschende zum Prozess der Wissenskonstruktion im digitalen Raum zu ermutigen. Aus medienpädagogischer Perspektive sieht sich der Ansatz des forschenden Lernens 2.0 folglich

– der digitalen Ausweitung von Wissenschaft, gefasst mit dem Begriff der E-Science, sowie
– den didaktischen Ansätzen des E-Learning 2.0 verpflichtet.

Um den Ansatz eines forschenden Lernens 2.0 zu veranschaulichen, soll im Folgenden ein Good-Practice-Beispiel, das in Form einer Lehrveranstaltung an der Carl von Ossietzky Universität durchgeführt wird, dargestellt werden.

2.3.1 Forschendes lernen 2.0, ein Good-Practice-Beispiel

Im Rahmen der Pilotlehrveranstaltung *„Das Ich und Das Netz. Subjektorientiertes E-Learning in Theorie und Praxis"* (Sommersemester 2014) werden in drei Research Teams onlinebasiert über kollaborative Schreibtools wie Google Drive und Etherpad Wissenschaftsessays erstellt. Die drei Research Teams sind dazu angehalten,

– in Form einer Forschungsfrage selbstbestimmt ein Thema für das Essay zu finden,
– eine Gliederung zu erstellen und
– den Text zu verfassen.

Jeder dieser drei Arbeitsschritte wird von einem anderen Research Team begutachtet und erfordert einen hohen Grad an Selbstorganisation der Research Teams.

Die Teams, deren Arbeit begutachtet wurde, geben wiederum ein Feedback zu den drei wichtigsten Punkten des Peer Reviews des anderen Research Teams. Derart ist eine dialogische Struktur zwischen Feedback-Gebern und den Nehmern des Feedbacks im Sinne

---

7 Grundsätzlich weisen Mason und Rennie auf die Verzahnung zwischen konstruktivistischen Lernparadigmen und Web-2.0-Technologie hin: „Many researchers consider that course design based on constructivist theories of learning is highly compatible with the use of Web 2.0 tools" (Mason & Rennie, 2010, S. 98).

kollaborativen Arbeitens sichergestellt. Die Studierenden geben und erhalten jeweils Feedback und trainieren aus mehreren Perspektiven Feedbackprozesse. Hierfür nutzen sie einen Wordpress basierten Seminarblog, der als Learning-Managment-System dient und im Rahmen anderer FLiF-Lehrveranstaltungen entwickelt sowie evaluiert worden ist.[8]

Abbildung 2:   Der Seminarblog zur Veranstaltung „Das Ich und das Netz: Subjektorientiertes E-Learning 2.0 in Practice" (Sommersemester 2014)[9]

Die Veranstaltung ist als Blended-Learning-Design organisiert. Während jede zweite Woche der Arbeit an dem Essay gewidmet ist, werden in jeder anderen Woche in Form einer klassischen Präsenzsitzung inhaltliche Aspekte des Themas erörtert (z.B. Medienethik, subjektorientierte Pädagogik ...) sowie technische Schwierigkeiten besprochen, die im Rahmen einer Aneignung von Web-2.0-Medien entstehen können. Das Design der Lehrveranstaltung erfordert, dass die Studierenden selbstorganisiert im kollaborativen Austausch Thesen bilden, prüfen und validieren. Die Erstellung des Lehr-Lernszenarios fußt auf einem sozial-konstruktivistischen Verständnis forschenden Lernens, das in den obigen Kapiteln dargestellt wurde.

---

8   Im Rahmen des hochschuldidaktischen FLiF-Fortbildungsprogramms werden hierzu auch Schulungen angeboten, vgl. zu dem Konzept des Seminarblogs im forschenden Lernen Kergel & Heidkamp, 2014.

9   http://blog.ecult.uni-oldenburg.de/das-ich-und-das-netz/ (25.05.2014).

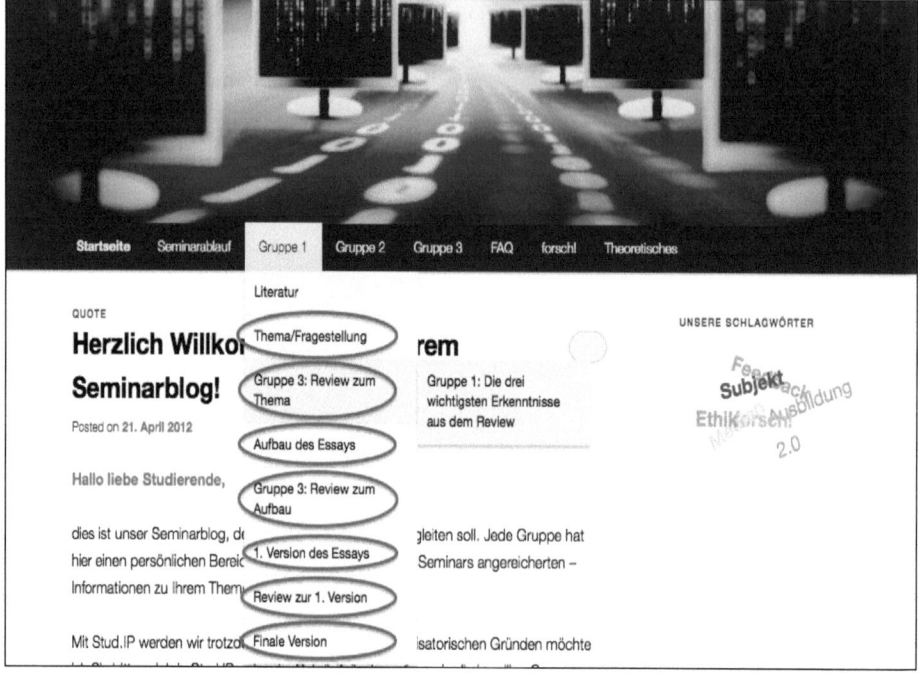

Abbildung 3:   Der Seminarblog zur Veranstaltung „Das Ich und das Netz: Subjektorientiertes
E-Learning 2.0 in Practice" (Sommersemester 2014)[10]

3   Konklusion

E-Science wie E-Learning 2.0 erfordern einen hohen Grad an Partizipation, um das kollaborative Potenzial, über das beide Ansätze definiert sind, aktualisieren zu können. Um
dieses Potenzial abzurufen, gilt es, die Lernenden zum „*Produzieren im Internet unter
forschungsorientierten Gesichtspunkten zu ermutigen*". Neben der gezielten Vermittlung
von Sachkompetenz gilt es hierbei – auch im Sinne der Selbstwirksamkeitserwartung seitens der Lernenden – eine produktive, ermutigende Haltung gegenüber Web-2.0-Medien
zu bahnen. Eine solche Haltung wiederum verweist auf die Relevanz, unter Lehr-
Lernprozessen mehr als die Vermittlung/Aneignung von Sachkompetenz zu verstehen und
die Erlebnisdimension in Lehr-Lernprozessen angemessen einzubeziehen.

Der Ansatz des forschenden Lernens 2.0 soll aus medienpädagogischer Perspektive für
die Herausforderungen des digitalen Wandels sowie die emanzipatorischen Potenziale
sensibilisieren, die diesem Wandel inhärent sind. Mittels der Herausarbeitung lerntheoreti-

---

10   http://blog.ecult.uni-oldenburg.de/das-ich-und-das-netz/ (25.05.2014).

scher Fundierungen sowie der Darstellung eines Good-Practice-Beispiels wurde der Bogen eines forschenden Lernens 2.0 von der Theorie bis hin zur Praxis geschlagen. Der Artikel wirft dabei aber lediglich ein kurzes Schlaglicht auf die konzeptionelle Arbeit, die im Rahmen des FLiF-Projektes von den über 50 Mitarbeitern geleistet wird.

Literatur

Abele, A. (1995). *Stimmung und Leistung. Allgemein- und sozialpsychologische Perspektive.* Göttingen: Hogrefe.

Aeppli, J., Gasser, L., Gutzwiller, E. & Tettenborn, A. (2011). *Empirisches wissenschaftliches Arbeiten. Ein Studienbuch für die Bildungswissenschaften.* Bad Heilbrunn: Klinkhardt.

Bandura, A. (1977). Self-efficacy: Toward a Unifying Theory of Behavioral Change. *Psychological Review,* 84(2), 191-215.

Dalsgaard, C. (2005). Pedagogical quality in e-learning. *Eleed,* 1(1), URL: https://eleed.campussource.de/archive/1/78 (30.5.2014).

Dewey. J (1993). *Demokratie und Erziehung: Eine Einleitung in die philosophische Pädagogik.* Weinheim: Beltz.

Downes, S. (2005). E-Learning 2.0. *e-learn-magazine,* URL: www.elearnmag.org/subpage.cfm?section=articles&article=29-1 (01.06.2014).

Freinet, C. (2000). *Pädagogische Werke Bd. 2.* Paderborn: Schöningh.

Gergen, K. J. (1994). *Realities and Relationships: Soundings in Social Construction.* Cambridge: Harvard University Press.

Gergen, K. J. & Gergen, M. (2009). *Einführung in den sozialen Konstruktionimus.* Heidelberg: Carl Auer.

Gibson, E. J. (1998). Exploratory Behavior in the Development of Perceiving, Acting, and the Acquiring of Knowledge. *Annual Review of Psychology*, 39(42), 417-430.

Gopnik, A. (2009). *Kleine Philosophen. Was wir von unseren Kindern über Liebe, Wahrheit und den Sinn des Lebens lernen können.* Berlin: Ullstein.

Greif, S. & Kurtz, H. (1998). *Handbuch Selbstorganisiertes Lernen.* Göttigen: Hogrefe.

Huber, L (2009). Warum Forschendes Lernen nötig und möglich ist. In L. Huber, J. Helmer & F. Schneider (Hrsg.), *Forschendes Lernen im Studium. Aktuelle Konzepte und Erfahrungen* (S. 9-35). Bielefeld: Universitätsverlag Webler.

Huber, L. (2013). Die weitere Entwicklung des Forschenden Lernens. Interessante Versuche – dringliche Aufgaben. In L. Huber, M. Kröger & H. Schelhowe (Hrsg.), *Forschendes Lernen als Profilmerkmal einer Universität. Beispiele aus der Universität Bremen* (S. 21-36). Bielefeld: Universitätsverlag Webler.

Jäger, M. (1998). *Die Philosophie des Konstruktivismus auf dem Hintergrund des Konstruktionsbegriffs.* Hildesheim: Olms.

Kergel, D. & Heidkamp, B. (2014). Good Practice: e-Portfolio und forschungsbasiertes Lernen. *Greifswalder Beiträge zur Hochschullehre: Forschendes Lehren und Lernen in der polyvalenten Lehre,* 1(2), 71-74.

Kergel, D., Heidkamp, B. & Muckel, P. (2014). Das studentische Online-Journal ‚forsch!' als Tool forschenden Lernens im Kontext von e-Science. In N. Apostolopoulos (Hrsg.),

Grundfragen Multimedialen Lehrens und Lernens. Der Qualitätspakt E-Learning im Hochschulpakt 2020. Münster: Waxmann (im Erscheinen).

Kleinmann, B., Özkilic, M. & Göcks, M. (2008). *Studieren im Web 2.0 Studienbezogene Web- und E-Learning-Dienste.* Hisbus-Kurzinformation Nr. 21, URL: www.hisbus.de/results/pdf/2008_07_hisbus_web2.0.pdf (02.06.2014).

Laucken, U. (1998). *Sozialpsychologie. Geschichte, Hauptströmungen, Tendenzen.* Oldenburg: BIS.

Lehr, C. (2012). Web 2.0 in der universitären Lehre. Ein Handlungsrahmen für die Gestaltung technologiegestützter Lernszenarien. Boizenburg: Vwh.

Martin, M. & Noakes, M. (2012). Fostering a web 2.0 ethos in a traditional e-learning environment. In: *Electronic Journal of e-Learning*, 10 (3), 284-292.

Mason, R. & Rennie, F. (2010). Evolving Technologies. In K. E. Rudestam & J. Schoenholtz-Read (Hrsg.), *Handbook of Online Learning* (S. 91-128). Los Angeles: Sage.

Pekrun, R (1992). Kognition und Emotion in studienbezogenen Lern- und Leistungssituationen: Explorative Analysen. *Unterrichtswissenschaft*, 4, 308-324.

Pekrun, R. (1998). Schüleremotionen und ihre Förderung. Ein blinder Fleck der Unterrichts-Forschung. In: *Psychologie in Erziehung und Unterricht*, 44, 230-248.

Piaget, J. (1975). *Die Entwicklung des Erkennens III. Das biologische Denken. Das psychologische Denken. Das soziologische Denken.* Stuttgart: Klett-Cotta.

Schäfer, G. E. (1999). Frühkindliche Bildungsprozesse. *In: Herausforderung einer Pädagogik in der Frühen Kindheit. Neue Sammlung*, 39, 213-326.

Siebert, H. 1999. *Pädagogischer Konstruktivismus. Eine Bilanz der Konstruktivismusdiskussion für die Bildungsarbeit.* Neuwied: Luchterhand.

Siebert, H. (2005). *Pädagogischer Konstruktivismus: Lernzentrierte Pädagogik in Schule und Erwachsenenbildung.* Weinheim: Beltz.

Sutter, T. (2009). *Interaktionistischer Konstruktivismus. Zur Systemtheorie der Sozialisation.* Wiesbaden.

Weiner, B. (1985). An attributional theory of achievement, motivation, and emotion. *Psychological Review*, 92, 548-573.

Zimmerman, B. J. (1990). Self-Regulated Learning and Academic Achievement: An Overview. In: *Educational Psychologist*, 25(1), 3-17.

Birte Heidkamp

E-Science und forschendes Lernen

„The business of the computer is always unfinished. In fact, 'unfinished' defines the aesthetics of digital media [...]. To celebrate the unfinished in this area of digital ubiquity is to laud process rather than goal – to open up the third thing that is not a resolution, but rather a state of suspension" (Lunenfeld, 1999, S. 7f.).

Abstract

Die Entwicklung partizipativer onlinebasierter Tools wie Blogs, Wikis und Podcasts beeinflusst auch zunehmend die wissenschaftliche Praxis: An inzwischen allgemein akzeptierten Formaten wie Online-Journals und Wissenschaftsblogs bis hin zu avancierten Projekten wie ‚Public Peer-Reviewed Journals' lassen sich diese Veränderungen der Wissenschaftskommunikation ablesen. Sowohl die Präsentation der eigenen Forschung als auch die universitäre Lehre gehen zunehmend online. Diese ‚Digitalisierung der Wissenschaft' bzw. die Ausweitung der Wissenschaft in die digitale Welt lässt sich mit dem Begriff E-Science fassen. Aus der Perspektive der Hochschuldidaktik stellt sich die Frage, wie sich die Etablierung von E-Science hochschuldidaktisch aufarbeiten lässt. Hier setzt der Beitrag an. Es werden didaktische Strategien vorgestellt und analysiert, die sich dem Ansatz der E-Science aus hochschuldidaktischer Perspektive annähern. In diesem Aufsatz sollen Beispiele vorgestellt werden, wie sich E-Science bzw. Elemente, die E-Science ausmachen, in eine zeitgemäße Hochschullehre überführen lassen, die sich dem forschenden Lehren verpflichtet fühlt. Hierbei wird zugleich anhand der Beispiele eine Schärfung des Begriffs E-Science durch die hochschuldidaktische Aufarbeitung von Wissenschaft in ‚der digitalen Welt' vorgenommen.

1   Was ist E-Science?

Der tiefgreifende digitale Wandel der letzten Jahre beeinflusst zunehmend auch die Wissenschaft: Dieser Wandel zeigt sich u.a. in der Flexibilisierung, Beschleunigung und Expansion der Informationsrecherche(möglichkeiten) – z.B. durch die Zunahme von Open-Access-Journalen – und in der angestrebten vergrößerten Verfügbarkeit von Forschungsdaten über Online-Datenbanken sowie in der zunehmenden Vernetzung der Wissenschaftler/innen untereinander über den einfachen Aufbau von internationalen Netzwerken wie z.B. LinkedIn, Xing, ResearchGate und vernetzt organisierten Fördermöglichkeiten wie sciencestarter. Sowohl die Präsentation der eigenen Forschung als auch die universitäre Lehre gehen zunehmend online. Diese ‚Digitalisierung der Wissenschaft' bzw. die Ausweitung der Wissenschaft in die digitale Welt lässt sich mit dem Begriff E-Science fassen. Die weitere Ausdifferenzierung von E-Science und die daraus entstehenden Erkenntnis- und Forschungsmöglichkeiten sind gegenwärtig noch nicht absehbar.

Grundlegend lässt sich jedoch festhalten, dass sich Wissenschaft verstärkt über eine digitale Infrastruktur organisiert, die große partizipative Möglichkeiten birgt: „,e-Science' is an exciting new buzz-word for ,computer science and information technology in the service of science'" (Gardner & Manduchi, 2000, S. 1). Während Henry Gardner und Gabriele Manduchi im Jahre 2000 noch die geteilte Rechnerleistung[1] als vornehmliches Merkmal von E-Science betrachten – „It is particularly associated with the support of ,big' and/or ,distributed' science and engineering. It recognizes the revolution in global colla- boration which is being wrought by broadband communications and the internet" (Gardner & Manduchi, 2000, S. 1) –, kann mit Hinblick auf die Etablierung von Web-2.0-Medien in den Wissenschaften ein stärker ausdifferenziertes Verständnis von E-Science gegeben werden. In diesem Artikel wird daher für ein begriffliches Verständnis von E-Science plä- diert, das, neben den technologischen Ansätzen, auf die Gardner und Manduchi aufmerk- sam machen, vor allem Aspekte der Wissenschafts*kommunikation* thematisiert:

Die Ausweitung der Wissenschaft in die digitale Welt der Web 2.0 Medien redefiniert Kommunikationsprozesse, wie sich mit der Etablierung von Weblogs, Open-Access- Journalen, der Nutzung von Twitter im wissenschaftlichen Kontext bzw. in der Wissen- schaftskommunikation zeigt.

In diesem Aufsatz sollen Beispiele vorgestellt werden, wie sich E-Science bzw. Ele- mente, die E-Science ausmachen, in eine zeitgemäße Hochschullehre überführen lassen, die sich dem forschenden Lehren verpflichtet fühlt. Hierbei wird zugleich anhand der Bei- spiele eine Schärfung des Begriffs E-Science durch die hochschuldidaktische Aufarbei- tung von Wissenschaft in der digitalen Welt vorgenommen.

1.1 Das Internet als bidirektionaler Kommunikationskanal für Wissenschaft

Kommunikationstheoretisch kann der Wandel, durch den sich E-Science auszeichnet, mit der strukturellen Wandlung weg von unidirektionalen hin zu bidirektionalen Kommunika- tionsprozessen im Internet erklärt werden: Diesen Wandel hat Stephen Downes (2005) mit dem Begriff des Web 2.0 gefasst:

> „In a nutshell, what was happening was that the Web was shifting from being a medium, in which information was transmitted and consumed, into being a platform, in which content was created, shared, remixed, repurposed, and passed along. And what people were doing

---

1   „It also recognizes the steady process of 'democratization' which has taken place over some years to the point, now, where a personal computer (PC) in someone's office running a program written on a free operating system might connect to a powerful supercomputer on the other side of the world and a large database of scientific data at yet another remote site. Somewhere in this mix are the scientific instruments which collect the data and which are also, often, connected to the internet and which become part of this global collaboration" (Gardner & Manduchi, 2000, S. 1).

with the Web was not merely reading books, listening to the radio or watching TV, but having a conversation, with a vocabulary consisting not just of words but of images, video, multimedia and whatever they could get their hands on. And this became, and looked like, and behaved like, a network" (Downes, 2005, The Web 2.0, para. 4).

Die interaktive Dimension, die das Web 2.0 nach Downes auszeichnet, lässt sich in Abgrenzung zu dem klassischen Kommunikationsmodell im Sinne Shannons und Weavers (1964) kommunikationstheoretisch aufarbeiten. Shannons und Weavers Modell ist unidirektional organisiert und geht von einer verhältnismäßig starren Sender-Empfänger-Dichotomie aus. Das Web 2.0 dagegen ist durch eine polydirektional orientierte und dynamisierte Sender-Empfänger-Dichotomie substituiert, die auch Kommunikationsprozesse demokratisiert. Die mediale Einseitigkeit wird aufgebrochen. Web-2.0-Medien bzw. digitale Medien basieren auf anderen Prinzipien und Funktionsweisen als traditionelle Medien. Digitale Medien sind Software basiert und können aufgrund ihrer konstruierten Softwarestrukturen auf ihre Nutzer/innen reagieren.

1.2   Die interaktive Dynamik des Digitalen

Um die Bedeutung angemessen zu verstehen, die durch eine zunehmende Etablierung von Web-2.0[2]-Medien evoziert wird, wird an dieser Stelle die Wirkungsweise von digitalen Medien dargestellt. Dieser Exkurs erscheint als relevant, da digitale Medien als Wissensträger ein signifikantes Merkmal des Phänomens E-Science (also der Ausweitung der Wissenschaft in die digitale Welt) darstellt.

Ein bedeutender Unterschied gegenüber traditionellen Medien (Zeitungen, Radio, Fernsehen, Film) besteht darin, dass digitale Medien den Computer als technischen Kern haben, sie also programmiert sind. Die bereitgestellten Medieninhalte werden durch Rechenprozesse gestaltet und verändert (vgl. Zorn, 2011, S. 176). Es handelt sich um eine softwarebasierte Erstellung von Medieninhalten. Isabel Zorn zufolge sollte deswegen die ‚potenzielle Ko-Akteurschaft' (vgl. Zorn, 2011, S. 187) der digitalen Medientechnologie, die Inhalte verändern kann, berücksichtigt werden. Das Eintippen eines Tags bzw. Schlagwortes setzt einen automatisiert ablaufenden Prozess in Gang. Die Darstellung medialer Inhalte bzw. der Tags ist Resultat von Berechnungen.[3] Auf diese Weise können sich beispielsweise Wissenschaftler/innen auf internetbasierten Netzwerken wie LinkedIn oder ResearchGate miteinander vernetzen. Den Nutzer/inne/n werden automatisch Wissen-

---

2   Der Begriff Web 2.0 wird hier als Begriff gefasst, der grundlegende Transformationsprozesse im Internet hin zu einem partizipativen Kultur- und Bildungsraum bezeichnet (vgl. Iske & Marotzki, 2010, S. 141). Die Tragfähigkeit des Begriffs in der wissenschaftlichen Theorienlandschaft bleibt für den vorliegenden Diskurs unberücksichtigt.

3   Computerprozesse sind automatisierte Tätigkeiten, die vorab von Programmierer/inne/n geschrieben werden müssen: „Um den Computer etwas tun zu lassen, müssen Vorgänge von Tätigkeiten in beschreibbare Modelle übersetzt werden. Dazu müssen Tätigkeiten erfasst und formal so beschrieben werden, dass sie operationalisiert und in kleine Teile zerlegt werden können. Diese einzelnen Schritte werden in Zeichen, in Programmiersprache (...) übersetzt, so dass sie mittels einer Programmierung vom Computer ausgeführt werden können" (Zorn, 2011, S. 177).

schaftler/innen mit gleichen oder ähnlichen Tätigkeitsfeldern vorgeschlagen, wenn die eigenen Forschungsschwerpunkte in einem sozialen Netzwerk definiert wurden. Aber auch ohne eine „bewusste aktive Eingabe privater Daten können beispielsweise aufgrund von Cookies oder der unbewussten Hinterlassung und Speicherung von Datenspuren die eigenen Aktivitäten verfolgt, Profile eines Internetnutzers berechnet und daraufhin automatisiert Inhalte erzeugt werden" (Zorn, 2011, S. 177).

Digitale Medien speichern und transportieren nicht nur mediale Inhalte, sondern sind auch an der „Herstellung von Medieninhalten beteiligt" (Schelhowe, 2007, S. 46). Heidi Schelhowe zufolge können digitale Medien „selbst die Botschaft produzieren" bzw. sind zumindest „an dieser Produktion in einem recht fundamentalen Sinne beteiligt" (ebd., S. 46). Die bereitgestellten Medieninhalte sollten demzufolge keinesfalls von der technischen Seite der Medien getrennt betrachtet werden:

> „Informationen werden in Digitalen Medien nicht nur einfach digitalisiert, eingegeben und dann als Medieninhalte wieder gleichermaßen ausgegeben, sondern sie werden in diesen Vorgängen durch Rechenprozesse verarbeitet und dadurch verändert" (Zorn, 2011, S. 179).

Folgt man konsequent diesem Gedanken, zeigt sich, dass alle Repräsentationen von Medienobjekten keine feststehenden Objekte sind, sondern lediglich zur „Laufzeit in ihrer Erscheinungsform neu erzeugt werden" (Schelhowe, 2007, S. 47). Gerade deshalb haben diese Medienobjekte das Potenzial ‚jedesmal anders' sein zu können, aus den ‚atomisiert vorliegenden Daten' können also viele verschiedene Instanzen aus einem Programm erzeugt werden (vgl. ebd.).

Die ‚Objekte des digitalen Mediums' existieren „im Speicher als digitale Objekte, die erst durch den Prozess, das Programm, in ihrer jeweils unterschiedlichen Erscheinungsform realisiert werden" (Schelhowe, 2007, S. 47). Digitale Medien sind demzufolge „nie fertige Objekte, sie bleiben ‚unvollendet', sind eher Prozess als Produkt" (ebd., S. 47). Digitale Medien stellen eine implizite Aufforderung zur Interaktion dar, „eine Herausforderung, selbst in den Prozess einzugreifen, ihn zu gestalten" (ebd., S. 47).

Entsprechend kann das Wissen, welches im Kontext von Web-2.0-Anwendungen entsteht, „als ein Resultat von Interaktionen charakterisiert werden" (Iske & Marotzki, 2010, S. 142). Somit lässt sich hinsichtlich bildungstheoretischer Prinzipien von einer ‚prinzipiellen Prozessorientierung und Unabgeschlossenheit' sprechen:

> „Wissen wird in einem sozialen Kontext erzeugt und ist von daher nicht vergleichbar mit einem Datenbestand, der mehr oder minder eine ontologische Dignität besitzt, also Angaben darüber macht, wie *es wirklich ist*. Dieser implizit konstruktivistische Charakter von Wissen beinhaltet auch eine prinzipielle Prozessorientierung und Unabgeschlossenheit" (Iske & Marotzki, 2010, S. 142).

Digitale Medien eröffnen neuartige Umgangsweisen von Kommunikation und Wissenskonstruktion, die sich von dem Umgang mit analogen Medien insbesondere darin unterscheiden, dass sie Partizipation von den Nutzer/inne/n einfordern:

> „Aufgrund der basalen Logik des *user-generated content* hat der Internetakteur Teil an der Erzeugung von Diskurs- und Wissenslandschaften. Er ist also von vornherein Teil einer größeren Gemeinschaft, die – bezogen auf ein Thema – interagiert" (ebd.).

Kollaborations- und Partizipationsprozesse sind nicht mehr ‚auf eine kleine Zahl techni-scher Expert/inn/en' beschränkt, sie werden „zunehmend zu einem Bestandteil der All-tagspraxis im Web 2.0. Diese kollaborativen und partizipativen Aspekte betonen das bil-dungstheoretische Prinzip der interaktiven Teilhabe" (Iske & Marotzki, 2010, S. 142).

Digitale Medien bewirken, dass Wissenschaftler/innen neuartige Verbindungen mit dieser Art von Medium eingehen. Partizipative Web-2.0-Medien als potentielle Massen-medien fungieren dabei nicht im herkömmlichen Sinne als ‚Massenmedium', das unidi-rektional als Sender eine Information übermittelt, die eine Vielzahl an Rezipient/inn/en (‚die Masse') erreicht.[4] Vielmehr wird eine aktive, sich direkt aufeinander beziehende ‚Kommunikation der Masse' möglich, was auch Möglichkeitsräume zu einer kollaborati-ven Kommunikation und Textproduktion eröffnet. Durch Web-2.0-Technologien werden synchrone Kommunikationsprozesse im Internet möglich, das Internet wird zum Mit-mach-Web, dem Downes sozialrevolutionären Charakter zuspricht: „For all this technolo-gy, what is important to recognize is that the emergence of the Web 2.0 is not a technolog-ical revolution, it is a social revolution" (Downes, 2005, The Web 2.0, para. 7).

Dieser größere partizipative Freiraum im Internet, den der technische Fortschritt er-möglicht und das Web 2.0 begründet, führt zu einer größeren Internetpräsenz von Wissen-schaft und Wissenschaftler/inne/n. Der größere partizipative Freiraum zeigt sich auch in der zunehmenden Etablierung von Open Educational Resources (OER). OERs sind freie Lern- und Lehrmaterialien, die v.a. im Internet über Social-Media distribuiert werden. Die UNESCO sieht in OERs eine der zentralen Formen der Wissensvermittlung der Zukunft.[5] Die US-Regierung investiert Milliarden in die Förderung von OER-Projekten[6] und inter-national führende Universitäten wie das Massachusetts Institute of Technology (MIT) entwickeln u.a. aus Gründen der marktstrategischen Selbstdarstellung gezielte OER-Strategien.[7]

Die Darstellung und Bewegungen von Wissenschaftler/inne/n im Netz zeichnen sich zugleich durch eine höhere Personenbezogenheit aus: Wissenschaftler/innen betreiben Wissenschaftsblogs, twittern und bieten ihre Seminare in Moocs (Massiv-Open-Online-Courses) an:

> „In addition to formal channels of scholarly communication, a wide array of semi-formal and informal channels such as email, mailing lists, blogs, microblogs and social networking sites (SNS) are widley used by scientists to discuss their research" (Puschmann, 2014, Ab-stract, para. 1).

Die bidirektionale Verschiebung der internetbasierten Kommunikation führt zu einer zweifachen Öffnung der Wissenschaftskommunikation:

---

4   Als Beispiel für ein solches Massenmedium ließe sich der Fernseher oder das Radio nennen.

5   OER-Informationsmaterialien der UNESCO: www.unesco.de/oer-faq.html (16.07.2014).

6   Weblogeintrag, der sich mit den US-Investitionen auseinandersetzt:
     http://creativecommons.org/weblog/entry/26100?utm_campaign=newsletter_1102&utm_medium=
     blog&utm_source=newsletter (16.07.2014).

7   Open-Course-Angebot des MIT: http://ocw.mit.edu/index.htm (16.07.2014).

- Zum einen öffnet sich Wissenschaft zunehmend in die Richtung eines *Public Under-standing of Sciences*: Über das Internet wird Wissenschaft auch für den Laien zugäng-lich.
- Darüber hinaus wird wissenschaftliche Praxis mittels der Einbeziehung sozialer On-line-Medien um eine *onlinebasierte kollaborative Validierung wissenschaftlicher Er-kenntnis* erweitert.

Diese zweifache Öffnung der Wissenschaftskommunikation, die als signifikantes Merk-mal von E-Science gewertet werden kann, wird im Folgenden vorgestellt.

1.3   Restrukturierung von Wissenschaftskommunikation

Die vereinfachten Veröffentlichungs- und Rezeptionsmöglichkeiten, die Teil des techni-schen und medienkulturellen Wandels des Web 2.0 sind, ermöglichen eine Demokratisie-rung von Wissenschaft. *Wissenschaft vernetzt sich.* Wissenschaftliche Erkenntnisse sind leichter zugänglich, und das Feld der Wissenschaften öffnet sich für Nicht-Wissenschaftler/innen und interessierte Laien. Diese Freiheit bedeutet zugleich auch, dass Wissenschaft in Frage gestellt, manipuliert und kommerzialisiert werden kann.

> „Das *Konzept* des Scientific Citizen ist nun ein wesentlich aktiveres Konzept, das die Idee
> von Rechten und Pflichten in sich birgt: also das Recht, über Wissenschaft und Technik
> informiert zu werden, mitzureden und auch mitzuentscheiden, aber gewissermaßen auch die
> Pflicht, sich zu informieren, sich auseinanderzusetzen, Verantwortung mitzutragen, sich als
> Teil eines Kollektivs auch in dessen Interesse zu positionieren. Bürger handeln in diesem
> Sinne nie nur für sich alleine, sondern immer auch im Sinne einer Verantwortung gegenüber
> der Gesellschaft, deren Mitglieder sie sind. Vor allem in den Dokumenten zu Wissenschaft
> und Gesellschaft der EU tritt diese Figur fast durchgehend auf und ersetzt den Begriff
> Öffentlichkeit" (Felt, 2003, S. 18).

Die Idealvorstellung des ‚Scientific Citizen' erhält durch eine zunehmende ‚Digitalisie-rung der wissenschaftlichen Landschaft' ein neues Interaktionsfeld. So kommunizieren renommierte Wissenschaftler/innen Ergebnisse aus ihrem Forschungsfeld – via Web-2.0-Tools wie z. B. Wissenschaftsblogs – gezielt an eine Internetöffentlichkeit, die nicht ledig-lich aus Fachwissenschaftler/inne/n besteht. Die Zugangswege zur vormals (zumindest vermeintlich elitären) Wissenschaftswelt sind damit niedrigschwelliger. Zugleich denken Wissenschaftler/innen auch den Scientific Citizen bzw. die Scientific Community mit, wenn sie ihre Erkenntnisse gezielt so formulieren, dass die Mitteilung sich an Rezipi-ent/inn/en richtet, die keine Fachwissenschaftler/innen sind.

Die zweite Öffnung der Wissenschaftskommunikation, die durch die bidirektionale Verschiebung der internetbasierten Kommunikation führt, lässt sich, wie bereits erwähnt, konzeptionell mit der onlinebasierten kollaborativen Validierung wissenschaftlicher Er-kenntnisse fassen. Wissenschaftliche Erkenntnisse werden zur Diskussion gestellt, geprüft, modifiziert und ggf. falsifiziert. Als paradigmatisches Exempel für onlinebasierte kollabo-rative Validierungsprozesse lässt sich die Online-Enzyklopädie Wikipedia nennen. Wissen wird diskursiv geprüft, Wiki-Artikel sind niemals abgeschlossen, sondern so flexibel und ergebnisoffen wie wissenschaftliches Forschen selbst.

2 Was ist forschendes Lernen 2.0?

Als hochschuldidaktische Strategie besteht der Mehrwert des forschenden Lernens im Gegensatz zu anderen Formen des Lernens darin, Lernprozesse in Analogie zu Forschungsprozessen zu konzeptualisieren. Das Lernen wird als ein systematischer, methodisch fundierter Forschungsprozess gestaltet: Von der Phase heuristischer Thesengewinnung über die Entwicklung eines Forschungsdesigns, der Gewinnung und Auswertung von Daten bis hin zur Darstellung und Diskussion der Ergebnisse, wird im Idealfall ein Forschungszyklus durchgespielt. Aber auch einzelne Elemente eines solchen Forschungsprozesses können Teil hochschuldidaktischer Lehr-Lern-Sszenarien sein, sofern diese Elemente als Prozess einer forschungsbasierten Erkenntnisgewinnung verstanden werden. Einzelne Elemente eines forschenden Lernens können wie folgt gelistet werden:

a) „Entdeckung eigener Interessen und deren durch Lehrende und Tutor/inn/en begleitete Übersetzung in eine relevante und beforschbare Fragestellung;
b) Literaturrecherche;
c) Auswahl, Erprobung, bisweilen auch Entwicklung sowie Anwendung einer Datenerhebungsmethode und einer Datenauswertungsmethode;
d) Durchführung einer kleinen empirischen Studie/eines kleinen Forschungsprojektes;
e) Dokumentation, Präsentation, Publikation der Studie und ihrer Ergebnisse" (Kergel, Heidkamp & Muckel, 2014, S. 254).

Das BMBF geförderte Lehrprojekt ‚Forschungsbasiertes Lernen im Fokus' (FLiF) an der Carl von Ossietzky Universität Oldenburg, welches durch ein paralleles Projekt mit dem Titel ‚Forschungsorientierte Lehre' (FoL) ergänzt wird, wurde fakultätsübergreifend angelegt: Über fünfzig FLiF- und FoL-Mitarbeiter/innen aus geistes-, sozial- und naturwissenschaftlichen Fächern entwickeln und evaluieren eigene innovative Lehr- und Lernkonzepte, die forschendes Lernen fördern sollen. Studierende werden auf diese Weise an alle Phasen des wissenschaftlichen Arbeitens und Forschens herangeführt. Das forschende Lernen, welches partizipative Elemente voraussetzt, ist „in einem viel höheren Maße von den Interessen und Sinnstrukturen der Lernenden abhängig als von der Didaktik der Lehrenden" (Kergel, Heidkamp & Muckel, 2014, S. 255). Studierende sollen die Möglichkeit erhalten, selbstständig eine relevante Fragestellung oder Hypothese zu entwickeln, den Forschungsprozess selbst zu gestalten und im Austausch mit anderen zu reflektieren. Forschendes Lernen kann demnach als ein zutiefst soziales Ereignis verstanden werden. Der Erkenntnisprozess – Lernen kann als eine spezifische Form der Erkenntnisgewinnung gewertet werden – wird bei dem forschenden Lernen forschungsmethodisch gestützt. Web-2.0-Technologien bieten die Möglichkeit, diese Lehr-/Lernprozesse des forschenden Lernens räumlich wie zeitlich zu flexibilisieren und zu dezentralisieren.

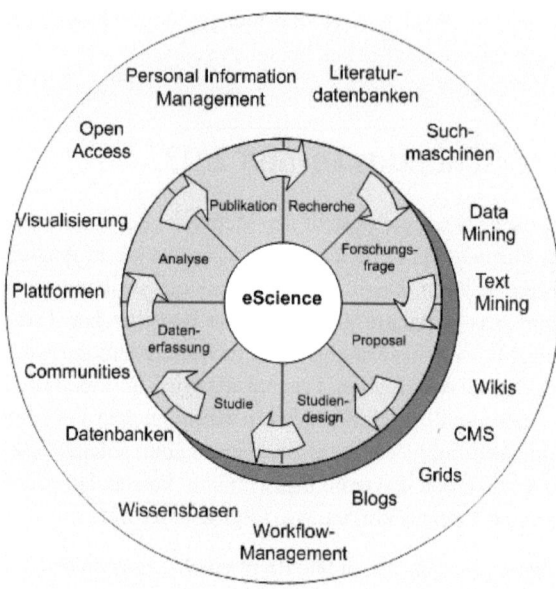

Abbildung 1:   Der Forschungszyklus im Zeitalter von E-Science[8]

Ein forschendes Lernen 2.0, welches sich den Herausforderungen von E-Science annimmt, stellt die oben genannten Elemente des forschenden Lernens in den Kontext einer ‚Digitalisierung der Wissenschaft' (vgl. eingehender zum Begriff ‚forschendes Lernen 2.0' den Beitrag von David Kergel in diesem Band). Dies ist von besonderer Bedeutung, da herausgearbeitet wurde, dass die partizipativen Dimensionen von E-Science seitens der Studierenden nur zu einem kleinen Teil ausgeschöpft werden (vgl. exemplarisch Kleimann, Özkilic & Göcks, 2008; Kerres, Stratmann, Ojstersek & Preußler, 2010). Exemplarisch soll dies an der Wikipedia-Nutzung Studierender festgemacht werden: Nach der von Bernd Kleimann et al. durchgeführten Hisbus-Studie nutzen 60% der Studierenden Wikipedia ‚oft'. Davon nutzen wiederum 80% der Studierenden Wikipedia ‚rein rezeptiv', während nur jeweils 1% der Studierenden ‚oft' bestehende Artikel überarbeiten, sich ‚oft' an Diskussionen über Artikel beteiligen und sich ‚oft' in der Wikipedia-Community engagieren (vgl. Kleimann, Özkilic & Göcks, 2008).

In Abbildung 1 wird exemplarisch der Forschungszyklus dargestellt (innerer Kreis), der von der Recherche über die Forschungsfrage, das Proposal, dem Studiendesign, der Studie, der Datenerhebung bis hin zur Analyse und anschließender Publikation reicht. Anschaulich wird dargestellt, dass E-Science eine wesentliche Rolle bei den einzelnen Schritten spielen kann. Je nachdem, wo sich der/die Forschende im Prozess befindet, kann gezielt auf einzelne Elemente der digitalen Infrastruktur zurückgegriffen werden (äußerer Kreis).

---

8   http://escience.uni-bremen.de/index.php?id=25 (24.05.2014).

Einige Elemente dieser didaktischen Operationalisierung der digitalen Infrastruktur wurden im Rahmen des FLiF-Projektes im Sinne des forschenden Lernens entwickelt und sollen im Folgenden als Good-Practice-Beispiele vorgestellt werden.

3 Forschendes Lernen im Kontext von E-Science

E-Science als eine Ausweitung und/oder Verlagerung der Wissenschaft in die digitale Welt des Internets fordert im Sinne des forschenden Lernens die Hochschuldidaktik heraus. Die Hochschuldidaktik hat sich damit auseinanderzusetzen, wie sich E-Science konkret und handlungsnah in eine zeitgemäße Hochschullehre überführen lässt. Gerade hier zeigt sich eine Passung zwischen E-Science als einer stark kommunikationsorientierten Form von Wissenschaft und der partizipativen Dimension des forschenden Lernens als hochschuldidaktischer Strategie (vgl. auch Kergel, Heidkamp & Muckel, 2014, S. 256ff.). Eine relevante Überlappung stellt der kommunikative und partizipative Charakter von E-Science und forschendem Lernen dar: Beide Ansätze fokussieren handlungs-, produktionsorientierte Ansätze sowie sozial-kollaborative Prozesse. Diese Orientierung auf partizipative Kommunikationsprozesse kommt der sozialen Dimension forschenden Lernens entgegen. Im Folgenden werden fünf Beispiele beschrieben, die E-Science und forschendes Lernen im Rahmen des FLiF-Projektes integrativ zusammenführen.

3.1 Beispiel für Forschendes Lernen 2.0: Wiki-Schreiben als Ergebnissicherung

Für die Ergebnissicherung theoretischer Erkenntnisse und einzelner Schritte der Forschungspraxis bezüglich forschenden Lernens ist ein FLiF-Wiki entstanden. Dieses Wiki ist offen für Mitarbeiter/innen der Universität Oldenburg und kann von allen genutzt und ergänzt werden. Es wächst sozusagen mit dem Lehrprojekt mit, hier werden u.a. Definitionen zum forschenden Lernen gemeinsam erarbeitet und Workshop-Ergebnisse protokolliert.

Melden sich Mitarbeiter/innen des FLiF-/FOL-Projektes mit ihrem Universitäts-Login bei der Wiki-Seite an, können sie gemeinsam Ergebnisse aus dem hochschuldidaktischem Begleitprogramm von FLiF, Ergebnisse aus Workshops etc. sichern. Zudem werden internationale Gast-Wissenschaftler/innen eingeladen, u.a. ihre Positionen auf das forschende Lernen in das Wiki zu schreiben. In einem zweiten Schritt soll das FliF-Wiki auch für Studierende geöffnet werden, so dass eine kollaborative Plattform zur Ergebnissicherung und Begriffsarbeit etabliert wird. Das Wiki ist noch nicht öffentlich, wird aber zu einem späteren Zeitpunkt für die Internetöffentlichkeit bzw. für den Scientific Citizen freigeschaltet.

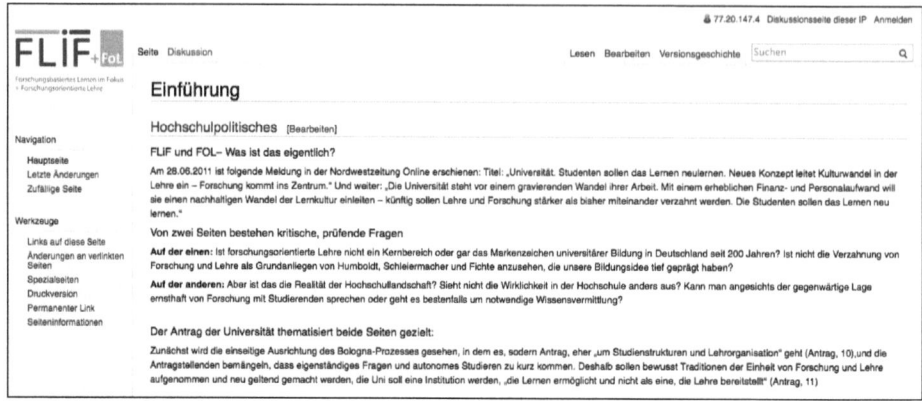

Abbildung 2:   Die FLiF-Wiki-Seite[9]

3.2   Beispiel für forschendes Lernen 2.0: das studentische Online-Journal ‚forsch!'

Ein Merkmal forschenden Lernens ist das Mitteilen von Forschungsergebnissen, welche im Zuge des Lernprozesses gewonnen wurden. Dieser wichtige Schritt im Forschungsprozess, das Kommunizieren und Publizieren von Forschungsergebnissen in der Scientific Community, wird im studentischen Alltag häufig vernachlässigt. Um eine Open-Access-Kultur zu etablieren und gerade auch Studierende als Teil der Scientific Community einzuladen, wurde das studentische Online-Journal ‚forsch!' gegründet. Junge Nachwuchswissenschaftler/innen der Carl von Ossietzky Universität Oldenburg erhalten die Möglichkeit, nicht nur ihren Kommiliton/inn/en und der gesamten Hochschule, sondern der interessierten Internetöffentlichkeit ihre Arbeiten zu präsentieren.

---

9   https://wiki.flif.uni-oldenburg.de (23.05.2014).

Abbildung 3:   Das studentische Online-Journal ‚forsch!'[10]

Im Kontext von E-Science nimmt beim wissenschaftlichen Arbeiten besonders der kommunikative Aspekt einen hohen Stellenwert ein. Alle Beiträge des Journals durchlaufen einen Review-Prozess, um diesen akzeptierten Standard der Qualitätssicherung innerhalb der Scientific Community auch den Studierenden zu vermitteln (vgl. Kergel, Heidkamp & Muckel 2014, S. 258). Dabei ist das WordPress basierte Journal bewusst offen und partizipativ gestaltet, so dass Studierende im Sinne eines sozial-kollaborativen Validierungsprozesses u.a. über die vorgeschlagenen Review-Kategorien diskutieren können.[11] Im Sommersemester 2014 laufen mehrere Lehrveranstaltung mit gezielter didaktischer Begleitung zur Erstellung eines ‚forsch!'-Beitrags. Als Beitrag können verschiedene Textformate eingereicht werden, um die unterschiedlichen Ansätze und Ebenen forschenden Lernens angemessen abzubilden (vgl. Kergel, Heidkamp & Muckel, 2014, S. 259f.).

> „Inhaltlich macht das Journal keine Vorgaben, die Vielfalt der Textformate in ‚forsch!' und der Anspruch, wissenschaftliche Erkenntnisse für alle verständlich mitzuteilen, machen das Journal zu einem interdisziplinär-ausgerichteten Forum für alle Studierende der Universität Oldenburg" (Kergel, Heidkamp & Muckel, 2014, S. 260).

---

10 http://flif.uni-oldenburg.de/forsch/ (24.05.2014).

11 Auf der ‚forsch!'-Homepage können die Begutachtungsbögen heruntergeladen werden, so dass die Validität der Review-Kategorien diskutiert werden kann.

3.3   Beispiel für forschendes Lernen 2.0: der Seminarblog

Die zunehmende Etablierung von E-Science zeigt sich u.a. auch darin, dass Wissenschaftler/innen zunehmend eigene Blogs führen und Links auf Blogs von Kolleg/inn/en einbinden. Wissenschaftler/innen ‚posten' bzw. veröffentlichen auf sogenannten Wissenschaftsblogs u.a. Tagungsberichte, Forschungsergebnisse, Buchrezensionen etc.[12] Auch Universitäten und andere Forschungsinstitute führen Wissenschaftsblogs. Der im Rahmen des FLiF-Projektes entwickelte WordPress basierte Seminarblog dient als Lernumgebung bzw. Web-2.0-Lernumgebung.[13] In Analogie zu den Wissenschaftsblogs sollen Forschungsergebnisse, die innerhalb einer Lehrveranstaltung gewonnen werden, digital aufbereitet, gesichert und kommuniziert werden. Mit folgenden zentralen Funktionen wird der Seminarblog ergänzend zu dem uniinternen Campus-Management-System Stud.IP eingesetzt:

–   zur Dokumentation und Präsentation von Recherche-Ergebnissen und Erkenntnissen im Seminar, Forschungsfragen etc.,
–   als Informationsquelle, in der z.B. Leitfäden zur Texterschließung und zum wissenschaftlichen Arbeiten, Tutorials, Literaturtipps, eingebettete Video-Clips etc. ‚verlinkt' bzw. eingebettet werden können sowie
–   als Austauschplattform zur Sichtbarmachung von Meinungen, zur Initialisierung und Fortführung von Diskussionen zu bestimmten Themen, zur Klärung von Verständnisfragen etc.

Als seminargestaltendes Element kann der Blog beispielsweise im Anschluss an eine Gruppenarbeit zur unmittelbaren Ergebnispräsentation eingesetzt werden: Diskussionsergebnisse können live ‚gepostet' und z.B. über die Kommentarfunktion weitergedacht werden. Auf diese Weise lässt sich eine *onlinegestützte Kommunikationskultur* etablieren. So ist es möglich, wichtige Begriffe gemeinsam über eine ‚Tag-Cloud' (Schlagwörterwolke) zu sammeln. Andere Web-2.0-Medien wie z.B. ‚YouTube'-Videos, ‚Prezis', aber auch ‚PowerPoint'-Folien können als Wissensquelle in den Seminarblog eingebunden werden. Der Seminarblog ist folglich ein didaktisch auf Lehr-/Lernprozesse zugeschnittener Blog und ermöglicht eine Dezentrierung der Lehre durch die Einbeziehung partizipativer Elemente. Im Rahmen der im Fachbereich Pädagogik angesiedelten Lehrveranstaltung „E-Portfolio und forschungsbasiertes Lernen – Wissenskonstruktion mit digitalen Medien" (Wintersemester 2013/14) wurde dieser Ansatz erprobt (vgl. Heidkamp & Kergel 2014). Die dort gewonnen Erkenntnisse werden in hochschuldidaktischen Weiterbildun-

---

12   Ein Beispiel für solch einen Wissenschaftsblog ist der Blog von Sandra Hofhues: www.sandrahofhues.de (22.07.2014).
13   Der Seminarblog wird von der Universität Oldenburg bereitgestellt und ist zunächst nicht öffentlich zugänglich. Nur registrierte Nutzer/innen können Inhalte sehen und gestalten. Im Sinne von OER (Open-Educational-Resources) ist angedacht, die Forschungsergebnisse, die während des Semesters auf dem Seminarblog dokumentiert wurden, in einem letzten Schritt der Scientific Community zu öffnen.

gen weiterkommuniziert.[14] Im Sommersemester 2014 werden acht weitere Blogs veranstaltungsbegleitend eingesetzt und wissenschaftlich begleitet, u.a. in den Fächern Pädagogik, Musikwissenschaft, Geschichte, Chemie und Biologie des Meeres. Die Ergebnisse der formativen Evaluation stehen noch aus.

Abbildung 4:   Der Seminarblog zur Veranstaltung ‚E-Portfolio und forschungsbasiertes Lernen –
                Wissenskonstruktion mit digitalen Medien‘ (Wintersemester 2013/2014)[15]

Die Öffnung der Wissenschaft durch die Nutzung digitaler Medien im Sinne eines *Public Understanding of Science* wird u.a. durch das FLiF-Wiki, das studentische Online-Journal ‚forsch!‘ als auch durch den (potenziell öffentlichen) Seminarblog eingeholt. Durch diese Projekte werden Schritte hin zu einer Öffnung von Wissenschaft bzw. zu einer Vereinfachung von Wissenschaftskommunikation, die perspektivisch auch für Außenstehende geöffnet werden soll, gegangen.

Die drei bislang erläuterten E-Science-Beispiele unterstützen sämtlich *asynchrone* Vernetzungsformen. Solche *asynchronen* Werkzeuge digitaler Medien (dies gilt z.B. auch für E-Mail- oder SMS-Dienste) sind für onlinebasierte kollaborative Arbeitsprozesse nur eingeschränkt geeignet, weil die Kommunikation nicht zeitgleich stattfinden kann. Zeitgleiche gemeinsame Diskussionen wie in einem Chat oder bei einer onlinebasierten kollaborativen Textproduktion ist nur mit *synchronen* Werkzeugen digitaler Medien möglich, u.a. eignen sich dafür die Onlinedienste ‚Etherpad‘ und ‚Google Drive‘. Ein einfach zu handhabendes Echtzeit-Medium stellt auch der Micro-Blog ‚Twitter‘ dar. Wie die beiden letztgenannten Web-2.0-Medien im hochschuldidaktischen Kontext eingebettet werden können, wird in den folgenden beiden Beispielen vorgestellt.

---

14   www.uni-oldenburg.de/lehre/hochschuldidaktik/veranstaltungen/hochschuldidaktik-kompakt/
      (16.07.2014).

15   http://flif.uni-oldenburg.de/eportfolio/ (25.05.2014).

3.4   Beispiel für forschendes Lernen 2.0: kollaboratives Online-Schreiben

Die von Google angebotene Webanwendung ‚Google Drive' ist ein Netzwerk, welches freigegebene Daten zwischen verschiedenen Rechnern synchronisieren kann. Dadurch ist (ähnlich dem Prinzip der ‚Dropbox') eine Online-Datenspeicherung möglich, so dass mehrere Autor/inn/en gemeinsam an einem Dokument arbeiten können. Im Unterschied zur Dropbox kann mit Google Drive zeitgleich gemeinsam das Dokument bearbeitet werden. Dafür stehen mehrere Funktionen zur Auswahl, u.a. Textverarbeitung und Bildschirmpräsentationen. Gemeinsam können mit anderen Nutzer/inne/n Texte kollaborativ erstellt werden, jede Änderung wird in Echtzeit bei allen Beteiligten angezeigt. Im Rahmen der Lehrveranstaltung „Das Ich und Das Netz. Subjektorientiertes E-Learning in Theorie und Praxis" (Sommersemester 2014) werden in drei Research-Teams gemeinsam Essays erstellt. Der Prozess der kollaborativen onlinebasierten Textproduktion ist dabei in mehrere Phasen geteilt, in denen die Zwischenergebnisse des kollaborativen Schreibprozesses von einem anderen Research-Team reviewt werden.

Abbildung 5:   Der Seminarblog zur Veranstaltung *„Das Ich und das Netz: Subjektorientiertes e-Learning 2.0 in Practice"* (Sommersemester 2014)[16]

Im Kontext von Web-2.0-Medien zu arbeiten bzw. zu forschen erfordert andere Kompetenzen als in der herkömmlichen wissenschaftlichen Praxis, dazu wurde für diese Lehrveranstaltung ein auf soziale Gruppenprozesse abgestimmtes Blended-Learning-Design ent-

---

16   http://blog.ecult.uni-oldenburg.de/das-ich-und-das-netz/ (25.05.2014).

wickelt, welches prozessbegleitend evaluiert wird (vgl. eingehender den Beitrag von David Kergel in diesem Band).

3.5   Beispiel für forschendes Lernen 2.0: Microblogging

Der öffentliche Microblogging-Dienst Twitter wird zunehmend auch von Wissenschaftler/inne/n genutzt. Was das Twittern hinsichtlich von Beteiligungszahlen für die involvierten Forscher/innen bedeutete, zeigt eine Untersuchung aus dem Jahr 2012, der zufolge Wissenschaftler/innen dabei im Durchschnitt 612 Follower und 382 Friends hatten, deren Twitteraccounts sie folgen (vgl. Scheloske, 2012, Twitternde Wissenschaftler & Wissenschaftsjournalisten, para. 1). Die sogenannten Tweets[17] können Links z.B. auf Wissenschaftsblogs oder auf Accounts anderer Twitter-Nutzer/innen oder Hashtags[18] sowie Bilder oder Standorte enthalten. In erster Linie werden Tweets den Followern[19] eines/einer Benutzers/in angezeigt, über Hashtags oder Verlinkungen kann die breite Scientific Community erreicht werden.

Das soziale Netzwerk Twitter kann Kommunikationsprozesse initiieren und z.B. Veranstaltungs-Teilnehmer/innen, gleich ob als Referent/in oder als Besucher/in eine Stimme verleihen. Ein paradigmatisches Beispiel für eine solche *Selbstermächtigung von Teilnehmer/inne/n via Twitter* im Rahmen einer Veranstaltung stellt das ‚EduCamp‘ dar. Das Besondere an dem Konzept EduCamp (oder auch ‚BarCamp‘) ist die offene Form der Veranstaltung. Die Agenda der Veranstaltung wird erst vor Ort gemeinsam entwickelt. Jede/r Teilnehmer/in kann die Inhalte und den Ablauf selbst mitgestalten, deswegen kann auch von einer ‚selbstorganisierten Mitmachkonferenz‘ gesprochen werden. Im Rahmen einer jährlich stattfindenden Mitmachkonferenz, die zumeist ca. 200 Teilnehmer/innen zählt, wird parallel zur Veranstaltung eine große Leinwand im Plenum platziert. Auf dieser sogenannten ‚Twitterwall‘ werden Tweets zu einem vorher festgelegten Hashtag projiziert. Auf diese – für alle Teilnehmer/innen sichtbare – ‚synchrone Wand‘ können Literaturhinweise und inhaltliche oder auch organisatorische Fragen getwittert werden. Im Rahmen von Diskussion lassen sich z.B. auch Tweets und Hashtags erstellen, die die wichtigsten Positionen zusammenfassen. Mit diesem Web-2.0-Werkzeug kann über die anwesenden Teilnehmer/innen hinaus auch die Scientific Community Tweets lesen und mitdiskutieren. Die Twitterwall dient neben der Ergebnissicherung auch der Vernetzung von Wissenschaftler/inne/n und weiteren Interessierten oder Interessengruppen. Die Form des ‚microbloggings‘ ermöglicht somit eine sozial-kollaborative Diskussion, die gleichzeitig protokolliert und über das Ende der Veranstaltung hinaus weiterverfolgt werden kann.[20]

---

17 Mit Tweets sind Kurzbeiträge gemeint, die von angemeldeten Nutzer/inne/n erstellt werden und auf maximal 140 Zeichen begrenzt sind.

18 Hashtags sind Schlagwörter bzw. Begriffe mit vorangestelltem Rautenzeichen (z.B. #Schlagwort).

19 Follower sind Twitter-Nutzer/innen, die über Beiträge anderer Nutzer/innen auf dem aktuellen Stand gehalten werden möchten. Sie ‚folgen‘ der/dem Benutzer/in.

20 https://twitter.com/EduCamps (22.07.2014).

Dieser Ansatz soll im Rahmen von hochschuldidaktischen Veranstaltungen und der Hochschullehre übernommen werden. Es ist geplant, Twitter innerhalb des FLiF-Projektes in dreifacher Weise einzusetzen:

– als Workshop begleitendes Element (z.B. im Rahmen des Gastworkshops von Stewart Hase zum selbstgesteuerten Lernen [‚Heutagogy'] am 20.05.2014, #flifheut),
– auf dem ersten FLiF-Symposium (18.06.-19.06.2014, #flifsymp) sowie
– während der Veranstaltungswoche mit dem Titel „Woche des Forschenden Lernens: ‚Beunruhigungen'" (14.07.-17.07.2014, z.B. #Beunruhigung), die gemeinsam von Studierenden und Lehrenden der Fächer Evangelische Theologie, Geschichte, Philosophie und Sportwissenschaft organisiert und durchgeführt wird.

Vorgesehen ist, die Veranstaltungswoche ‚Beunruhigung' mit einer Twitterwall zu begleiten. Im Rahmen der Veranstaltungswoche werden in Form von Musik, Theater, Vorträgen und Workshops u.a. studentische Forschungsergebnisse präsentiert und diskutiert. Besucher/innen werden auf den (bereits in der Twitterlandschaft genutzten) Hashtag #Beunruhigung aufmerksam gemacht, so dass man sich mittels mobiler Endgeräte (Smartphones, Laptops usw.) an Diskussionen und dem Wissensaustausch beteiligen kann.[21]

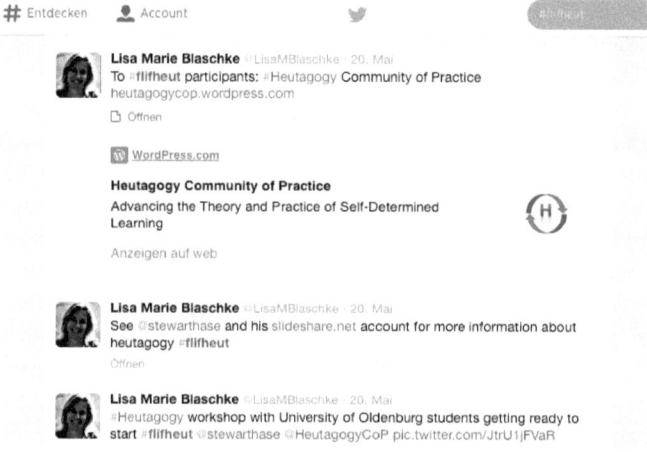

Abbildung 6:   Ausschnitt einer Twitterwall, hier zum Thema *Heutagogy*[22]

Die Twitterwall eignet sich weniger als Werkzeug zur regulären Seminargestaltung, da der Prozess der Wissensgenerierung nur wenig beeinflussbar ist. Der eigene Forschungspro-

---

21 Es können dabei an bereits vorhandene Tweets angeknüpft und Synergien hergestellt werden. Auch bereits vor der Veranstaltung kann dieser Bereich beispielsweise mit Aussagen und Thesen angereichert werden. Um die partizipative Dimension noch stärker herauszustellen, ist denkbar, an den freien Wandflächen des Foyers Aufgabenzettel anzubringen (z.B. mit der Frage „Was verbinden Sie mit dem Thema ‚Beunruhigung'?" oder „Bitte fotografieren Sie, was Sie hier am meisten ‚beunruhigt' und twittern Sie es hier: #Beunruhigung)."

22 https://twitter.com/search?q=flifheut&src=typd (24.05.2014).

zesses bzw. der Konstruktionsprozess von Wissen (wie z.B. bei dem Seminarblog oder dem Wiki) ist aufgrund der Öffnung zur Scientific Community nur bedingt regulierbar. Mit diesem Web-2.0-Werkzeug kann vielmehr eine dynamische Dokumentation von Eindrücken und Meinungen entstehen. Auf diese Weise können mit relativ geringem Aufwand Teilnehmer/innen einer größeren Veranstaltung partizipativ eingebunden werden.

4 Abschließende Betrachtung und Ausblick

Die Einbindung von digitalen Medien bedeutet nicht automatisch eine Veränderung der Lernkultur hin zu einem stärker selbstgesteuerten, motivierten Lernen. Eine nachhaltige Veränderung der Lehr-/Lernkultur weg von einem dozentenzentrierten Unterricht hin zu offenen Lehr-/Lernformen im Sinne eines forschenden Lernens 2.0 verlangt einen reflektierten Umgang mit den Möglichkeiten von E-Science seitens aller Beteiligten. Im vorgelegten Aufsatz ist die Fokussierung und Akzentuierung sozialkollaborativer Elemente als ein gemeinsames Moment, als eine Schnittmenge der forschungsbasierten Lehr-/Lernszenarien und dem E-Science-Ansatz elaboriert worden. Diese gilt es im Zuge hochschuldidaktischer Ansätze im Sinne des forschenden Lernens 2.0 angemessen zu fördern, um Web-2.0-Medien zu Instrumenten des forschenden Lernens bzw. in einem weiteren Schritt zu Instrumenten eines zeitgemäßen Verständnisses von Wissenschaft im Sinne von E-Science werden zu lassen.

Literatur

Downes, S. (2005). E-learning 2.0. In *eLearn Magazine. Education and Technology in Perspektive*, URL: http://elearnmag.acm.org/featured.cfm?aid=104968 (24.05.2014).

Felt, U. (2003). *Scientific Citizenship. Schlaglichter einer Diskussion*, URL: http://edoc.bbaw.de/volltexte/2010/1339/pdf/04_felt.pdf (23.05.2014).

Gardner, H. & Manduchi, G. (2000). *Design Patterns for e-Science*. Wiesbaden: Springer.

Heidkamp, B. & Kergel, D. (2014). Good Practice: e-Portfolio und forschungsbasiertes Lernen. In *Greifswalder Beiträge zur Hochschullehre: Forschendes Lehren und Lernen in der polyvalenten Lehre*, 1 (2), 71-74.

Iske, S. & Marotzki, W. (2010). Wikis: Reflexivität, Prozessualität und Partizipation. In B. Bachmair (Hrsg.), *Medienbildung in neuen Kulturräumen. Die deutschsprachige und britische Diskussion*. (S. 141-152). Wiesbaden: VS.

Kergel, D., Heidkamp, B. & Muckel, P. (2014). Das studentische Online-Journal ‚forsch!‘ als Tool forschenden Lernens im Kontext von e-Science. In N. Apostolopoulos u.a. (Hrsg.), *Grundfragen Multimedialen Lehrens und Lernens. Der Qualitätspakt E-Learning im Hochschulpakt 2020*, Tagungsband GML 2014 (13.-14.03.2014) (S. 251-164). Münster: Waxmann. URL: www.gml-2014.de/Tagungsband-GML-2014/Tagungsband_GML2014-Web-final2.pdf?1406894997 (03.09.2014).

Kerres, M., Stratmann, J., Ojstersek, N. & Preußler, A. (2010). Digitale Lernwelten in der Hochschule. In K.-U. Hugger, M. Walber (Hrsg.), *Digitale Lernwelten. Konzepte, Beispiele und Perspektiven* (S. 141-156). Wiesbaden: VS.

Kleimann, B., Özkilic, M. & Göcks, M. (2008). Studieren im Web 2.0. Studienbezogene Web- und E-Learning-Dienste, *Hisbus-Kurzinformation* Nr. 21, URL: www.hisbus.de/results/pdf/2008_07_hisbus_web2.0.pdf (23.05.2014).

Lunenfeld, P. (1999). *The digital dialektic: new essays on new media.* Massachusetts Institute of Technology.

Puschmann, C. (2014). *(Micro)Blogging Science? Notes on Potentials and Constraints of New Form of Scholarly Communication,* URL: http://book.openingscience.org/tools/micro blogging_science.html (25.05.2014).

Schelhowe, H. (2007). *Technologie, Imagination und Lernen: Grundlagen für Bildungsprozesse mit Digitalen Medien.* Münster: Waxmann.

Scheloske, M. (2012). *Wissenschaft und Wissenschaftler auf Twitter | Twitterstudie. Aktuelle Daten, Listen und ein Archiv twitternder Wissenschaftler, Universitäten, sowie wissenschaftlicher Institutionen und Medien,* URL: www.wissenswerkstatt.net/wissenschaft-wissenschaftler-auf-twitter-twitterstudie/ (26.05.2014).

Shannon, C. E. & Weaver, W. (1964). *The mathematical theory of communication.* The university of Illinois.

Zorn, I. (2011). Medienkompetenz und Medienbildung mit Fokus auf Digitale Medien. In: H. Moser, P. Grell & H. Niesyto (Hrsg.), *Medienbildung und Medienkompetenz. Beiträge zu Schlüsselbegriffen der Medienpädagogik* (S. 211-235). München: kopead.

Gerd Hoffmann

Hinzulernen im Verlauf des forschenden Lernens auf Basis von Open Educational Resources
Unterstützung einer flexiblen Wissensvermittlung mit Referatorien

Abstract

Forschendes Lernen ist eine Zielperspektive, die das Subjekt der Lernenden betont und gleichzeitig sowohl metareflexive als auch dialogische Kompetenzen in einer interaktiven Lehr-/Lernumgebung einfordert. Dabei bewegen sich die Lernenden in einem ständigen Spannungsfeld zwischen selbstgestalteten Entdeckungs-, Prozess- und Lösungssituationen auf der einen Seite und individuellen fachlichen sowie methodischen Unterstützungsbedarfen auf der anderen Seite. Der Beitrag greift den Problembereich der sachimmanenten Schwierigkeiten auf und skizziert ein erweitertes Modell der persönlichen Lernumgebung zur technischen Unterstützung des zeitlich und fachlich individuellen Nachlernens fehlender Kenntnisse und Fertigkeiten im Prozess des forschenden Lernens.

1   Anknüpfungspunkt im Paradigma des forschenden Lernens

Ausgehend von dem Ziel der aktiven Teilnahme aller Studierenden am Prozess der Wissenschaft fokussiert das forschende Lernen eine Form des Studiums, bei der handlungs- sowie produktionsorientiert mit Wissenschaft umgegangen werden soll. Anders als im klassischen gestuften Studium, in welchem das aktive Nach- und Mitvollziehen von Wissenschaft in einem von der Lehrperson stark vorstrukturierten thematischen und methodischen Rahmen eine wesentliche Rolle spielt, schlägt Huber ein Studium vor, welches von Anfang an oder zumindest teilweise in Forschungsprozessen oder der Beteiligung an Forschungsprozessen durchgeführt werden kann ('forschendes Lernen'). Obwohl sich klassisches Studieren und Studieren unter dem Paradigma des forschenden Lernens deutlich unterscheiden, sind nach Huber dennoch beide Lehr-/Lernformen in ihrer didaktisch angeleiteten, praktischen Umsetzung vor gleiche Problembereiche gestellt – Schwierigkeiten sachimmanenter, psychologischer und hochschulpolitischer Art (vgl. Huber, 1970, S. 231ff.):

– Die Schwierigkeiten *sachimmanenter* Art beziehen sich auf die verständige Verknüp-fung von bestehenden fachlichen Lösungen oder von zur Lösung hilfreicher empiri-scher Daten, Fachbegriffe und Methodiken, welche die forschend Lernenden im Rah-men der Bearbeitung ihres Forschungsproblems recherchieren.
– „Die Schwierigkeiten *psychologischer* Art bestehen vor allem darin, daß dieses Pro-gramm des Forschenden Lernens Interesse, Ausdauer und Frustationstoleranz in ei-nem Maße voraussetzt, daß es nur mit einer hohen intrinsischen Motivation bewältigt werden kann" (ebd, S. 232).
– „Die *hochschulpolitischen* Schwierigkeiten ergeben sich ... vor allem aus den Schrit-ten, die man zur Überwindung der sachimmanenten und psychologischen Schwierig-keiten ergreifen muß" (ebd., S. 234). Dazu gehören nach Huber etwa die Umformung von Studienordnungen in Hinblick auf die Ermöglichung eines von den Studierenden selbständig gestalteten Projektstudiums, der Abbau von Prüfungsdruck, ein an den Fragen und Problemen der Projektarbeit ausgerichtetes Lehrangebot und eine geeigne-te Vertretung der studentischen Projektgruppen in den Organen der Fachbereiche bzw. Fakultäten.

Die sachimannenten Schwierigkeiten gilt es bei der Implementation forschenden Lernens in der Hochschullehre in besonderer Weise mitzudenken. Dementsprechend beschreibt Huber ein Ideal der Hochschule, das die Studierenden verstärkt in den Mittelpunkt des akademischen Studiums stellt. Anstelle der curricularen Vermittlung von Wissenschaft fordert Huber in seinem Artikel die Bereitstellung von Curricula zum Erwerb von Me-takompetenzen sowie Beratung und Orientierung, um die Studierenden auf ihrem eigenen Weg in die Wissenschaft zu unterstützen. Damit adressiert Huber neben vielen konkreten Vorschlägen zur Unterstützung eines weitestgehend selbständig geführten Projektstudiums auch das der Wissenschaft zu Grunde gelegte humboldtsche Bildungsideal. Vor dem Hin-tergrund der mit dem Bologna-Prozess verbundenen Hochschulreformen hin zu einer stär-keren Berufsbezogenheit des Studiums weist der Artikel über den historischen Kontext, in dem er entstand, hinaus und scheint gerade vor dem Hintergrund des mit der demographi-schen Entwicklung verbundenen Modells eines auf Selbststeuerung beruhenden lebens-langen Lernens aller Beschäftigten wieder aktuell. Diese Aktualität der Positionen Hubers lässt sich lerntheoretisch am Begriff des Ad-hoc-Hinzulernens festmachen. Der von Huber verwandte Begriff des Ad-hoc-Hinzulernens konstruiert aus lerntheoretischer Perspektive keinen neuen Lernbegriff. Vielmehr kontrastiert der Begriff des Ad-hoc-Hinzulernens die Form des Hinzulernens beim forschenden Lernen im Vergleich zu dem klassischen Hinzu-lernen im Rahmen eines Curriculums. Mit Bezug auf die radikalen medialen Umwälzun-gen der letzten Dekade lohnt es sich, den Begriff des Ad-Hoc-Lernens von Huber wieder aufzugreifen: Das Lernen vollzieht sich (zumindest potenziell) durch die Verbreitung digi-taler Lernmedien weniger im Rahmen eines von einer Lehrperson zeitlich und inhaltlich vorstrukturierten Prozesses, sondern zeitlich und inhaltlich unvorherbestimmt – eben ad hoc: „Damit machen sich die Forschend-Lernenden von einem Curriculum unabhängig, das als Fahrplan stofflicher Inhalte und zugehöriger Methoden konstruiert und durch entsprechende Prüfungen reguliert ist." (Huber, 1970, S. 231) Der Ansatz des Ad-hoc-Hinzulernens kann gezielt mit dem medialen Fortschritt verknüpft und für das forschende Lernen genutzt werden: Weil die computervermittelte Kommunikation auf der Basis des Web 2.0 für die Ad-hoc-Akquise von Wissensbeständen und -vermittlung günstige Eigenschaften aufweist, greift die vorliegende Arbeit aus dem Problembereich der sachimmanenten Schwierigkeiten den Aspekt des Ad-hoc-Hinzulernens auf. Fehlende Kenntnisse und Fertigkeiten im Prozess des forschenden Lernens können durch eine Konzeptionierung des Ad-hoc-Hinzulernens via Neuer Medien einen neuen Ansatz zur technischen Unterstützung der Bereitstellung und Zuordnung individuell angefragter Wissensvermittlungen liefern. Besonders begünstigende Eigenschaften für eine technische Unterstützung des Ad-hoc-Hinzulernens durch Neue Medien bestehen etwa in

- der zeitlichen und örtlichen Ungebundenheit (anytime/anywhere),
- der erweiterten (auch interkulturellen) Interaktions-, Kommunikations- und Kooperationsmöglichkeiten der Lehrenden, Lernenden und Lernenden untereinander,
- der Möglichkeit zur Kombination verschiedener Kommunikationsformen (z.B. synchron/asynchron, privat/öffentlich),
- der zusätzlichen Datenverarbeitungsoptionen (z.B. Speicherung, Bearbeitung, Wiederabrufbarkeit digitalisierter Lernmaterialien) und
- dem erweiterten Zugriff auf Hilfen und Unterstützungen (vgl. Bloh & Lehmann, 2002, S. 34).

2 Formen der Unterstützung von Ad-hoc-Hinzulernen

Dieses Kapitel präzisiert den hier zu Grunde gelegten Lernbegriff und schlägt zwei Unterstützungsformen zur Herstellung einer passgenauen individuellen Wissensvermittlung im Sinne des forschenden Lernens vor.

Lernen ist ein Sammelbegriff für überdauernde Veränderungen im Erleben und Verhalten einer Person, die nicht durch Reifung, sondern durch deren Erfahrungen mit der Welt entstehen (vgl. Kiper & Mischke, 2008, S. 32). Unabhängig von der jeweiligen lerntheoretischen Begründung haben die verschiedenen Lernbegriffe gemeinsam, dass sie Lernen als ein theoretisches Konstrukt betrachten, das nicht unmittelbar beobachtet werden kann. Anhand geeigneter Beobachtungsmethoden lässt sich erst im Nachhinein annehmen, „daß jemand etwas gelernt hat, wenn er bestimmte Aufgaben beim nächsten Mal genauso effektiv oder effektiver bearbeiten kann" (vgl. Seel, 2000, S. 19). Die Beobachtung des Lernprozesses im Nachhinein mit Hilfe von Kontrollaufgaben kann durch die lernende Person[1] vorgenommen werden. Auf dieser Grundlage ist eine lernende Person befähigt, Wissen darüber zu erlangen, unter welchen Bedingungen sie selbst lernt, um darauf aufbauend ihre eigenen Lernhandlungen zu planen. Der Erfolg dieser Lernhandlungen ist dann wieder durch Kontrollaufgaben zu überprüfen.

---

1 Oder durch andere Personen, wie beispielsweise Mitstudierende oder Lehrende.

Genau wie das klassische Studium fordert ein Studium unter dem Paradigma des forschenden Lernens aus didaktischer Sicht eine organisatorische Komponente für die akademische Lehre, die an die jeweils charakteristische Steuerung von Lernhandlungen anschlussfähig ist. Weil ein Studium in Form des forschenden Lernens verstärkt die lernende Person in das Zentrum stellt, sollte eine Hochschule eine lernerzentrierte organisatorische Komponente im Rahmen ihrer akademischen Lehre bereitstellen. Formen des Lehrens, welche die individuellen Wissenserwerbsprozesse der Lernenden in besonderer Weise berücksichtigen, sind an einigen Hochschulen schon Bestandteil des grundständigen und weiterführenden wissenschaftlichen Studiums.[2] Die Umsetzung erfolgt typischerweise mit Hilfe einer personalintensiven Betreuung von Lerngruppen durch die lehrende Person und Tutor/inn/en.

Beim forschenden Lernen liegt das Hauptgewicht der Steuerung der geplanten Lernhandlungen bei den Lernenden. Wenn es in einer selbstgesteuerten Abfolge von Lernhandlungen im Sinne einer Problemlösung zu einer Situation kommt, in der eine lernende Person ad hoc[3] erworbene Informationen miteinander nicht verbinden kann, ist die forschend lernende Person auf eine akademische Wissensvermittlung angewiesen, die zeitlich und fachlich auf deren individuelle Lernsituation abgestimmt ist. Zur Unterstützung einer passgenauen individuellen Wissensvermittlung im Sinne des forschenden Lernens bieten sich in einer Hochschule neben anderen zwei Vermittlungsstrategien an:

1. die Unterstützung durch eine oder mehrere Lehrpersonen[4] und
2. die Unterstützung durch eine von der Hochschule bereitgestellte integrierte Informationsumgebung.

Möglich wäre auch eine Kombination beider Formen, die beispielsweise so organisiert sein könnte, dass

–   die Studierenden zunächst selbständig versuchen, mit Hilfe der integrierten Informationsumgebung ihren individuellen Wissensbedarf einzuholen – etwa durch E-Learning-Ressourcen – und bei Nichterfolg ein Wissensvermittlungsangebot einer lehrenden Person wahrnehmen oder
–   die Studierenden zunächst ein Beratungsangebot einer lehrenden Person wahrnehmen, bei dem sie Informationen erhalten, welche E-Learning-Ressourcen ihrem individuellen Wissensbedarf entsprechen, um diese dann selbständig mit Hilfe der integrierten Informationsumgebung einzuholen und zu bearbeiten.

---

2   So wirbt die Universität Witten/Herdecke im Rahmen ihrer Webpräsenz unter der Rubrik „Studieninteressierte" mit einer „... völlig anderen Art des Studierens". Die UH/W „... setzt auf kleine Gruppen mit hoher persönlicher Betreuungsintensität und legt großen Wert auf fachliche und methodische sowie soziale und kulturelle Kompetenzbildung" (www.uni-wh.de/studium/studieninte ressierte, 19.07.2014).

3   Hier wieder verstanden als Gegenkonzept zu dem von einer lehrenden Person vorherbestimmten curricularen Lernen.

4   Dabei kann es sich prinzipiell auch um Mitstudierende handeln. Im weiteren Verlauf des Textes schließt der Begriff Lehrperson lehrende Mitstudierende mit ein.

Unterstützung durch eine integrierte Informationsumgebung

Neben den in den Hochschulen tradierten Formen von Forschung und Lehre tritt zunehmend die Entwicklung rechnerunterstützter Formen von Forschung und Lehre, die seit 2012 von einer Entschließung der 13. Mitgliederversammlung der Hochschulrektorenkonferenz[5] hochschulpolitisch gestützt wird. Der tiefgreifende Wandel der Nutzung neuer Informationstechnik in der Gesellschaft bedingt auch Veränderungen sozialer Strukturen und Gewohnheiten bei Studierenden und Lehrenden:

> „Die Studierenden erwarten etwa, dass die Hochschulen mit den neuen Entwicklungen Schritt halten und ihnen eine integrierte Informationsumgebung zur Verfügung stellen, die den außerhalb der Hochschule eingeübten Gewohnheiten Rechnung trägt. Netzgestützte Lehrangebote gewinnen für die Studierenden an Relevanz. […] Auch die Forschung verändert sich grundsätzlich: Wissen wird in der Interaktion ständig neu produziert und muss im Modell des *information life cycle* neu begriffen werden. Die Digitalisierung der Forschungsdaten schreitet voran. Datenmengen wachsen exponentiell, neue Lösungen des Managements, der Speicherung und Archivierung sind gefragt" (Hochschulrektorenkonferenz, 2012, S. 4f.).

Um die Nutzung der aufzubauenden integrierten Informationsumgebungen anschlussfähig an die hohen Anforderungen der Qualität der Forschung und Lehre zu gestalten, soll sich der Aufbau in Begleitung einer Stärkung der akademischen sowie der diese unterstützenden organisationsbezogenen Informationskompetenz vollziehen. Der Begriff der Informationskompetenz wird dabei verstanden als

> „[…] die Gesamtheit aller Fähigkeiten und Fertigkeiten, die erforderlich sind, um situationsrelevante Informationsbedarfe festzustellen, Informationen zu beschaffen, weiterzuverarbeiten, zu bewerten, zu präsentieren und Nutzungsbedingungen von Informationen einzuordnen" (Hochschulrektorenkonferenz, 2012, S. 6).[6]

Wendet man das in der Entschließung formulierte Konzept für die Integration von Informationsumgebungen an Hochschulen auf das des forschenden Lernens an, so ergibt sich

---

5 Die Hochschulrektorenkonferenz (HRK) ist ein freiwilliger Zusammenschluss der staatlichen und staatlich anerkannten Hochschulen in Deutschland. Sie hat 268 Mitgliedshochschulen, in denen etwa 94% aller Studierenden eingeschrieben sind. Die HRK formuliert und vertritt gemeinsame hochschulpolitische Positionen der Mitgliedshochschulen gegenüber der Bundesregierung, den Landesregierungen und mit Hilfe der Medien gegenüber der Öffentlichkeit. Wesentliches Merkmal der hochschulpolitischen Arbeit der HRK ist die Formulierung einer stärkeren finanziellen Förderung der Hochschulen durch den Staat. Daneben unterstützt die HRK Mitgliedshochschulen bei der Umsetzung von Reformen, berät Politik und Verwaltung von Bund und Ländern zu Hochschulfragen und befasst sich mit der Sicherung der Qualität von Lehre und Forschung. (www.hochschulrektorenkonferenz.de, 19.07.2014).

6 Nach einer nicht veröffentlichten Folienpräsentation, die Prof. Dr. Christian Wolff (Universität Regensburg, Lehrstuhl für Medieninformatik an der Philosophischen Fakultät III – Sprach-, Literatur- und Kulturwissenschaften) im Rahmen eines von der HRK-AG „Zukunft der Digitalen Information in Lehre und Forschung" am 7. November 2011 an der TU Darmstadt veranstalteten Expertenhearings gehalten hat.

die Frage nach den Voraussetzungen, die eine solche Umgebung erfüllen sollte, um ein informationskompetentes Ad-hoc-Hinzulernen zu unterstützen.

3 Ad-hoc-Hinzulernen auf Basis von Informationskompetenz

Die Aufgabe einer integrierten Informationsumgebung, welche zur Unterstützung des individuellen[7] selbstgesteuerten Ad-hoc-Hinzulernens verwendet werden soll, ist die Realisierung eines online verfügbaren Angebotes von E-Learning-Ressourcen zur Wissensvermittlung, ohne in die Selbststeuerung der Lernenden einzugreifen. Bei den Materialien für Lehre und Lernen kann es sich um wissensvermittelnde Texte, Kurse, Audiovorträge und Vorlesungsaufzeichnungen in Form einer Videoaufzeichnung handeln. Bei den Lernumgebungen handelt es sich um online verfügbare E-Learning-Programme oder -Dienste zur Bildung von Ad-hoc-Lerngemeinschaften für eine bestimmte Fragestellung, welche forschend lernenden Studierenden zur Verfügung stehen. Wesentliche Voraussetzungen einer solchen Flexibilisierung des Lernens sind eine persönliche Lernumgebung, für die forschend Lernenden frei zugängliche E-Learning-Ressourcen (etwa Open Educational Resources) sowie eine Zuordnungskomponente, die den forschend Lernenden bei der Auswahl fachlich passender Lernmaterialien und -Umgebungen unterstützt.

3.1 Persönliche Lernumgebung und forschendes Lernen

Der Begriff der persönlichen Lernumgebung (Personal Learning Enviroment) bezieht sich im Vergleich mit anderen Konzepten des E-Learning eher auf einen Paradigmenwechsel als auf eine softwaretechnische Entwicklung oder gar eine bestimmte E-Learning-Software (vgl. Attwell, 2008). Er umfasst allgemein eine nach persönlichen Interessen und Bedürfnissen gestaltbare elektronische Lernumgebung, in der Lernende ihr persönliches Wissensmanagement und ihre eigenen Wissenserwerbsprozesse organisieren können, und fokussiert den sich selbst steuernden, aktiven Lernenden. Die persönliche Gestaltung der Lernumgebung vollzieht sich durch die Auswahl der über ein Software-Portal bereitgestellten internen und/oder externen E-Learning-Materialien und/oder -Dienste sowie deren softwaretechnische Integration in die Lernumgebung. Zu den E-Learning-Diensten gehören in der Regel insbesondere auch Dienste, welche den Lernenden mit anderen Lernen-

---

[7] Die vorliegende Arbeit betrachtet primär das individuelle forschende Lernen. Die herausgearbeiteten Wahrnehmungen und Konzepte lassen sich jedoch auch für kollaboratives forschendes Lernen anwenden, etwa bei studentischen Arbeitsgruppen, die an einer gemeinsamen Forschungsfrage arbeiten.

den oder Lehrenden verbinden und Kommunikation und Zusammenarbeit ermöglichen.[8] Die persönliche Lernumgebung weist damit in besonderer Weise Schnittmengen mit der eigenständigen Arbeitsweise der forschend Lernenden auf und kann diesen insofern grundsätzlich eine schlüssige Form der Unterstützung bieten.

3.2   Open Educational Resources (OER)

In diesem Kapitel wird zunächst der allgemeine Begriff der E-Learning-Resources am Beispiel der seit etwa dem Jahre 2005 stark aufkommenden Open Educational Resources konkretisiert und dann die Voraussetzung für deren lernförderliche Verwendung beim Ad-hoc-Hinzulernen benannt. Der Begriff der Open Educational Resources bezeichnet Bildungsressourcen, die kostenlos für Bildungszwecke eingesetzt werden dürfen. Er umfasst digitale oder papierbasierte Lehr- und Lernmaterialien, Lernsoftware aber auch Qualitätssicherungsmaßnahmen und -ergebnisse (Jelitto, 2005, S.1). Auf der Basis des multimedial ausgerichteten Web 2.0 wird eine immer größere Menge an offenen E-Learning-Ressourcen über das Medium Internet zugänglich (vgl. Arnold, Kilian, Thillosen & Zimmer, 2011, S. 135).

Aus didaktischer Sicht sind offene E-Learning-Ressourcen von besonderem Interesse, weil sie die Möglichkeit bieten, auf der Basis einer entsprechenden (multi-)medialen Aufbereitung die Rezeption und Bearbeitung von Bildungsinhalten interaktiv zu gestalten, was deren Lernförderlichkeit erhöhen kann. Open Educational Resources erhalten durch ihre hohe Anzahl, ständige Verfügbarkeit und kostenlose Nutzbarkeit Bedeutung für das Ad-hoc-Hinzulernen.

Durch die große Menge an offenen E-Learning-Ressourcen, deren häufig gute didaktische Qualität und den einfachen sowie schnellen Zugriff darauf, besitzen sie das Potenzial, die persönliche Lernumgebung im Prozess des forschenden Lernens zu einem nützlichen Unterstützungswerkzeug für das flexible Nachlernen fehlender Kenntnisse und Fertigkeiten zu machen.

Eine wesentliche Voraussetzung für eine lernförderliche Verwendung offener E-Learning-Ressourcen im Rahmen einer Abfolge selbstgesteuerter Lernhandlungen ist die von den forschend Lernenden entwickelte Kompetenz zur Selbstregulation. Diese ist (nach Kiper & Mischke, 2008) „eine in der Architektur der menschlichen Informationsverarbeitung prinzipiell angelegte Möglichkeit, die aber bereichsspezifisch durch geeignete Lernprozesse erst entwickelt werden muss.“

Problematisch erscheint aus dieser Perspektive, die bei der persönlichen Lernumgebung implizite Prämisse, dass die (forschend) Lernenden grundsätzlich über die Kompetenz verfügen, aus der Menge der ihnen zur Auswahl stehenden offenen E-Learning-Ressourcen, die für ihren aktuellen Bedarf an akademischer Wissensvermittlung passenden Ressourcen zu identifizieren. Insbesondere überlässt dieses Paradigma der lernenden

---

8   Wie beispielsweise Wikis, Weblogs, Social Tagging Tools, kooperative Wissensmanagement-Werkzeuge. Solche Software-Dienste oder -Anwendungen werden auch unter der Sammelbegriff „Social Software“ zusammengefasst.

Person die „Entscheidung über Lerninhalte und Lernziele, über die Art und Weise des Wissens, über dessen mediale Darstellung und über die Zeit des Lernens bzw. des Sich-bildens [...], damit er seine individuell optimale Verlaufsform der Aneignung findet" (Meder, 2006, S. 36f.). Mit der Möglichkeit der uneingeschränkten Auswahl erhöht sich die Wahrscheinlichkeit einer kognitiven Überforderung der forschend Lernenden, was sich hemmend auf den Lernfortschritt auswirken kann. Daraus ergibt sich die Frage, wie die forschend Lernenden die für die lernförderliche Verwendung einer persönlichen Lernum-gebung nötige Informationskompetenz gewinnen können. Grundsätzlich sieht auch die HRK an dieser Stelle ein Problem. Die Entschließung der HRK zur Hochschule im digita-len Zeitalter schlägt deshalb zur lernförderlichen Verwendung einer integrierten Informa-tionsumgebung an einer Hochschule die Vermittlung von Informationskompetenz als Teil der Lehre vor. Kriterien zur Herleitung oder gar der genauen Ausgestaltung der postulier-ten informationskompetenten Lehre gibt sie jedoch nicht an (vgl. Hochschulrektorenkon-ferenz, 2012, S. 14ff.).

4   Erweitertes Modell der persönlichen Lernumgebung

Zur Verringerung der Wahrscheinlichkeit einer kognitiven Überforderung der Studieren-den bei der Auswahl offener E-Learning-Ressourcen lässt sich das Modell der persönli-chen Lernumgebung um eine Komponente erweitern, welche die Studierenden bei der Auswahl unterstützt. Der Ansatz für die Erweiterung folgt dabei der Wahrnehmung von Meder, dass in der Web-Didaktik die Lernumgebung die Lernenden bei ihrem selbstorga-nisierten Lernen unterstützen muss (vgl. Meder, 2006, S. 36f.).

Die konzeptionelle Basis der Erweiterung bildet ein von einer oder mehreren Lehrper-sonen präfiguriertes Referatorium, welches den forschend Lernenden in ihrer jeweiligen persönlichen Lernumgebung zur Verfügung gestellt wird. Jelitto definiert Referatorien als „Webseiten, die mit Metadatensätzen versehen auf Materialien im WWW verlinken" (vgl. Jelitto, 2005, S.16). Zu den Vorteilen von Referatorien gehören nach Jelitto:

-    die Möglichkeit, sich über Metadaten nicht nur auf digitale Artefakte[9] beziehen zu können, sondern zusätzlich auch auf reale Artefakte[10],
-    die mögliche Kontrolle des/der Autor/in eines Referatoriums über die darin enthalte-nen Referenzen durch die Operationen des Hinzufügens, Bearbeitens, Löschens und Speicherns von Referenzen,
-    die nicht vorhandene Angriffsfläche in Hinblick auf die Verletzung des Urheberrech-tes,
-    die damit verbundene Möglichkeit zur freien Erstellen und Aktualisieren, weil die Rechteinhaber/innen der referenzierten Artefakte nicht um ihre Einwilligung gebeten werden müssen,
-    der geringe Speicherbedarf, weil nur Metadaten und Referenzen gespeichert werden.

---

9   Etwa Video-Dateien, Text-Dateien, Bild-Dateien usw.
10   Etwa Bücher, CD-ROMs und andere reale Lehr- und Lernmaterialien.

Einen anderen Ansatz zur Realisierung einer Zuordnungskomponente bieten Repositorien. Dabei handelt es sich nach Jelitto um Plattformen[11], in denen digitale Artefakte abgelegt werden (vgl. Jelitto, 2005, S. 17). Repositorien bieten gegenüber Referatorien jedoch den Nachteil, dass die forschend Lernenden nicht die volle Kontrolle über ihre E-Learning-Ressourcen besitzen, was mit dem Konzept einer persönlichen Lernumgebung nicht harmoniert. Weil die Studierenden mit einem Repositorium Bildungsinhalte direkt in der persönlichen Lernumgebung ablegen, ergeben sich darüber hinaus eventuelle Schwierigkeiten in Hinblick auf das Urheberrecht. Zudem kann sich ein Repositorium nicht direkt auf reale Dinge wie z.B. Bücher, Zeitschriften usw. beziehen, was die Integration des Wissensbestandes von Universitätsbibliotheken in die persönliche Lernumgebung nicht unterstützt. Daher wird für die Verwendung von Referatorien plädiert.

Um die Verwendung eines Referatoriums zu veranschaulichen, sei an dieser Stelle ein mögliches Anwendungsbeispiel skizziert: Eine Dozentin betreut im Informatik-Masterstudium „Adaptive Systeme" eine zweisemestrige Projektgruppe zu dem Forschungsgebiet „Intelligente Tutorielle Systeme" an. Sie konzipiert dieses Studien-Modul gemäß dem Paradigma des forschenden Lernens:

– Im Rahmen des gesetzten Oberthemas dürfen sich die Studierenden eine individuelle Forschungsfrage wählen, welche sie selbständig bearbeiten.

– Zu Beginn bietet sie einen Kurs zum Erwerb solcher Metakompetenzen an, die für das eigenständige Bearbeiten einer Forschungsfrage hilfreich sind. Dazu gehört beispielsweise die Metakompetenz der Selbstregulation sowie ausgewählte „Soft Skills", wie etwa Feedback geben, Umgang mit Konflikten, wissenschaftliches Schreiben und Führen eines Projektportfolios. Die Teilnahme an dem Kurs ist für die Studierenden fakultativ.

– Die Dozentin konzipiert einen Zeitplan, in dem sie zu ausgewählten Terminen den forschend Lernenden aus ihrem Projekt auf deren Anfrage hin individuelle Beratung, Orientierung und Wissensvermittlung anbieten kann, und kommuniziert dies an die forschend Lernenden.

– Sie konzipiert einen Zeitplan, in dem sie Gruppentermine anbietet. Diese dienen der überblicksartigen Ermittlung der Arbeitssituation der Studierenden und zur Beantwortung von Fragen, die sich im Rahmen von deren individueller Arbeit ergeben haben. Auf der Basis des Überblicks nimmt die Dozentin Wissensvermittlungsbedarfe wahr, gibt Beratung und Orientierung. Sie plant in der Folge eine Lehreinheit, die dem Wissensvermittlungsbedarf entspricht und führt sie mit den Studierenden durch. Die Teilnahme an den Gruppenterminen ist für die Studierenden obligatorisch.

– Die Universität stellt allen Studierenden – und damit auch den Teilnehmenden an der Projektgruppe – eine integrierte Informationsumgebung zur Verfügung. Zur Unterstützung eines informationskompetenten Umgangs im Zusammenhang mit dem Oberthema des Projektes erstellt die Dozentin ein Referatorium. Dieses beinhaltet Referenzen auf, über das Internet zugreifbare, Open Educational Resources und andere Informationen wie Literaturangaben zu Büchern und Zeitschriften der lokalen Universitäts-

---

11 Das heißt eine Verbindung von Software und Hardware.

bibliothek, welche die Dozentin auf der Basis ihrer Forschungskompetenz als relevant
für die Forschungsarbeit in dem Oberthema ansieht.

– Dieses Referatorium wird mit Hilfe der integrierten Informationsumgebung der Universität in die persönlichen Lernumgebungen der Teilnehmenden an der Projektgruppe eingebettet. Es dient diesen als Orientierung bei der Akquise von E-Learning-Ressourcen für das Ad-hoc-Hinzulernen.

– Die forschend Lernenden können das in ihre persönliche Lernumgebung eingebettete Referatorium relativ zu ihren individuellen Forschungsinteressen erweitern und/oder verändern.

– Die Dozentin kann das Referatorium abhängig von ihren Erfahrungen in der individuellen Beratung und Gruppenberatung sowie abhängig von ihrem eigenen Voranschreiten in dem Forschungsgebiet ad hoc aktualisieren. Die aktuelle Version wird dann mit Hilfe der integrierten Informationsumgebung in die persönlichen Lernumgebungen der Teilnehmenden eingespielt.

Im Folgenden soll eine Abbildung die komplexe Beziehung zwischen Referatorien (REF), persönlichen Lernumgebungen (PLE), Open Educational Resources (OER) und einer Forschungsdatenbank (FDB) verdeutlichen:

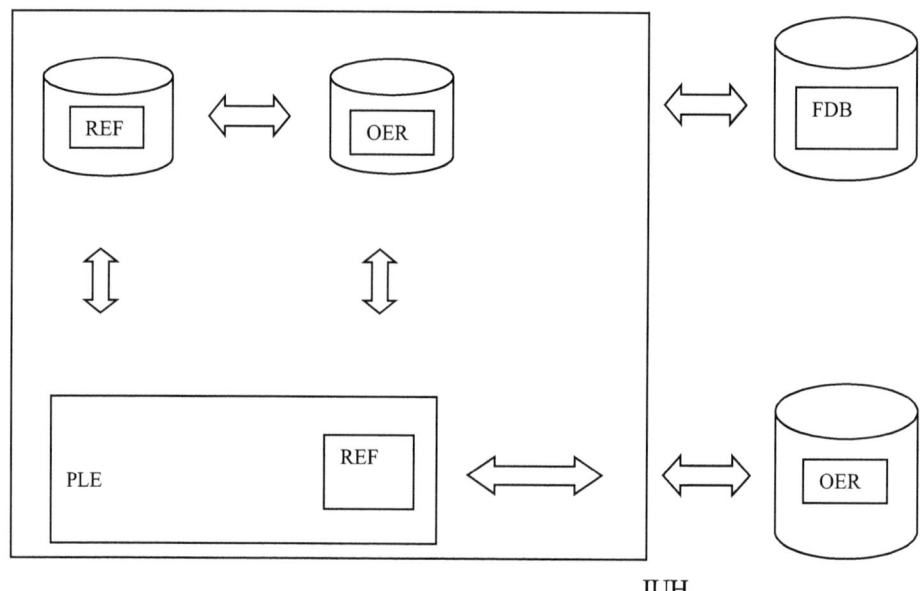

Abbildung 1:   Erweitertes Modell einer persönlichen Lernumgebung

Erläuterung zu Abbildung 1:

– Die Abbildung veranschaulicht die rechentechnische Struktur, in welche die erweiterten persönlichen Lernumgebungen eingebettet sind, und zeigt auf, wie die allgemeine Einbindung von persönlichen Lernumgebungen in die Lehr- und Lerntätigkeit im Zusammenhang mit dem forschenden Lernen ermöglicht wird. Die persönlichen Lernumgebungen sind Teil der integrierten Informationsumgebung einer Hochschule (IUH). Das heißt, sie werden den Studierenden von der Hochschule zur Benutzung zu Verfügung gestellt. Damit verbunden ist die durch die IT-Dienste einer Hochschule bereitgestellte Betriebssicherheit der persönlichen Lernumgebungen. Die Studierenden sind von der Systempflege befreit und können ihre Umgebung jederzeit zur Unterstützung ihrer Arbeitsprozesse im Studium einsetzen.

– Die persönlichen Lernumgebungen enthalten ein Software-Modul. Dies ist ein Programmteil ihrer Lernumgebung, der mehrere Referatorien verwalten kann. Die Studierenden können selber zu beliebigen Themenkontexten und/oder Veranstaltungskontexten eigene Referatorien erstellen, verändern oder löschen und Referatorien mit anderen Studierenden teilen.[12] Insbesondere werden in diesem Programmteil die Referatorien eingespielt, welche die Dozent/inn/en, bei denen die Studierenden eine Veranstaltung belegen, für diese Veranstaltung erstellt haben.

– Mit Hilfe der Referatorien können die Studierenden über das Internet auf Open Educational Resources und Forschungsdatenbanken zugreifen.

– Die integrierte Informationsumgebung der Hochschule bietet ein Archiv von Referatorien an, aus dem sich die Studierenden Referatorien in ihre persönliche Lernumgebung kopieren können. Dies können etwa Referatorien zu Themen sein, die für viele Studierende immer wieder wichtig sind, wie etwa: Wie schreibe ich einen wissenschaftlichen Text? Wie zitiere ich Literatur? Wie begründe ich eine Forschungsmethode? Dies bietet den Hochschulen eine Möglichkeit, erfolgreiche eigene Lehrveranstaltungen, soweit sie in digitaler Version vorliegen,[13] einem größeren Interessentenkreis unter den eigenen Studierenden zur Verfügung zu stellen.

– Die integrierte Informationsumgebung der Hochschule speichert eigenerstellte Open Educational Resources auf ihrem lokalen Speichersystem ab und stellt sie den Studierenden und Lehrenden über ein lokales Netzwerk zur Verfügung.

5 Ausblick

Ein fragwürdiger Aspekt des Einsatzes neuer Informationstechnologien in der Bildung besteht darin, dass häufig im Kontext konstruktivistischer Ansätze die Vorstellung kommuniziert wird, Neue Medien eigneten sich in besonderer Weise zur Unterstützung des selbstgesteuerten Lernens (vgl. Bloh & Lehmann, 2002, S. 99). Damit ist häufig eine wertende Polarisierung zwischen dem lernerzentrierten, selbstgesteuerten Lernen und dem

---

12 Zur Unterstützung kollaborativer Arbeitsformen wie Studiengruppen.
13 Beispielsweise Vorlesungsmitschnitte in Form einer Video-Datei.

lehrerzentrierten fremdgesteuerten Lernen verbunden – im Sinne einer Abwertung der lehrerzentrierten Lehre. Aus didaktischer Perspektive führt es in eine Sackgasse, Lerner- bzw. Erfahrungsorientierung und Lehrer- bzw. Instruktionsorientierung gegeneinander auszuspielen. Lehren mit Hilfe von Instruktion ohne Anknüpfen an bestehende Erfahrungen, kognitive Strukturen, Interessen und die Eigenaktivität der Lernenden kann – wenn überhaupt – nur schwer gelingen. Selbstgesteuertes Lernen kann durch instruktionale Anregung, Orientierung, Herausforderung, zeitweise Anleitung und an den Lernenden angepasste Unterstützung angeregt, verstetigt und damit insgesamt mit größerer Wahrscheinlichkeit erfolgreicher werden (vgl. Bloh & Lehmann, 2002, S. 101). Das vorgestellte erweiterte Modell der persönlichen Lernumgebung fokussiert die aus didaktischer Perspektive lernförderliche wechselseitige Beziehung zwischen lernerzentrierten und lehrerzentrierten Lernen – mit einem stärkeren Gewicht auf dem lernerzentrierten Ansatz, der für das forschende Lernen konstitutiv ist. Künftige mögliche Erweiterungen der persönlichen Lernumgebung betreffen die Konzeption und die technische Einbettung von Projektportfolios in Form eines E-Portfolios und die Modellierung einer Software-Architektur für die Bereitstellung von in einer Hochschule eigenerstellten E-Learning-Ressourcen als E-Learning-Dienste für persönliche Lernumgebungen.

Literatur

Arnold, P., Kilian, L., Thillosen, A. & Zimmer, G. (2011). *Handbuch E-Learning. Lehren und Lernen mit digitalen Medien.* Bielefeld: W. Bertelsmann.

Attwell, G. (2008). Personal Learning Enviroments. A new learning concept or an new learning system? In V. Hornung-Prähäuser (Hrsg.), *Selbstorganisiertes Lernen im Internet. Einblick in die Landschaft der webbasierten Bildungsinnovaionen. Sammlung von ausgewählten Fach- und Praxisbeiträgen zu interaktiven Lehr- und Lernszenarien aus den EduMedia-Konferenzen* (S. 68-72). Innsbruck: Studien Verlag.

Bloh, E. & Lehmann, B. (2002). Online-Pädagogik – der dritte Weg? Präliminarien zur neuen Domäne der Online-(Lehr-)Lernnetzwerke (OLN). In B. Lehmann & E. Bloh (Hrsg.), *Online-Pädagogik* (S. 11-128). Hohengehren: Schneider.

Hochschulrektorenkonferenz (2012). Entschließung der 13. Mitgliederversammlung der HRK am 20. November 2012 in Göttingen. Hochschule im digitalen Zeitalter: Informationskompetenz neu begreifen – Prozesse anders steuern. URL: www.hrk.de/uploads/media/Entschliessung_Informationskonzept_20112012_01.pdf (03.09.2014).

Huber, L. (1970). *Forschendes Lernen – Bericht und Diskussion über ein hochschuldidaktisches Prinzip.* URL: http://pub.uni-bielefeld.de/download/1781678/2313418 (19.07.2014).

Jelitto, M. (2005). *Open Educational Resources und deren Verbreitung in Repositorien und Referatorien.* Forschungsbericht des Fachbereichs Elektrotechnik. FernUniversität Hagen. URL: www.fernunihagen.de/imperia/md/content/fakultaetfuermathematiundinformatik/forschung/berichteetit/forschungsbericht_6_2005.pdf (19.07.2014).

Kiper, H. & Mischke, W. (2008). *Selbstreguliertes Lernen – Kooperation – Soziale Kompetenz.* Stuttgart: Kohlhammer.

Meder, N. (2006). *Web-Didaktik. Eine neue Didaktik webbasierten, vernetzten Lernens.* Bielefeld: W. Bertelsmann.

Seel, N. M. (2000). *Psychologie des Lernen. Lehrbuch für Pädagogen und Psychologen.* München, Basel: Ernst Reinhardt.

Eva Poxleitner & Marlen Arnold

Forschungsbasiertes Lernen mit selbsterstellten Lernapps

Abstract

Studierende können über die Software iAcademy im Rahmen des Wissenschaftsjahres 2014 ‚Die Digitale Gesellschaft' eigene Lernapps erstellen und so forschend lernen. Des Weiteren werden Wege aufgezeigt, wie forschendes Lernen mit Apps in kollaborativen Lernkontexten eingesetzt werden kann. Die Software iAcademy wurde von der Fraunhofer Gesellschaft in Zusammenarbeit mit Ziemann.IT Software entwickelt und wird im Rahmen des BMBF-Programms ‚Aufstieg durch Bildung – offene Hochschulen' durch die Anforderungen der Nutzenden der Autor/innensoftware weiterentwickelt.

Die iAcademy besteht aus drei Teilen: einer mobilen Lernplattform für Tablets (Android und iOS), einer Autor/innen-Software für die Erstellung der Lerninhalte und einem Web-Portal für Download und Administration der Kursdateien. Studierenden wird die Autor/innensoftware zur Verfügung gestellt, um für sich Lerninhalte aufzubereiten.

Um die Relevanz von forschendem Lernen besser zu verstehen und zu erfassen, wurden im Juni 2014 sechs Studierende zum Anwendungsbereich und Nutzen von selbst erstellten Lernapps befragt. Die Interviews basierten auf einem standardisierten Fragebogen.

Unsere Ergebnisse zeigen, dass forschendes Lernen und Lehren insbesondere in Settings geeignet ist, in denen die Studierenden vorhandenes Wissen vertiefen oder sich einen eigenen Zugang zu neuem Wissen verschaffen können. Diese Lehr-Lern-Strategie ist durch eine intensive Betreuung von Dozierenden charakterisiert. Die Erstellung von Lernapps unterstützt das Lösen alltäglicher oder lernbezogener Aufgaben. In frühen Phasen des Studiums können Lernapps zur Überforderung führen, da Inhalte, Prozesskompetenz und Methodenkenntnis gleichermaßen gefordert werden.

1 Erstellung einer Lernapp für Studienmaterialien

1.1 Forschungsbasiertes Lernen und Lehren

Am 18. Dezember 2006 haben das Europäischen Parlament und der Europäische Rat die Empfehlung 2006/962/EG zum Aufbau von Schlüsselkompetenzen für lebensbegleitendes Lernen herausgegeben. Ziel ist es, den Erwerb von Schlüsselkompetenzen wie Wissen,

Fähigkeiten und Kompetenzen in Bereiche des lebenslangen Lernens sowie nationale Strategien und Infrastrukturen dauerhaft umzusetzen. Auf dieser Basis sind auch die Grundsteine gelegt für die Entwicklung moderner Lehrmethoden und geeigneter methodischer Settings wie Lernen durch Entdeckung, Erfahrung, Forschung, durch das Lösen von Problemen, durch Spielen, durch Learning by doing und weitere Formen der Erlebnispädagogik (Matijević, 2012; Tennyson & Sisk, 2011; Riley & Moltzen, 2011; Baran & Keles, 2011; Geiger et al., 2010; Clark, 2005). Insbesondere der Konnektivismus versteht als junge Lerntheorie Individuen mehr als vernetzte denn als isolierte Wesen (Simon, 2005). Aktivitäten zur Förderung des Lernens durch soziale Interaktion sind Themenschwerpunkt der kollaborativen Lerntheorien (Cheong, Bruno & Cheong, 2012; Gokhale, 1995).

Schon in den vierziger Jahren des letzten Jahrhunderts hat Dale (1946) mehr Lernen von der Realität oder glaubwürdigen Simulationen sowie den Einsatz verschiedener aktivierender Lernformen und Erlebnispädagogik im Vergleich zu dem verbreiteten passiven Sitzen, Hören, Sehen und Lesen empfohlen. Nach Gardners (2006) multipler Intelligenztheorie bauen Menschen auf mehrere verschiedene Arten des Lernens und der Informationsverarbeitung auf. Daher ist es naheliegend, neuartige Methoden und Instrumente zu entwickeln und anzuwenden, die mehrere dieser Intelligenzen verknüpfen (Matijević, 2012).

> „The multimedia environment of the end of the last and the beginning of this century has been significantly enhanced by new media, which are highly suitable to improve everyday communication and satisfy the needs of those who learn how to communicate, to belong, to be confident, and to build self-esteem and self-actualisation" (Matijević, 2012, S. 3290).

Gemäß Matijević (2012) bieten die neuen Medien und Technologien neue und vielfältige Möglichkeiten, Lernen neu zu erfinden und zu gestalten sowie eigenständig forschend tätig zu werden. Gleichwohl bleiben die Studierenden häufig noch passiv in der Anwendung. Forschungsbasiertes Lernen geht dahingehend einen anderen Weg und aktiviert explizit die Lernenden. In dem von der Universität Oldenburg gestarteten Programm ‚Forschungsbasiertes Lernen im Fokus – FliF'[1] wird forschungsbasiertes Lernen wie folgt definiert: zum einen als

> „die eigenständige – lediglich behutsam geleitete – Entwicklung und Definition von Forschungsfragen durch die Lernenden", des Weiteren als „die selbständige Gestaltung von Bearbeitungsprozessen, die auf selbständiges Einüben wissenschaftlicher Praktiken und Methoden zielt" und abschließend als „die kritische Diskussion, plausible Bewertung und anschauliche Dokumentation von Forschungs-Erlebnissen und -Ergebnissen."[2]

Die hohe Eigenständigkeit der Lernenden sieht auch Müller (2010) so. Bei der Anwendung forschungsbasierten Lernens in Lehrveranstaltungen geht es laut Katja Müller um „die Gestaltung komplexer Lehr-, Lernsituationen, die individuell oder kooperativ, vor allem eigenständig durchgeführte Projekte, beinhalten." (Müller, 2010, S. 8). Wichtig bei diesem Prozess ist allerdings, dass die Studierenden in diesem Prozess Unterstützung

---

1   www.uni-oldenburg.de/flif/ (27.06.2014).
2   www.uni-oldenburg.de/flif/ (27.06.2014).

durch die Lehrenden erfahren. So schreibt Joachim Ludwig: „die Lehrenden haben hoffentlich mehr Wissen verfügbar, haben also „etwas zu sagen" und sind in der Lage die Erkenntnisprozesse der Mitforschenden zu unterstützen" (Ludwig, 2011, S. 11) und postuliert forschungsbasierte Lehre als den treffendsten Begriff (Ludwig, 2011, S. 11).

Die Eigenständigkeit von Lernenden (vor allem in der quartären Weiterbildung) sollte also unterstützt werden. Diese Sichtweise unterstützt auch Fischer (2010, S. 25), der den Wandel des Lehrpersonals von Expert/inn/en zu Lernbegleiter/inne/n beschreibt und den Vorteil, den technologische Medien bieten können, aufzeigt, indem sie Lernenden die Möglichkeit geben, ihr eigenes Lernprogramm zusammenzustellen.

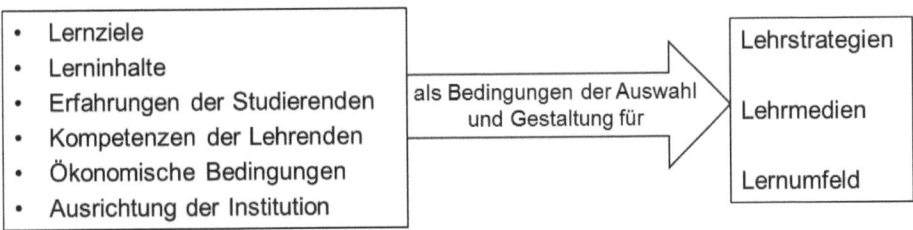

Abbildung 1:   Lernprozessgestaltung (nach Matijević 2012, S. 3.293)

Matijević (2012) argumentiert dahingehend, dass die vorhandenen wissenschaftlichen Kriterien, die Lehrmedien und Lehr-Lern-Strategien zu wählen sowie den Lernprozess zu gestalten, nach den Möglichkeiten von Bildungschancen überprüft und ergänzt werden müssen, die sich durch die neuen Medien ergeben (siehe Abbildung 1).

1.2 App-Erstellung im forschungsbasierten Lehr- und Lernkontext

Bei der Erstellung eigener Lernprogramme von Seiten der Lernenden ist es essentiell, den Komplexitätsgrad auf technischer Seite niedrig zu halten (Chen, 2011). Die Technologie soll unterstützend und nicht hemmend wirken. Manche Fähigkeiten, wie die Beherrschung von auch einfachen Programmiersprachen, sollte in den meisten Bereichen (Ausnahme Informatikstudium) nicht vorausgesetzt werden. Zudem ist eine Einleitung in die Medienerstellung hilfreich (Hermann & Ottmann, 2011).

Eigene Lernapps als Lernprogramme zu erstellen, bietet den Vorteil, auch kleine Lerninhalte in einer sinnvollen, kompakten Form darzustellen. Der Zeitaufwand der Erstellung für die Lernenden kann so möglichst niedrig gehalten werden. Wachsende Verbreitung von mobilen Endgeräten und hohe Zukunftschancen (Brandt, 2013) bieten gute Möglichkeiten, sich jetzt mit dem Thema zu beschäftigen und Apps in der Lehre anzuwenden. So wurde 2012 von der Fraunhofer Academy in Zusammenarbeit mit Ziemann.IT Software die Entwicklung an einem Editorsystem[3] begonnen, das Lehrenden

---

3   www.iacademy.mobi/de/iacademy_editor.html (02.07.2014).

und Lernenden die Möglichkeit bieten sollte, eigene Lernapps ohne Programmierkenntnisse zu entwickeln.

2013 entstand die Möglichkeit, diese Lernapps über ein Portal anderen Lernenden
zugänglich zu machen. Die Weiterentwicklung des Systems erfolgte über Rückmeldung
von Testnutzenden. Daraufhin erfolgte ein Ausbau zu Androidsystemen; und iAcademy
soll ebenso für Smartphones adaptiert werden. Nach einer Reihe von Fachinhalten wurden
im Rahmen eines Autorenwettbewerbes 2013 die ersten Apps von Lernenden selbst
erstellt. In dem Gewinnerkurs erklärte beispielsweise Christoph Miebach – siehe
Abbildung 2 – grundlegende Techniken des Slappings auf dem E-Bass (Miebach, 2013).

Abbildung 2:   Christoph Miebachs iAcademy Kurs „Slap Bass Basics" (Miebach, 2013)

Aufbauend auf diesen Erfahrungen sollen nun Studierende über die Software iAcademy[4]
im Rahmen des Wissenschaftsjahres 2014 ‚Die Digitale Gesellschaft'[5] eigene Lernapps
erstellen und so forschendes Lernen erproben können. Das Wissenschaftsjahr ist eine
Initiative des Bundesministeriums für Bildung und Forschung und hat jedes Jahr ein
anderes Thema. 2014 dreht sich alles um die ‚Digitale Gesellschaft'; dieses Hauptthema
wird weiter unterteilt in verschiedene Bereiche. Der Bereich ‚Digitales Wissen'[6] ist für
forschendes Lernen relevant, indem über das Lernen der Zukunft diskutiert werden soll.
Die Fraunhofer Academy ist Partner des Wissenschaftsjahres 2014 und bietet als solcher
Studierenden an, eigene Lernapps für sich zu erstellen, um sich sowohl eigenständig
Themenfelder zu erschließen als auch technische Hilfsmittel in einen konkreten
Anwendungsbezug zu stellen – wie auch Bodemer, Plötzner, Feuerlein und Spada (2004)
aufzeigen:

> „Analyses of variance revealed (1) that the active integration of different representations
> improved learning significantly and (2) that the structured interaction with different
> representations specifically increased verbal understanding." (Bodemer et al., 2004, S. 325)

Derzeit besteht die zur Verfügung stehende Software aus folgenden Komponenten: einer
App, dem Editorsystem und einem Portal zum Austausch der Kursdateien. Die App ist für

---

4   www.iacademy.mobi (02.07.2014).
5   www.digital-ist.de (02.07.2014).
6   www.bmbf.de/23173.php (02.07.2014).

jeden kostenlos und kann frei auf iOS- (wie Apple iPad, iPad Mini)[7] und Androidtablets (z.B. Google Nexus 7, Samsung Galaxy, Kindle Fire)[8] installiert werden. Hierbei handelt es sich um eine Sammel-App, in der sämtliche mit dem Editor erstellte Kurse angezeigt werden können. Mit dem dazugehörigen Editor werden mit einer grafischen Benutzeroberfläche Kurse ohne Programmierkenntnisse erstellt. Über eine frei gestaltbare Lernlandkarte können Kursmodule erstellt werden, die sich in verschiedene Typen aufteilen. So lassen sich Lerneinheiten gestalten, die frei mit Videos, Audiodateien, Texten, Links und Bildmaterial bestückt werden. Über Quizze, Assessments und Zuordnungsspiele können Lernkontrollen erstellt werden.

Ebenso können sich die Studierenden entscheiden, ob sie einen PDF-Reader oder ein Glossar einbauen möchten und ob sie einen Kommunikationskanal nach außen zu beispielsweise ihrem Dozenten integrieren möchten. Über ein USB-Kabel kann jederzeit der aktuelle Stand des selbsterstellten Kurses auf die iAcademy-App geladen werden. So kann diese immer mit dem aktuellen Stand verwendet und bei der laufenden Entwicklung von den Studierenden getestet werden. Über das Portal können die fertigen Kurs-Apps dann auch anderen als offene Bildungsressourcen zur Verfügung gestellt werden.

2 Erstellung einer Lernapp für selbstorganisiertes Lernen

Um die Relevanz von forschendem Lernen besser zu verstehen und erfassen zu können, wurden im Zeitraum Juni 2014 sechs Studierende zum Anwendungsbereich und Nutzen von selbst erstellten Lernapps befragt. Die Interviews basierten auf einem standardisierten Fragebogen und dauerten ca. eine Stunde pro Person. Nachfolgend werden die Interviewergebnisse aggregiert dargestellt. Zunächst werden die Befragten kurz charakterisiert (m=männlich, w=weiblich):

> Vp 1w: Mediadesign – Mediadesign Hochschule München
> Vp 2w: Politik und Soziologie, Ludwig-Maximilians-Universität München (LMU) (Befragung gemeinsam mit Vp3)
> Vp 3m: Politik und Soziologie, LMU (Befragung gemeinsam mit Vp2)
> Vp 4w: Jura, LMU
> Vp 5m: Zweitstudium LMU (Bachelor Geschichte, davor Studium zum Dipl. Kaufmann)
> Vp 6m: Betriebswirtschaft (Hochschule Mainz) und Organisationspsychologie (Universität Dortmund)

Benutzt ihr Apps?

Apps werden von allen Studierenden genutzt; zum Lernen werden z.T. spezielle Apps im Sprachbereich (Vp4) verwendet. Wichtig ist dabei, dass die Apps kostenfrei zur Verfü-

---

7   https://itunes.apple.com/de/app/iacademy/id569192582?mt=8&ign-mpt=uo%3D4 (02.07.2014).
8   https://play.google.com/store/apps/details?id=it.ziemann.iacademy (02.07.2014).

gung stehen. Ansonsten wird das mobile Endgerät im Lernkontext zum Recherchieren genutzt. Teilweise werden in der Universität die der Befragten (Vp2) mittels E-Learning unterstützt.

Welche Lehrveranstaltungen gibt es und wie sind diese aufgebaut (didaktisch)?

Die Lehrveranstaltungen der Befragten teilen sich auf in Vorlesungen, die frontal vom Dozierenden gehalten werden, und z.T. Beteiligung der Studierenden mittels Fragen fordern (Vp1, Vp2, Vp3, Vp4). Abschluss bildet zumeist eine Prüfung, die den Wissensstand der Studierenden abfragt. Weitere genannte Modelle sind Seminare, deren zeitlicher Großteil aus Referaten der Studierenden besteht (Vp2, Vp3). In Blockseminaren wird Methodenwissen durch die Dozierenden vermittelt, ansonsten dienen die Treffen im Semester dazu, sich den Stand der bearbeiteten Aufgaben gegenseitig zu präsentieren (Vp2). Meistens schließen die Seminare mit einer Seminar- oder Hausarbeit ab, hier bearbeiten die Befragten je ein spezielles Thema (Vp4, Vp5). Bei praktischen Projektarbeiten im Gestaltungsbereich findet zumeist ein Austausch über den aktuellen Stand der Projektarbeit statt (Vp1).

Eine Lehrveranstaltung auswählen: Wie könntest du dir hier das Wissen selbst erarbeiten?

Es wurde von den Befragten je eine Lehrveranstaltung aus ihrem Studiengang ausgewählt, für das sie ein Konzept aufstellten, wie sie den Inhalt dieser Lehrveranstaltung für sich mit Hilfe einer App erarbeiten würden und wie eine fertige App zu dem ausgewählten Thema aussehen könnte. Der konkrete Einsatz der Lernapp wird im Folgenden vorgestellt.

Beispiel Vp1: Medienrecht

Vp1 aus dem Studiengang Mediadesign wählte für sich die Vorlesung Medienrecht aus. Die App sollte hier als Kompendium für die Studiengangsmaterialien dienen. Die eigenen Mitschriften der Vorlesung sollten in die App integriert werden ebenso wie ein Videomitschnitt der Vorlesung. Der Videomitschnitt könnte dann bei der Besprechung mit dem Dozierenden, Mitstudierenden und Tutor/inn/en für die Klärung von unklaren Stellen verwendet werden, wie „Punkt 3.25 verstehe ich nicht, kann mir jemand helfen?" (Vp1).

Für die Erstellung einer App wird hier vor allem die eigene Gewissenhaftigkeit als wichtig erachtet. Weiterhin taucht die Problematik auf, ob man selbst den Stoff so gut versteht, dass man sich das Wissen selbst erarbeiten kann. Bei Lösungsvorschlägen sind sowohl die Dozierenden als auch die anderen Studierenden miteinzubinden. So kann die/der Dozierende beispielsweise durch die Bereitstellung von Quizfragen und Fallbeispielen mit einem Lösungsvorschlag unterstützen. Des Weiteren sollen unter den Studierenden Lernkontrollen ausgetauscht werden können. Dabei ist es von Vorteil, wenn dieser Prozess von leistungsstärkeren Studierenden übernommen wird, die damit schwächere Studierende unterstützen können: „ich bau dir schnell ein Quiz, damit du's dann verstehst". Die begonnene App wurde mit dem iAcademy Editor entworfen und sieht derzeit wie auf Abbildung 3 gezeigt aus.

Auf der Lernlandkarte befinden sich Buttons, die ausgewählt werden können und in denen Lerneinheiten, wie z.B. ein Vorlesungsmitschnitt der einzelnen Vorlesungen und die dazugehörige Mitschrift, untergebracht werden können. Am oberen Rand finden sich ein Glossarbereich mit Begriffen aus dem Medienrecht und eine Literatursammlung, über die mittels integrierten PDF-Readers auf gesammelte PDFs wie Urheberrecht, Patent- und Wettbewerbsrecht zugegriffen werden kann. Zu jeder Vorlesung gibt es ein Fallbeispiel und entsprechende Lernkontrollen. Hierbei kommt man erst zur nächsten Lernkontrolle, wenn man die vorherige erfolgreich abgeschlossen hat. Dies spiegelt die Prüfungssituation am Ende des Semesters wieder, bei der man Fälle bearbeiten muss – bei einem Fehler am Anfang diese jedoch komplett falsch bearbeiten würde. Für eine Lernkontrolle soll mittels eines Multimedia-Quizzes als ein Beispiel eine Zuordnung gemacht werden, ob ein Bild Schöpfungshöhe erreicht oder nicht.

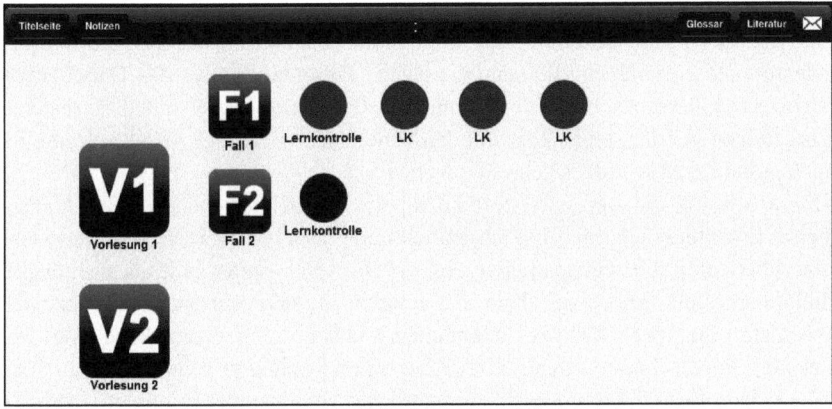

Abbildung 3:   Lernlandkarte, App Vp1 (eigene Darstellung)

Beispiel Vp2: Seminar ‚Kapitalismus contra Kapitalismus'

Vp2, die Politik und Soziologie studiert, wählte für ihr Seminar ‚Kapitalismus contra Kapitalismus'. Bei diesem Seminar spricht zuerst einführend der Dozent über das Thema und die Studierenden gehen dann mit Referaten spezieller ins Thema. Die Studierenden haben hier zumeist keinerlei Vorwissen, es ist aktive Mitarbeit gefordert und es müssen verschiedenen Forschungsansätze miteinander verglichen werden.

Für jede Sitzung müssen ca. 150 Seiten gelesen werden, dafür will Vp2 jeweils kurze Zusammenfassungen in die App einbauen. Auf Video will sie verzichten, da sie schriftliche Zusammenfassungen bevorzugt. Der Text soll jeweils die wichtigsten Punkte zusammenfassen und sowohl ausdruckbar als auch per E-Mail versendbar sein, also ein DINA4 Factsheet. Vp2 studiert im Hauptfach Politik und im Nebenfach Soziologie, andere Studierende im Kurs haben andere Nebenfächer; das Wissen der Studierenden ist folglich unterschiedlich. Über ein gemeinsames Glossar könnte das Fachwissen aller Studierenden eingebracht werden. Weiterhin können mit einer Ideensammlung in der App für wichtig erachtete Punkte für beispielsweise Referat oder Hausarbeit als Unterstützung für die Diskussion mit dem Dozierenden dienen. Des Weiteren wäre ein Forum wichtig zur Diskussion für die Studierenden selbst, zu dem der Dozent keinen Zugang hat. Bedeutsam ist auch die Möglichkeit, dem Dozenten Nachrichten über die App zu schicken. Da in der Soziologie viele Theoriebezüge mit einzelnen Autor/inn/en verknüpft sind, soll sich ein Teil der App mit den verschiedenen wichtigen Autor/inn/en befassen und hier erklärende Schlagwörter sammeln.

Beispiel Vp3: Seminar ‚Reproduktion sozialer Ungleichheit in der und durch die Familie‘

Vp3, die ebenfalls Politik und Soziologie studiert, wählte das von ihr belegte Seminar: ‚Reproduktion sozialer Ungleichheit in der und durch die Familie‘. Hierbei sollten in der App alle Texte und Studien, die alle Studierenden für ihre Hausarbeit oder ihr Referat gesammelt haben, für alle zugänglich bereitgestellt werden. Folglich sollen eine gemeinsame Bearbeitung der App und ein Austausch der App unter den Studierenden stattfinden. Die App soll weiterhin die Möglichkeit bieten, Präsentationsinhalte der Studierendenreferate zu sammeln. So kann die eigene Präsentation über das Tablet zuerst mit dem Dozenten besprochen werden, dann mit Beameranschluss in einer späteren Session vorgetragen werden, und später mit den anderen Studierenden geteilt werden. So können auch gut integrierte Videos getauscht werden.

Für die Hausarbeit soll die App unterstützend für die Erarbeitung dienen. Dazu können ebenfalls erste Ergebnisse über die App gesammelt und präsentiert werden. Beispielsweise werden die überlegten Forschungsfragen auf ein bis drei Seiten mit dazugehörigen Literaturlinks dargestellt. Dies kann dann den anderen Studierenden und dem Dozenten gezeigt werden, die per Abfrage abstimmen, welche Forschungsfrage sie am interessantesten finden bzw. welche laut Konsensentscheidung wegfallen soll. Des Weiteren kann bei einem Zusammenschluss sämtlicher Studierender in einem Überblick dargestellt werden, in welchem Bereich schon wie viel Literatur gesammelt wurde.

Beispiel Vp4: Universitätskurs Französisch (Anfänger)

Vp4 studiert Jura und hat sich für die zu erstellende App für einen Französisch-Anfängerkurs entschieden, den sie derzeit an ihrer Universität belegt. Für die App sollen der zu lernende Grundwortschatz und zusätzliche Wörter aufbereitet werden. Der Grundwortschatz soll dazu in Themenbereiche wie Essen, Medizin etc. aufgeteilt werden. Es soll dabei vor allem das Hören und das Hörverständnis geübt werden; allerdings jeweils im Zusammenhang mit dem ausgeschriebenen Wort. Der Bereich ‚Essen‘ wird beispielhaft weiter untergliedert in Obst, Gemüse, Fleisch. Beispielsweise wird in der Rubrik Obst das Wort Apfel neben das französische Wort ‚pomme‘ gestellt; dazu gibt es einen Audiobutton, der das Wort französisch abspielt. Ferner gibt es einen Glossarverweis, in dem steht, woher das französische Wort kommt, wie es sich ableitet und ob es ähnliche Wörter gibt. Daneben sind noch Beispielsätze enthalten, wie man das Wort in verschiedenen Kontexten Restaurant, Supermarkt, Gemüsemarkt etc. verwendet. Eingebettet wird dies zum Teil in eine praxisorientierte Geschichte. Die App soll abends vor dem Schlafengehen genutzt werden.

Beispiel Vp 5: Nebenfach Sprache-Literatur-Kultur ‚Alfred Döblin'

Vp5 studiert Bachelor Geschichte und hat sich für die App für das Nebenfach Sprache-Literatur-Kultur (SLK) entschieden, in dem er sich mit dem Schriftsteller Alfred Döblin befasst. Zur Erstellung der App will er aus mehreren Biographien Lebensdaten von Alfred Döblin nutzen und die Stationen seiner Lebensgeschichte nachzeichnen. Im Gutenberg-projekt, das gemeinfreie Literatur von vor bereits 70 Jahren verstorbenen Schriftstellern umfasst, ist Alfred Döblin verständlicherweise noch nicht zu finden. Zudem wären die sehr langen größeren Werke mit zum Teil über 600 Seiten zu lang für Vp5, um sie in die App zu integrieren. Dafür sollen Zusammenfassungen verwendet werden. Döblins Leben soll in folgende vier bis fünf Stationen unterteilt werden: Jugend, seine Tätigkeit als Arzt, Exil, letzte Jahre und eventuell „erste Werke vor '33".

Zu den Kapiteln sollen Essays als PDFs in die Kapitel integriert werden, ebenso Literaturlisten zum weiteren Informieren. Für die wichtigsten Werke sollen eigene Unterapps entstehen, die z.B. das Werk *Berlin Alexanderplatz* in Kurzabschnitte aufteilen und mit Bildern bestücken, z.B. mit den direkten Orten in Berlin. Hier wären die Einbindung von Stadtkarten und die Einbeziehung des aktuellen Orts per GPS möglich.

Vp5 könnte sich ferner vorstellen, in einer weiteren App Döblins Werk *Amazonas* zu behandeln. Dabei könnte eine Mischung aus Bildmaterialien, historischen Hintergründen und aktuelle Entwicklungen in Brasilien die Kritik widerspiegeln, die Döblin in seinem dreiteiligen Werk zwischen den Naturvölkern und dem modernen Menschen und seinem Umgang mit der Technik darstellte.

Beispiel Vp 6: Kreativitätstechniken

Vp6 entschied sich über den Studiengang Organisationspsychologie hinaus eine App über Kreativitätstechniken in Angriff zu nehmen. Ziel ist es, eine App zu kreieren, die bei praktischen Problemen hilft (die beispielsweise in der Betriebswirtschaft auftreten), Ideen zu generieren, die dann zu einer praktikablen Lösung führen. Die App soll dabei durch diesen Ideenprozess leiten. Dafür sollen Ideensuchtechniken, Bewertungssysteme für die generierten Ideen und Entscheidungstechniken vermittelt werden. Die App soll zuerst helfen, für das bestimmte Problem die richtige Problemlösetechnik auszuwählen. Danach soll es Unterstützung bei der Generierung von ‚verrückten Ideen' liefern und in einem späteren Schritt dann die Umsetzungsfähigkeit der erzeugten Ideen überprüfen.

Wie könnte eine App dich in deinem Lernprozess unterstützen?

Als nächstes gingen die Befragten auf die Frage ein, wie eine App sie in ihrem Lernprozess und ihrem Studium unterstützen könnte. Für Vp1 läge ein großer Nutzen darin, eine App kreieren zu können, die als Projektportfolio für sie fungiert. Hier könnte sie alle ihre gestalterischen Arbeiten in einer App sammeln. Sowohl Kunstprojekte als auch Videoinstallationen wären darstellbar. Zu den Projekten sollte es jeweils eine Kurzzusammenfassung und eine Mailmöglichkeit geben. Der Mehrwert wäre es, bei einer nativen App so offline eine digitale Kunstmappe immer dabei zu haben, die auch für Präsentationen schnell verwendbar wäre.

Vp2 und Vp3 wünschten sich eine Zeitplanungs-App mit Stundenplan, in der z.B. Lernzeiten berechnet werden könnten, d.h. wie viel Zeit zum Beispiel noch zum Lernen für die Klausur übrigbleibt und wie viel man am jeweiligen Tag z.B. lesen müsste, um das Literaturpensum pünktlich zu schaffen. Vp2 würde sich dabei noch eine Integration von Vorgaben, Zitierweise etc. der jeweiligen Lehrveranstaltungen integriert in die App wünschen.

Vp4 fände eine App gut, die einen Text in ihrer Muttersprache chinesisch generiert und bei dem sie dann die Aufgabe hat, diesen ins Französische zu übersetzen. Auch einen automatischen Sprachvergleich, der die eigene Aussprache mit der optimalen Aussprache vergleicht, fände sie hilfreich.

Vp5 würde eine App helfen, die mittels Suchmechanismen bei dem Vergleich von literarischen Werken unterstützen kann. Hier sollte es beispielsweise möglich sein, verschiedene Textstelle zu Begriffen wie Naturphilosophie oder Menschenbild nebeneinander aufgelistet zu bekommen. Es wäre auch praktisch zu sehen, in welcher Thematik schon viel und wo noch wenig Sekundärliteratur vorhanden ist.

Vp6 fände eine App gut, die Problemlösetechniken ausführlich ,lehrt' und so auch zu ,einfachen' Techniken fundierte Grundlagen vermittelt.

Wie könnte man in der Gruppe mit Apps lernen?

Anschließend wurde darauf eingegangen, wie die Befragten eine Gruppe, vorzugsweise ihre Kommiliton/inn/en, in die Erstellung einer App integrieren würden. Vp1 würde schon bereits vorhandene Lerngemeinschaften in Minigruppen einteilen, die sich bei der Erstellung von Lerneinheiten abwechseln, d.h. jede/r erklärt z.B. einmal eine Vorlesung, filmt Experimente oder praktische Übungen mit oder erstellt eine Audiodatei.

Vorteilhaft wäre es, wenn besonders gute Studierende von ihren Vorlesungsmitschriften kleinere Zusammenfassungen erstellen würden, die dann per App allen zur Verfügung ständen. Diese könnten dann nachbearbeitet und weiter strukturiert werden. Insgesamt kann die App als kollektive Mitschriftensammlung dienen. Vp2 und Vp3 fänden es gut, sich die Erarbeitung des Hintergrundwissens aufzuteilen, so könnte, wenn jeder seine Literaturbeispiele in eine gemeinsame App einbringt, auch schon eine Bewertung der Pflichtliteratur in ,hilfreich/nicht hilfreich' oder ähnlich stattfinden. Weiterhin ließen sich die Ideen gegenseitig für beispielsweise Hausarbeiten informell bewerten. Eine Kooperation mit höheren Semestern wäre ebenso wünschenswert.

Eine Arbeitsaufteilung fände auch Vp4 angebracht, so könnten je vier Personen eine Gruppe bilden, in der unterschiedliche Personen für Aufgaben wie Wortschatzerstellung, Audiobeispiele im Internet recherchieren oder selbst per Interview erstellen zuständig wären. Des Weiteren könnten kleinere Untergruppen für die App ein kurzes Video drehen, das z.B. eine Situation im Supermarkt nachstellt. Hier könnten zwei Personen die Dreharbeiten übernehmen und die anderen Studierenden die Schauspielleistung erbringen.

Vp5 stellt sich eine Aufteilung vor, bei der sich jede/r mit einem Werk auseinandersetzt und einen ausgewählten Schwerpunkt und ein Essay dazu bearbeitet. Weiterhin könnten Filmausschnitte zu dem Werk herausgesucht und der historische Hintergrund herausgearbeitet werden. Vp6 findet es hilfreich, bei einer in der Gruppe erstellten App zuerst mittels Gruppenbrainstorming gemeinsam zu entscheiden, wie das Endergebnis aussehen soll. Anhand dieser Anforderungs- und Zielbestimmung sollen dann zehn Punkte priorisiert werden, auf die man sich bei der App-Entwicklung fokussieren will.

Wie könnte die Erstellung einer App offiziell in eine Lehrveranstaltung miteingebunden werden?

Vp1 sieht es kritisch, wenn nur die Möglichkeit eines Editors zur App-Erstellung angeboten würde. Eine höhere Teilnahme sieht sie in der Möglichkeit eines kleinen, freiwilligen Kurses plus der Möglichkeit, Zusatzpunkte zu bekommen. Wenn die Dozierenden den Editor und die App explizit vorstellen würden und es schon fertige Apps gäbe, wäre ihrer Ansicht nach die Partizipation relativ hoch. Insgesamt fände sie es gut, wenn sich der Dozent am Erstellungsprozess möglichst intensiv beteiligt, beispielsweise indem er Prüfungsfragen beisteuert. Die Apps selbst könnten auf mobilen Leihgeräten in der Bibliothek zur Ausleihe dargeboten werden. Dafür könnte auch ein Raum bereitgestellt werden, der zur Vernetzung untereinander dient.

Vp2 würde die Erstellung in eine Übungssitzung verlagern und von Kleingruppen zu größeren Gruppen wechseln. So wird zum Beispiel aufgeteilt, wer sich um ein bestimmtes Themengebiet kümmert. Dann erstellt eine Kleingruppe zusammen in einer Übung ein Glossar zu diesem Bereich. Die Glossargruppen sollten dabei je nach Hauptfach ('Expert/inn/en') geordnet werden. Danach kommt man wieder zusammen und fügt die Ergebnisse in ein übergeordnetes Konzept zusammen.

Vp4 sieht die Nutzung eng gekoppelt an die Beeinflussung der Prüfungsnote. Beispielsweise könnte die App zu 50% die Prüfungsleistung bestimmen. Von der Struktur könnte es so aussehen, dass man nach einer Einführung genügend Freiraum zur Erstellung hat und es neben der Abgabe am Ende des Semesters nur einen Zwischentermin in der Mitte des Semesters gibt, bei dem den Dozierenden und Kommilitonen der aktuelle Stand gezeigt wird.

Vp5 sieht die offizielle Einbindung in der Voraussetzung, dass jede/r ein mobiles Endgerät besitzt und stellt sich daher die Möglichkeit des Erwerbs von Leihgeräten z.B. Leihtablets als sinnvoll vor. Bei inhaltlichen Fehlern im Rahmen der App-Erstellung könnten die Kursleitung oder andere Personen wie Tutor/inn/en auch korrigierend einwirken.

Vp6 sieht es so, dass bei einer offiziellen Einbindung der Ablauf durch den Dozierenden strukturiert wird. So soll dieser zuerst in grober Darstellung das Vorhaben erklären und die Studierenden in das Vorhaben gleich von Beginn partizipativ einbinden, beispielsweise über ein Votingsystem. Am besten soll eine bereits existierende Referenz-App gezeigt und der Ablauf der Erstellung dargestellt werden. Das kann zur Motivation beitragen. Ferner sollte der Nutzen für die Studierenden dargestellt und eventuell ein Wettbewerb oder eine Prämierung der besten App der Vorlesung/Uni ausgerufen werden.

Welche Vor- und Nachteile könnte die Nutzung von Apps haben?

Nachteile der Nutzung von selbsterstellten Apps werden von den Befragten in dem hohen Eigenaufwand (Vp1), dem Kümmern um Materialien (Vp1), dem ungewohnten Medium

(Vp1) und der Akzeptanz durch konservative Dozierende und einzelne Studierende (Vp3) gesehen. Weiterhin kann der Erstellungsprozess selbst vom eigentlichen Fach ablenken (Vp2), die Nutzung eines mobilen Endgeräts kann ebenfalls durch darauf laufende Unterhaltungs-Apps ablenkend sein (Vp4) und für manche ist die Haptik eines längeren Buches schöner (Vp4, Vp5). Ein Mangel lässt sich ebenfalls in der Qualität der App finden (Vp6), dies kann sich in technischen Abstürzen (Vp6) oder in einer inhaltlichen verzerrten Reduktion (Vp5) zeigen.

Vorteilhaft wird das bessere Lernen bei der eigenen Erarbeitung des Stoffes und der Umwandlung in eine App beschrieben (Vp1). Zudem ist die erhöhte Übersichtlichkeit, die Kompaktheit des Inhalts und das ‚immer Dabeihaben' (Vp1) von Material (auch Videos) von Vorteil. Die Selbstkontrolle wird dabei besser eingeschätzt als beim reinen Lesen (Vp1). Die Interaktivität (Vp3), Praxisorientierung, Multimedialität (Vp4) wird als positiv empfunden. Positiv gesehen werden ebenso das Einbeziehen des Internets (Vp4), eine eigene Plattform zu besitzen (Vp2) und die Möglichkeit die Vernetzung von Wissen zu beschleunigen und Entwicklungen besser nachvollziehen zu können (Vp5). Für manche sind weiterhin die sehr gute Haptik der mobilen Geräte, der coole, moderne Status und die spielerische Handhabung, z.B. durch Wischgesten, vorteilhaft (Vp6).

3   Kollaborative Erstellung einer Lernapp

Die Interviews zeigen auf, dass sich Lernapps für ein breites Spektrum von Studiengängen eignen, wie Biologie, BWL, Kunst/Design, Ingenieurwissenschaften, Jura, Medizin, Musik, Physik, Sprachwissenschaften etc. Die Lerneinheiten reichen von der Nutzung von Bildelementen, Rundgängen, Wiedergeben von Elementen, Ergänzungen des Skriptes durch Praxisbeispiele, Musikbeispiele durch eingebettete, abspielbare Audio- oder Sprachdateien, Versuchsaufbauten bis hin zu Schaubildern oder Visualisierungseinheiten. Gut bewährt haben sich bislang Quiz- und Zuordnungsspiele. Bei diesen Lernapps kommen die multiplen Intelligenzen nach Gardner (2006) gut zum Tragen.

Die bisherigen empirischen Ergebnisse lassen folgenden idealtypischen Verlauf zur Erstellung einer eigenen Lernapp schlussfolgern, siehe dazu auch Abbildung 4: Zuerst werden – ganz im Sinne von Matijević (2012) – gemeinsam die Lernziele festgelegt. In der nächsten Phase, der Recherchephase, gibt es eine Einführung ins Thema, danach bekommen die Studierenden die Aufgabe Literatur (Paper, Artikel etc.) zu dem Hauptthema der Vorlesung zu recherchieren. Die Aufgabe wird von den Studierenden in Einzelarbeit geleistet. Es werden von den Dozierenden in einem nächsten Schritt Glossarbegriffe zur Definition vorgestellt. Hier soll von jedem Studierenden eine Auswahl an Glossarbegriffen unter Zuhilfenahme von Recherchen in eigenen Worten definiert werden (s.a. Hermann & Ottmann 2011). Die Balance zwischen Eigenständigkeit (Müller, 2010) und Begleitung (Ludwig, 2011) findet somit gute Anwendung.

Aus der gesammelten Literatur und den Glossarbeiträgen wird eine erste App-Version in der Vorlesung (Präsenz oder synchrones Webinar) zusammengesetzt. Dabei wird von den Dozierenden auf mögliche Fehler in den Glossarbegriffen eingegangen. Im folgenden

Schritt werden Interessengruppen zu Themen der Lernziele der Vorlesung gebildet. Die Lernziele sollten hier nebeneinander stehen können. Aufeinander aufbauende Lerneinheiten müssen untergliedert und in weiteren Iterationen durchgeführt werden.

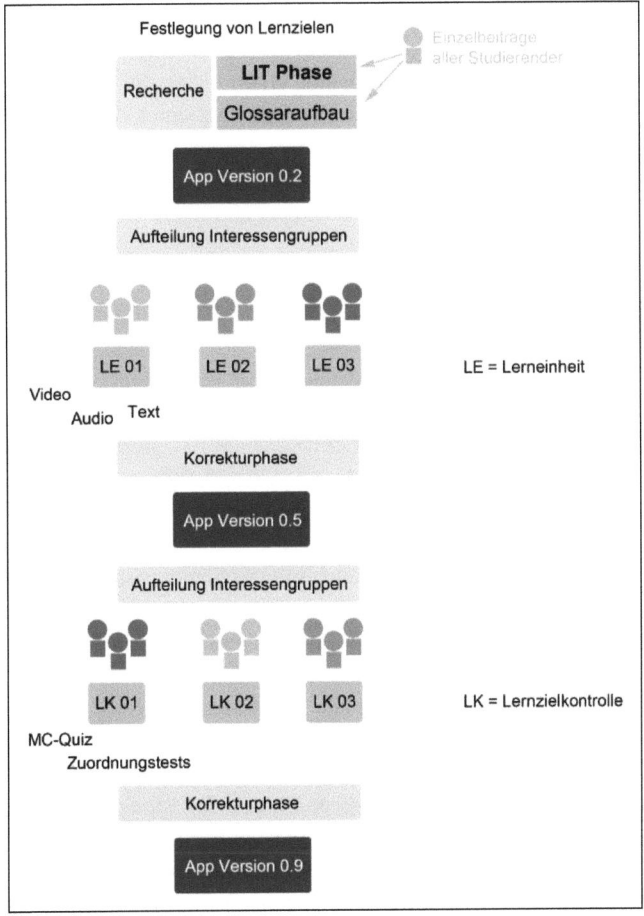

Abbildung 4:   Ablauf Kollaborative Erstellung einer Lernapp (eigene Darstellung)

Jede Interessengruppe besteht aus möglichst gleich vielen Studierenden. In den einzelnen Interessengruppen wird je ein mobiler App-Bestandteil zur jeweiligen Lerneinheit entwickelt. Für Fragen inhaltlicher Art stehen die Dozierende zur Verfügung. Im Vorfeld gibt es eine Einführung in das Editorentool und über mediengerechte Erstellung einer Lernapplikation. Die Studierenden haben in ihren Gruppen die Aufgabe das Wissen für die Lerneinheit zu erarbeiten und ansprechend aufzubereiten. Dafür stehen ihnen mehrere Möglichkeiten zur Verfügung: Sie können mit Text-Bild-Repräsentation arbeiten, eigene Videos von Erklärungen zum Thema aufnehmen, eigene Versuche und Experimente abfilmen oder Experteninterviews führen und per Audiodatei einbinden. Für die

Aufnahme von Videos kann das bereitgestellte Tablet selbst verwendet werden. Ein Tablet pro Gruppe. Später in Studiengruppen oder jeder einzeln.

Es folgt eine Korrekturphase, in der die Dozierenden die einzelnen Gruppenarbeiten begutachten und Rückmeldungen und Verbesserungen an die Gruppe geben. Diese können von der Gruppe dann noch eingearbeitet werden. In der nächsten gemeinsamen Vorlesungssitzung treffen sich alle Gruppen und die Inhalte werden gemeinsam der ursprünglichen App beigefügt. Im Nachgang erhält jeder die aktuelle Applikation. Es werden die bestehenden Interessengruppen nun jeweils einer der anderen Lerneinheiten zugeteilt, um diese Lerneinheit genau durchzuarbeiten und im Anschluss dazu eine Lernzielkontrolle für diese Einheit zu entwickeln. Das Bauen erfolgt jeweils gemeinsam mit den Dozierenden. Im Vorfeld werden ihnen die Bestandteile geschickt.

4   Ausblick

Forschendes Lernen und Lehren sind insbesondere in Settings geeignet, in denen die Studierenden vorhandenes Wissen vertiefen oder sich einen eigenen Zugang zu neuem Wissen verschaffen können. Diese Lehr-Lern-Strategie ist durch eine intensive Betreuung von Dozierenden begleitet und ermöglicht einen nachhaltigen Wissenserwerb. Ganz im Sinne kollaborativer Lerntheorien lassen sich mit Apps verschiedene höherwertige Kompetenzen entwickeln (Cheong et al., 2012). Insbesondere kritisches Denken und das Bewerten von einzelnen Aspekten lassen sich in Gruppenlernsituationen schulen. Darüber hinaus ist die Entwicklung der eigenen Kreativität, das eigene aktive Gestalten zentral (Tennyson & Sisk, 2011). Die Erstellung von Lernapps unterstützt das Lösen alltäglicher oder lernbezogener Aufgaben. Sie erhöht den Lernkomfort, ermöglicht ein schnelles Agieren und eröffnet den Studierenden mehr Spielraum. Zugleich ist es zeitintensiv und braucht eine nachhaltige Begleitung durch den Dozierenden. Diese Lernbegleiter/innen (Fischer, 2011) sind für einen erfolgreichen Einsatz unabkömmlich und sollten stets über einen Methodenvorsprung verfügen. In frühen Phasen des Studiums können Lernapps zur Überforderung führen, da Inhalte, Prozesskompetenz und Methodenkenntnis gleichermaßen gefordert werden. Wir empfehlen daher die Anwendung eher im Master als im Bachelor, weil dort mehr Erfahrungen und Kenntnisse vorhanden und die Studierenden bereits mit gewissen Inhalten vertraut sind.

Literatur

Baran, B. & Keles, E. (2011). Case Study Discussion Experiences of Computer Education and Instructional Technologies Students about Instructional Design on an Asynchronous Environment. *Turkish Online Journal of Educational Technology, 10*(1), 58-70.

Bodemer, D., Plötzner, R., Feuerlein, I. & Spada, H. (2004). The active integration of information during learning with dynamic and interactive visualisations. *Learning and Instruction*, 14, 325-341.

Brandt, M. (2013). *Über 100 Milliarden App-Downloads in 2013*. URL: http://de.sta tista.com/infografik/605/downloads-von-mobilen-apps/ (03.07.2014).

Chen, C-H. (2011). Transforming online professional development: The design and implementation of the project-based learning management system (PBLMs) for in-service teachers. *British Journal of Educational Technology, 42*(1), 5-8.

Cheong, C., Bruno, V. & Cheong, F. (2012). Designing a Mobile-app-based Collaborative Learning System, *Journal of Information Technology Education: Innovations in Practice* (11), 97-119.

Clark, A. (2005). *Learning by Doing. A Comprehensive Guide to Simulations. Computer Games, and Pedagogy in e-Learning and Other Educational Experiences*. San Francisco: Pfeiffer.

Dale, E. (1946). *Audio-visual Methods in Teaching*. New York: Dryden Press.

Fischer, M. (2011). Knowledge to Go. Sieben Dinge, die sie über mobiles Lernen wissen sollten. *Quartera Magazin, (5)*, 24-26.

Gardner, H. (2006). *Multiple intelligences: New horizons*. New York: Basic Books.

Geiger, K.B., LeBlanc, L.A., Dillon, C.M. & Bates, S.L. (2010). An evaluation of preference for video and in vivo modeling. *Journal of Applied Behavior Analysis*, 43, 279-383.

Gokhale, A. A. (1995). Collaborative learning enhances critical thinking. *Journal of Technology Education, 7*(1), 22-30.

Hermann, C. & Ottmann, T. (2011). Electures-Wiki – Toward Engaging Students to Actively Work with Lecture Recordings. *IEEE TRANSACTIONS ON LEARNING TECHNOLOGIES, 4*(4), 315-326.

Jahnke, I. (2014). Hochschuldidaktiv 2.0? Digitale didaktische Designs für kollaboratives und kreatives Lehren und Lernen. In KoSi, Kompetenzzentrum der Universität Siegen (Hrsg.), *Werkstattbericht: Hochschuldidaktik 3, „Kommunikation und Kollaboration – Methoden und Chancen für die Lehre"* (S. 7-54). Siegen: Universitätsverlag Siegen. URL: http:// dokumentix.ub.uni-siegen/opus/volltexte/2014/797/ (30.06.2014).

Jahnke, I., Terkowsky, C. & Pleul, C. (2011). Wechselwirkungen hochschuldidaktischer Konzepte in fachbezogenen, Medien-integrierten Lehr-/Lehrkulturen: Forschungsbasierte Gestaltung. In I. Jahnke & J. Wildt (Hrsg.), *Fachbezogene und fachübergreifende Hochschuldidaktik* (S. 177-192). Bielefeld: Bertelsmann.

Ludwig, J. (2011). Forschungsbasierte Lehre als Lehre im Format der Forschung. In U. Klingovsky & J. Ludiwg (Hrsg.). *Brandenburger Beiträge zu Hochschuldidaktik, 3*. Potsdam: Universitätsverlag Potsdam.

Matijević, M. (2012). The new learning environment and learner needs this century. *Procedia – Social and Behavioral Sciences, 46*, 3290-3295.

Miebach, C. (2013). *Slap Bass Basics*. URL: https://store.iacademy.mobi/de/item/hv57xpoplg/ slap-bass-basics (06.06.2014).

Müller, K. (2010). Forschungsbasierte Lehre. In U. Klingovsky & J. Ludwig (Hrsg.), *Brandenburger Beiträge zur Hochschuldidaktik 2*. Potsdam: Universitätsverlag Potsdam.

Poxleitner, E. & Wetzel, K. (2014). Lehrvideos als innovative Lernformate in berufsbegleitenden Studienangeboten. *Zeitschrift für Hochschulentwicklung, 9*(3), 119-132.

Riley, T. & Moltzen, R. (2011). Learning by Doing: Action Research to Evaluate Provisions for Gifted and Talented Students, *Kairaranga, 12*(1), 23-31.

Simon, G. (2005). Connectivism: A Learning Theory for the Digital Age, *International Journal of Instructional Technology and Distance Learning, 2*(1), 3-10.

Tennyson, R. D. & Sisk, M. F. (2011). A Problem-Solving Approach to Management of Instructional Systems Design. *Behaviour & Information Technology, 30*(1), 3-12.

Zawacki-Richter, O. (2012). *Instructional Design – Planung, Gestaltung und Evaluation von E-Learning. Studienunterlagen im Berufsbegleitenden internetgestützten Masterstudiengang Bildungsmanagement (MBA).* Oldenburg: Carl von Ossietzky Universität Oldenburg.

Joachim Stöter, Svenja Bendenlier & Katrin Brinkmann

Einführung: Digitale Medien für heterogene Zielgruppen

1 Heterogene Zielgruppen und Anforderungen an den Einsatz digitaler Medien

Bereits vor der forcierten Öffnung der Hochschulen für neue Zielgruppen in Deutschland hat sich die Zusammensetzung der Studierendenschaft in den letzten Jahrzenten zunehmend verändert (vgl. Garz, 2004; Alheit, Rheinländer & Watermann, 2008). Während in den USA bereits seit den 70er Jahren von einem Anteil an sogenannten „nicht traditionellen" Studierenden bei über 50% gesprochen wird (Gould & Cross, 1972), gestaltet sich diese Ausdifferenzierung in Deutschland bisher deutlich langsamer. Der traditionelle Weg an die Universitäten führt hierzulande nach wie vor für über 90% eines Studierendenjahrganges direkt vom Gymnasium, dem Fachgymnasium oder der Gesamtschule an die Hochschulen (Autorengruppe Bildungsberichterstattung, 2008). In das Studium gelangt man daher nach wie vor über die allgemeine Hochschulreife (Teichler & Wolter, 2004).

Nimmt man die Forderungen aus dem Bologna-Prozess hinsichtlich lebenslangen Lernens ernst, so eröffnet sich eine Vielzahl an Gründen, weswegen sich Hochschulen auch für andere, nicht traditionelle Zielgruppen öffnen sollten. Bereits Dave (1976) forderte, die Notwendigkeit, Lernen als lebenslangen Prozess zu verstehen: „[...] the fullest possible development in different stages and domains of life" (Dave, 1976, S. 34). Wenn es daher um weitere Zielgruppen geht, welche an die Universitäten streben, bedarf es zunächst einer Definition, von wem überhaupt die Rede ist. Während z.B. in den USA bisher ein einzelnes Kriterium eines Kataloges reicht, um als „nicht traditionell" studierend beschrieben zu werden, existiert für Deutschland keine festgelegte Definition dieser Zielgruppe. Einige Aspekte stehen allerdings stets im Fokus wissenschaftlicher Betrachtungen, wie z.B. Alter, Berufserfahrung, familiäre, private oder berufliche Verpflichtungen sowie nicht zuletzt der Weg in das Hochschulsystem. Auch Wedemeyer (1981) spricht von einer zunehmenden Ausdifferenzierung und formulierte die Notwendigkeit einer klaren Definition dieser neuen Zielgruppen. Im englischsprachigen Kontext finden sich diesbezüglich Bezeichnungen wie „adult student", „re-entry student", „returning student", „adult learner", „new majority", „under-represented", „working-class", „widening participation students", „first-generation entrants" (vgl. Ely, 1997; Stuart, 2006). Die Bezeichnung „non-traditional student" (Ely, 1997, S. 1) stammt letztlich ebenfalls aus dem angelsächsischen Diskurs und wurde später auch Namensgeber für die deutsche Sprachweise (Wolter, 2001).

Durch die beschriebene Öffnung der Hochschulen streben immer mehr Personen in das Hochschulsystem, welche nicht über den vermeintlich „klassischen" Weg im Anschluss an das Abitur kommen. Diese Zielgruppen haben differenzierte Bildungsbiographien, für welche die Angebote der Hochschulen in vielen Bereichen nur unzureichende Flexibilität bieten. Digitale Medien können eine Möglichkeit sein, den Bedürfnissen dieser Zielgruppen gerecht zu werden und hinsichtlich beruflicher wie familiärer Verpflichtungen zeitlich wie räumlich flexible Lernmöglichkeiten bereitzustellen. Flexiblere Teilzeitstudienmodelle, die in z.B. Blended-Learning-Szenarien angeboten werden, können sich hinsichtlich dieser raum-zeitlichen Flexibilitätsanforderung als eine Möglichkeit entwickeln, um diesen Zielgruppen ein Studium zu ermöglichen. Wedemeyer (1981) sah es als zentral an, sich den Lernbedürfnissen dieser Klientel zu widmen:

> „The new urgency respecting learning to cope with societal behavioral problems (health, energy, crime, human rights, resources, peaceful co-existence, population, pollution etc.), signals the need for educational approaches that recognize and acknowledge the significance of non-traditional learning throughout life" (Wedemeyer, 1981, S. 206).

Auch die Ergebnisse des Stu+Be-Projektes[1] deuten darauf hin, da z.B. eine Berufstätigkeit von mehr als 20 Stunden pro Woche während der Vorlesungszeit auf einen höheren Wunschanteil an E-Learning einen signifikanten Einfluss habe (Wilkesmann, Virgillito, Bröcker & Knopp, 2012).

Die Unterscheidung zwischen „nicht traditionellen" wie „traditionellen" Studierenden hat sich in den letzten Jahren als zum Teil überholt herausgestellt, da sich beide Gruppen zunehmend ausdifferenzieren (vgl. Schuetze & Slowey, 2002; Guri-Rosenblit, 2011; Wolter, 2012) und auch die Grenzen zwischen diesen beiden Gruppen verschwimmen, wie anhand von zunehmend nebenberuflich tätigen Studierenden ersichtlich wird. Die Beiträge dieses Abschnittes behandeln auf verschiedenen Ebenen unterschiedliche Aspekte hinsichtlich der Notwendigkeit zur Schaffung von digitalen Lernangeboten für diese Zielgruppen und werden im Folgenden kurz beschrieben.

2   Zu den Beiträgen dieses Abschnittes

Als einleitender Beitrag dieses Abschnittes vermittelt der Beitrag von Carmen Schmitz-Feldhaus einen Einblick in die Zielgruppe der so genannten „nicht traditionellen Studierenden" (NTS). Neben einer grundlegenden Beschreibung dieser Zielgruppe untersucht die Autorin die Defizithypothese nach Teichler und Wolter, nach der NTS eher im Studium scheitern als traditionelle Studierende (TS). Dabei nutzt sie den Fragebogen zum *Sense of Coherence*, welcher misst, inwieweit das Leben für Personen verstehbar und handhabbar ist. Die Ergebnisse geben Hinweise darauf, dass sich die Gruppe der NTS nicht als homogener Körper beschreiben lässt und die individuellen Charakteristika bei mediengestützten Angeboten sehr spezifisch zu berücksichtigen sind.

---

1   Projekt im Förderschwerpunkt des BMBF: „Empirische Bildungsforschung: Zukunftswerkstatt Hochschullehre" http://mediendidaktik.uni-due.de/stube (04.08.2014).

Als weitere Dimension in der Betrachtung individueller Vorrausetzungen greift der Beitrag von Barbara Meissner und Hans-Jürgen Stenger sowohl konstruktivistische Lernprozessorientierung sowie intrinsische Motivation von Studierenden auf. Der Frage folgend, wie unter Berücksichtigung von Konstruktivismus und Motivation digitale Medien sinnvoll zu einer Öffnung der Hochschulen für heterogene Zielgruppen beitragen können, beleuchten die Autoren den Ansatz des Just-in-Time-Teaching (JiTT). Dieser Ansatz erlaubt flexible, reflexive und durch stetige Evaluation angepasste Lernmöglichkeiten und wird in der Gestaltung der Lernmaterialien den Ansprüchen an motivationale Aspekte gerecht.

Der Beitrag von Daniel Otto thematisiert die Möglichkeit internationaler Studierendenmobilität in internetgestützten Studienprogrammen. Am Beispiel eines Studienmoduls, das 2013 gemeinsam von der FernUniversität in Hagen und der Université Virtuelle de Tunis (Tunesien) angeboten wurde, zeigt er auf, wie die virtuelle und physische Mobilität für Studierende beider Universitäten realisiert werden konnten. Relevanz erhält dieses Praxisbeispiel vor allem durch den bewussten Einsatz von Kommunikationstechnologien zur Unterstützung internationaler Kollaboration von Studierenden und der Verdeutlichung ihres Potentials zur Erleichterung interkulturellen Austauschs.

Jede Nutzung digitaler Lernangebote erfordert stets auch eine nicht selbstverständlich vorhandene Kompetenz im Umgang mit diesen Medien. Im Beitrag von Karin Julia Rott werden diese relevanten Kompetenzen anhand von Experteninterviews auf spezifische Berufsfelder bezogen. Befragungen von Studierenden erlauben darüber hinaus, Rückschluss auf die Mediensozialisation im Studium zu ziehen und darüber, in welchem Maße diese den Anforderungen in den Berufsfeldern entsprechend entwickelt werden. Die Ergebnisse erlauben perspektivisch zielgruppenadäquate Angebote für Studierende zu implementieren, um ihre jeweiligen, fachspezifischen Kompetenzen fördern zu können.

Der abschließende Beitrag von Christian Schöne setzt sich am Beispiel des C3L der Universität Oldenburg mit den technischen Anforderungen einer Lernumgebung für berufstätige Studierende auseinander. Das Beispiel greift die technischen Spezifika einer solchen Lernumgebung auf und wie diese für die Zielgruppe der NTS optimiert werden kann unter Berücksichtigung der Bedürfnisse nach raum-zeitlich flexiblen Lernmöglichkeiten. Neben dem eigentlichen Design der Umgebung selbst behandelt der Beitrag auch Aspekte mobiler Endgeräte, der Medienselektion hinsichtlich der eingesetzten Tools sowie von Bedienbarkeit und Nutzerfreundlichkeit.

Literatur

Alheit, P., Rheinländer, K. & Watermann, R. (2008). Zwischen Bildungsaufstieg und Karriere. Studienperspektiven „nicht-traditioneller Studierender". *Zeitschrift für Erziehungswissenschaft, 11*, 577-606.

Autorengruppe Bildungsberichterstattung (2008). *Bildung in Deutschland 2008. Ein indikatorengestützter Bericht mit einer Analyse zu Übergängen im Anschluss an den Sekundarbe-*

reich I. Bielefeld: W. Bertelsmann. URL: www.bildungsbericht.de/daten2008/bb_ 2008.pdf (29.03.2012).

Dave, R. H. (1976). *Foundations of Lifelong Education*. Hamburg, Oxford: UNESCO Institute for Education, Pergamon Press.

Ely, E. E. (1997). *The Non-Traditional Student*. Held on the 77th American Association of Community Colleges Annual Conference, Anaheim, CF, 1997.

Garz, D. (2004). Studium als biographische Entwicklungschance. *Sozialer Sinn: Zeitschrift für hermeneutische Sozialforschung, 3*, 387-412.

Gould, S. B., & Cross, K. P. (1972). *Explorations in non-traditional study. The Jossey-Bass series in higher education*. San Francisco: Jossey-Bass.

Guri-Rosenblit, S. (2011). *Opening Up Access to Higher Education: Implications and Challenges*. The Open University of Israel – Working paper series.

Schuetze, H.G. & Slowey, M. (2002). Participation and Exclusion: A comparative Analysis of Non-traditional Students and lifelong Learners in Higher Education. *Higher Education, 44*, 309-327.

Stuart, M. (2006). 'My friends made all the difference': Getting into and succeeding at university for first-generation entrants. *Journal of Access, Policy and Practice*, 3(2), 162-184.

Teichler, U. & Wolter, A. (2004). Zugangswege und Studienangebote für nicht-traditionelle Studierende. *Die Hochschule, 2*, 64-80.

Wedemeyer, C. A. (1981). *Learning at the back door: Reflections on non-traditional learning in the lifespan*. Madison, WI: The University of Wisconsin Press.

Wilkesmann, U., Virgillito, A., Bröcker, T. & Knopp, L. (2012). Abweichungen vom Bild der Normalstudierenden – was erwarten Studierende? In M. Kerres, A. Hanft, U. Wilkesmann & K. Wolff-Bendik (Hrsg.), *Studium 2020. Positionen und Perspektiven zum lebenslangen Lernen an Hochschulen* (S. 59-82). Münster: Waxmann.

Wolter, A. (2001): Lebenslanges Lernen und ‚non-traditional' students. In: U. Strate & M. Sosna (Hrsg*.), Lernen ein Leben lang – Beiträge der wissenschaftlichen Weiterbildung* (S. 138-152). Regensburg.

Wolter, A. (2012). From individual talent to institutional permeability: changing policies for non-traditional access routes in German higher education. In H. Schuetze & M. Slowey (Hrsg.), *Global Perspectives on Higher Education and Lifelong Learners* (S. 280). Routledge Chapman & Hall.

Carmen Schmitz-Feldhaus

Nicht traditionelle Studierende vs. traditionelle Studierende

Eine Onlinebefragung zum Sense of Coherence im Studium mit Fokus auf Menschen mit Beeinträchtigungen und Neue Medien[1]

Abstract

In diesem Beitrag wird die Hypothese untersucht, dass es einen Unterschied im ‚Sense of Coherence Questionnaire'-Studium zwischen nicht traditionell Studierenden (NTS) und traditionell Studierenden (TS) gibt. Sie basiert auf der Defizithypothese von Teichler und Wolter (2004), die besagt, dass NTS eher im Studium scheitern als TS. Der Sense of Coherence Questionnaire ist ein Instrument, welches misst, inwiefern das Leben für eine Person verstehbar, handhabbar und bedeutsam ist. Der revidierte SoCQ-S kam mittels eines Online-Fragebogens als Vollerhebung an einer Hochschule zum Einsatz. Aus mehreren Variablen (Alter, Schulabschluss, chronischen Erkrankung, Kinder …) wurde eine Score-Variable NTS gebildet. Über die Hälfte der Proband/inn/en sind weiblich (67.2%), das Durchschnittsalter beträgt 24.3 Jahre. Das Ergebnis der Untersuchung ist überraschend.

1   Einleitung

Die Ergebnisse der 20. Sozialerhebung des Deutschen Studentenwerks (2013) belegen, dass 2012 „7 % [der Studierenden, Anm. d. A.] eine studienerschwerende Gesundheitsbeeinträchtigung" (ebd., S. 465) hatten. Menschen mit einer Beeinträchtigung wurden bisher im Kontext von Studien und Untersuchungen mit so genannten nicht traditionellen Studierenden in Deutschland jedoch nicht berücksichtigt. Ein möglicher Grund hierfür ist ihre insgesamt eher geringe Anzahl innerhalb der Gruppe der nicht traditionellen Studierenden. In der vorliegenden Studie beträgt der Anteil der Studierenden mit einer Beeinträchtigung 9,4%. Die Prozentzahl der nicht traditionellen Studienanfänger/innen liegt deutschlandweit insgesamt bei unter 1%, im Bundesland Niedersachsen etwas höher bei 2% bis 3%

---

1   Erstveröffentlichung unter dem Titel „Nicht-traditionelle Studierende vs. traditionelle Studierende. Eine Onlinebefragung zum Sense of Coherence im Studium mit Fokus auf Menschen mit Beeinträchtigungen" in der Zeitschrift für Heilpädagogik, Ausgabe 6/2014.

und in dieser Studie bei 19% (N=158). Es wird davon ausgegangen, dass eben jene Studierende eher im Studium scheitern, weil ihnen bestimmte Voraussetzungen fehlen (Teichler & Wolter, 2004, S. 69). Diese Annahme stützt sich allerdings auf Vermutungen, denn die „Biographien der nicht-traditionellen Studierenden […] wurden bisher nur rudimentär untersucht" (Alheit, Rheinländer & Watermann, 2008, S. 579). So gilt es, diese Mutmaßungen durch empirische Studien zu bestätigen oder sie zu verwerfen. Das vor allem, weil die Quote derer, die in Deutschland mit dem Studium beginnen, deutlich unter den durchschnittlichen Zahlen der OECD-Länder liegt. Der Zugang zum Studium für diejenigen, die über den zweiten oder dritten Bildungsweg kommen, so argumentieren Teichler und Wolter (2004, S. 75), sollte erleichtert werden. Aus dem Grund wird in diesem Artikel die Defizithypothese von Teichler und Wolter (2004), die besagt, dass nicht traditionelle Studierende seltener ein Studium beenden, unter Zuhilfenahme des Fragebogens Sense of Coherence-Studium, welcher die Verstehbarkeit, Handhabbarkeit und Sinnhaftigkeit des Studiums erhebt, untersucht. Sollte die Hypothese widerlegt werden, wäre das ein weiteres gutes Argument dafür, die Barrieren durch Zugangsberechtigungen zu verringern.

2 Nicht traditionelle Studierende

Die Studierendenschaft wird laut Viebahn (2008) häufig in zwei Gruppen geteilt. Zum einen in die der ‚traditionellen' Studierenden und zum anderen in die ‚nicht traditionellen' Studierenden. Grundlage der Unterscheidung sind zwei Aspekte: erstens die Repräsentiertheit und zweitens die Lebenslaufnormalität. Bestimmte Bevölkerungsgruppen sind an Hochschulen unterrepräsentiert, wie beispielsweise Arbeiter- oder Einwandererkinder, Kinder aus bildungsfernen Elternhäusern oder ethnische Minderheiten. Sie verbringen mehr Zeit bei der Arbeit als im Studium, zeigen eine geringere soziale Integration in die Hochschule und ihre Leistungen sind schwächer. Ihr Lebenslauf entspricht nicht dem der traditionellen Studierenden, welche nach dem Abitur das Studium vollzeitmäßig durchlaufen (ebd., S. 96ff.).

Ursprünglich wurde die Bezeichnung nicht traditionelle Studierende für Personengruppen gewählt, die in der Regel älter waren als 25 Jahre. Hinzu kamen weitere Aspekte, wie die Unregelmäßigkeit in der Bildungslaufbahn, beispielsweise durch die Gründung einer Familie oder das Absolvieren einer beruflichen Ausbildung und das Sammeln von praktischen Erfahrungen im Beruf. Unterschieden werden die nicht traditionellen Studierenden von den traditionellen Studierenden aus zwei Blickwinkeln. Zum einen müssen sie sich mit größeren sozialen oder institutionellen Barrieren (familiär bzw. schulisch) auseinandersetzen und zum anderen weist ihre Biographie normabweichende Strukturen auf. Weiterhin ist nicht nur der Pfad zur Hochschule different, sondern auch die Form (Teilzeit-, Abend oder Fernstudium) des Studierens oder der Studiengang im Sinne von Lifelong Learning und Weiterbildung (Teichler & Wolter, 2004, S. 71f.). In der Literatur wird vereinzelt der Aspekt der Studierenden mit Behinderung bzw. Beeinträchtigung und der Studierenden mit chronischen Erkrankungen beleuchtet (Richardson, 2009a). Ca. 8% der Studierenden haben eine Behinderung oder eine chronische Erkrankung (Lelgemann &

Ohlenforst, 2012, S. 478). Konkrete Publikationen zu dem Thema sind in Deutschland jedoch recht selten. Forschungsanstrengungen und damit verbundene Veröffentlichungen bezogen auf Studierende mit Beeinträchtigungen/Behinderungen und/oder chronischen Erkrankungen und dem Kontext der nicht traditionellen Studierenden sind zu kurz gekommen. Die 20. Sozialerhebung des Deutschen Studentenwerks (2013) befasst sich zwar mit der Gruppe, beleuchtet sie allerdings nur oberflächlich (Studienmerkmale, finanzielle Situation, Zeitbudget).

In dieser Untersuchung „werden die folgenden Attribute herangezogen, um eine Zuordnung der Eigenschaft ‚nicht traditionelle Studierende' vorzunehmen. Wenn mindestens zwei der folgenden Kriterien erfüllt sind, werden die Studierenden der Gruppe der nicht traditionellen Studierenden zugeordnet:

- Alter > 30 Jahre
- Erwerbstätigkeit (auch während des Semesters) ≥ 19 Stunden/Woche
- Betreuung eigener Kinder im Haus
- Pflege von Angehörigen im Haus
- Behinderung (im Sinne des § 2 des SGB IX, in Verbindung mit § 1 Selbstbestimmung und Teilhabe am Leben in der Gesellschaft; bei einem Grad der Behinderung von mind. 50%, § 3)
- Sozialer Status des Elternhauses = niedrig
- Zugang zum Studium ohne Abitur oder über den zweiten Bildungsweg
- Eingeschrieben in einen Fern- oder Online Studiengang oder berufsbegleitenden Weiterbildungsstudiengang (Blended Learning)
- Studium in Teilzeit ≥ 50%" (AG Medien, 2013 in Anlehnung an die Definition von Teichler & Wolter, 2004, S. 72)

3   Der Sense of Coherence

Der jüdische Medizinsoziologe Aaron Antonovsky definiert den Sense of Coherence als

> „a global orientation that expresses the extent to which one has a pervasive, enduring though dynamic feeling of confidence that (1) the stimuli deriving from one's internal and external environments in the course of living are structured, predictable and explicable; (2) the resources are available to her/him to meet the demands posed by these stimuli; and (3) these demands are challenges, worthy of investment and engagement" (Antonovsky, 1987, S. 19).

Mit anderen Worten kann der Sense of Coherence als das wahrgenommene Maß eines äußeren Zusammenhangs und eines inneren Zusammenhalts angesehen werden. Dieses Maß kann mithilfe eines Fragebogens, dem Sense of Coherence Questionnaire, gemessen werden. Der Sense of Coherence besteht, wie oben beschrieben, aus den drei Dimensionen Verstehbarkeit, Handhabbarkeit und Bedeutsamkeit. Es wird davon ausgegangen, dass eine gute Entwicklung der drei Komponenten Verstehbarkeit, Handhabbarkeit und Bedeutsamkeit ausdrückt, dass die Person einen hohen Wert des Sense of Coherence hat.

Antonovsky hat jedoch nicht die Meinung vertreten, dass es Menschen geben kann, die alles verstehen, handhaben oder alles für sinnvoll erachten können (Antonovsky, 1997, S. 40ff.). Der Sense of Coherence ist einer der Hauptaspekte der Salutogenese[2], was übersetzt Gesundheitsentstehung heißt. Kernanliegen der Salutogenese ist das Finden einer Antwort auf die Frage, weshalb Menschen trotz widriger Umstände gesund bleiben. Je höher der Sense of Coherence ist, umso besser kann die Person mit neuen Herausforderungen umgehen und umso optimistischer schätzt sie ihre Zukunft ein. Auch eine Person z.B. mit einer motorischen Beeinträchtigung und Einbußen von Fähigkeiten, wie nach einem Schlaganfall oder einem Schädel-Hirn-Trauma, kann einen hohen Sense of Coherence aufweisen (Schmitz, 2011).

4   Neue Medien im Studium

Uni 2.0 nennt Rolf (2011) die vernetzte Revolution von Vorlesungen. Studierende twittern untereinander über die Inhalte, der Professor nimmt daran teil und sorgt auf diesem Weg für eine ‚fruchtbare Rückkopplung'. Jedoch kann ein solch innovativ-vernetztes Vorhaben nur gelingen, wenn auch entsprechende Schlüsselqualifikationen vorliegen. Da in der PISA-Studie 2009 ein Anstieg „of students who reported having at least one computer at home […] from 72% in 2.000 to 94% in 2009" (OECD, 2011, S. 20) zu verzeichnen war, stellt sich die Frage, ob heutige traditionelle Studierende diese Qualifikation bereits mitbringen. Eine Umstellung von den gewohnten Overheadprojektor-Folien oder Powerpoint-Präsentationen müssten dann allerdings die Dozenten vollziehen. Schlüsselqualifikationen oder akademische Kernkompetenzen, wie Fach-, Methoden-, Sozial- und Selbstkompetenzen (Webler, 2011) beziehen sich bisher auf „Arbeits- und Präsentationstechniken sowie Team- und Kooperationsfähigkeit" (Rolf, 2011, S. 248) der Studentenschaft. Qualifikationen bezogen auf neue Medien, die sogenannte „Informations- und Medienkompetenz" (Schiefner-Rohs, 2012) oder „Digital Literacy" (Pietraß, 2012) der Lehrenden und Lernenden sind bisher unberücksichtigt geblieben. Beide Autorinnen verdeutlichen die Relevanz der Medienkompetenz, machen jedoch klar, dass der Wandel „die Medienpädagogik nicht davon [entbindet] eine theoretisch-systematische Basierung zu leisten, welche jenseits des technischen Wandels liegt und damit Orientierungskraft entfalten kann" (ebd., S. 34). Eine der bekanntesten Definitionen von Medienkompetenz stammt von dem Erziehungswissenschaftler Dieter Baacke (1997), welcher den Begriff in die vier Dimensionen Medienkritik, Medienkunde, Mediennutzung und Mediengestaltung unterteilt. Doch, wie könnte es um die Medienkompetenz von nicht traditionellen Studierenden bestellt sein? Bereits das Ausfüllen eines Onlinefragebogens, wie es für die hier beschriebene Studie erforderlich ist, zeigt im weiteren Verlauf, welchen ungewollten Filter in der Stichprobe von Probanden eine onlinebasierte Erhebung beinhalten kann. Für technikferne Teilnehmer/innen kann ein Online-Fragebogen eine Barriere darstellen, was sie von einer Teilnahme abhält. Für Studierende mit bestimmten Beeinträchtigungen wiederum kann gerade

---

2   Von: salus, lat.: gesund, Unverletztheit, Heil, Glück; genese, griech.: Entstehung.

das neue Medium ‚Onlinebefragung' einen Förderfaktor bedeuten. Menschen mit einer Autismus-Spektrum-Störung haben beispielsweise eine Beeinträchtigung in der sozialen Interaktion, weshalb es ihnen sehr schwer fällt sich in Gesellschaft anderer Menschen aufzuhalten. Für sie wäre es auf diese Weise leichter teilzuhaben (vgl. Kamp-Becker & Bölte, 2011, S. 16).

5   Stand der Forschung

Wie weiter oben beschrieben wurde, kann mit dem Sense of Coherence Questionnaire gemessen werden, wie hoch das Maß eines inneren und äußeren Zusammenhangs bzw. Zusammenhalts ist. Mit anderen Worten kann untersucht werden, wie verstehbar, handhabbar und bedeutsam eine Person das eigene Leben oder die eigene Situation einschätzt. Es liegen dazu in Europa bereits über 456 Publikationen bezogen auf unterschiedliche Kontexte vor, davon weit über 70 allein in Deutschland (Singer & Bähler, 2007, S. 31). In einer älteren Untersuchung wurde von Schmitz (2009) bereits der Sense of Coherence von Studierenden erhoben. Damals lag der Fokus der Studie auf der nicht traditionellen Studierendengruppe der Mütter. Es wurden zwei Erhebungen durchgeführt mit N=61 und N=70 Studierenden des Bachelor-Sonderpädagogik-Studiengangs einer norddeutschen Hochschule (Carl von Ossietzky Universität Oldenburg). In der ersten Gruppe befanden sich N=9 Mütter und in der zweiten Stichprobe N=8 Mütter. Das entsprach 13,1% bzw. 12,9% der Studierenden der jeweiligen Lehrveranstaltung. Der errechnete Gruppen-Mittelwert des Sense of Coherence betrug 67% in der ersten Befragung und 69% in der zweiten, der Mittelwert der Mütter 74% und 71%. Die Größe der Stichprobe der Mütter war sehr klein. Es ließen sich keine gesicherten Aussagen treffen, lediglich eine Annahme aufstellen, dass Mütter tendenziell das Studium besser verstehen, handhaben und für sinnvoll erachten, jedoch könnte dabei auch das Alter eine Rolle spielen.

Die bei Teichler und Wolter (2004) genannte ‚Defizithypothese', dass „die Studierenden, die nicht über die üblichen schulischen „credentials" verfügen, in Vorbildung und Studierfähigkeit Defizite aufweisen und überdurchschnittlich häufig im Studium scheitern" (ebd., S. 69), steht im Widerspruch zu Forschungsergebnissen, die besagen, dass „Studierende des zweiten und dritten Bildungsweges […] im Studium insgesamt keine größeren Schwierigkeiten und keine geringeren Studienerfolge als ihre Kommilitoninnen und Kommilitonen mit konventionellen Bildungswegen" (Alheit, Rheinländer & Watermann, 2008, S. 580) haben. Allerdings wird betont, dass das Studienfach und das Klima der Fachdisziplinen Einfluss auf das Verhalten und den Erfolg haben können (ebd., S. 580). Bei Teichler und Wolter (2004) ist noch zu berücksichtigen, dass die Überlegungen vor dem Bologna-Prozess geäußert wurden. So betonen Lelgemann und Ohlenforst (2012) u. a., dass „ein Teil der Studierenden mit Behinderung von der Modularisierung der Studiengänge" (ebd., S. 477) profitiert. Er macht aber deutlich, dass durch die straffere Struktur auch neue Barrieren für Menschen mit Behinderungen geschaffen wurden.

6   Forschungsfragen und Hypothesen

Aufgrund der oben ausgeführten Studie von Schmitz (2009) und den genannten Unstimmigkeiten stellt sich die Frage, ob die Defizithypothese bezogen auf nicht traditionelle Studierende zutrifft oder nicht. Zudem ist fraglich, ob es speziell einen Unterschied im Ausprägungsgrad des Sense of Coherence von Studierenden mit Beeinträchtigungen gibt. Ermittelt wird das Defizit durch den Sense of Coherence Questionnaire, da er sich, wie weiter oben beschrieben, aus den drei Subskalen Verstehbarkeit, Handhabbarkeit und Bedeutsamkeit zusammensetzt. Sollten die nicht traditionellen Studierenden mit ihrem Studium nicht zurechtkommen, müsste der Wert sehr niedrig ausfallen und theoretisch auch kleiner sein als der Wert der traditionellen Studierenden. Weiterhin soll untersucht werden, ob das Klima der Fachdisziplinen, operationalisiert durch Studiengangzugehörigkeit (Wissenschaft), einen Einfluss auf die Höhe des Sense of Coherence hat. Letztlich wird zum Ausschluss von Verzerrungen durch die Stimmungslage am Befragungstag auch ermittelt, ob das momentane Befinden den Sense of Coherence beeinflusst.

Aus dem geschilderten Forschungsstand zur Messbarkeit von Verstehbarkeit, Handhabbarkeit und Bedeutsamkeit Studierender und der kontroversen Behauptung, dass nicht traditionelle Studierende eher im Studium scheitern, ergeben sich für die vorliegende Arbeit folgende Forschungsfragen: Gibt es, im Sinne der Defizithypothese, einen Unterschied im Ausprägungsgrad des Sense of Coherence von nicht traditionellen Studierenden und traditionellen Studierenden? Gibt es einen Unterschied in der Höhe des Sense of Coherence von Studierenden mit Beeinträchtigung? Hat die Studiengangzugehörigkeit einen Einfluss auf den Sense of Coherence? Hat das Befinden (Stimmung) zum Zeitpunkt der Erhebung einen Einfluss auf den Sense of Coherence?

Mit der Beantwortung dieser Fragen könnte eine empirisch-argumentative Basis geschaffen werden, den Zugang zur Hochschule für nicht traditionelle Studierende im Allgemeinen und Studierende mit Beeinträchtigungen im Besonderen weiter zu erleichtern. Die Ergebnisse dieses hypothesenprüfenden Vorgehens könnten einen Ausgangspunkt für explizitere Fragestellungen und tiefergreifende Studien bieten. Die Resultate von Fichten, Asuncion, Wolforth, Barile, Budd, Martinello und Amsel (2012) legen bereits den Schluss nahe, dass vor allem durch die Öffnung des Studiums von Sozial- und Erziehungswissenschaften für Menschen mit Beeinträchtigungen ein barrierefreieres Studieren ermöglicht werden sollte. Auf Grundlage vorhergehender Arbeiten (Schmitz, 2009; Schmitz, 2011) zum Sense of Coherence und zur Überprüfung der Defizithypothese werden folgende Alternativ-Hypothesen formuliert:

–   Es gibt einen Unterschied im Sense of Coherence-Studium zwischen nicht traditionellen und traditionellen Studierenden (H 1).
–   Es gibt einen Unterschied im Sense of Coherence-Studium zwischen Studierenden mit Beeinträchtigung und Studierenden ohne Beeinträchtigung (H 2).
–   Die Studiengangzugehörigkeit hat einen Einfluss auf die Höhe des Sense of Coherence (H 3).
–   Das Befinden (Stimmung) zum Zeitpunkt der Erhebung hat einen Einfluss auf den Sense of Coherence (H 4).

7   Methode

Zur Anwendung kam in dieser Studie der Fragebogen Sense of Coherence-Studium mit insgesamt 45 Items. Hierbei handelt es sich um eine veränderte Version des Sense of Coherence Questionnaire (Antonovsky, 1997, S. 192ff.) mit seinen 29 Items. Die Veränderungen beziehen sich auf die Skala: Aus einer siebenstufigen wurde eine sechsstufige Skalierung, um eine Verzerrung durch die Tendenz zur Mitte auszuschließen (Sedlmeier & Renkewitz, 2013, S. 97). Alle Items werden in Behauptungen umformuliert, da sie sich auf die Ermittlung von Meinungen und Einstellungen beziehen und diese durch Statements besser zu erfassen sind als durch Fragen (Bortz & Döring, 2006). Des Weiteren wird in den Items jeweils ein Bezug zum Studium hergestellt, in dem das Wort Studium oder dem entsprechende Abwandlungen eingefügt werden. So wird beispielsweise das Item 5 „Waren Sie schon überrascht vom Verhalten von Menschen, die Sie gut zu kennen glaubten?" (Antonovsky, 1997, S. 192) umformuliert in „Sie waren schon überrascht vom Verhalten von Kommilitonen, die Sie gut zu kennen glaubten". Die demographischen Daten, die anteilig auch zur Operationalisierung der Variable nicht traditionelle Studierende verwendet werden, werden mit 15 Items erhoben. Die letzte Frage bezieht sich auf das momentane Befinden der Testperson.

Vor der Durchführung der Erhebung wurde das Instrument durch zwei Experten geprüft, leicht überarbeitet und anschließend einem kognitiven Pre-Testing unterzogen. Die Teilnehmer des Pre-Tests waren zwölf Master-Studierende der betreffenden Hochschule. Der Pre-Test führte zu mehreren kleineren Veränderungen im Hinblick auf den Studienbezug der Items. Der Fragebogen wurde dann als Online-Version (LimeSurvey 1.92) per Link an alle immatrikulierten Studierenden einer norddeutschen Hochschule (Carl von Ossietzky Universität Oldenburg) verschickt. Nachdem drei Tage lang niemand mehr an der Befragung teilgenommen hatte, wurde die Umfrage deaktiviert.

Die abhängige Variable dieser Studie ist der Sense of Coherence-Studium, welcher mit einer sechsstufigen Likert-Skala erfasst wird und die vier Voraussetzungen erfüllt, welche bei Urban und Mayerl (2011, S. 275) genannt werden, um eine lineare Regressionsanalyse durchführen zu können. Eine Regressionsanalyse hat zum Ziel, die Zusammenhänge zwischen einer abhängigen Variable und mehreren erklärenden Variablen zu verdeutlichen (Brosius, 2012, S. 255). Die unabhängige Variable lautet ‚nicht traditionelle Studierende' und wird operationalisiert durch die kategorialen Dummy-Variablen Kinder (0= keine Kinder, 1= Kinder), Studienabschluss (0= keinen Studienabschluss, 1= Studienabschluss), Berufsabschluss (0= keinen Berufsabschluss, 1= Berufsabschluss), Abitur (0= kein Abitur, 1= Abitur), chronische Erkrankung (0= keine chronische Erkrankung, 1= chronische Erkrankung), Behinderung (0= keine Behinderung, 1= Behinderung) und Alter >30 Jahre (ebd., S. 276). Aus diesen Dummy-Variablen wird eine Score-Variable erstellt. Die Score-Variable berechnet, wie viele der 1.261 Teilnehmer der Befragung mindestens zwei der genannten Kriterien erfüllen und somit der Gruppe der nicht traditionellen Studierenden zugeordnet werden können.

8   Stichprobe

Die Grundgesamtheit aller Studierenden der untersuchten Hochschule beträgt zum Zeitpunkt der Erhebung N=11.869 Personen. An der Befragung nahmen N=1.261 Studierende
teil, aufgrund fehlender Werte wird etwa mit einer Zahl zwischen 800 und 900 Fragebögen gearbeitet. Das entspricht ca. 7% der Grundgesamtheit. Über die Hälfte der Probanden
war weiblich (67.2%), das Durchschnittsalter beträgt 24.3 Jahre (Range 17 bis 85). Die
Mehrheit hat die allgemeine Hochschulreife (92,9%), 4,8% der Teilnehmer die Fachhoch-
schulreife und 1,8% die mittlere Reife. Eine abgeschlossene Berufsausbildung haben
25,9% und 31,2% der Probanden haben ein abgeschlossenes Studium. 29,6% bzw. 25%
waren zum Zeitpunkt der Befragung im ersten bzw. dritten Fachsemester. Es haben N=
568 Geisteswissenschaftler, N=356 Naturwissenschaftler und N=14 Mediziner teilgenommen. Es gaben 9,4% der Studierenden an, eine chronische Erkrankung und 2,2% eine
Behinderung zu haben. Etwa 10% der Testpersonen haben Kinder (vgl. Tabelle 1). Zur
Untersuchung der Hypothese wurde dann mit der Score-Variable (vgl. Kapitel 3) die Anzahl der nicht traditionellen Studierenden berechnet. Es haben 158 nicht traditionelle Studierende teilgenommen.

Tabelle 1: Tabellarische Übersicht der Ergebnisse (eigene Darstellung)

	Geschlecht	
	Häufigkeit	Prozent
weiblich	640	67,2
männlich	312	32,8

	Altersgruppe	
	Häufigkeit	Prozent
19	75	7,9
20-24	523	55,3
25-29	256	27,1
30-34	59	6,2
35-39	16	1,7
40-44	7	,7
45-49	5	,5
60+	5	,5
Minimum	17	
Maximum	85	
Mittelwert	24,3	

	Schulabschluss	
	Häufigkeit	Prozent
Haupt(Volks-)schulabschluss	3	,3
qualifizierter Hauptschulabschluss	2	,2
Mittlere Reife	17	1,8
Fachhochschule	46	4,8
Abitur	889	92,9

	Hochschulabschluss	
	Häufigkeit	Prozent
Ja	297	31,2
Nein	656	68,8

	Studiengang (nach Wissenschaften)	
	Häufigkeit	Prozent
Geisteswissenschaften	568	60,6
Naturwissenschaften	356	38,0
Medizin	14	1,5

9   Auswertung der Ergebnisse

Nach Deaktivierung der Umfrage wurde der Datensatz in SPSS 20 übermittelt. Da der Fragebogen nicht mehr in der ursprünglichen Fassung verwendet wurde, sondern in einer Überarbeitung, wurde als erstes ein Reliabilitätstest der drei Subskalen durchgeführt. Die Subskalen wurden mit 10% missing values gebildet. Der Cronbachs Alpha der Dimension Verstehbarkeit liegt bei .743, Handhabbarkeit bei .640, Bedeutsamkeit bei .832. Die Reliabilität der neuen ‚Sense of Coherence Questionnaire-Studium'-Gesamtskala liegt bei r= .802.

Weiterhin wurde der Mittelwert des Sense of Coherence-Studium von den nicht traditionellen Studierenden und den traditionellen Studierenden verglichen. Bei einer Gesamtzahl von 820 verarbeiteten Fällen (65% der Gesamtstichprobe) waren 158 Probanden nicht traditionelle Studierende, mit 19% mehr als erwartet und 662 traditionelle Studierende. Der Mittelwert des Sense of Coherence-Studium für beide Gruppen liegt bei ca. 3,1 (nicht traditionelle Studierende 3,087; traditionelle Studierende 3,094) und einer Standardabweichung von SD=.698 (nicht traditionelle Studierende) und SD=.635 (traditionelle Studierende) (vgl. Tabelle 2).

Tabelle 2: Mittelwertvergleich traditionelle vs. nicht traditionelle Studierende
(eigene Darstellung)

		Anzahl	Mittelwert	Standardabweichung
Verstehbarkeit	TS	663	3,38	,73980
	NTS	158	3,41	,78837
Handhabbarkeit	TS	661	2,79	,63153
	NTS	158	2,81	,70353
Bedeutsamkeit	TS	664	3,08	,91703
	NTS	159	2,98	,98491
SOC Gesamt	TS	662	3,09	,63546
	NTS	158	3,09	,69814

Was aber lässt sich über den durchschnittlichen Wert aller Studierenden der untersuchten Universität sagen? Die Berechnung der deskriptiven Statistik der Probanden ergab für Verstehbarkeit 3,389, Handhabbarkeit 2,795, Bedeutsamkeit 3,061 und für die ‚Sense of Coherence-Studierende'-Gesamtskala 3,092. Der T-Test bei einer Stichprobe lässt „Rückschlüsse auf den Mittelwert einer Variablen in der Gesamtheit ziehen" (Brosius, 2012, S. 223). Er ergab bei einem Testwert von 3,0, dass mit einer Wahrscheinlichkeit von 97,5% der ‚Sense of Coherence-Studierende'-Gesamtwert aller Studierenden der untersuchten Universität zwischen 2,58 und 3,14 liegt. Bei einem Rang von eins (niedriger Wert) bis sechs (hoher Wert) liegt der Gesamtwert aller Studierenden im Mittelfeld.

Zur Untersuchung der Frage nach dem Zusammenhang zwischen der Studiengangzugehörigkeit bzw. dem momentanen Befinden und dem Sense of Coherence-Studium wurde eine lineare Regression geschätzt. Für die Studiengangzugehörigkeit konnte kein Zusammenhang ermittelt werden. Die Varianzanalyse untersucht, ob Gruppen in der Grundgesamtheit den gleichen Mittelwert haben (Brosius, 2012, S. 235). Eine Varianzanalyse der deskriptiven Statistik zeigt jedoch, dass die Probanden der Fakultät für Medizin (N=13) in allen drei Subskalen gering niedrigere Werte aufweisen. Für das Item ‚Es geht Ihnen im Moment richtig gut' liegt das Ergebnis $R2=.419$ vor, dieser Wert steht für das Maß der Güte der Vorhersage bezogen auf die Grundgesamtheit (Sedlmeier & Renkewitz, 2013, S. 261).

Da in der vorliegenden Stichprobe kein Unterschied zwischen den ‚Sense of Coherence-Studierende'-Werten der nicht traditionellen Studierenden und der traditionellen Studierenden festgestellt wurde, wurden zur genaueren Überprüfung Korrelationen für bestimmte Variablen berechnet. Die Variable Alter korreliert signifikant negativ mit den Subskalen Verstehbarkeit und Bedeutsamkeit. Die Menschen mit einer chronischen Erkrankung haben signifikant höhere Werte in allen drei Subskalen. Die Effektstärke liegt im mittleren Bereich (vgl. Tabelle 3). Niedrigere Werte in allen Skalen zeigen die Studierenden mit Kind, hierbei liegt die Signifikanz für Bedeutsamkeit bei p=.577. Bezüglich der beiden Items ‚Liegt eine chronische Erkrankung vor?' und ‚Liegt eine Behinderung vor?' wurde mittels einer Kreuztabelle festgestellt, dass es sich dabei zu 100% um dieselbe Schnittmenge handelt. Aus dem Grund wird in dieser Arbeit von Studierenden mit Beeinträchtigung gesprochen und beinhaltet jene mit einer Behinderung und solche mit einer chronischen Erkrankung. Weiterhin haben die Berechnungen ergeben, dass die Anzahl der Fachsemester keine Rolle spielt und Frauen geringfügig höhere Werte in der Skala Verstehbarkeit und Handhabbarkeit haben.

Tabelle 3: Mittelwertvergleich chronische Erkrankung vs. keine chronische Erkrankung
(eigene Darstellung)

Chronische Erkrankung		SOC-Gesamtwert	Verstehen	Handhaben	Bedeutsamkeit
keine chronische Erkrankung	Mittelwert	3,0639	3,3503	2,7750	3,0364
	N	728	728	727	730
	Standardabweichung	,63507	,73736	,63242	,92457
chronische Erkrankung	**Mittelwert**	**3,3340**	**3,7031**	**2,9938**	**3,2427**
	N	77	78	77	78
	Standardabweichung	,72784	,81143	,73723	,99677
Insgesamt	Mittelwert	3,0898	3,3845	2,7960	3,0563
	N	805	806	804	808
	Standardabweichung	,64891	,75160	,64591	,93313

10   Diskussion

Die erste Hypothese ‚Es gibt einen Unterschied im Sense of Coherence-Studium zwischen nicht traditionellen Studierenden und traditionellen Studierenden' konnte in dieser Studie scheinbar widerlegt werden. Scheinbar, aus dem Grund, weil im Zuge der Berechnungen zur Kontrolle der einzelnen Variablen der Score-Variable ‚nicht traditionelle Studierende' festgestellt wurde, dass die Gruppe der Studierenden mit Kind niedrigere Werte aufweist, wohingegen die Studierenden mit einer chronischen Erkrankung einen signifikant höheren Sense of Coherence-Studium zeigen. Das führt zu dem Schluss, dass es sich bei der Gruppe der nicht traditionellen Studierenden um keine homogene Einheit handelt. Eine Score-Variable ‚nicht traditionelle Studierende', wie sie hier gebildet wurde, kann zu keinen validen Rückschlüssen bezüglich der ‚Gruppe' der nicht traditionellen Studierenden führen.

Die Hypothese 2: ‚Es gibt einen Unterschied im Sense of Coherence-Studium zwischen Studierenden mit Beeinträchtigung und Studierenden ohne Beeinträchtigung' hat ergeben, dass Studierende, die eine chronische Erkrankung haben, in allen drei Bereichen (Verstehbarkeit, Handhabbarkeit und Bedeutsamkeit) signifikant höhere Werte aufweisen als Studierende ohne Beeinträchtigung. Das kann unterschiedliche Gründe haben. Unter anderem ist es denkbar, dass Studierende mit Beeinträchtigung mit einer anderen Motivation und Einstellung an das Studium herangehen. Da sie signifikant höhere Werte in Verstehbarkeit, Handhabbarkeit und Bedeutsamkeit haben, kann davon ausgegangen werden, dass sie wissen, wo sie gegebenenfalls Informationen bekommen, wenn ihnen etwas unklar ist. Sie scheinen auch über die nötigen Fähigkeiten und Fertigkeiten zu verfügen, um mit dem Studium klar zu kommen. Für sie kann das Studium von höherer Bedeutsamkeit sein, weil sie vielleicht festgestellt haben, dass sie als Akademiker trotz ihrer Beeinträchtigung bessere Chancen haben. Eine Voraussetzung für diese Haltung der Studierenden mit Beeinträchtigung kann mitunter in deren Beschulung gesehen werden. Wenn Sie bereits in ihrer Schulzeit von Inklusion profitieren konnten, könnte ihnen das den Weg zum Studium erleichtern.

Den Aspekt (Hypothese 3) der Zugehörigkeit zu einem Studiengang (Wissenschaft) näher betrachtend wird deutlich, dass die neuen konsekutiven Bachelor- und Masterstudiengänge aufgrund der Professionalisierungsbereiche und Fächer kaum trennscharf untersucht werden können. Eine Einteilung in Geistes- bzw. Naturwissenschaften und Medizin hat vermutlich aus dem Grund keine Unterschiede ergeben. Lediglich die Werte der Mediziner sind etwas niedriger. Hier kann vermutet werden, dass die Studierenden nur widerspiegeln, was durch den Aufbau eines neuen Studiengangs verursacht wird. Das Medizinstudium steht in Oldenburg noch ganz am Anfang, die befragte Kohorte war die erste und musste mit den ‚Kinderkrankheiten' eines neuen Studiengangs fertig werden. Überraschend ist jedoch, dass die Medizinstudierenden auch im Bereich Bedeutsamkeit ein niedrigeres Level offenbaren. Meines Erachtens sollte das Studium der Medizin für sie besonders bedeutsam sein.

Die Regressionsanalyse (Hypothese 4) hat gezeigt, dass sich die Werte des Sense of Coherence-Studium zu rund 42% aus den Werten des Items ‚Es geht Ihnen im Moment richtig gut' erklären lassen. Das ist insofern interessant, als dass es Ausführungen Antonovskys zu widersprechen scheint, der postuliert, dass „by the end of the first decade or so of one's adulthood, having sorted out or accepted the inconsistencies in the different areas of life, one has attained a given location on the SOC continuum" (Antonovsky, 1987, S. 119). Im übertragenen Sinn wiederum ist bekannt, dass Menschen mit einer Angststörung oder Depression einen signifikant niedrigeren Sense of Coherence zeigen (Bowman, 1997; Kühn, Ehlert, Rumpf, Backhaus, Hohagen & Broocks, 2008; Lillefjell & Jakobsen, 2007). Inwiefern das Ergebnis der Regressionsanalyse in dieser Untersuchung einen wichtigen Stellenwert einnimmt, lässt sich nicht genau bestimmen. Es sei lediglich darauf hingewiesen, dass das Item einen Einfluss haben kann, da „Stimmungen […] gewissermaßen den Hintergrund, vor dem sich Denkprozesse […] abspielen" (Brandstätter, Schüler, Puca & Lozo, 2013, S. 130) widerspiegeln.

Kritisch ist weiterhin der Aspekt der neuen Medien, hier in Form einer Onlinebefragung, zu sehen. Welchen Einfluss hat der Onlinezugang zum Fragebogen auf die ‚Auswahl' der Probanden. In welchem Licht müssen diesbezüglich die Ergebnisse gesehen werden? Die Nutzung von neuen Medien im Universitäts-Alltag ist längst vollzogen. So überrascht es dennoch, dass von den 1.261 Fragebögen aufgrund von einer sehr hohen Anzahl an fehlenden Werten nur ca. 800 bis 900 ausgewertet werden konnten. Generell birgt die Datenerhebung im Internet bestimmte Risiken und Nachteile. Zum einen ist die Repräsentativität der Stichprobe bedenklich, da der Anteil von 20- bis 40-Jährigen überproportional hoch ist. Noch dazu weisen die Teilnehmer/innen einen höheren Bildungsgrad auf und befinden sich in einer besseren finanziellen Lage. Zum anderen können die genauen Bedingungen der Datenerhebung nicht kontrolliert werden. Durch die Anonymität kann es zu Verfälschungen, mehrfacher Teilnahme, Missachtung der Instruktionen oder sogar Sabotage kommen. Ein dritter Punkt ist der erschwerte Schutz der Teilnehmenden bei der Befragung. Es findet keine Interaktion zwischen dem Probanden und dem Untersuchungsleiter statt, somit kann nicht auf negative emotionale Reaktionen der Befragten reagiert werden. Inwiefern gewisse allgemeine Nachteile von Online-Befragungen in der hier durchgeführten zum Tragen kommen, ist unklar. Die Ergebnisse sollten jedoch vor dem Hintergrund der aufgeführten Risiken bewertet werden. (vgl. Echterhoff, 2013, S. 108f.)

11 Fazit und praktische Implikationen

Zusammenfassend lässt sich sagen, dass die Studierenden mit einer Beeinträchtigung überraschenderweise einen stärkeren Sense of Coherence, also ein höheres Maß im Erkennen von inneren und äußeren Zusammenhängen haben als Studierende ohne Beeinträchtigung. Es sollten weitere Studien durchgeführt werden, um zu prüfen, ob die Ergebnisse mit dem Standort der Universität Oldenburg zusammenhängen, ob es einen Zusammenhang mit der Form der Beeinträchtigung gibt, ob es einen Effekt hat, wenn Studierende vorher in einem inklusiven Setting beschult werden und wie genau die Motivation der Studierenden mit Beeinträchtigung begründet wird, ein Studium aufzunehmen. Die Ergebnisse könnten hilfreiche Hinweise und Ideen für die (inklusive) Beschulung von Kindern- und Jugendlichen mit Beeinträchtigungen liefern.

Weiterhin wurde festgestellt, dass die Gruppe der nicht traditionellen Studierenden keine homogene Gruppe darstellt. Für einige ‚Teilgruppen' ist das Studium eher verstehbar, handhabbarer und bedeutsamer als für andere. Studierende mit einem oder mehreren Kindern zeigen deutlich niedrigere Werte in allen drei Subskalen. Die größere Fallzahl (N= 51) zeigt in dieser Studie ein anderes Bild, als die vorangegangene Untersuchung von Schmitz (2009) mit nur N= 9 bzw. N= 8 studierenden Müttern. Im Gegensatz zu den niedrigeren Werten der Studierenden mit Kindern haben Menschen mit einer chronischen Erkrankung, die sich im Studium befinden, einen höheren Ausprägungsgrad des Sense of Coherence-Studierende. Die Konsequenz, die sich daraus ziehen lässt, ist die Fokussierung einzelner nicht traditioneller Studierenden-Teilgruppen in empirischen Erhebungen, statt die Gruppe der nicht traditionellen Studierenden zu untersuchen. Meines Erachtens lassen sich auch über die Studierenden mit einer chronischen Erkrankung bzw. Behinderung noch differierende Ergebnisse feststellen. Dies vor allem vor dem Hintergrund, dass beispielsweise für einen Menschen mit einer Autismus-Spektrum-Störung F84.5 (DIMDI, 2013, S. 214) der Aspekt der Handhabbarkeit des Studiums, wie es an der betrachteten norddeutschen Universität angeboten wird, einen anderen Stellenwert haben wird als für eine Person mit beispielsweise einer Beeinträchtigung im Hören.

Erwähnt werden soll an dieser Stelle auch der Genderaspekt im Zusammenhang mit der Nutzung von digitalen Medien im Studium. In der hier vorliegenden Studie hat sich gezeigt, dass das Studium an der untersuchten Universität mit all den verwendeten ‚neuen Medien' für die weiblichen Probanden (N=550) etwas verstehbarer und handhabbarer ist.

Für die männlichen Studienteilnehmer (N=264) jedoch ein wenig bedeutsamer. In ihrer Doktorarbeit „Wahrnehmung, Bewertung und Akzeptanz gendersensibler digitaler Medien für die Hochschullehre" hat Jenker (2007) die Frage untersucht, ob eine „gendersensible Gestaltung digitaler Medien für Bildungsprozesse [...] die Wahrscheinlichkeit einer Akzeptanz bzw. positiven Wahrnehmung und Bewertung erhöht" (ebd., S. 6). Sie resümiert, dass sowohl die männlichen, als auch die weiblichen Studierenden über vergleichbare Technikressourcen und -zugänge' verfügen. Weiterhin betont sie, dass sich keine differierenden Verhaltensweisen und Einstellungen in der Nutzung von Computern und neuen Medien feststellen lassen (ebd., S. 229).

Ein bemerkenswerter Aspekt der Studie ist das Alter von zwei Probanden. Es haben sowohl ein älterer männlicher Student (74 Jahre) als auch eine ältere weibliche Studentin (85 Jahre) an der Onlinebefragung teilgenommen: Ein motivierendes Zeugnis der Relevanz von Lebenslangem Lernen. Leider hat die Studentin nicht alle Items beantwortet. Die ‚Sense of Coherence-Studierende'-Werte für den 74-Jährigen liegen niedrig bei 2,64 für Verstehbarkeit, 2,3 für Handhabbarkeit und 2,0 für die Dimension Bedeutsamkeit. Der ‚Sense of Coherence-Studierende'-Gesamtscore hat den Wert 2,36. Die Frage nach dem momentanen Befinden wurde hingegen mit ‚gut' beantwortet. Der ‚Sense of Coherence-Studierende'-Gesamtscore mag niedrig ausfallen, jedoch ist nachvollziehbar, dass die Bedeutsamkeit eines Studiums bei einem 74-jährigen Mann gering ausfällt. Spannend wäre eine Untersuchung, ob der allgemeine Sense of Coherence (ohne konkreten Bezug zum Studium) ähnliche Werte aufweist oder ein anderes Ergebnis bringt.

Den nicht traditionellen Studierenden gibt es nicht. Somit lässt sich die Defizithypothese von Teichler und Wolter (2004) nicht direkt untersuchen. Aber es gibt Studierende, die im Studium Probleme haben und Unterstützung benötigen, um Barrieren abbauen zu können, damit sie die gleichen Chancen haben wie ihre Kommilitonen und Kommilitoninnen. Um jedoch eine Unterstützung bekommen zu können, müssen die betroffenen Studierenden die Erkrankung oder Beeinträchtigung im jeweiligen Institut bekannt geben. In den campusbezogenen Studien von Richardson (2009a/b) stellte sich heraus, dass

> „the only category of students with disabilities that yielded an odds ratio that was significantly less than 1 was that of those with an unseen disability. For each of the remaining categories, the odds of the students with disabilities obtaining a good degree proved not to be significantly different from those of the students with no known disability (p>.10 in each case)." (Richardson, 2009a, S. 133f.).

Diejenigen, die beispielsweise eine Dyslexie oder eine andere Lernbeeinträchtigung haben und diese angegeben hatten, konnten durch Unterstützung im Hinblick auf Fähigkeiten der Selbstorganisation und Assessment profitieren und ebenso gute Leistungen erreichen wie Studierende ohne Beeinträchtigungen. Die Performanz Studierender mit ‚medical conditions', wie Asthma, Epilepsie oder Diabetes, war jedoch unter der von nicht beeinträchtigten Studierenden. Ungeachtet der Tatsache, dass die nicht traditionellen Studierenden keine homogene Gruppe sind, gibt es Studierende, die im Studium eben nicht alles verstehen und handhaben können (Richardson, 2009b, S. 99). Für diese Personen sollten Strukturen geschaffen werden, die es ihnen ermöglichen barrierefrei zu studieren.

Offen geblieben ist die Frage, ob sich die Ergebnisse an einer Hochschule mit reinem städtischen Einzugsgebiet und größeren Studierendenzahlen wiederholen lassen. Zeigt sich beispielsweise das gleiche inhomogene Bild von den nicht traditionellen Studierenden an einer Hochschule in Köln oder Leipzig? Nimmt die Bedeutsamkeit des Studiums tatsächlich mit dem Alter ab oder ist das Resultat der vorliegenden Studie der geringen Zahl an älteren Studierenden geschuldet? Hat es einen Einfluss, wie viele Kinder die/der Student/in hat? Zeigt sich bei unterschiedlichen chronischen Erkrankungen oder Störungsbildern ein differierendes Bild? Welche Bedeutung muss den hohen Fällen von Nonresponse beigemessen werden und welches Ergebnis würde die gleiche Studie in Papierform ans Licht bringen?

Die Beantwortung dieser und weiterer Fragen würde erlauben, noch genauere Aussagen zum Unterschied zwischen nicht traditionellen Studierenden und traditionellen Studierenden im Blickwinkel von Chancengleichheit und Kohärenz treffen zu können.

An dieser Stelle soll ein letzter wichtiger Aspekt aufgegriffen werden: Auch Lelgemann, Rothenberg und Schindler (2013) heben hervor, dass es für die Studienleistungen entscheidend ist, ob jemand angibt eine Beeinträchtigung zu haben oder nicht.

> „Die gleichberechtigte Teilhabe der Studierenden mit Behinderungen und chronischen Krankheiten an der Hochschule wird […] auch deshalb beschwert, weil Lehrende und Prüfende oft nur unzureichend Kenntnis von den unterschiedlichen besonderen Bedarfen behinderter oder chronisch kranker Studierender haben" (ebd., S. 233).

Sie postulieren, dass Fortbildungen für Lehrende angeboten werden sollen, damit sie den besonderen Belangen von Studierenden mit Beeinträchtigung gerecht werden können. Unterstützt wird diese Forderung von Tippelt & Schmidt-Hertha (2013), die anmerken, dass sich „Defizite in der Professionalisierung der Hochschullehrenden hinsichtlich Inklusion […] für alle Einschränkungsformen" (ebd., S. 205) andeuten. Lelgemann et al. (2013) gehen dabei noch einen Schritt weiter und betonen, dass sich die hochschuldidaktische Forschung bisher noch nicht mit Themen einer barrierefreien Hochschuldidaktik auseinandersetzt (ebd., 234f.). Meines Erachtens besteht die Notwendigkeit, Lehrende an Hochschulen über die Diversität ihrer Studierendenschaft aufzuklären und ihnen die Möglichkeit zu geben sich so weiter zu bilden, dass sie ihren Studierenden ein höchstes Maß an Verstehbarkeit, Handhabbarkeit und Bedeutsamkeit für das Studium näherbringen können.

Literatur

AG Medien (2013). *Definition und Operationalisierung von „nicht-traditionellen Studierenden"*. Nicht veröffentlichtes Skript.

Alheit, P., Rheinländer, K. & Watermann, R. (2008). Zwischen Bildungsaufstieg und Karriere – Studienperspektiven „nicht-traditioneller Studierender". *Zeitschrift für Erziehungswissenschaft*, 11, 577-606.

Antonovsky, A. (1987). *Unraveling the Mystery of Health. How People Manage Stress and Stay Well.* London: Jossey-Bass Publishers.

Antonovsky, A. (1997). *Salutogenese. Zur Entmystifizierung der Gesundheit.* Dt. erweiterte Herausgabe von A. Franke. Tübingen: dgvt-Verlag.

Baacke, D. (1997). Medienpädagogik. In E. Straßner, *Grundlagen der Medienkommunikation.* Band I. Tübingen: Niemeyer.

Bortz, J. & Döring, N. (2006). *Forschungsmethoden und Evaluation für Human- und Sozialwissenschaftler.* Wiesbaden: Springer.

Bowman, B. (1997). Cultural pathways toward Antonovsky's sense of coherence. *Journal of Clinical Psychology*, 53, 139-142.

Brandstätter, V., Schüler, J., Puca, R. M. & Lozo, L. (2013). *Motivation und Emotion. Allgemeine Psychologie für Bachelor.* Wiesbaden: Springer.

Brosius, F. (2012). *SPSS 20 für Dummies.* Weinheim: Wiley.

Deutsches Studentenwerk (DSW) (2013). *Die wirtschaftliche und soziale Lage der Studierenden in Deutschland. 20. Sozialerhebung des Deutschen Studentenwerks.* Berlin: DSW.

DIMDI (2013). *ICD-10-GM 2013 Systematisches Verzeichnis. Internationale Statistische Klassifikation der Krankheiten und verwandter Gesundheitsprobleme.* Köln: Deutscher Ärzte Verlag.

Echterhoff, G. (2013). Quantitative Erhebungsmethoden. In Hussy, W.; Schreier, M. & Echterhoff, G., *Forschungsmethoden in Psychologie und Sozialwissenschaften* (S. 55-114). Wiesbaden: Springer.

Fichten, C.S., Asuncion, J. V., Wolforth, J., Barile, M., Budd, J., Martinello, N. & Amsel, R. (2012). Information and communication technology related needs of college and university students with disabilities. *Research in Learning Technology*, 20, 323-344.

Jenker, I. (2007). *Wahrnehmung, Bewertung und Akzeptanz gendersensibler digitaler Medien für die Hochschullehre.* Dissertationsschrift Universität Hildesheim.

Kamp-Becker, I & Bölte, S. (2011). *Autismus.* München: Reinhardt.

Kühn, M., Ehlert, U., Rumpf, H. J., Backhaus, J., Hohagen, F. & Broocks, A (2008). Psychologische Prädiktoren für das Auftreten einer Major Depression nach schweren Unfällen. *Zeitschrift für Klinische Psychologie und Psychotherapie*, 37, 89-94.

Lelgemann, R. & Ohlenforst, S. (2012). Studieren mit Behinderung und chronischer Erkrankung. *Forschung & Lehre*, 19, 476-478.

Lelgemann, R., Rothenberg, B. & Schindler, C. (2013). Inklusive Bildung in Hochschulen und die Professionalisierung von Lehrenden. In Döbert, H. & Weishaupt, H. (Hrsg.), *Inklusive Bildung professionell gestalten. Situationsanalyse und Handlungsempfehlungen* (S. 231-239). Münster: Waxmann.

Lillefjell, M. & Jakobsen, K. (2007). Sense of Coherence as a Predictor of Work Reentry Following Multidisciplinary Rehabilitation for Individuals With Chronic Musculoskeletal Pain. *Journal of Occupational Health Psychology*, 12, 222-231.

OECD (2011). "Executive Summary". *In PISA 2009 Results: Students On Line: Digital Technologies and Performance (Volume VI)*, OECD Publishing.

Pietraß, M. (2012). Digital Literacy als Ausdifferenzierung von Medienkompetenz – Ein 3-Phasen-Modell. *Medienkonjunkturen – Medienzukunft*, 5, 28-34.

Quatember, A. (2011). *Statistik ohne Angst vor Formeln. Das Studienbuch für Wirtschafts- und Sozialwissenschaftler.* München: Pearson.

Richardson, J.T.E. (2009a). The academic attainment of students with disabilities in UK higher education. *Studies in Higher Education*, 34, 123-137.

Richardson, J.T.E. (2009b). The attainment and experiences of disabled students in distance education. *Distance Education*, 30, 87-102.

Rolf, A. (2011). Schlüsselqualifikationen 2.0. In Meyer, T., Wey-Han, T., Schwalbe, C. & Appelt, R. (Hrsg.), *Medien und Bildung* (S. 247-253). Wiesbaden: Springer.

Schiefner-Rohs, M. (2012). Kritische Informations- und Medienkompetenz im Spannungsfeld zwischen Hochschul- und Disziplinkultur. *ZFHE*, 7, 16-27.

Schmitz, C. (2009). *Salutogenese. Eine Untersuchung zum Kohärenzgefühl von Studierenden.* Tönning: Der Andere Verlag.

Schmitz, C. (2011). *Sense of Coherence. Eine Untersuchung von Patienten mit Schädel-Hirnschädigung.* Uelverbüll: Der Andere Verlag.

Sedlmeier, P. & Renkewitz, F. (2013). *Forschungsmethoden und Statistik. Ein Lehrbuch für Psychologen und Sozialwissenschaftler.* 2. aktualisierte und erweiterte Auflage. München: Pearson.

Singer, S. & Bähler, E. (2007). *Die Sense of Coherence Scale. Testhandbuch zur deutschen Version.* Göttingen: Vandenhoeck & Ruprecht.

Teichler, U. & Wolter, A. (2004). Zugangswege und Studienangebote für nicht-traditionelle Studierende. *Die Hochschule*, 13, 64-80.

Tippelt, R. & Schmidt-Hertha, B. (2013). Inklusion im Hochschulbereich. In Döbert, H. & Weishaupt, H. (Hrsg.), *Inklusive Bildung professionell gestalten. Situationsanalyse und Handlungsempfehlungen* (S. 203-229). Münster: Waxmann.

Urban, D. & Mayerl, J. (2011). *Regressionsanalyse: Theorie, Technik und Anwendung.* 4. überarbeitete und erweiterte Auflage. Wiesbaden: Springer.

Viebahn, P. (2008). *Lernerverschiedenheit und soziale Vielfalt im Studium. Differentielle Hochschuldidaktik aus psychologischer Sicht.* Bielefeld: UVW.

Webler, W.-D. (2011). *Einfach bessere Seminare Kreative Varianten der Vorbereitung, Betreuung und des Einsatzes von Referaten und Texten in Seminaren.* In Skript Materialien zur Erweiterung und Vertiefung. IWBB – Institut für Wissenschafts- und Bildungsforschung Bielefeld.

Barbara Meissner & Hans-Jürgen Stenger

Agiles Lernen mit Just-in-Time-Teaching
Adaptive Lehre vor dem Hintergrund von Konstruktivismus und intrinsischer Motivation

Abstract

Das moderne Lernverständnis ist geprägt vom Konstruktivismus und der Selbstbestimmungstheorie. Wie können unter Berücksichtigung dieser Elemente digitale Medien didaktisch sinnvoll zur Öffnung der Hochschule für heterogene Zielgruppen beitragen?

Eine Möglichkeit bietet das Just-in-Time-Teaching (JiTT), das durch seine Reflexivität ein Beispiel für agiles Lernen ist. Beim JiTT wird durch regelmäßiges formatives Assessment eine passgenaue Bearbeitung des Lehrstoffes angestrebt. Es kombiniert eine Vorbereitung der Studierenden in der Selbstlernzeit anhand von Lernmaterial und Verständnisaufgaben (formatives Assessment) mit einer daran angepassten Vorlesung. Mit dem Ansatz des agilen Lernens kann die Umsetzung von JiTT außerdem noch weiter bereichert werden.

Studierende mit heterogenem Hintergrund können also unabhängig und je nach Bedarf lernen. Mit JiTT kann der individuelle Lernerfolg gezielt verbessert werden, da die Interaktions-Schleife zwischen Studierenden und Lehrperson ein agiles Lernen ermöglicht.

1 Einleitung

In der Methode des Just-in-Time-Teaching (JiTT) (Novak, 2011) findet sich eine Möglichkeit, digitale Medien didaktisch sinnvoll für heterogene Zielgruppen in die klassische Hochschullehre einzubinden. Die Methode soll hier vorgestellt und in einen größeren didaktischen und pädagogischen Rahmen gesetzt werden. Mit diesen theoriegeleiteten Überlegungen soll deutlich gemacht werden, wie der Mehrwert digitaler Medien für die Hochschullehre genutzt werden kann. Diese Überlegungen werden anhand eines Beispiels für eine JiTT-Lehrveranstaltung der TH Nürnberg konkretisiert.

Vor dem Hintergrund der Stärkung von Blended Learning an der Technischen Hochschule Nürnberg Georg Simon Ohm und des BMBF geförderten Verbundprojektes HD MINT werden an der TH Nürnberg Lehrende bei der Umsetzung von neuen Lehr-/

Lernmethoden begleitet und unterstützt.[1] Dabei liegt ein Fokus auf den technischen Grundlagenfächern, in denen zunehmend verständnisorientierte Lehr-/Lernkonzepte eingesetzt werden sollen. Verständnisorientierung setzt jedoch einige wesentliche Kriterien voraus, die sich in den Theorien des Konstruktivismus (vgl. z.B. Stangl, 2014) und der Selbstbestimmungstheorie (*self-determination theory:* SDT) (Deci & Ryan, 1993; 2002) wiederspiegeln. Der Konstruktivismus geht davon aus, dass Wissen auf der Grundlage eigener Erfahrung konstruiert wird (von Glasersfeld, 1997; Terhart, 1999). Damit steht die Individualität der oder des Lernenden im Mittelpunkt; ihre bzw. seine Aktivität und sozialer Austausch prägen den Lernprozess. Die SDT beschreibt, unter welchen Bedingungen Lernen erfolgen kann und betont dabei das Empfinden von Kompetenz, sozialer Einbindung und Selbstbestimmung als entscheidende Faktoren intrinsischer Motivation (Deci & Ryan, 1993; 2002).

Unsere Fragestellung lautet: Wie können vor dem Hintergrund dieses Lernverständnisses digitale Medien didaktisch sinnvoll zur Öffnung der Hochschule für heterogene Zielgruppen beitragen, also für Studierende mit unterschiedlichem Hintergrund und individuellen (Lern-)Voraussetzungen?

Zur Beantwortung dieser Frage greifen wir auf die Konzepte des agilen Lehrens und Lernens nach Chun (2004) zurück, bei denen mit Hilfe kontinuierlicher Feedback-Schleifen ein passgenauer Fortschritt angestrebt wird. Durch gekoppelte Lern- und Lehrzyklen entsteht dabei ein Gesamtprozess, der sich an die spezifischen Gegebenheiten des Lernens und der Lehre anpassen kann. Chun baut diese Theorie in Analogie zum agilen Vorgehen bei der Software-Entwicklung (Beck, Beedle & Bennekum, 2001) auf. Angeleitet von diesen theoretisch-konzeptionellen Überlegungen soll als mögliche Realisierung für ein agiles Lehr-/Lernkonzept die Methode JiTT vorgestellt und an einem Umsetzungsbeispiel erläutert werden. Dazu werden wir zunächst auf das methodische Konzept sowie Möglichkeiten und Grenzen von JiTT eingehen und die Methode in Bezug zu den Kriterien des Konstruktivismus und der SDT setzen. Im Anschluss werden die Gemeinsamkeiten von Lernen und Unterricht mit dem im Software-Entwicklungsprozess bewährten agilen Vorgehen hergestellt. An einem Beispiel der TH Nürnberg zeigen wir, wie JiTT praktisch umgesetzt werden kann. Dazu werden zunächst Hintergrund und Ziele für die Umstellung der Lehrveranstaltung vorgestellt, im Anschluss gehen wir auf die Umsetzung und den Ablauf der Lehrveranstaltung sowie erste Ergebnisse aus der Evaluation der Lehrmethode ein.

2   Just-in-Time-Teaching als Lehr-/Lern-Konzept

Just-in-Time-Teaching (JiTT) wurde im Zeitraum der 60er bis 90er Jahre, also über dreißig Jahre hinweg, von Gregor Novak entwickelt (Rozycki, 1999), mittlerweile emeritierter Professor für Physik an der IUPUI, der Indiana University-Purdue University Indianapolis. Seine Intention war es, Engagement für das Fach Physik zu wecken: „to get busy,

---

1   Informationen zum Projekt unter www.hd-mint.de (02.07.2014) und www.th-nuernberg.de/hdmint (02.07.2014).

tired, uninterested students engaged in learning physics" (Novak, 1999, zitiert in Rozycki, 1999, S. 5).

2.1   Was ist JiTT?

Beim JiTT (vgl. z.B. Novak, 2011; Novak 1999), dessen Ablauf auch in Abbildung 1 dargestellt ist, werden den Studierenden vor jeder Vorlesung vorbereitende Aufgaben zur Verfügung gestellt. Um diese lösen zu können, müssen sie sich zunächst neues Wissen erarbeiten. Das kann in völlig eigenständiger Recherche geschehen. Als Einstieg ist es aber empfehlenswert, ausgewählte, geeignete Materialien und Quellen vorzugeben. Dafür empfiehlt sich die Nutzung einer Lernplattform oder eines Lernmanagementsystems, wie zum Beispiel Moodle. Der Vorteil einer solchen Plattform ist, dass allen Studierenden gleichzeitig, zeit- und ortsunabhängig vielfältige Materialien zugänglich gemacht werden können. So können zum Beispiel hilfreiche Links zu Webseiten, Videos oder Blogs, E-Book-Kapitel, selbst erstellte Lehrvideos oder Skripte bereitgestellt werden. Die Ergebnisse der mit Hilfe dieser Materialien gelösten Vorbereitungsaufgaben und dabei entstandene Fragen werden direkt an die Lehrperson übermittelt. Ferner erleichtert eine solche Plattform die Kommunikation zwischen Studierenden und Lehrperson sowie untereinander.

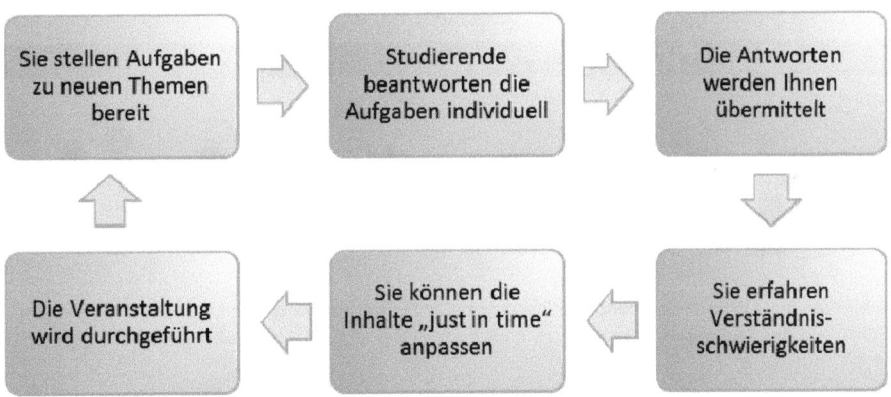

Abbildung 1:   Ablauf von Just-in-Time-Teaching (eigene Darstellung)

Die Lehrperson hat also vor der Präsenzveranstaltung die Möglichkeit, sich die Ergebnisse der Vorbereitungsaufgaben und auch die Fragen der Studierenden anzusehen. Anhand dieser können die Schwierigkeiten der Studierenden und mögliche Fehlkonzepte/ Missverständnisse sichtbar werden, sofern die Aufgabenstellungen entsprechend gewählt sind. Verständnisorientierte Problemstellungen und qualitative Fragestellungen geben dabei häufig tieferen Einblick in den Lernstand der Studierenden als zum Beispiel reine Rechen- oder Reproduktionsaufgaben.

Die Vorbereitungsaufgaben geben nicht nur den Lehrenden, sondern auch den Studierenden eine Rückmeldung zum aktuellen Lernstand. Sie stellen damit ein Mittel des formativen Assessment dar. Formatives Assessment umfasst alle Verfahren, die fortlaufend im Semester eingesetzt werden, um Studierenden und Lehrenden gleichermaßen Feedback zu geben. Auf diese Weise soll eine flexible Anpassung des Lernstoffes an den aktuellen Lernstand der Studierenden ermöglicht werden (Ostfalia, 2014).

Die Lehrperson ist durch die Einsicht in die Lösungsvorschläge der Studierenden in der Lage, die anstehende Präsenzveranstaltung an deren Rückmeldungen auszurichten. Sie kann Fragen aufgreifen, Missverständnisse klären und auf fehlende Aspekte hinweisen. Im Anschluss daran ist Zeit, das Gelernte zum Beispiel durch Impulsvorträge, Übungsaufgaben oder Gruppenarbeiten zu vertiefen und zu festigen. Eine häufig in Kombination mit JiTT genutzte Methode ist die Peer Instruction (Mazur, 2006), bei der mit Hilfe von Abstimmungsgeräten Verständnisfragen interaktiv und anonym von allen Studierenden beantwortet werden können.

JiTT erfordert hohes Selbstengagement der Studierenden, da das Lernen eigenverantwortlich in der Selbstlernzeit erfolgt. Die Vorlesung dient der Klärung von Fragen und Schwierigkeiten sowie der Vertiefung von Themen. Die Grundstruktur von JiTT ist also ähnlich der der neueren Konzepte des *flipped classroom* oder *inverted classroom* (z. B. Strayer, 2012; Lage, Platt & Treglia, 2000), bei denen das Erarbeiten neuer Inhalte, also die Stoffvermittlung, aus der Vorlesung ausgelagert wird. Die Vorlesung dient nun vielmehr der vertieften, reflektierenden Beschäftigung und Auseinandersetzung mit den selbst erarbeiteten Themen sowie deren Transfer (vgl. Abbildung 2).

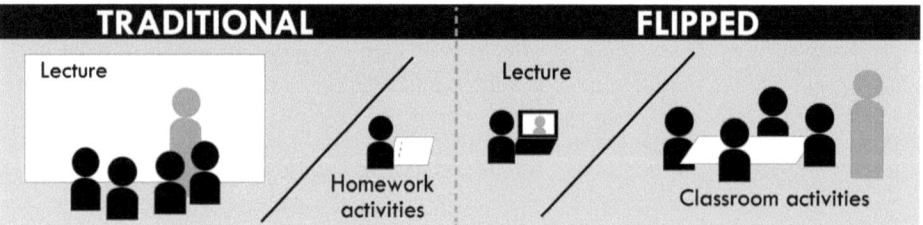

Abbildung 2:   Prinzip des *inverted classroom* (Center for Teaching and Learning and Office of the Provost, 2014)

2.2   Was kann JiTT leisten?

Aus Einzelstudien sind verschiedene Faktoren der Wirksamkeit von JiTT bekannt. So kann zum Beispiel das Lernergebnis der Studierenden verbessert werden (z.B. Gavrin, Watt, Marrs & Blake, 2003; Moravec, Williams, Aguilar-Roca & O'Dowd, 2010; Luo, 2008; Marrs & Novak, 2004; Simkins & Maier, 2004). Weitere Studien belegen sogar einen positiven Effekt auf das Konzeptverständnis (Formica, Easley & Spraker, 2010; Kamph, Salden, Schupp & Kautz, 2013). Diese Ergebnisse stammen jedoch überwiegend aus der Auswertung von Prüfungen bzw. Tests. Lediglich in einer der Studien (Formica et al., 2010) konnte ein standardisierter Test, der Force Concept Inventory (Hestenes, Wells & Swackhamer, 1992), eingesetzt werden. Dennoch deuten die Studien darauf hin, dass JiTT einen deutlich positiven Einfluss auf den Lernerfolg der Studierenden haben kann.

Des Weiteren nennen Simkins und Maier (2004) als Möglichkeiten von JiTT die höhere Wahrscheinlichkeit vorbereiteter Studierender sowie die Förderung von Lernprozessen der Studierenden und ein höheres Bewusstsein der Lehrenden für deren Lernprozesse.

2.3 Didaktische Verankerung der Methode

Das moderne Lernverständnis ist geprägt von Elementen des Konstruktivismus (vgl. z. B. Stangl, 2014) und der SDT (Deci & Ryan, 1993; 2002).

Im Konstruktivismus wird Lernen als individuell, aktiv, konstruiert, situativ und sozial beschrieben. Der radikale Konstruktivismus sagt, dass Wissen

> „nur in den Köpfen von Menschen existiert und daß das denkende Subjekt sein Wissen nur auf der Grundlage eigener Erfahrung konstruieren kann" (von Glasersfeld, 1997, S. 1).

Es wird davon ausgegangen, dass beim Lernen neue Elemente in die vorhandenen Wissensstrukturen integriert werden (konstruiertes Lernen). Da Lernende durch ihre Vorgeschichte und Vorerfahrungen individuelle Wissensstrukturen aufbauen, ist auch der Prozess des Lernens individuell. Er geschieht durch eigenes, reflektiertes Handeln (aktiv), insbesondere im Austausch mit anderen (sozial) und in einem fachspezifischen Kontext (situativ).

Erfüllt Just-in-Time-Teaching (JiTT) diese Kriterien?

- Beim JiTT bekommen die Studierenden Materialien zur Verfügung gestellt, mit denen sie sich individuell, je nach Situation und Bedarf beschäftigen können. Die Intensität der Beschäftigung mit den Materialien und weitere, eigenständige Recherchen sind nicht vorgegeben oder eingeschränkt. JiTT ermöglicht also individuelles, aktives Lernen, bei dem die Lernenden jeweils neue Wissensstrukturen konstruieren.
- Bei Anwendung von JiTT wird die Vorlesung interaktiver. Es gibt Raum für Diskussionen, Gruppenarbeiten und Feedback sowie für den Einbau situativer Lerneinheiten. Auch der soziale Aspekt des Lernens ist durch die intensivere Interaktion beim JiTT berücksichtigt.

In der SDT wird die intrinsische Motivation, also die Motivation aus einem inneren Interesse, ohne externe Anreize, als lernförderlich hervorgehoben. Es werden nach Deci und Ryan (1993) drei Kriterien definiert, die die intrinsische Motivation bedingen bzw. diese fördern können:

- **Empfundene Kompetenz/Wirksamkeit.** Wenn im richtigen Maße Struktur und Erfolgserlebnisse, zum Beispiel positives Feedback, vorhanden sind, fühle ich mich als Lernende oder Lernender kompetent. Beim JiTT ist dies zum Beispiel durch das formative Assessment und die auf die Studierenden abgestimmten Vorbereitungsmaterialien gegeben. Hilfreich ist es außerdem, zu jeder Vorbereitung offen die Lernziele und gegebenenfalls den Gesamtzusammenhang zu kommunizieren.

–   **Empfundene Autonomie/Selbstbestimmung.** Wenn unterscheidbare Auswahlmöglichkeiten vorhanden sind, habe ich als Lernende oder Lernender das Gefühl, immer das für mich Passende wählen zu können. Auswahlmöglichkeiten sind zum Beispiel Aufgaben mit unterschiedlichem Schwierigkeitsgrad, unterschiedlich gestaltete Lernmaterialien oder Themenschwerpunkte. Beim JiTT ist dies durch die individuell gestaltbare Vorbereitungszeit sowie die Mitgestaltungsmöglichkeit bei der Präsenzveranstaltung über die Einreichung von Fragen möglich.

–   **Empfundene soziale Einbindung/Zugehörigkeit.** Wenn ich mich in einer Gruppe einbringen kann und von dieser als Mitglied angenommen werde, fühle ich mich als Lernende oder Lernender wohl und sicher und kann mich neuen Inhalten öffnen. Beim JiTT kann dies durch die Interaktivität der Vorlesung in unterschiedlichem Maße erfüllt werden.

3   Agiles Lehren und Lernen

3.1   Die Philosophie agiler Vorgehensweisen

Für agile Vorgehensweisen für die Softwareentwicklung wurde im Jahre 2001 von einer kleinen Gruppe von Praktikern in den USA eine gemeinsame Basis formuliert, die sie in vier Kernsätzen im Agile Manifesto und zwölf darauf aufbauenden Prinzipien festgehalten haben (Beck et al., 2001). Die zahlreichen Methoden, die es für agiles Arbeiten heute gibt, basieren alle auf diesem gemeinsamen Fundament.

Doch was ist das Besondere beim agilen Vorgehen? Agile Methoden rücken den Menschen, Teamarbeit und persönliche Interaktion in den Mittelpunkt; sie setzen auf effektive Kommunikation und schnelles Feedback. Sie beziehen die Kundin/den Kunden in die Entwicklung ein und schaffen es so, für die Kundin/den Kunden früh Wert zu schaffen. Ihre adaptive Natur erzeugt ein hohes Maß an Flexibilität und große Robustheit gegenüber unvorhersehbaren Ereignissen. Dies wird möglich, indem die zur Entwicklung anstehende Gesamtfunktionalität in eine Serie von Paketen ('Inkremente') zerlegt wird, die jeweils in kurzen Zyklen entstehen und dem Kunden zum Einsatz bereitgestellt werden. Agiles Vorgehen ist selbstreferenziell und weist damit Aspekte von Selbststeuerung auf: neue Information und Lernerfahrungen aus dem Tun können an definierten Punkten in den Schaffensprozess einfließen; im Entstehungsprozess findet stetiges Lernen statt.

3.2   Was ist agiles Lehren und Lernen?

Man kann leicht erahnen, dass der Transfer agiler Werte, Prinzipien und Praktiken aus der Softwareentwicklung in die Welt des Lernens und Lehrens ein ähnlich hohes Potential an Vorteilen eröffnet, wie es im Bereich der Softwareentwicklung bereits realisiert wurde.

Die Übertragung ist einfach: Beim agilen Lehren und Lernen nehmen die Studierenden die Rolle der Kundin/des Kunden an; der agile Softwareentwicklungsprozess, in den die Kund/inn/en mit involviert sind, wird durch den Lern-/Lehrprozess mit Studierenden und Lehrenden als Akteuren ersetzt; den Inkrementen, die in kurzen Zyklen neue Funktionalität realisieren, entspricht der kontinuierliche Zuwachs an Fähigkeiten der Studierenden im agilen Lern-/Lehrprozess.

Einen grundlegenden Beitrag dazu hat Andy Chun mit der Agile Teaching/Learning Methodology (ATLM) geleistet (Chun, 2004). Darin beschreibt er, wie in Abbildung 3 dargestellt, die Tätigkeiten von Studierenden und Lehrenden in zwei ineinander gekoppelten Schleifen: eine Schleife für die Tätigkeit der Lehrenden, eine für die Aktivität der Studierenden.

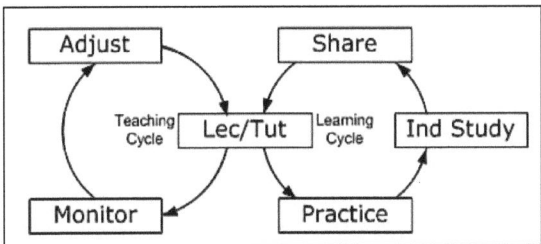

Abbildung 3:   Aktivitätsschleifen von Lehrenden und Studierenden im agilen Lehr-/Lernprozess (Chun, 2004, S. 14)

Es gibt eine Reihe von Übertragungen agiler Vorgehensweisen, darunter auch für das Lehren in projektbasierten Kursen (z.B. Monett, 2013; Razmov & Anderson, 2006). Daneben werden auch Kurse in agiler Weise entwickelt (Tesar & Sieber, 2010), was jedoch nicht notwendigerweise eine Übertragung des agilen Paradigmas auf den Lern-/Lehrprozess impliziert. Trotz des großen Potenzials wurde zu agilem Lehren und Lernen bislang erstaunlich wenig publiziert.

3.3   Was ist an JiTT agil?

– **Schnelles und kontinuierliches Feedback.** Beim Just-in-Time-Teaching (JiTT) adaptiert die oder der Lehrende die anstehende Präsenzveranstaltung an den Kenntnisstand der Studierenden, wie er aus den eingereichten Übungsaufgaben und Fragen der Studierenden als Vorbereitung auf die jeweils nächste Präsenzveranstaltung ersichtlich wird. Dieses Feedback zwischen Studierenden und Lehrperson, ohne das eine treffsichere Anpassung des Lehrprozesses an die Bedürfnisse und Fähigkeiten der Studierenden nicht möglich wäre, erfolgt unmittelbar und regelmäßig.

– **Selbststeuerung.** Durch das Einarbeiten des Feedbacks aus dem Lernprozess in den Lehrprozess entsteht die Fähigkeit des Gesamtprozesses, unvorhersehbare Ereignisse positiv aufzugreifen und offen für neue Lösungen flexibel auf das machbare Optimum beim Lernerfolg hin zu ‚navigieren'.

– **Lernerzentrierte Durchführung (und Design).** Wie bei der agilen Softwareentwicklung stehen bei JiTT die Kund/inn/en hier also die Studierenden, im Mittelpunkt. Die Lehrperson kann die Inhalte schnell und flexibel an den Stand der Studierenden anpassen. So können Studierende auf der aktuellen Höhe der Kursinhalte bleiben und diese aktiv mitgestalten. Andy Chun nennt dies *in-sync teaching*:

> „… making sure the whole class is in-sync with the material being taught. This is particularly important when there is a mixture of students with different academic backgrounds in the class…" (Chun, 2004, S. 13)

Das agile Lernen könnte also ein wirksames Mittel sein, um einen kontinuierlichen Fluss des Lernens zu fördern. Somit könnte es dem ‚bulimischen Lernen' entgegenwirken, das von zu langen Strecken ohne Feedback und Zwischenstationen, die ein Kompetenzerleben möglich machen, begünstigt wird.

4   Ein Beispiel für JiTT

Just-in-Time-Teaching (JiTT) wird an der TH Nürnberg im Rahmen des Projektes HD MINT eingesetzt, einem BMBF geförderten Verbundprojekt von sechs bayerischen Hochschulen, dem Zentrum für Hochschuldidaktik Ingolstadt (DiZ) und dem Institut für Hochschulforschung und -planung (IHF). Das Projekt HD MINT hat zum Ziel, Lehrende technischer Grundlagenfächer bei der Umsetzung lernerzentrierter, verständnisorientierter Methoden zu unterstützen.

JiTT wird aktuell zum Beispiel in der Veranstaltung ‚Grundlagen der Elektrotechnik' im ersten Semester des Studiengangs „Maschinenbau" eingesetzt. In Tabelle 1 sind die Eckdaten der Veranstaltung zusammengefasst:

Tabelle 1:   Eckdaten der Veranstaltung, in der Just-in-Time-Teaching an der TH Nürnberg umgesetzt wird (eigene Darstellung)

Studiengang	Maschinenbau
Semester	1
Veranstaltung	Grundlagen der Elektrotechnik
Häufigkeit	semesterweise
Umfang	3 Semesterwochenstunden
Veranstaltungsformat	Seminaristischer Unterricht (Vorlesung mit integrierter Übung)

4.1   Hintergrund und Ziele der Umsetzung

Die Ausgangssituation war von zwei Hauptfaktoren geprägt: Zum einen handelt es sich bei der Veranstaltung um ein Nebenfach, das nur zu 3/7 zu einer Gesamtnote ‚Physik' beiträgt. Zum anderen liegt eine hohe Heterogenität bei den teilnehmenden Studierenden vor: Die Veranstaltung besuchen Wiederholerinnen und Wiederholer ebenso wie Studien-anfänger/innen, außerdem liegt ein hoher Anteil an beruflich qualifizierten Studierenden und Studierenden des sekundären Bildungsweges vor – im Wintersemester 2013/2014 zum Beispiel waren es ca. 2/3 der Studierenden.

Das Ziel war, mit JiTT eine Methode zu implementieren, die individuelles Lernen und hohe Mitgestaltung ermöglicht. Dadurch sollte die Motivation der Studierenden, sich auf die Themen einzulassen, gefördert werden. Außerdem sollte erreicht werden, dass die Studierenden nicht trotz heterogenem Hintergrund alle im gleichen Maße mit demselben Stoff konfrontiert werden. Vielmehr sollten die Studierenden je nach Vorkenntnissen selbst entscheiden können, mit welcher Intensität sie sich mit den jeweiligen Themen be-schäftigen.

4.2   Umsetzung und Ablauf

4.2.1   Vorbereitungsphase

Die Materialien und Aufgaben für die Vorbereitungsphase wurden über das Lernmanage-mentsystem Moodle bereitgestellt. Dort fanden die Studierenden in wöchentlichem Rhythmus folgende Materialien (siehe Abbildung 4, von oben nach unten):

- Vertiefungs- und Klausuraufgaben zum Thema der Vorwoche
- Die Ziele der Vorbereitung auf das neue Thema: ‚Was sollten Sie nach Ihrer Vorberei-tung können?'
- Materialien zur Vorbereitung: (i) Links zu Kapiteln aus E-Books, (ii) eine interaktive Flash-Datei mit Quizfragen als knapper Überblick über das Thema, (iii) Links zu hilf-reichen Lehrvideos (z.B. Bengfort, 2014)
- Die Ziele der auf der Vorbereitung aufbauenden Präsenzveranstaltung und die Folien zu dieser

Die Rückmeldungen der Studierenden wurden zu den als Portable Document Format (PDF) bereitgestellten Klausuraufgaben über eine separate Freitextaufgabe erfasst. Die Vorbereitungsaufgaben wurden mittels der Moodle-Aktivität ‚Test' erstellt. Die Rückmel-dungen der Studierenden wurden hier über eine in die Aktivität ‚Test' eingebettete Frei-text-Aufgabe erfasst.

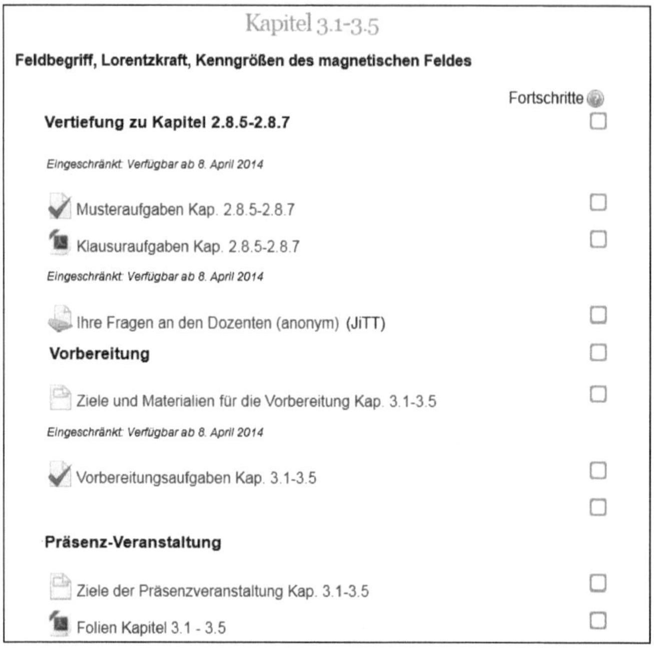

Abbildung 4:   Screenshot – Vorbereitung der ersten Vorlesung zum Thema ‚Magnetfeld'
                (eigene Darstellung)

4.2.2   Präsenzphase

In der Präsenzphase wurde in der Regel zunächst der zuletzt behandelte Stoff kurz wiederholt sowie ein kurzer Einblick in die von den Studierenden selbständig vorbereiteten Themen gegeben. Dies diente dazu, einen gemeinsamen Ausgangspunkt sicherzustellen und den Zusammenhang ins Gedächtnis zu rufen.

Anhand von Übungsaufgaben wurden diese Themen in einen größeren Kontext gestellt. So wurden zum Beispiel mögliche Anwendungen vorgestellt oder auch Herleitungen einzelner Zusammenhänge erläutert. Im Anschluss wurde der bisherige Stoff vertieft bzw. in ein neues Kapitel übergeleitet.

Die während der Vorbereitung sichtbar gewordenen Fragen und Schwierigkeiten der Studierenden wurden jeweils an geeigneter Stelle während der Vorlesung besprochen. Analog wurde immer wieder der Bezug des behandelten Stoffes zu den Vorbereitungsthemen erläutert. Auf diese Weise wurde den Studierenden die Relevanz der Vorbereitung kontinuierlich verdeutlicht und das Engagement der teilnehmenden Studierenden wertschätzend bestätigt.

4.3 Evaluation der Lehr-/Lernmethode

Die Rückmeldung der Studierenden wurde in der Mitte des Semesters nach Abschluss der fünften JiTT-Einheit mit Hilfe einiger methodenspezifischer Fragen erfasst. Einige Beispiele sind in Tabelle 2 aufgeführt.

Tabelle 2: Beispiele der eingesetzten Items zur Relevanz des Just-in-Time-Teaching (JiTT) für die Studierenden; Skala von 1= ‚ich stimme voll zu' bis 5= ‚ich stimme überhaupt nicht zu', MW = Mittelwert, SD = Standardabweichung; N = 43; *negativ skaliert (eigene Darstellung)

Item	MW	SD
Das Bearbeiten der Themen und Übungsaufgaben zur Vorbereitung erleichtert mir das kontinuierliche Lernen im Semester	2,0	1,1
Die Übungsaufgaben zur Vorbereitung spielen für mich bei der Prüfungsvorbereitung keine Rolle*	4,2	1,2
Der Umfang der Themen und Übungsaufgaben zur Vorbereitung war für mich im vorgesehenen Zeitraum machbar.	2,6	1,5
Durch den Einsatz der Methode ging für mich der rote Faden in der Vorlesung verloren.*	4,7	0,9

JiTT wurde demnach als hilfreich sowohl im Hinblick auf kontinuierliches Lernen als auch für die Prüfungsvorbereitung empfunden. Trotz der Splittung der Themen in Vorbereitungs- und Präsenz-Themen blieb der rote Faden der Vorlesung deutlich erkennbar. Der Umfang der Vorbereitung wurde im Mittel als machbar eingeschätzt.

Zusätzlich wurde danach gefragt, ob und warum die Studierenden als Veranstaltungsformat JiTT ($N = 40$) oder eine klassische Vorlesung ($N = 2$) bevorzugen würden. Aus den Begründungen ($N = 20$) ließen sich als wahrgenommenen Nutzen von JiTT ablesen:

- die Tatsache, vorbereitet in die Vorlesung zu gehen ($N = 7$)
- die Übung durch die zahlreichen Vorbereitungsaufgaben ($N = 5$)
- das direkte Feedback zu diesen ($N = 3$)
- die Unterstützung beim kontinuierlichen Lernen ($N = 3$)
- die im Moodle-Kurs abgebildete Struktur als hilfreiche Richtlinie für den Vorlesungsverlauf ($N = 2$)

Zwei Studierende gaben an, eine klassische Vorlesung zu bevorzugen, da dort alle Themen in einer Präsenzveranstaltung behandelt werden und das klassische Format das selbständige Lernen fördere.

5   Ausblick und Erfahrungswerte

Die agile Vorgehensweise ist breiter und reicher als JiTT. Einige Eigenschaften agilen Vorgehens können JiTT weiter bereichern.

- **Strenge zeitliche Taktung und definierte Lernpakete.** Auch wenn es für Vorlesungen meist einen detaillierten Plan mit Lernzielen für einen Semesterkurs gibt, so kann doch die rigide Zerlegung in kleine, in sich abgeschlossene Lernpakete, die in ein bis zwei Wochen zu bewältigen sind, zum Lernerfolg und Kompetenzerleben beitragen. Um dies zu tun, ist es hilfreich, eine Topic-Map für die Kursinhalte anzufertigen, um damit die Abhängigkeiten der Lerninhalte untereinander sichtbar zu machen. Kriterium für eine gute Zerlegung im agilen Sinn ist die Frage, ob die Inhalte, die im vorgesehenen Zeitraum vermittelt werden, in sich abgeschlossene Lerneinheiten mit eigenständigem Wert darstellen.
- **Lernen und Zusammenwachsen als Team.** Agiles Arbeiten findet im Team statt; die agile Methode Extreme Programming (XP) (Wells, 2009) nennt Werte, die auch relevant für den Umgang untereinander sind: Einfachheit, Kommunikation, Feedback, Respekt, und Courage. Wenn man bedenkt, wie wichtig Teamarbeit – zumindest in erfolgreichen Organisationen – geworden ist, dann ist die Fähigkeit, gemeinsam zu lernen und als Team zusammenzuwachsen, für Studierende sehr praxisorientiert und wichtig. In der agilen Welt gibt es eine Reihe von Praktiken, die diese Fähigkeiten kultivieren, unter anderem Pair Programming, Energized Work, Retrospectives, Trust, Sit Together (Shore & Warden, 2007).
- **Kompetenz, Autonomie, Eingebundenheit erleben.** Dies sind die drei Faktoren, die die Selbstbestimmungstheorie (Deci & Ryan, 1993; 2002) als wesentlich für intrinsische Motivation hervorhebt. Jeder, der schon einmal in einem Team agil gearbeitet hat, wird zustimmen, dass agiles Arbeiten im Team das Erleben dieser Faktoren fördert.

Lernen und Unterrichten mit digitalen Medien und Internet scheinen darüber hinaus in wechselseitiger Abhängigkeit zu stehen mit den Fähigkeiten, sinnvoll mit Technologie, Medien und Internet zum Zwecke des Lernens und der Lehre umzugehen. Das Verbindungsstück sind die *new literacies*. Damit sind die neuen Fähigkeiten gemeint, die für Lernen im sozialen Umfeld der via Internet und Social Media verbundenen Menschen und Netzwerke benötigt werden:

> „The new media literacies should be seen as social skills, as ways of interacting within a larger community, and not simply as individualized skills to be used for personal expression" (Jenkins, 2009, S. 29).

Die Einführung und Verbreitung moderner medien- und internetgestützter Lern- und Lehrformen wird also schwierig, wenn nicht gleichzeitig *new literacies* geschult und verbreitet werden.

Bei der konkreten Umsetzung medien- und technologiegestützter Konzepte ist eine hohe Sorgfalt ausschlaggebend. So sollte bei JiTT auf jeden Fall Sinn und Ablauf der Methode zu Beginn transparent gemacht und der Ablauf der Vorbereitung demonstriert werden. Außerdem ist es essentiell, dass die oder der Lehrende intensiv auf die Fragen der Studierenden aus der Vorbereitungsphase eingeht, den Stoff der Vorbereitung jedoch nicht mehr wiederholt. Auch eine für die Studierenden ersichtliche hohe Passung und Relevanz des Vorbereitungsmaterials ist wichtig, ebenso das Niveau der Aufgaben und die Kommunikation der Lernziele. Dabei ist es oft hilfreich, die Meinung der Studierenden bei der Gestaltung zu berücksichtigen, zum Beispiel durch Gespräche mit der Fachschaft oder Zusammenarbeit mit studentischen Hilfskräften. So können schon vorab die Interessen und der Bedarf der Zielgruppe mit eingebracht und berücksichtigt werden.

Die Abgabe der Aufgaben und das Einreichen von Fragen können freiwillig oder verpflichtend (z.B. über Bonuspunkte oder als Teilnahmebedingung für die Prüfung) erfolgen. Erfahrungsgemäß, so auch im hier vorgestellten Kurs, kommt es häufig vor, dass bei einer rein freiwilligen Durchführung die Rate der Abgaben und Fragen nach einigen Wochen – zum Teil sehr deutlich – absinkt[2,3] (vgl. auch Eich-Söllner, Fischer & Wolf, 2014). Im vorliegenden Beispiel waren die Rückmeldungen zu der Möglichkeit, sich theoretisch und anhand von Übungsaufgaben vorzubereiten, dennoch positiv, und eine deutliche Mehrheit gab an, JiTT einem klassischen Vorlesungsformat vorzuziehen. Es ist also entscheidend, schon bei der Planung zu klären, mit welcher Priorität die einzelnen Elemente des JiTT umgesetzt und eingefordert werden sollen, um die Veranstaltungsziele zu erreichen. Gegebenenfalls ist eine Änderung der Prüfungsordnung zu überlegen, um das Angebot verpflichtend machen zu können.

Bei einer Bewertung der Abgaben sollte man jedoch berücksichtigen, dass es das Ziel der Vorbereitungsaufgaben ist, der Lehrperson einen Einblick in den Stand der Studierenden zu geben. Es sollte deshalb sorgfältig abgewogen werden, ob es sinnvoll ist, die Richtigkeit von Antworten zu bewerten, oder ob sich nicht die aktive, bemühte Teilnahme besser als Bewertungsgrundlage eignet.[4]

Digitale Medien bieten Chancen und Möglichkeiten, um zu einer Öffnung der Hochschule für heterogene Zielgruppen und zu einer Individualisierung des Lernens beizutragen. Dies ist aber nicht gleichbedeutend damit, dass durch den Einsatz digitaler Medien die Veranstaltung automatisch ‚besser' wird. Vielmehr müssen bei der Planung eines Medieneinsatzes didaktische Überlegungen im Vordergrund stehen: Was soll mit der Lehrveranstaltung erreicht werden (Lernziele)? Wie müssen dementsprechend Methode und Prüfung aussehen? Können Medien und/oder Technologien dabei helfen, diese Methode umzusetzen, um die Lehrveranstaltungs-Ziele zu erreichen? Sind Support, Infrastruktur und personelle Unterstützung in ausreichendem Maße gegeben? Sind die zur Durchführung notwendigen Kompetenzen bei Lehrenden und Studierenden vorhanden?

---

2   Kämper, A. (2014). Lehrbeauftragter der Fakultät für Wirtschaftsingenieurwesen der Hochschule München. Freiwillige JiTT-Beteiligung in der Lehrveranstaltung „Grundlagen der Informatik" für Wirtschaftsingenieure. Persönliche Mitteilung vom 14.05.2014.

3   Kautz, C. (2014). Abteilung für Fachdidaktik der Ingenieurwissenschaften der TU Hamburg-Harburg. Abgabeschwund bei freiwilligen JiTT-Konzepten. Persönliche Mitteilung vom 15.05.2014.

4   Kautz, Christian. Abteilung für Fachdidaktik der Ingenieurwissenschaften der TU Hamburg-Harburg. Bewertung von JiTT-Abgaben. Persönliche Mitteilung vom 15.05.2014.

Bei sorgfältigem Einsatz bieten agile Ansätze wie JiTT oder projektbasiertes Lernen zusammen mit den Möglichkeiten digitaler Medien jedoch ein hohes Potenzial, den individuellen Lernerfolg zu erhöhen und heterogene Zielgruppen besser zu erreichen.

6   Literatur

Beck, K., Beedle, M. & van Bennekum, A. (2001). *Manifesto for Agile Software Development*. URL: http://agilemanifesto.org/ (13.05.2014).

Bengfort, W. (2014). *ET-Tutorials.de – Elektrotechnik verstehen durch VIDEO-Tutorials*. URL: http://et-tutorials.de/ (28.03.2014) und www.youtube.com/user/ETTutorials (28.03.2014).

Center for Teaching and Learning and Office of the Provost, University of Washington (2014), URL: www.washington.edu/teaching/teaching-resources/flipping-the-classroom/ (22.04.2014).

Chun, H.W. (2004). The Agile Teaching/Learning Methodology and its e-Learning Platform. *Lecture Notes in Computer Science – Advances in Web-Based Learning*, 3143, 11-18.

Deci, E. L. & Ryan, R. M. (1993). Die Selbstbestimmungstheorie der Motivation und ihre Bedeutung für die Pädagogik. *Zeitschrift für Pädagogik*, 39(2), 223-238.

Deci, E. L. & Ryan, R. M. (2002). *Handbook of self-determination research*. Rochester, NY: University of Rochester Press.

Eich-Söllner, E., Fischer, R. & Wolf, K. (2014). Aktivierung und Feedback – Der Einsatz von Just-in-Time Teaching und Peer Instruction in einer Analysis-Veranstaltung. In: J. Roth & J. Ames (Hrsg.): *Beiträge zum Mathematikunterricht 2014*. Münster: WTM.

Formica, S., Easley, J.L. & Spraker, M. C. (2010). Transforming Common-Sense Beliefs Into Newtonian Thinking Through Just-in-Time Teaching. *Physical Review Special Topics – Physics Education Teacher*, 6, 020106-1--6.

Gavrin, A., Watt, J. X., Marrs, K. & Blake, R. E. Jr. (2003). Just-in-Time Teaching (JiTT): Using the Web to Enhance Classroom Learning. *Proceedings of the 2003 American Society for Engineering Education Annual conference and Exposition*.

von Glasersfeld, E. (1997). *Radikaler Konstruktivismus: Ideen, Ergebnisse, Probleme*. Berlin: Suhrkamp.

Hestenes, D., Wells, M. & Swackhamer, G. (1992). Force concept inventory. *The Physics Teacher*, 30, 141-151.

Jenkins (2009). *Confronting the Challenges of Participatory Culture: Media Education for the 21st Century*. Chicago: John D. and Catherine T. MacArthur Foundation. URL: www.mac found.org/media/article_pdfs/JENKINS_WHITE_PAPER.PDF (13.05.2014).

Kamph, T., Salden, P., Schupp, S. & Kautz, C. (2013): Just-in-Time Teaching für Software-Engineering. *Tagungsband des 13. Workshops „Software Engineering im Unterricht der Hochschulen" 2013*, 9-15. URL: http://ceur-ws.org/Vol-956/ (31.03.2014).

Lage, M., Platt, G. J. & Treglia, M. (2000). Inverting the Classroom – A gateway to creating an inclusive learning environment. *The Journal of Economic Education*, 31(1), 30-43.

Luo, W. (2008). Just-in-Time-Teaching (JiTT) Improves Students' Performance in Classes – Adaptation of JiTT in Four Geography Courses. *Journal of Geoscience Education*, 56(2), 166-171.

Marrs, K. A. & Novak, G. (2004). Just-in-Time Teaching in Biology: Creating an Active Learner Classroom Using the Internet. *Cell Biology Education, 3*, 49-61.

Mazur, E. (2006). Peer Instruction: Wie man es schafft, Studenten zum Nachdenken zu bringen. *Praxis der Naturwissenschaften – Physik in der Schule, 4*(55), 11-15.

Monett, D. (2013). Agile Project-Based Teaching and Learning. In: *Proceedings of the 2013 World Congress in Computer Science, Computer Engineering and Applied Computing WORLDCOMP*, Las Vegas, 22.-25.07.2013, URL: http://worldcomp-proceedings.com/proc/p2013/SER3025.pdf (15.05.2014).

Moravec, M., Williams, A., Aguilar-Roca, N. & O'Dowd, D. K. (2010). Learn Before Lecture: A Strategy that Improves Learning Outcomes in a Large Introductory Biology Class. *Cell Biology Education – Life Sciences Education, 9*, 473-481. DOI: 10.1187/cbe.10–04–0063.

Novak, G., (Hrsg.) (1999). *Just-in-Time Teaching: Blending Active Learning with Web Technology*. Upper Saddle River, NJ: Prentice Hall.

Novak, G. (2011). Just-in-Time Teaching. *New Directions for Teaching and Learning*, 2011(128), 63-73.

Ostfalia Hochschule für angewandte Wissenschaften (2014). *Formative Assessments*. URL: www.ostfalia.de/cms/de/zell/Innovative_Lehre/formativeassessments.html (28.03.2014).

Razmov, V. & Anderson, R. (2006). Experiences with Agile Teaching in Project-Based Courses. In: *Proceedings of the 2003 American Society for Engineering Education Annual conference and Exposition*.

Rozycki, W. (1999). Just-in-Time Teaching. *Research & Creative Activity*, XXII(1).

Shore, J. & Warden, J. (2007). *The Art of Agile Development*. Farnham: O'Reilly.

Simkins, S. & Maier, M. (2004). Using Just-in-Time Teaching Techniques in the Principles of Economics Course. *Social Science Computer Review, 22*, 444-456.

Stangl, W. (2014). *Die konstruktivistischen Lerntheorien. Der Radikale Konstruktivismus*. URL: http://arbeitsblaetter.stangl-taller.at/LERNEN/LerntheorienKonstruktive.shtml# (28.03.2014).

Strayer, J. F. (2012). How Learning in an Inverted Classroom Influences Cooperation, Innovation and Task Orientation. *Learning Environment Research, 15*, 171-193. DOI 10.1007/s10984-012-9108-4.

Terhart, E. (1999). Konstruktivismus und Unterricht. Gibt es einen neuen Ansatz in der Allgemeinen Didaktik?. *Zeitschrift für Pädagogik, 45*(5), 629-647.

Tesar, M. & Sieber, S. (2010). Managing Blended Learning Scenarios by Using Agile E-Learning Development. In: M. B. Nunes & M. McPherson (Hrsg.). *Proceedings of the IADIS International Conference on e-Learning*, Freiburg, 26.-29.07.2010, 125-129.

Wells, D. (2009). *The Values of Extreme Programming*, URL: www.extremeprogramming.org/values.html (15.05.2014).

7   Danksagung

Dieses Vorhaben wird unter anderem aus Mitteln des Bundesministeriums für Bildung und Forschung unter dem Förderkennzeichen 01PL12023G (Projekt HD MINT) gefördert. Die Verantwortung für den Inhalt dieser Veröffentlichung liegt bei den Autoren.

Ein besonderer Dank geht an Herrn Prof. Dr. Andreas Kremser und seine Kollegen an der Fakultät Elektrotechnik, Feinwerktechnik und Informationstechnik der TH Nürnberg, die die Vorlesung regelmäßig abhalten, für die Zusammenarbeit und die Unterstützung bei der Datenerhebung.

Daniel Otto

Studentischer Austausch in der Fernlehre?
A Digital Story!

Abstract

Der internationale studentische Austausch bildet an Präsenzuniversitäten für Studierende eine attraktive Option. Fern- und Weiterbildungsstudiengängen dagegen steht diese Option aufgrund ihrer besonderen Studiensituation nicht zur Verfügung. Jüngste Entwicklungen im Bereich der digitalen Medien und Bildungstechnologien erlauben jedoch alternative Modelle zum dauerhaften physischen Austausch in Form virtueller Mobilität oder Blended-Learning-Ansätzen. Diese theoretisch-konzeptionellen Überlegungen werden empirisch durch die Erfahrungen des interdisziplinären Fernstudiums Umweltwissenschaften (infernum) der FernUniversität in Hagen im Bereich der europäischen und außereuropäischen Kooperation belegt. Das jüngst durchgeführte und vom DAAD geförderte Projekt ‚Living with Climate Change – A digital story' wurde gemeinsam mit der virtuellen Universität in Tunis durchgeführt. Studierende aus Tunesien, dem Libanon, Marokko und Deutschland arbeiteten gemeinsam auf Basis eines Blended-Learning-Ansatzes, der virtuelle und physische Mobilität kombinierte. Ziel war die Erstellung eines gemeinsamen Kurzfilms auf Basis des ‚Digital Storytelling'-Konzepts über die gelebte Erfahrung des Klimawandels in den teilnehmenden Ländern.

1   Einleitung

Die Idee eines internationalen universitären Studierendenaustausches kann auf eine vergleichsweise lange Geschichte zurückblicken (Sowa, 2002, S. 68). Grundidee des studentischen Austausches ist der physische Wechsel des Studienortes an eine Universität außerhalb des eigenen Landes mit dem Ziel, das originäre, sprachliche und kulturelle Umfeld zu verlassen und von den gesammelten neuen Erfahrungen fachlich und persönlich zu profitieren. Unter Ausschluss von Aufenthalten mit einem kürzeren Zeithorizont, wie Sommerschulen oder Intensivsprachkursen, beträgt die Dauer der meisten Austauschprogramme ein bis zwei Semester und umfasst einen temporären Wechsel des Wohnortes, das Einschreiben in den entsprechenden Studiengang sowie das leistungsorientierte Belegen von Kursen, idealerweise in einer anderen als der Muttersprache (Sowa, 2002, S. 63f.).

Prominentestes Beispiel für die Förderung dieser Art von studentischem Austausch ist das 1987 gegründete ERASMUS-Programm der Europäischen Union, das bisher mehr als 2,5 Millionen Studierenden und 300.000 Lehrenden einen Auslandsaufenthalt ermöglichte.[1] Mit dem Jahr seines 25jährigen Bestehens im Jahre 2012 wurde in Deutschland die Marke von 400.000 deutschen ERASMUS-Studierenden überschritten.

Ein zentraler Fokus beim studentischen Austausch liegt neben den fachlichen Möglichkeiten auf dem interkulturellen Kompetenzerwerb. Interkulturelle Kompetenz bezeichnet die Fähigkeit der zielführenden Interaktion mit einer anderen Person oder Gruppe in Berücksichtigung ihrer jeweiligen kulturellen Identität (Gertsen, 1990). Im Erfolgsfall können durch den Austausch über den fachlichen Kompetenzerwerb hinaus die eigene Perspektive hinterfragt, Stereotypen und Vorurteile überwunden (Stroebe, Lenkert & Jonas, 1988) und letztlich die interkulturelle Kompetenz gestärkt werden (Stier, 2003).

Obwohl sich der studentische Auslandsaufenthalt einer gewissen Beliebtheit erfreut, ist der temporäre studienbezogene Auslandsaufenthalt seit 1997 mit rund 30% weitestgehend konstant geblieben.[2] Hürden für einen höheren Anteil sind besonders der durch die Einführung der Bachelor- und Masterstudiengänge erhöhte Zeitdruck für Studierende sowie der sozioökonomische Hintergrund vieler Studierender, die einen Auslandsaufenthalt erschweren (Messer & Wolter, 2007).

Im Rahmen der Fern- und Weiterbildungsstudiengänge spielte der Grundgedanke eines studentischen Austauschs lange Zeit keine oder nur eine marginale Rolle (Otto, 2013, S. 171). Dies vor allem, weil das der Fern- und Weiterbildung inhärente Lehrkonzept verschiedene Hindernisse für die eingangs skizzierten Formen des längerfristigen physischen Studierendenaustausches beinhaltet. So widerspricht die Idee eines physischen Austausches dem der Fernlehre immanenten Grundprinzip der Flexibilität und Ortsunabhängigkeit des Lernens, von der FernUniversität plakativ in den Slogan „Studieren wo es am schönsten ist"[3] übersetzt. Lange Zeit dominierte daher die Prämisse, zum Vorteil der Studierenden die Präsenz an der FernUniversität möglichst auf ein Minimum zu begrenzen. Unterstützt wurde dies durch den didaktischen Ansatz des studienbriefbasierten Lernens und der Prüfungsverfahren der Einsendeaufgabe oder der Klausur, die mit minimaler direkter Kontaktaufnahme bearbeitet werden können. Änderungen dieses pfadabhängigen Prozesses ergaben sich erst durch die umfassenden technischen (Weiter-)Entwicklungen des Internets, die zu einer Transformation der etablierten Kommunikationsstrukturen führten. Weitere Fortschritte, häufig mit dem Schlagwort Web 2.0 plakatiert, haben dazu beigetragen, dass erstens durch das Internet vermehrt die Möglichkeit besteht, sich über verschiedene Kommunikationskanäle auszutauschen und zweitens das Internet nicht mehr nur als Möglichkeit zum Abruf von Informationen verstanden wird, sondern als eine interaktive Plattform (Beck, 2007). Diese Entwicklungen hatten auch Implikationen für den Bereich der Fernlehre, die dieses erweiterte Spektrum in modernisierte Lernplattformen sowie die Stärkung sprach- und videobasierter Kommunikation in Gestalt von Wikis, Podcast, Apps etc. in ihr Lernportfolio aufnahm, um damit die Interaktionsmöglichkeiten zwischen Studierenden und Betreuendem sowie interstudentisch zu erhöhen und so Austauschprozesse zu fördern, um den gegenseitigen Erfahrungsaustausch und gemeinsames Lernen zu stimulieren.

---

1   https://eu.daad.de/erasmus/25-jahre/jubilaeum/de/11631-jahre-erasmus (01.07.2014).
2   www.wissenschaftweltoffen.de/focus/1/2/2 (01.07.2014).
3   www.fernuni-hagen.de/imperia/md/content/presse/flyer2013.pdf (01.07.2014).

Im Zuge dieser technischen und didaktischen Weiterentwicklungen hat die Idee der ‚virtuellen Mobilität' Einzug in die Debatte über Innovationen in der Fernlehre erhalten (Otto, 2013). Der Dachverband der Fernuniversitäten in Europa (EADTU) beschreibt virtuelle Mobilität als

> „offers access to course and study schemes in a foreign country and allows for communication activities with teachers and fellow students abroad via the information and communication technologies" (Brey, 2007).

Virtuelle Mobilität hat dem folgend den Anspruch, die Diversität und Attraktivität der akademischen Ausbildung zu erhöhen, indem durch Kooperation zwischen Universitäten, Studierenden gezielte Kurse zur fachlichen Kompetenzerweiterung angeboten werden, die darüber hinaus in einer anderen als der Muttersprache durchgeführt und gemeinsam mit Studierenden anderer Länder bearbeitet werden. Wichtig ist dabei hervorzuheben, dass das Konzept der virtuellen Mobilität in keinem Konkurrenzverhältnis zur physischen Mobilität steht, sondern bisher fast ausschließlich im institutionellen Kontext der Fernlehre stattfindet. Nach Lehmann und Bloh (2012) ist virtuelle Mobilität damit kein Alternativkonzept physischer Mobilität, sondern eine gleichberechtigte Form, die eine studienbezogene Internationalisierung ermöglicht.

Obwohl virtuelle Mobilität eine reizvolle Erweiterung des Fernstudienangebotes darstellt, ist eine vergleichbare Nachfrage mit der nach physischer Mobilität nicht zu erwarten. Das Absolvieren von Kursen in einer anderen Sprache sowie das Interagieren mit Studierenden aus einem anderen Sprach- und Kulturraum bedeuten für die Teilnehmenden in erster Linie eine Zusatzbelastung im Vergleich zu herkömmlichen Modulen. Da viele das Studium nebenberuflich zur Weiterqualifikation verfolgen, ist der Spielraum für diesen zeitlichen Mehraufwand begrenzt. Dessen ungeachtet existiert auch im Bereich der Fernlehre ein Kreis von Interessent/inn/en für die virtuelle Mobilität, insbesondere, wenn andere Formen der Auslandserfahrung aufgrund einer eingeschränkten Mobilität oder anderer Umständen nur bedingt zu realisieren sind (Otto, 2013). Antrieb der Interessent/inn/en ist dabei nicht in erster Linie der Wunsch, sich fachlich weiterzubilden, sondern darüber hinaus ein interkultureller und persönlicher Austausch (Otto, 2013, S. 175f.). Damit wird gleichzeitig dem häufig von Studierenden mit Verweis auf den mangelnden Kontakt mit anderen Studierenden monierten ‚Isolationismus' des Fernstudiums entgegengewirkt (Haake & Schümmer, 2003, S. 351; Krämer, 2000, S. 12). Dieser Wunsch nach Kontaktaufnahme geht bei vielen Studierenden über das eigentliche universitäre Umfeld hinaus, verbunden mit dem Wunsch, auch über sprachliche und kulturelle Grenzen hinweg fachliche und persönliche Erfahrungen zu sammeln (Otto, 2013, S. 176).

Trotz einer bestehenden Nachfrage seitens der Studierenden und der erhöhten Machbarkeit aufgrund der technischen Entwicklungen ist das Angebot deutscher Hochschulen im Bereich virtueller Mobilität vergleichsweise gering und konzentriert sich, wenn existent, vor allem auf die nationale Ebene (Rotter, 2005, S. 110f.). Umso wichtiger scheint es daher, die theoretisch-konzeptionelle Diskussion durch konkrete Beispiele aus der Praxis zu erweitern und mittels ihrer Evaluation die Vorteile und Defizite zu analysieren und Best-Practice-Modelle zu entwickeln.

Der folgende Artikel möchte mit einer Fallstudie einen Beitrag zu Identifizierung gangbarer Lösungen für die Umsetzung virtueller Mobilität in der Fern- und Weiterbildung leisten. Dabei kann es nicht das Ziel sein, etablierte Standardmodelle zu entwickeln, was im Rahmen einer Einzelfallstudie kaum geleistet werden kann, sondern einen Weg aufzuzeigen, wie eine Form virtueller Mobilität in die aktuelle Lehre eingebunden wurde. Während viele Ansätze auf der theoretisch-konzeptionellen Ebene verbleiben, steht der Praxistest häufig aus.

1.1   LECHe als Testfall für virtuelle Mobilität

Das an der FernUniversität beheimatete interdisziplinäre Fernstudium Umweltwissenschaften (infernum), welches das in der Folge beschriebene Projekt durchgeführt hat, hat bereits zuvor im Bereich der virtuellen Mobilität Erfahrungen gesammelt, u.a. im Rahmen des Projektes *„The Lived Experience of Climate Change: e-learning and virtual mobility (LECHe)"* (2009-2012) unter Teilnahme von insgesamt neun Fern- und Präsenzuniversitäten[4] aus sechs Ländern. Ziel dieser Kooperation war die Konzipierung und Erstellung englischsprachiger interdisziplinärer Studienmaterialien zum Themenbereich Klimawandel. Im Rahmen einer Testphase des Projektes wurde das Modul gemeinsam von sechs Partnern, der FernUniversität in Hagen, der Open University, Open Universiteit, Universidade Aberta sowie zwei Präsenzuniversitäten in Leuven und Wageningen im Rahmen virtueller Mobilität angeboten. Insgesamt 35 Studierende haben sich an diesem virtuellen Austausch in Form einer gemeinsamen und gruppenbasierten Bearbeitung der Module beteiligt (Salgado, Kraker, Boon & Klink, 2012). Zentraler Anlaufpunkt für die Studierenden war eine gemeinsame Lernplattform, beheimatet auf dem Virtual Campus for a Sustainable Europe[5]. Studierende hatten hier Zugriff auf Zeitpläne und Informationsmaterialien, Diskussionsforen sowie die Studienmaterialien, die ausschließlich in digitaler Form vorlagen. Eine abschließende Evaluation des Moduls durch die Studierenden zeigte eine durchschnittliche Gesamtbewertung von 9,3 von insgesamt 10,0 möglichen Punkten. Die qualitative Auswertung der Evaluation ergab, dass durch das Modul vor allem die interdisziplinäre Kompetenzen sowie die soft skills der Studierenden gestärkt wurden (Salgado et al., 2012).

Die positiven Ergebnisse der Evaluation des LECHe-Projektes ermutigten infernum, ein weiteres Projekt mit der Komponente virtueller Mobilität umzusetzen. Im Gegensatz zu LECHe, das ausschließlich auf virtuelle Mobilität ausgerichtet war, verband dieses Projekt kurze Phasen physischer mit längeren Phasen virtueller Mobilität. Dementsprechend kann virtuelle Mobilität im Folgeprojekt als ein primär virtueller internationaler Austausch von Studierenden ohne dauerhaften physischen Wechsel des Studienortes verstanden werden, der zur Internationalisierung der Fernlehre beiträgt. Es kann damit eher als Foreign

---

4   FernUniversität in Hagen, Open, University (UK), Open Universiteit Nederland (NL), Universidad Nacional de Educación a Distancia (ES), Universidade Aberta (PT), EADTU, University of Derby (UK), der Wageningen University (NL), Katholieke Universiteit Leuven (BE).

5   www2.leuphana.de/vcse/ (17.07.2014).

Blended Learning oder virtueller Austausch verstanden werden, dem aber, wie auch dem Begriff virtueller Mobilität, keine einheitliche und allgemein anerkannte Definition zu Grunde liegt und daher ähnlich unbestimmt ist (Rotter, 2005, S. 106).

Mit diesem Beitrag soll dementsprechend das Kaleidoskop des Konzeptes virtueller Austausch um einen sekundierenden Ansatz erweitert werden, um zur Entwicklung geeigneter Modelle beizutragen. Nur die Durchführung und Evaluation konkreter Projekte kann zur Verbesserung der konzeptionellen Ausgestaltung beitragen. Das in der Folge beschriebene Projekt wurde im Rahmen des DAAD-Programms ‚Kurzmaßnahmen in Transformationsländer Ägypten und Tunesien' durchgeführt und von diesem vollfinanziert.

2 „Living with climate change – a digital story" als Beispiel studentischer Mobilität in der Fernlehre

2.1 Projektbeschreibung

Die sich im Dezember 2010 ereigneten politischen Unruhen in Tunesien bildeten den Auftakt einer Protestbewegung, die sich in der Folge im arabischen Raum im sogenannten ‚Arabischen Frühling' manifestierte. Die im Zuge dieser Entwicklung stattfindende Transformation Tunesiens von einem autokratischen in ein demokratisches Herrschaftssystem führte in der Folge u.a. zu einer erhöhten Nachfrage nach Aus- und Weiterbildung in vielfältigen Bereichen. Bildungsorganisationen haben deshalb verstärkt Fördergelder bereitgestellt, um insbesondere die politische Bildung und die demokratische Selbstverwaltung durch internationale Kooperationen zu stärken und zu festigen.

Vor diesem Hintergrund entstand die Projektidee in Kooperation mit der Université Virtuelle de Tunis (UVT), ein gemeinsames Modul zur umweltpolitischen Bildung anzubieten. Obgleich in Tunesien die klassischen Universitäten den Bildungsmarkt noch dominieren, existiert mit der UVT eine Fernuniversität, die mit ihren Strukturen dem hiesigen Verständnis von Fernlehre entspricht und einen ähnlichen konzeptionellen und didaktischen Anspruch verfolgt. Die UVT wurde im Jahr 2002 gegründet, um den wachsenden Bedarf nach qualifizierender Bildung in Tunesien und den Nordarabischen Regionen zu decken. Sie ist die einzige Universität in der Region, die ihren Studierenden dank modernster Kommunikationstechnologie die Möglichkeit eines Fernstudiums eröffnet. Die Universität bietet neben vier Bachelor- auch sieben Masterprogramme an.

Gemeinsam mit der UVT, respektive dem Masterstudiengang Ouvert à Distance en Eco-Tourism (MODECO), entwickelte infernum eine Projektidee für einen interkulturellen und interdisziplinären Austausch zwischen Studierenden und Dozent/inn/en über den Klimawandel und seine Auswirkungen bzw. den Umgang mit diesem in beiden Ländern, der 2013 mit Mitteln des DAAD gefördert wurde. MODECO umfasst dabei unter anderem die Themenbereiche Umweltschutz und Nachhaltigkeit, die – bedingt durch die Folgen des Klimawandels – eine zunehmende Bedeutung für die Region erhalten.

Grundlegende Idee des Projekts bildete die Annahme, dass der Klimawandel als globales Umweltproblem die Gesellschaften in beiden Ländern vor große Herausforderungen stellt. Folgt man den Berichten des Wissenschaftsrates Intergouvernemental Panel on Climate Change (IPCC), so wird die Region Nordafrika besonders stark von den Folgen der globalen Temperaturveränderungen betroffen sein (Boko, Niang, Nyong, Vogel, Githeko, Medany & Yanda, 2007). Neben dem Anstieg des Meeresspiegels ist mit verstärkten Dürreperioden und Überschwemmungen zu rechnen. Diese Veränderungen haben Auswirkungen auf zentrale wirtschaftliche Bereiche Tunesiens wie den Tourismus, die Wälder und die Landwirtschaft. Um die Folgen abzumildern, sind in den nächsten Jahren verstärkte Anpassungsmaßnahmen gegen den Klimawandel nötig. In Deutschland nimmt der Klimawandel – wie Umweltthemen allgemein – einen hohen Stellenwert ein. Die frühe Bedeutung regenerativer Energien und Klimaschutzmaßnahmen hatte positive Auswirkungen auf Wirtschaft und Beschäftigung. Durch die Energiewende ist die Bedeutung des Klimawandels erneut gestiegen.

So ergeben sich in dem Umgang mit dem Klimawandel in Tunesien und Deutschland erhebliche Diskrepanzen auf der nationalen und besonders der lokalen Ebene. Während in Deutschland durch die politische und mediale Aufmerksamkeit ein verstärktes Bewusstsein über die Gründe für den Klimawandel und seine Folgen existiert, sind diese in Tunesien weitestgehend absent. Gründe hierfür sind das weniger ausgeprägte Umweltbewusstsein, aber auch die mangelnde Sachkenntnis und Bildung in diesem Bereich. Dabei bietet der Klimawandel der Gesellschaft neben den Risiken auch Chancen bei einer erfolgreichen Problembewältigung.

Um diese Diskrepanz in der Wahrnehmung zu verringern, hatte das Projekt zum Ziel, Studierende aus beiden Ländern zu einem Dialog über den Klimawandel zusammenzubringen und einen fachlichen und persönlichen Austausch zu initiieren. Das gegenseitige Verständnis sollte dadurch über kulturelle Grenzen hinweg erhöht sowie ein besseres Verständnis über den unterschiedlichen Umgang mit dem Klimawandel in Industrie- und Entwicklungsländern erreicht werden.

2.2   Projektdurchführung

Die Zusammenarbeit der beiden Partneruniversitäten wurde als ein gemeinsam an beiden Universitäten angebotenes Modul konzipiert, in dem sich insgesamt sechs wissenschaftliche Mitarbeiter/innen beider Länder sowie 26 Studierende (13 aus Deutschland, zehn aus Tunesien sowie drei aus der MENA-Region) beteiligten. Das gemeinsame Modul hatte eine Gesamtlaufzeit von vier Monaten und folgte konzeptionell einem Blended-Learning-Ansatz, der kurze Phasen physischen Austausches mit einer längeren Phase virtueller Mobilität verband. Eine rein virtuelle Kollaboration schien vor allem aus zwei Gründen ungeeignet: Erstens sollte die Anfangshürde für die Kontaktaufnahme, die neben der sprachlichen auch durch die kulturelle Barriere existierte, durch eine Face-to-face-Begegnung überwunden werden; zweitens basierte das Modul auf der Methodik des ‚Digital Storytelling‘, dessen Erlernen im Rahmen einer ausschließlichen Online-Zusammenarbeit schwerer möglich gewesen wäre. Um diese Problematik zu vermeiden, wurde die virtuelle Kollaboration durch einen Workshop am Anfang und Ende des Moduls eingerahmt. Einem ersten fünftägigen Workshop in Hamburg folgte eine Phase des virtuellen Austausches, die durch einen zweiten fünftägigen Workshop in Tunis beendet wurde. Dies eröffnete darüber hinaus beiden Gruppen die Möglichkeit, das jeweils andere Land vor Ort kennenzulernen.

Als inhaltliche Grundlage des Projektes fungierte ein englischsprachiger Kurs mit dem Titel ‚The Lived Experience of Climate Change (LECH)‘, der aus dem gleichnamigen zuvor durchgeführten europäischen Projekt entstanden ist. Theoretische Grundlage dieses Kurses ist die Annahme, dass unterschiedliche Deutungen des Klimawandels eng mit individuellen und kollektiven Erfahrungen verknüpft sind und Erklärungsansätze diese Erlebensebene entsprechend mitberücksichtigen müssen (Wilson, 2012). Obwohl der Klimawandel eine eindeutige naturwissenschaftliche Grundlage hat, werden seine Auswirkungen und Gefahren in den verschiedenen Gesellschaften unterschiedlich diskutiert und hängen von Faktoren wie Kultur, Einkommen, Bildung etc. ab. Dementsprechend sind die Erfahrungen und das Handeln von Laien und der normalen Bevölkerung wichtig, um die Durchsetzung und Legitimität von Maßnahmen gegen den Klimawandel umzusetzen. Während der Einbezug dieses Wissens in westlichen Demokratien durch Wahlen und Volksabstimmungen garantiert wird, fehlen in Ländern wie Tunesien sowohl das Bewusstsein als auch die politischen Partizipationsmöglichkeiten.

Die Relevanz der individuellen und gesellschaftlichen Erfahrung und ihrer Wichtigkeit für den politischen Umgang mit dem Klimawandel sollte in dem Modul herausgestellt werden. Auf Seiten der tunesischen Studierenden war es das Ziel, ein Bewusstsein für den Klimawandel und den politischen Prozess für seine Umsetzung zu schaffen. Weiterhin sollte herausgestellt werden, dass die gesellschaftliche Ebene einen wichtigen Faktor für den Umgang mit dem Klimawandel darstellt, der in Zukunft stärker berücksichtigt werden muss. Die deutschen Studierenden sollten ihre Kenntnisse über den Klimawandel vertiefen, beide Studierendengruppen den Umgang mit dem Klimawandel über kulturelle Grenzen hinweg kennenlernen, um dadurch die eigene Perspektive zu hinterfragen.

Methodisch basierte das Modul auf dem Konzept des ‚Digital Storytelling‘. Das Storytelling bezeichnet die narrative Weitergabe impliziten Wissens durch lebendiges und mit Metaphern behaftetes Vermitteln von Geschichten. Der Zusatz ‚digital‘ bezieht sich auf die Verwendung von digitalen Techniken wie Videos, digitale Fotos etc. Während das Storytelling eine bekannte und tradierte Methode darstellt, um Wissen besser zu vermitteln und die Aufnahme komplexer Informationen durch die Rezipienten zu erleichtern, ist die Erweiterung um digitale Produktions- und Übermittlungstechniken vergleichsweise neu.

Abbildung 1:   8 Steps To Great Digital Storytelling (Morra, 2013)

Allerdings liegt der Fokus des Digital Storytelling nicht auf der filmischen Hochwertigkeit und Professionalität der Resultate, sondern in der ansprechenden und innovativen Form der Vermittlung des Inhalts. Durch diese Schwerpunktsetzung können Digital Stories mit einem geringen Budget unter Verwendung basaler medientechnischer Unterstützung wie Handy, Foto oder Videokameras sowie der entsprechenden frei zugänglichen Bearbeitungssoftware zum Schneiden und Bearbeiten der Videos erstellt werden:

> „the problem for many students is their focus on the power of the technology rather than the power of their stories. Some students are engaging the medium at the expense of the message, producing a technical event rather than a story" (Ohler, 2006, S. 45).

Im Projekt wurde das Digital Storytelling als Methode genutzt, um das Problem des Klimawandels in Tunesien und Deutschland darzustellen sowie die unterschiedlichen Deutungen und Problemlösungsstrategien zu kontrastieren. Gleichzeitig bietet Digital Storytelling im Gegensatz zum klassischen Frontalunterricht den didaktischen Vorteil, dass Studierende sich nicht nur in der Position der Passivität oder des Zuhörenden befinden, sondern aktiv den Prozess als Lernende und als gemeinsam agierende Gruppen gestalten (Sadik, 2008, S. 490). Gerade vor dem Hintergrund der interkulturellen Zusammenarbeit stimuliert Digital Storytelling die Interaktion zwischen den Studierenden und den Erfahrungsaustausch.

Basierend auf dem zu Beginn des Moduls von den Studierenden bearbeiteten LECH-Kurses wurde den Studierenden die Aufgabe gestellt, in deutsch-tunesischen Arbeitsgruppen eine drei- bis fünfminütige Digital Story über den gelebten Klimawandel in beiden Ländern zu produzieren und auf dem Abschlussworkshop in Tunis zu präsentieren. Während des ersten Workshops in Hamburg erlernten die Studierenden die Techniken des Digital Storytelling. Im Rahmen von Fachvorträgen und Exkursionen erhielten sie die Möglichkeit, gruppenbasiert erste eigene Probevideos zu produzieren. In der sich anschließenden virtuellen Lernphase musste in selbstgewählten, vier bis fünf Personen umfassenden Gruppen ein eigenes Thema und ein Drehbuch erarbeitet sowie Videomaterial in der jeweiligen Heimatregion gesammelt werden. Das Material sollte sowohl den konkreten Umgang mit einem klimarelevanten Problem in beiden Ländern darstellen als auch die wissenschaftlichen Hintergründe in Form von Expertengesprächen oder faktenbasierten Informationen enthalten. Auch während des Workshops in Tunis konnte im Rahmen von Fachvorträgen und Exkursionen weiteres Material gesammelt werden. Der Hauptfokus in Tunis lag jedoch auf der Finalisierung der Digital Story in den Gruppen sowie die Präsentation im Plenum

Tabelle 1:   Ablaufplan Projekt (eigene Darstellung)

Zeitraum	Maßnahme	Inhalt
August 2013	Vorbereitungsphase	Freischaltung der virtuellen Lernplattform. Bearbeitung des LECHe-Kurses durch die Studierenden. Möglichkeit zum Kennenlernen und Austausch.
September 2013	Workshop in Hamburg	Einführungsvorträge zum Thema Klimawandel. Besichtigung von Klimaprojekten. Erlernen der Techniken des ‚Digital Storytelling‘
September November 2013	Virtuelle Kollaboration	Zusammenarbeit in den deutsch-tunesischen Arbeitsgruppen. Erstellung einer Digital Story über gelebten Erfahrungen des Klimawandels in Tunesien und Deutschland. Tutorielle Betreuung.
November 2013	Workshop in Tunis	Finalisierung und Präsentation der Digital Story. Vorträge und Besichtigung von klimarelevanten Projekten und Einrichtungen.

2.3   Auswahl der Teilnehmenden

Zielgruppe für die Teilnahme an beiden Universitäten waren Studierende mit einem ersten universitären Abschluss. Die Teilnehmenden rekrutierten sich auf tunesischer Seite aus dem Studiengang MODECO. Darüber hinaus wurden Studierende des Studiengangs Forest Studies zugelassen, da im Curriculum verstärkt Bezüge zum Thema Klimawandel existieren. Auf deutscher Seite erfolgte die Auswahl der Studierenden ausschließlich über den Masterstudiengang Interdisziplinäre Umweltwissenschaften.

Mit dem tunesischen Partner wurde vereinbart, die Studierenden nach fachlichen und sprachlichen Kriterien auszuwählen. Bei der fachlichen Auswahl wurden Kenntnisse der Thematik des Klimawandels berücksichtigt. Konnten Studierende nachweisen, dass sie bereits Module zum Klimawandel oder einer angrenzenden Thematik belegt hatten, wurde dies positiv bewertet. Das Seminar wurde in englischer Sprache durchgeführt, so dass

Kenntnisse der englischen Sprache positiv berücksichtigt wurden. Bei den deutschen Interessent/inn/en wurden darüber hinaus Kenntnisse der französischen Sprache angerechnet. Während im Projektantrag eine Gesamtteilnehmerzahl von 20 Studierenden vorgesehen war, wurde diese aufgrund der hohen Nachfrage seitens der Studierenden auf insgesamt 26 Teilnehmende erhöht, so dass die Anzahl der Teilnehmenden genau der Anzahl der Bewerber entsprach.

3   Evaluation: der studentische Austausch als interkulturelle Erfahrung

3.1   Methodik

Im Anschluss an den erfolgreichen Ablauf des Moduls wurde eine Evaluation unter den Studierenden durchgeführt. Die Evaluation basierte auf einem Individual Reflection Report (IRR), der von allen Studierenden im Anschluss an das Modul geschrieben werden musste.

Der IRR war Teil der Gesamtnote und beinhaltet eine drei- bis vierseitige Darstellung der Erfahrungen der Studierenden in dem Kurs. Die Struktur des IRR konnte von den Studierenden individuell gestaltet werden, es wurden jedoch Oberthemen genannt, welche die Studierenden anregen sollten, bestimmte Erfahrungen im Kurs vertieft zu reflektieren. Dies waren u.a.:

- Educational format: mixture of collaborative learning via internet and workshops,
- Learning process: individual activities and group work,
- Content: course material and the concept of digital storytelling,
- Your role and performance in your student group, your experiences with group work,
- Your experiences with virtual learning, and the technology you used.

Nachdem auf dem finalen Workshop in Tunis bereits eine erste mündliche moderierte Gruppendiskussion über das Modul stattgefunden hatte, wurde für den IRR das Konzept des ‚written debriefing' genutzt, um den Studierenden die Chance zu geben, erneut und mit zeitlichem Abstand über die persönlichen Emotionen und Einschätzungen des Seminars zu reflektieren und das Ergebnis den Kursleitenden in privater Kommunikation mitzuteilen (Petranek, 2000). Den Studierenden wird dadurch ermöglicht, die Lernerfahrungen des Moduls besser zu verarbeiten. Der Nutzen der vertieften Nachvollziehbarkeit von Dynamiken und Lernprozess bei jedem einzelnen Studierenden und die daraus ableitbaren Verbesserungsmöglichkeiten für zukünftige Module rechtfertigen den hohen zeitlichen Mehraufwand für die Kursleitenden bei der qualitativen Analyse der Evaluation.

Zentraler Fokus der qualitativen Auswertung der Evaluation waren vor allem vier Themenbereiche:

1. Wie wurde der Blended-Learning-Ansatz des Moduls bewertet?
2. Wie wurde die interkulturelle Zusammenarbeit in den Gruppen empfunden?

3. Wurde das Digital Storytelling als geeignet für die Zusammenarbeit empfunden?

4. Wie bewerteten die Studierenden die Gesamtkonzeption des Moduls?

3.1.1 Blended Learning

Die Analyse der Evaluationen zeigte, dass die Mehrzahl der Studierenden die Möglichkeit des Blended Learning als einen zentralen Mehrwert des Moduls empfand. Dies lässt sich sowohl für die deutschen als auch für die tunesischen Studierenden attestieren. Vor allem das Konzept einer Kombination aus internationalem physischem und zeitlich flexiblen virtuellen Austausch wurde von den Studierenden als innovativ empfunden und steigerte ihrer Meinung nach die Interaktion.

> Student Deutschland: „It was the most diversified Module I had during my distance learning, with key aspects in virtual learning, practical activities and personal attendance, wonderful."
>
> Student Tunesien: „Virtual learning is a wonderful way for me to deal with new tasks. I'm independent of fixed learning sessions and can freely decide when and where I do learn."

Bemängelt wurde hingegen der höhere Zeitaufwand, der durch Blended Learning im Gegensatz zu klassischen Onlinekursen entsteht. Während die regulären Kurse im Studiengang mit zweitägigen Wochenendseminaren enden, mussten berufstätige Studierende für die beiden fünftägigen Workshops Urlaubstage in Anspruch nehmen. Allerdings wurde auf diese Mehrbelastung zu Beginn des Kurses hingewiesen.

3.1.2 Interkulturelle Zusammenarbeit

Es wurde erwartet, dass die interkulturelle Erfahrung des deutsch-tunesischen Austausches einen zentralen Anreiz für die Teilnahme an dem Modul darstellte. Gleichzeitig bildeten die sprachlichen und kulturellen Unterschiede für die Studierenden eine zentrale Hürde, die es vor allem in der Gruppenarbeit zu überwinden galt. Für die Evaluation galt es daher zu überprüfen, wie diese Interaktion mit anderen kulturellen Identitäten von den Studierenden empfunden wurde.

Insgesamt bewerteten die Studierenden die Möglichkeit des interkulturellen Austausches und der Gruppenarbeit positiv. Neben den kulturellen Unterschieden wurden darüber hinaus auch die unterschiedlichen beruflichen und fachlichen Perspektiven erwähnt.

> Student Tunesien: „I highly appreciated the structure of the course. Especially the workshops in Tunisia and in Germany allowed to exchange with the participants and to get to know each one better. There has been a lot of free room to discuss and to learn from each other, in a technical way and also, for me more important, in a cultural way."
>
> Student Deutschland: „I appreciated the educational format of the LECH course because it enabled me to study together with students from different countries, with different professional and cultural backgrounds. The format seems to me unique and opened a new approach of learning because we were able to discuss a scientific topic in an international, intercultural and multidisciplinary group. In addition it was positive not to produce a scientific report at the end but to realize a film as the result of the course. The more subjective and

practical approach by filming and interviewing gave me new and interesting insights in the difficult multidisciplinary field of effects of climate change."

Differenzierter fiel die Bewertung der interkulturellen Gruppenarbeit durch die Studierenden aus. Während einige Gruppen den unkomplizierten Umgang lobten und die zielführende Zusammenarbeit betonten,

> Student Tunis: „Completely positive is my rating and experience from the group work. Perhaps I have been lucky with my group; perhaps it is also because it seems that everybody in my group was experienced with group work. (...) We did not have any member of our group doing nothing nor not showing interest in the work we have done. During the working time between the workshops we kept updated on the work we have done and finished everything together. For this exchange we used Skype and the MODECO platform to share our documents. Sure, some persons have been more involved and other less, but in my experience this is normal."

hoben andere Gruppen vor allem die Probleme der kulturellen Verständigung hervor:

> Student Deutschland: „Cultural and social varieties can be named as the fifth point. It was agreed to inform the group about difficulties with single tasks in order to find a solution together. After the German group members asked the Tunisians over and over, when they finally would bring their results or if they had problems with the task, it became clear that communicating problems and asking the group for help is like a humiliation for the Tunisian group members. After we clarified that we won't humiliate anybody for communicating problems it was also ok for the Tunisian group members to ask others for help."

> Student Marokko: „The group was heterogeneous, with two Germans, one Moroccan and one Tunisian and this was a real challenge because each one brings a different perspective of addressing the issue, and each one wants to tackle the problem based on the impact of climate change on agriculture in his/her own country; however, the focus on the main objectives of the group work sets the basis for the different activities."

Besonders das erste Zitat ist exemplarisch dafür, dass Studierende nicht nur fachliche Diskussionen führen mussten, sondern sich auch mit unterschiedlichen Kulturen der Kommunikation von Problemen und Arbeitsteilung auseinanderzusetzen hatten. Auch Auswertungen von Evaluation anderer europäischer Projekte zeigen ähnliche Resultate in Bezug auf die unterschiedlichen kulturell bedingten Kommunikationsstrategien und Arbeitsweisen sowie die durch die Universitäten vermittelten wissenschaftlichen Methoden. Obwohl diese Probleme nicht bei allen Gruppen in gleichem Maße auftreten, so erschweren sie doch das gemeinsame und effektive Arbeiten. Gleichzeitig bilden sie eine Anforderung an die Studierenden, sich auf diese Andersartigkeit einzulassen und durch Kommunikation und Kompromisse geeignete Strategien zur Problemlösung zu entwickeln. Mit gemeinsam vereinbarten Standards und Vorgaben seitens der Lehrenden beider Länder wurde hier Hilfestellung gegeben, um die fachlichen Unterschiedlichkeiten zu minimieren.

3.1.3 Digital Storytelling

Als fast ausnahmslos positiv beschrieben die Studierenden ihre Erfahrungen mit dem Digital Storytelling. Dies ist als umso erfreulicher zu bewerten, da diese positive Resonanz sowohl die deutschen als auch die tunesischen Studierenden umfasste.

Im Fall Tunesiens steht der kommunikative und partizipative Ansatz des Digital Storytelling, der vor allem eigenständiges und selbst organsiertes Arbeiten erfordert, in einem besonders starken Gegensatz zu dem in Tunesien dominanten französisch inspirierten Ansatz des Frontalunterrichtes und der textbasierten Einzelarbeit.

Besonders große Akzeptanz erfuhr dabei der Filmemacher und Leiter des Workshops in Hamburg, Uwe Martin, der die Studierenden in die Techniken des Digital Storytellings einführte.

> Student Tunesien: „I enjoyed the workshop with Uwe Martin in Hamburg, it opened a new world for me. I'm a cineaste, there is nearly no movie I had not seen, but using digital story telling for myself and bring information to other people through this tool was a new idea for me."

> Student Tunesien: „The digital storytelling, the work on the storyboard and producing a film was a really new experience for me. At the end of the whole project I can say: Thank you for this chance! I now can much better imagine and assess, what should be the core of a good and impressing short film."

3.1.4 Bewertung des Moduls

Übergeordnete Absicht des Moduls war ein interkultureller und interdisziplinärer Austausch von Studierenden über das Thema des Klimawandels. Lernziele waren dabei der Erwerb von Kenntnissen über die Thematik des Klimawandels vor einem interdisziplinären Hintergrund und das Erlernen der Techniken des Digital Storytelling, um den unterschiedlichen Umgang mit dem Klimawandel in beiden Ländern darzustellen. Dies sollte bei den Studierenden in einer kritischen Reflexion der eigenen kulturellen Perspektive resultieren.

Die Aufgabe der Erstellung einer Digital Story über den unterschiedlichen Umgang mit dem Klimawandel wurde von allen insgesamt sechs Gruppen realisiert. Alle Gruppen konnten somit den originären Arbeitsauftrag des Moduls erfüllen. Die Evaluation zeigte darüber hinaus, dass die Studierenden beider Länder angeregt wurden, die eigene fachliche und kulturelle Perspektive zu reflektieren und über diese hinauszugehen.

> Student Deutschland: „It was quite interesting for me to learn about the impact climate change has on other countries, especially on Less Economically Developed Countries. Another strong point which let to my decision was to learn more about the meaning of storytelling and ways how exactly to tell a story, also in a digital way."

> Student Tunesien: „It was a real thrilling experience to meet students with approximately the same interest for sustainability from real different cultural backgrounds. It enriched me a lot to notice that even by given cultural differences there can be a common goal."

Student Marokko: „All together my bottom line about the module is quite positive. I learned a lot about working together in intercultural groups, also if it is not possible to generalize this experience to all kind of intercultural groups and of all kind of work. It was also nice to approximate to the climate change topic in a new way. With learning about storytelling, I also learned about an interesting method. I think I can use this in a student or professional context in the future."

Student Deutschland: „The collective group of the students was mixed well. The participants accepted each other and met with curiosity. It did not felt like there were two – a German and a Tunisian – groups. The cultural exchange itself, made the seminar worthwhile."

Diese Beispiele zeigen, dass über das originäre Lernziel hinaus auch der Anspruch, das interkulturelle Verständnis zu erhöhen und die eigene Perspektive zu erweitern, erreicht werden konnte.

4   Der studentische Austausch in der Fernlehre – eine Digital Story

Der studentische Austausch, egal ob physischer oder virtueller Natur, ist eine für Studierende attraktive Möglichkeit, sich nicht nur über fachliche und sprachliche Grenzen hinaus, sondern auch über kulturelle Grenzen hinweg auszutauschen und so Kompetenzen in diesem Bereich gezielt zu stärken. Dieser Befund konnte durch das Projekt und die durchgeführte Evaluation bestätigt werden, wenn auch nur auf induktiver methodischer Basis.

Damit zeigt sich, dass der studentische Austausch auch im Rahmen der Fernlehre möglich sein kann. Erfolgversprechend scheint dabei, der Herausforderung der Kommunikation über sprachliche und kulturelle Grenzen eine geeignete Methodik zur Seite zu stellen, welche die Interaktion zwischen den Studierenden gezielt fördert und sie als Gruppe herausfordert bzw. konstituiert.

Das Digital Storytelling erwies sich dabei als innovativer Anreiz und besonders geeignet, um auch die kulturellen und gesellschaftlichen Unterschiedlichkeiten in der Problemwahrnehmung und Bearbeitung, in diesem Fall am Beispiel des Klimawandels, zu illustrieren. Da die technischen und finanziellen Anforderungen an das Digital Storytelling vergleichsweise gering sind und die filmische Komponente nicht im Vordergrund des Lernzieles steht, lässt es sich vergleichsweise einfach für verschiedene Themenbereiche adaptieren, ohne dabei jedoch den fachlichen Anspruch vernachlässigen zu müssen. Interessant dürfte es sein zu eruieren, ob sich das Digital Storytelling als reiner Onlinekurs durchführen ließe, auch um die beträchtlichen Reisekosten zu senken. Allerdings zeigt die Evaluation, dass besonders der persönliche Kontakt am Anfang und Ende des Seminars von den Studierenden geschätzt wurde und verstärkt zum Gruppenbildungsprozess beigetragen hat. Die hohe Bedeutung des Face-to-face-Kontakts für den Lernerfolg im Blended Learning wird durch umfangreiche empirische Untersuchungen bestätigt (Joosten, Barth, Weber & Harness, 2014; Ojstersek, 2007; Paechter & Maier, 2010). Dies zeigt, dass virtuelle Mobilität den persönlichen physischen Kontakt nie gleichwertig ersetzen kann, auch wenn Kanäle wie Skype oder Adobe-Connect immer zahlreicher genutzt werden. Abschließend kann Foreign Blended Learning auf Basis der Fallstudie als ein sowohl in der Fern- als auch in der Präsenzlehre gangbarer Weg gesehen werden, um das Beste aus beiden Welten zu verbinden.

Literatur

Beck, A. (2007). *Web 2.0: Konzepte, Technologie, Anwendungen. HMD Praxis Der Wirtschaftsinformatik*, 44(3), 5-16.

Boko, M., Niang, I., Nyong, A., Vogel, C., Githeko, A., Medany, M. & Yanda, P. (2007). Africa. In M. L. Parry, O. F. Canziani, J. P. Palutikof, P. J. van der Linden, & C. E. Hanson (Hrsg.), *Climate Change 2007. Impacts, Adaptation and Vulnerability. Contribution of Working Group II to the Fourth Assessment Report of the Intergovernmental Panel on Climate Change* (S. 433-467). Cambride, UK: Cambridge University Press.

Brey, C. (2007). *Guide to Virtual Mobility. European Association of Distance Teaching Universities (EADTU)*. URL: http://145.20.178.4/Portals/0/documents/The_Guide_to_Virtual_Mobility.pdf (02.07.2014).

Gertsen, M. C. (1990). Intercultural competence and expatriates. *The International Journal of Human Resource Management,* 1(3), 341-362.

Haake, J. M. & Schümmer, T. (2003). Kooperative Übungen im Fernstudium. In A. Bode, J. Desel, S. Rathmeyer & M. Wessner (Hrsg.), *DeLFI 2003, Tagungsband der 1. e-Learning Fachtagung Informatik, 16.-18. September 2003 in Garching bei München* (S. 351-360). Bonn: GI, Gesellschaft für Informatik.

Joosten, T. M., Barth, D., Weber, N. A. & Harness, L. (2014). Impact of blended instructional development and training on course effectiveness. In A.G. Picciano, C.D. Dziuban G. & C.R. Graham (Hrsg.), *Research perspectives in blended learning* (S. 173-189). *Volume 2.* New York: Routhledge.

Krämer, B. (2000). Interaktive Lernsysteme im Fernstudium: Betrachtung eines Programmierkurses im Zeitraffer. In K. Mehlhorn & G. Snelting (Eds.), *Informatik 2000 SE – 2* (S. 12-15). Heidelberg: Springer.

Lehmann, B. & Bloh, E. (2012): Qualitätsaspekte beim Studium in „virtueller Mobilität". In W. Benz, J. Kohler & K. Landfried (Hrsg.), *Handbuch Qualität in Studium und Lehre. Evaluation nutzen – Akkreditierung sichern – Profil schärfen!* (S. 1-33). Berlin: Raabe.

Messer, D. & Wolter, S. (2007). Are student exchange programs worth it? *Higher Education,* 54(5), 647-663.

Morra, S. (2013). *8 Steps To Great Digital Storytelling*. URL: http://samanthamorra.com/category/digitalstorytelling (02.07.2014).

Ohler, J. (2006). The world of digital storytelling. *Educational Leadership*, 63(4), 44-47.

Ojstersek, N. (2007). *Betreuungskonzepte beim Blended Learning*. Münster: Waxmann.

Otto, D. (2013). Europeanization from a distance? Chancen europäischer Hochschulkooperationen in der Fernlehre am Beispiel virtueller Mobilität im Rahmen des Projektes „Lived Experience of Climate Change." In H. Vogt (Hrsg.) *Beiträge 53, DGWF Jahrestagung* (S. 171-177). Bielefeld: DGWF.

Paechter, M. & Maier, B. (2010): Online or face-to-face? Students' experiences and preferences in e-learning. *The Internet and Higher Education,* 13(4), 292-297.

Petranek, C. F. (2000). Written Debriefing: The Next Vital Step in Learning with Simulations. *Simulation & Gaming,* 31(1), 108-118.

Rotter, C. (2005). *Internationalisierung von Studiengängen: Typen – Praxis – empirische Befunde* (S. 356). URL: www-brs.ub.ruhr-uni-bochum.de/netahtml/HSS/Diss/RotterCarolin/diss.pdf (02.07.2014).

Sadik, A. (2008). Digital storytelling: a meaningful technology-integrated approach for engaged student learning. *Educational Technology Research and Development,* 56(4), 487-506.

Salgado, F. P., Kraker, J. De, Boon, J. & Klink, M. Van der. (2012). Competences for climate change education in a virtual mobility setting. *International Journal of Innovation and Sustainable Development,* 6(1), 53-65.

Sowa, P. A. (2002). How valuable are student exchange programs? *New Directions for Higher Education,* 2002(117), 63-70.

Stier, J. (2003). Internationalisation, Ethnic Diversity and the Acquisition of Intercultural Competencies. *Intercultural Education,* 14(1), 77-91.

Stroebe, W., Lenkert, A. & Jonas, K. (1988). Familiarity May Breed Contempt: The Impact of Student Exchange on National Stereotypes and Attitudes. In W. Stroebe, A. Kruglanski, D. Bar-Tal & M. Hewstone (Hrsg.), *The Social Psychology of Intergroup Conflict SE – 10* (S. 167-187). Springer: Heidelberg.

Wilson, G. (2012). The lived experience of climate change: expanding the knowledge base through collaborative Master's curriculum in the European Union. *International Journal on Innovation and Sustainable Development,* 6(1), 43-52.

Karin Julia Rott

Medienkompetenz im Studium: Wie gut ist die Vorbereitung für das spätere Berufsfeld?

Abstract

Obwohl Medienkompetenz heute oft als berufliche Schlüsselkompetenz zählt, ist wenig über den Einsatz spezieller Medien in verschiedenen Berufsfeldern und die Entwicklung beruflich relevanter Medienkompetenz im Studium bekannt. In diesem Beitrag wird auf Basis von drei Interviews mit Personalverantwortlichen mittels qualitativer Inhaltsanalyse die Relevanz medialer Ressourcen in jeweils einem typischen Berufsfeld von Studierenden der Betriebswirtschaftslehre, der Erziehungswissenschaft und der Medizin eruiert. Anschließend werden die in diesen Berufsfeldern als wichtig herausgestellten Medienkenntnisse mit fachspezifischen Daten einer Studierendenbefragung an der Universität Tübingen verglichen. Dieser Vergleich zeigt sowohl höhere als auch geringere Passungen der Kenntnisse von den Studierenden mit den medialen Anforderungen in dem jeweiligen typischen Berufsfeld. Mithilfe dieser Daten soll ausgelotet werden, welche Inhalte zielgruppenadäquate mediale Angebote für Studierende verschiedener Fächer haben könnten.

1 Medienkompetenz als Schlüsselkompetenz

Wissensbasierte Ressourcen und deren internationaler Austausch gewinnen immer mehr an Bedeutung. Aufgrund dieser Tatsache hat sich die Europäische Union das Ziel gesetzt, sich selbst „zum wettbewerbsfähigsten und dynamischsten wissensbasierten Wirtschaftsraum in der Welt zu machen" (Europäischer Rat, 2000, S. 3). Um dieses Ziel zu erreichen, sind Informations- und Kommunikationstechnologien (IKT), welche eine starke Triebkraft für Wachstum, Produktivitätszuwachs und Beschäftigung sind, von zentraler Bedeutung. Spätestens seit dieser europäischen Zielvereinbarung wird der professionelle Umgang mit IKT im Arbeitsalltag erwartet, insbesondere von Angestellten mit akademischer Ausbildung.

Wo dieser Umgang gelernt werden soll, bleibt dagegen offen. Meist sind der Erwerb von Medienkompetenz oder der Umgang mit IKT weder in der Schule noch in der allgemeinen Universitätsausbildung in speziellen Fächern oder Modulen verankert. In der schulischen Ausbildung ist Medienkompetenz ein Querschnittsthema, welches in den Bildungsplänen der Länder zwar ausnahmslos postuliert wird, in der Realität aber von den Gegebenheiten der einzelnen Schule sowie den Kompetenzen und Interessen der Lehrenden vor Ort abhängig ist (vgl. KMK, 2012). Dementsprechend gibt es keine (Mindest-)

Standards, welche medialen Kompetenzen Schüler an die Universität mitbringen. Eine Studie von Notten, Kraaykamp und Konig (2012) zeigt, dass Medienkompetenz vor allem in informellen Settings erworben wird, z.B. in der Familie und im Austausch mit Gleichaltrigen. Folglich haben Studierende zu Beginn ihrer universitären Ausbildung unterschiedliche Wissensressourcen und Fähigkeiten in Bezug auf Medien und im Umgang mit diesen. Trotzdem wird an Hochschulen von Studierenden erwartet, dass sie digitale Medien für verschiedene studienbezogene Aufgaben – zur Informationsrecherche, zum Erstellen und Durchführen von Präsentationen sowie zur Kommunikation – nutzen können und darüber hinaus, dass sie mit allen dafür relevanten Anwendungen vertraut sind (vgl. Stauder, 2013). Bisher ist allerdings ungeklärt, ob Studierende in der Realität über diese im Studium geforderten Medienkompetenzen verfügen und ob diese an der Universität oder Hochschule geforderten und ausgebildeten Kompetenzen an den Einsatz von IKT im späteren Berufsleben anschlussfähig sind.

Im Forschungsprojekt *Aufbau von Medienkompetenz und beruflich relevantem Informationsverhalten im Studium* (AMbrIS) wird den Fragen nachgegangen, wie sich die Medienkompetenz Studierender im Laufe ihres Studiums entwickelt und welche Relevanz diese erworbenen und verfeinerten Kompetenzen im späteren Berufsfeld haben. In diesem Beitrag soll der Frage nachgegangen werden, inwieweit die aktuellen Kompetenzen in verschiedenen Computeranwendungen anschlussfähig an künftige Berufsfelder der Studierenden sind. Dazu werden erste Ergebnisse des Forschungsprojektes vorgestellt. Zunächst wird der aktuelle Forschungsstand zur Thematik aufgezeigt und das methodische Vorgehen beschrieben. Anschließende Fallstudien veranschaulichen exemplarisch die benötigten Medienkompetenzen in drei spezifischen Berufsfeldern, wovon je eines typisch ist für Studierende der Betriebswirtschaftslehre, der Erziehungswissenschaft und der Medizin. Abschließend werden die in diesen speziellen Berufsfeldern benötigten Medienkompetenzen mit den Selbsteinschätzungen von Studierenden verglichen. Diese Einschätzungen wurden in einer Studierendenbefragung an der Universität Tübingen erhoben. Anhand der Ergebnisse soll abgeleitet werden, wie anschlussfähig die momentane Medienkompetenz von Studierenden in drei Fachbereichen für jeweils spezifische Berufsfelder ist.

2   Aktueller Forschungsstand

2.1   Medienkompetenz und Mediennutzung Studierender

Der Begriff Medienkompetenz hat sich innerhalb des bildungspolitischen Diskurses mit der zunehmenden Wichtigkeit von Informations- und Kommunikationstechnologien verbreitet. Er ist mittlerweile *die* Parole für „das Leben und Lernen in der Informationsgesellschaft" (Sutter & Charlton, 2002, S. 129) geworden. Etabliert hat sich die Verwendung dieses Begriffs durch die Habilitationsschrift von Dieter Baacke (1973), auch wenn darin der Begriff Medienkompetenz als solcher noch nicht verwendet wurde. Baacke hat später ausgehend vom Modell der kommunikativen Kompetenz nach Habermas (1971) Medienkompetenz als die Fähigkeit definiert, in einer die „Welt aktiv aneignender Weise auch alle Arten von Medien für das Kommunikations- und Handlungsrepertoire von Menschen einzusetzen" (Baacke, 1996, S. 8). Dabei geht Baacke von den normativen Vorstellungen aus, dass „nur kommunikativ kompetente Individuen am gesellschaftlichen Kommunikationsprozess und damit auch politischen Willensbildungsprozess in demokratischen Gesellschaften im herrschaftsfreien Diskurs teilnehmen können" (Mikos, 2007, S. 28) sowie davon, dass Menschen Medien zur Kommunikation nutzen. Deshalb ist es notwendig kompetent mit Medien umzugehen. Dies verlangt eine stetige Anpassung an sich immer weiter entwickelnde Technologien und Medien sowie an deren Kommunikationsformen. Medienkompetenz stellt folglich eine Aufgabe lebenslangen Lernens dar, privat wie auch beruflich (vgl. Lampert, 2006, S. 216).

Um den Begriff der Medienkompetenz klarer zu umreißen, hat Baacke (1997) diesen in vier Facetten untergliedert: Medienkritik, Medienkunde, Mediennutzung und Mediengestaltung. Ausgehend von dieser Dimensionierung gibt es einige Erhebungsinstrumente für Schüler/innen und/oder Lehrende, welche Medienkompetenz über Selbstauskünfte bzw. Wissens- und Einschätzungsfragen erheben (z.B. Blömeke, 2000; Treumann, Meister, Sander, Burkatzki, Hagedorn, Kämmerer, Strotmann & Wegener, 2007; Sowka, 2009; Billes-Gerhart, 2009). Weitere Messinstrumente haben andere Ausdifferenzierungen von Medienkompetenz oder ähnliche Konstrukte als Grundlage, beispielsweise *media literacy* (z.B. Calvani, Cartelli, Fini & Ranieri, 2008). Allerdings hat sich bisher kein Instrument zur Messung von Medienkompetenz oder medienbezogener Fähigkeiten etabliert. Hauptkritikpunkte sind vor allem die rasche Weiterentwicklung der Technik, weshalb Items zu technischen Aspekten nur eine sehr geringe Halbwertszeit besitzen, die Erfassung von Kompetenzen über Selbstauskünfte sowie die selektive Erfassung einzelner Kompetenzfacetten, wobei häufig die Mediennutzung im Mittelpunkt steht.

Über Studierende gibt es bereits viele nationale (Kleimann et al., 2005, 2008) und internationale (z.B. Margaryan, Littlejohn & Vojt, 2011; Smith, Salaway & Caruso, 2009) Studien, welche die Mediennutzung innerhalb und außerhalb des universitären Kontexts untersuchen. All diese Studien weisen darauf hin, dass Studierende digitale Medien intensiv und im Vergleich zu anderen Gruppen überdurchschnittlich häufig nutzen. Dennoch zeigen sich Unterschiede im Mediennutzungsverhalten zwischen Studierenden verschiedener Fachrichtungen (vgl. Grosch & Gidion, 2011). Diese Unterschiede könnten von einem Selektionseffekt aufgrund der Studienentscheidungen, von einem studienfachspezifischen Sozialisationseffekt oder einer Kombination beider Effekte stammen. Darüber hinaus scheint in der Freizeit erworbene Medienkompetenz nicht auf den universitären Kontext übertragen zu werden (vgl. Schulmeister, 2009). Welche der erworbenen Fähigkeiten als Vorbereitung für spätere Berufsfelder angesehen werden können, ist bislang nicht wissenschaftlich analysiert.

2.2   Mediennutzung im Beruf

Bisher ist wenig über die Relevanz bestimmter Medien in verschiedenen Berufsfeldern sowie die Bedeutung einer universitären Mediensozialisation für die Entwicklung beruflich relevanter Medienkompetenz bekannt. Es scheint allerdings einen Konsens darüber zu geben, dass Medienkompetenz für eine effektive Nutzung digitaler Medien unentbehrlich ist (vgl. Kerres & Voß, 2006; Hesse, Gaiser & Reinhardt, 2006) und dass digitale Medien ein großes Potenzial für erfolgreiches Lernen bieten, weshalb die Nutzung von Medien im Studium als wichtig erachtet werden kann (vgl. Meister & Meise, 2010). Studierende scheinen sich zudem jene Fertigkeiten und Kenntnisse während des Studiums anzueignen, die für den Einsatz von digitalen Medien als Ressource für erfolgreiches Lernen notwendig sind (vgl. Billes-Gerhart, 2009). Dennoch bleibt die Frage offen, inwieweit diese im Studium erworbenen Fähigkeiten an spätere berufliche Bedürfnisse anschließen.

Aufgrund immer neuer interaktiver Internettechnologien ergeben sich immer neue Anforderungen in vielen Berufsfeldern, insbesondere für Arbeitnehmer/innen mit akademischem Hintergrund (vgl. Schmidt-Hertha, Kuwan, Gidion, Waschbüsch & Strobel, 2011). Welche dies sind, wird in diesem Beitrag in drei Beispielen aufgezeigt.

2.3   Aneignung von Medienkompetenz

In modernen Gesellschaften sind nicht nur der Zugang zu verschiedenen Medien, sondern auch die Kompetenzen für die Nutzung digitaler Medien ungleich zwischen verschiedenen sozialen Schichten und Milieus verteilt (vgl. Pietraß, Schmidt & Tippelt, 2005). Infolgedessen kann man davon ausgehen, dass zu Beginn des Studiums die Mediennutzungsmuster sowie verschiedene Facetten von Medienkompetenz bei jedem Studierenden unterschiedlich ausgeprägt sind. An der Universität werden diese Ausgangskompetenzen mit verschiedenen universitäts- und fachspezifischen medialen Anforderungen sowie mit spezifischen medialen Kommunikationsformen für die Interaktion mit Kommilitonen konfrontiert. Deshalb wird im Studium eine Erweiterung, Veränderung und Spezialisierung von medienbezogenen Fähigkeiten erwartet, welche ferner ebenfalls eine Vorbereitung auf spätere potenzielle Berufsfelder sein kann. Unterdessen hängen die spezifischen Anforderungen an Medienkompetenz und den Umgang mit Medien stark vom jeweiligen potenziellen Tätigkeitsbereich ab (vgl. Schmidt-Hertha et al., 2011).

Es kann davon ausgegangen werden, dass informelle Formen des Lernens eine entscheidende Rolle im Hinblick auf den Berufseinstieg und den Verlauf der wissenschaftlichen Karriere spielen (vgl. Schmidt-Hertha, 2011). In diesem Zusammenhang bieten digitale Medien vielfältige Möglichkeiten, wie etwa verschiedene Lern- und Kommunikationsumgebungen (vgl. Todorova, Tippelt, Fischer & Schmidt, 2007). Allerdings variiert die Bedeutung digitaler Medien für Lern-und Kommunikationszwecke von Person zu Person in Abhängigkeit der persönlichen Verwendung von Medien, der eigenen Mediensozialisation sowie der individuellen Medienkompetenz (vgl. Lischka, 2001). Neben diesen persönlichen Faktoren haben wahrscheinlich Besonderheiten verschiedener Studienfächer sowie das angestrebte Berufsfeld einen Einfluss auf die Nutzung von digitalen Kommunikations- und Wissensressourcen. Letztendlich sind nicht alle Formen der Mediennutzung direkt an berufliche Anforderungen und Kontexte anschlussfähig. Die berufsfeldspezifischen Anforderungen an die Medienkompetenz von Studierenden werden in Kapitel 4.1 anhand von drei Beispielen genauer beleuchtet.

3   Methodisches Vorgehen

Um alle Forschungsfragen des Projektes AMbrIS zu beantworten, wurde ein multimethodisches Forschungsdesign entwickelt, welches Experteninterviews, eine standardisierte Studierendenbefragung zu zwei Messzeitpunkten, Mediennutzungstagebücher und qualitative Interviews mit Studierenden enthält. In diesem Beitrag werden Ergebnisse der Experteninterviews und des ersten Erhebungszeitpunktes der standardisierten Studierendenbefragung vorgestellt.

In einem ersten Forschungsschritt wurden Interviews mit Personalverantwortlichen aus der pädagogischen Praxis und der Betriebswirtschaft sowie mit einem Chefarzt eines Krankenhauses durchgeführt, transkribiert und analysiert. Die Methode des Experteninterviews wurde gewählt, um Aussagen über das jeweilige Berufsfeld zu erhalten. Für die Interviews wurde ein Leitfaden entwickelt, der auf jede/n Expertin/en und dessen Berufsfeld angepasst wurde. Der Fokus lag bei der Befragung im berufsfeldspezifischen Umgang mit Medien, den dort benötigten Fähigkeiten, um medienbezogene Aufgaben zu bewältigen und auf den Erwartungen an die Medienkompetenz neuer Mitarbeiter/innen, wie sie im Bewerbungsprozess abgefragt und geprüft wird. Bisher wurden vier Interviews mit einer durchschnittlichen Länge von 25 Minuten realisiert. Die transkribierten Interviews wurden wie bei Mayring (2010) beschrieben inhaltlich analysiert.

Zeitgleich dazu wurde in einem Forschungsverbund[1] ein Onlinefragebogen entwickelt, um Daten von Studierenden verschiedener Studienfächer und Studienphasen zu erheben. Der Fragebogen beinhaltete, unter anderem, detaillierte Fragen zum sozialen Hintergrund, zu demographischen Angaben, zur Studienwahl, zur subjektiven Wahrnehmung des Studiums sowie zum Mediennutzungsverhalten und zur Selbsteinschätzung der eigenen Medienkompetenzen. Für die Erstellung der Fragen zur Mediennutzung und zur Medienkompetenz von Studierenden wurden bereits verwendete Erhebungsinstrumente gesichtet und geprüft. Durch dieses Vorgehen hat sich gezeigt, dass viele der bestehenden Erhebungsinstrumente aufgrund von schnell voranschreitenden technischen Entwicklungen bereits inhaltlich überholt sind. In den endgültigen Fragebogen wurden Skalen und Items aus Treumann et al. (2007), Lü (2008), Billes-Gerhart (2009), Sowka (2009), Grosch & Gidion (2011) sowie Lang, Han & Hillmert (2011) aufgenommen.

In einem ersten Pretest wurden Teile des Fragebogens an einer Stichprobe von Studierenden aus verschiedenen Universitäten getestet und anschließend erheblich gekürzt. In einem zweiten Pretest wurde ein erster Entwurf des kompletten Fragebogens an einer Stichprobe von 176 Studierenden aus ganz Deutschland überprüft. Die Ergebnisse dieses Pretests führten zu weiteren Kürzungen und zu einer randomisierten Reihenfolge der ver-

---

1   Das Projekt AMbrIS ist Teil des Forschungsclusters „Heterogene Informationsumwelten und individuelle Statusübergänge" des WissenschaftsCampus Tübingen. Das Forschungscluster besteht aus vier Teilprojekten unterschiedlicher Fachdisziplinen.

schiedenen Fragegruppen. Dieses Zufallsverfahren wurde in einem dritten Pretest mit 481 Studierenden deutscher Universitäten getestet, bevor der endgültige Fragebogen an die Zielgruppe des Projektes – alle Studierenden der Universität Tübingen – versendet wurde. Während die ersten beiden Pretests der Entwicklung des Instrumentes dienten, wurde im dritten Pretest vor allem an der technischen Umsetzung gefeilt und ein fast identischer Fragebogen wie in der endgültigen Erhebung genutzt. Infolgedessen können die im dritten Pretest gesammelten Daten als Vergleichssample für weitere Analysen genutzt werden.

Die in diesem Beitrag vorgestellten Ergebnisse beziehen sich ausschließlich auf Daten der Hauptbefragung, welche im November und Dezember 2013 erhoben wurden (CampusPanel Tübingen, Welle ‚a'). Die Zielpopulation der Haupterhebung waren alle im Wintersemester 2013/2014 eingeschriebenen Studierenden der Universität Tübingen (außer Doktoranden) – also 26.484 Studierende, die auf unterschiedliche Weise angesprochen wurden: über die Hochschulmailingliste, verschiedene universitäre Onlineauftritte sowie mit in Hauptvorlesungen verteilten Flyern. Insgesamt haben 3.884 Studierende angefangen den Fragebogen auszufüllen, 2.576 haben diesen abgeschlossen. Damit liegt die Gesamtteilnahmequote bei ca. 14,7%; etwa 10% der Gesamtpopulation hat den Fragebogen komplett beantwortet. Die teilnehmenden Studierenden repräsentieren das gesamte Spektrum der Studiengänge der Universität Tübingen. Innerhalb der Stichprobe studieren 40% Geisteswissenschaften, 27% Naturwissenschaften, 21% Sozialwissenschaften und 11% Medizin oder Gesundheitswissenschaften. Die Altersspanne der teilnehmenden Studierenden erstreckt sich von 17 bis 68 Jahren, wovon allerdings nur 4,1% 30 Jahre und älter und 14,2% jünger als 20 Jahre waren. Die meisten Studierenden waren zwischen 20 und 24 Jahren (59%) oder zwischen 25 und 29 Jahren (22,7%) alt. Unter den Studierenden, die den Fragebogen abgeschlossen haben, waren 36% männlich und 64% weiblich.

4   Ergebnisdarstellungen

4.1   Ergebnisse von Interviews mit Personalverantwortlichen verschiedener Berufsfelder

Um einen Einblick in die Erwartungen und Anforderungen bezüglich der Mediennutzung und Medienkompetenz von Berufseinsteigern in unterschiedlichen Tätigkeitsbereichen zu gewinnen, wurden Interviews mit Personalverantwortlichen verschiedener Berufsfelder geführt. Dabei hat sich herausgestellt, dass sich die Anforderungsprofile in den verschiedenen Berufsfeldern deutlich voneinander unterscheiden. In diesem Beitrag wird jeweils ein typisches potenzielles Berufsfeld von Studierenden der Betriebswirtschaft, der Erziehungswissenschaft und der Medizin mittels der Experteninterviews genauer beleuchtet.

4.1.1 Mediale Anforderungen in einem großen internationalen Unternehmen

Ein typisches potenzielles Berufsfeld von Studierenden der Betriebswirtschaftslehre ist das Arbeiten in einem großen internationalen Wirtschaftsunternehmen. Im Interview mit einem Gruppenleiter eines multinationalen Unternehmens hat sich herausgestellt, dass für Angestellte in dieser Branche mindestens ein technisches Gerät unerlässlich ist: der Laptop. Je nach Position kommt das Handy als Gerät zur Erreichbarkeit und Terminkoordination hinzu. Der Laptop wird überwiegend für sämtliche Microsoft Office (MS Office)-Anwendungen genutzt, wobei die Programme Excel, PowerPoint, Word und Outlook besonders wichtig sind. Fortgeschrittene Excel-Kenntnisse sind in diesem Unternehmen eine Voraussetzung. Neben MS-Office-Anwendungen werden zudem firmeninterne Programme und Anwendungen verwendet. Darüber hinaus erfüllt das Internet eine Schlüsselfunktion für den internen Informationsaustausch und für den Kontakt mit Kunden.

Nach Angaben des befragten Gruppenleiters ist es in großen Unternehmen nicht mehr notwendig, dass Arbeitsgruppen am selben Ort zusammenarbeiten; häufig sind Teams über die ganze Welt verteilt. Deshalb gewinnt die digitale Kommunikation immer mehr an Bedeutung. Dabei spielen sowohl interne Netzwerke für den bilateralen Austausch mit anderen Angestellten als auch Webmeeting-Tools und Video- bzw. Voice-Chats eine wichtige Rolle. Der Experte dieses Interviews postuliert, dass online zu kommunizieren und sich mit anderen auszutauschen in diesem Berufsfeld immer wichtiger wird, weshalb er die virtuelle Kommunikation als neuen Teil von beruflich relevanter Medienkompetenz in seinem Berufsfeld ansieht.

4.1.2 Mediale Anforderungen in einer sozialen Institution

Für Studierende der Erziehungswissenschaft ist ein potentielles Berufsfeld das Arbeiten in einer kirchlichen, politischen oder gemeinnützigen (Bildungs-)Organisation. Um Informationen über die medialen Anforderungen in diesem Berufsfeld zu bekommen, wurde ein Bereichsleiter einer konfessionellen Organisation interviewt. Laut unseres Experten bekommen Berufseinsteiger in solchen Organisationen oft die Möglichkeit eigenständig eine kleine Außenstelle zu leiten. In einer solchen Position tragen die Mitarbeiter/innen die Verantwortung für Bildungsangebote der Organisation vor Ort und alle damit verbundenen Aufgaben, wie Werbung, Pflege der Online-Präsenz und Haushaltsführung. Dazu stehen ihnen meist ein Computer, ein Telefon und ein Laptop zur Verfügung. Um unterwegs erreichbar zu sein, kommen oft private Mobiltelefone zum Einsatz. Der Umgang mit MS Office, insbesondere mit Word und Excel, sind dabei besonders wichtig. Darüber hinaus ist der Umgang mit einer Anwendung für Terminabsprachen und E-Mail-Organisation, wie Outlook oder GroupWise, unverzichtbar. Was laut dem Experten für Mitarbeiter/innen in dieser Organisation ebenfalls eine große Rolle spielt, ist der Umgang mit Content-Management-Systemen, um ihre Websites zu pflegen, sowie die Nutzung von Layout- und Bildbearbeitungsprogrammen, um in der Lage zu sein selbständig Flyer und andere Marketingmaterialien zu entwerfen. Seit einigen Jahren wird auch der Umgang mit Social-Media-Anwendungen wie Facebook immer wichtiger, da diese Plattform mittlerweile ein wichtiger Faktor für den Erfolg von Angeboten und der Akzeptanz der Institution vor Ort geworden ist.

4.1.3 Mediale Anforderungen in einem Krankenhaus

Ein Krankhaus ist ein typischer späterer Arbeitsplatz für Studierende der Medizin. Aus diesem Grund wurde ein Oberarzt eines Krankenhauses über den Einsatz von Medien in diesem Berufsfeld interviewt. Im Krankenhaus des befragten Oberarztes wird für viele Arbeitsschritte ein Computer benötigt, v.a. stationäre PCs. Dabei kommen überwiegend Programme und Anwendungen zum Einsatz, die speziell auf den Krankenhausalltag zugeschnitten sind. Bei der Visite beispielsweise kann mit einem Krankenhausinformationssystem auf alle gespeicherten Patientendaten und Befunde zugegriffen werden. Darüber hinaus ist das Internet ein wichtiges Werkzeug zur Recherche, sei es in medizinischen und pharmazeutischen Datenbanken, Zeitschriften oder einem Online-Lehrbuch, in dem über jede bekannte Krankheit ein Überblicksartikel mit den wichtigsten Informationen auffindbar ist. Jedoch führen die spezialisierten Rechercheinstrumente nicht immer ans Ziel: Der befragte Oberarzt berichtete, dass es auch Patienten gäbe, bei denen eine Suche mit Google schließlich entscheidende Erkenntnisse zu deren Krankheitsursache liefert. Der fachkundige Umgang mit Datenbanken und Suchmaschinen ist in diesem Berufsbereich dementsprechend essentiell. Neben diesen spezialisierten Anwendungen ist darüber hinaus die MS-Office-Anwendung Word, im speziellen für Ärztebriefe, von Bedeutung.

In der Wissenschaft tätige Mediziner nutzen darüber hinaus für das wissenschaftliche Schreiben Excel, Access und PowerPoint. Ferner werden Literaturverwaltungsprogramme zum Einpflegen von Literatur, für das Schreiben von Artikeln sowie für den Austausch von Literatur in Arbeitsgruppen verwendet. Nach den Angaben des befragten Oberarztes wird für Mediziner zudem das soziale Wissenschaftsnetzwerk ResearchGate immer wichtiger, um im eigenen Fachgebiet auf dem Laufenden zu bleiben.

4.2   Ergebnisse der Studierendenbefragung

4.2.1 Medienkenntnisse von Studierenden der Betriebswirtschaftslehre

Wie das Interview mit einem Gruppenleiter eines multinationalen Unternehmens gezeigt hat, benötigen Studierende, die in diesem Berufsfeld arbeiten möchten, vor allem Kenntnisse im Umgang mit diversen MS-Office-Produkten. Dabei kommt der Anwendung Excel eine herausragende Bedeutung zu. Ebenfalls wichtig, allerdings nicht in diesem Maße, sind PowerPoint und Outlook. Word wird zwar benötigt, allerdings reichen dort Grundkenntnisse aus. Zudem wurde darauf hingewiesen, dass die virtuelle Kommunikation in diesem Unternehmen eine immer wichtigere Rolle einnimmt.

Betrachtet man die Kenntnisse und Fähigkeiten von Studierenden der Betriebswirtschaftslehre, welche über Selbsteinschätzung in der Studierendenbefragung erhoben wurden, so zeigen sich folgende prozentuale Verteilungen (siehe Abbildung 1).

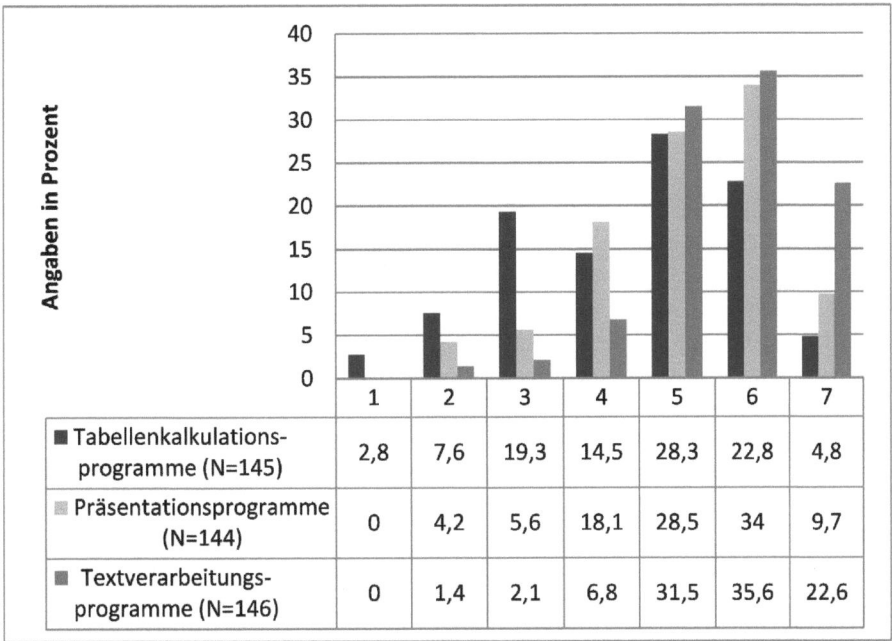

Abbildung 1:   Kenntnisse verschiedener Programme von Studierenden der Betriebswirtschaftslehre von 1 (sehr geringe Kenntnisse) bis 7 (sehr gute Kenntnisse) (eigene Berechnungen und Darstellung auf Basis des CampusPanel Tübingen, Welle ‚a')

44,2% der Studierenden der Betriebswirtschaftslehre gaben an, nur geringe bis mittelmäßige Kenntnisse in Tabellenkalkulationsprogrammen, wie beispielsweise Excel, zu besitzen. Gute und eher gute Kenntnisse haben nach eigenen Angaben 51,1%, sehr gute
Kenntnisse werden von 4,8% der Studierenden angegeben. Präsentationsprogramme wie
PowerPoint werden nach eigenen Angaben von 72,2% der Studierenden eher gut bis sehr
gut beherrscht. Noch höher schätzen Studierende der Betriebswirtschaftslehre ihre Kenntnisse in Textverarbeitungsprogrammen ein: Knapp 90% der Studierenden der Betriebswirtschaftslehre geben eher gute bis sehr gute Textverarbeitungskenntnisse an, 58,2% geben sogar gute bis sehr gute Kenntnisse an.

Der Umgang mit virtuellen Webmeeting-Tools und Video- bzw. Voice-Chats wurde in
der Studierendenbefragung nicht erhoben. Allerdings wurden die Mitgliedschaften in sozialen Netzwerken erfasst, welche von dem befragten Gruppenleiter als gute Trainings-
plattform für das firmeninterne Netzwerk angesehen werden. Von 148 befragten Studierenden der Betriebswirtschaftslehre sagten 62,2% aus, Mitglied in einem sozialen Netzwerk zu sein, 20,9% in zweien und weitere 12,2% sind Mitglied in drei und mehr sozialen
Netzwerken. Gerade einmal 4,7% der befragten Studierenden sind in keinem sozialen
Netzwerk aktiv.

4.2.2   Medienkenntnisse von Studierenden der Erziehungswissenschaft

Das Interview mit einem Bereichsleiter einer konfessionellen Institution hat gezeigt, dass für Berufseinsteiger in dieser Branche Textverarbeitungs- und Tabellenkalkulationsprogramme, Content-Management-Systeme, Bildbearbeitungsprogramme sowie der Umgang mit sozialen Netzwerken zur beruflich relevanten Medienkompetenz zählen.

Wie in Abbildung 2 dargestellt, schätzen Studierende der Erziehungswissenschaft ihre Kenntnisse in Textverarbeitungsprogrammen allgemein als gut ein: Genauer betrachtet, bewerten 89,7% der befragten Studierenden ihre Fähigkeiten in diesen Anwendungen als eher gut bis sehr gut. Anders sehen die Selbsteinschätzungen von Tabellenkalkulations- und Bildbearbeitungsprogrammen aus. Gute bis sehr gute Kenntnisse in Tabellenkalkulationsprogrammen haben gerade einmal 11,1%, eher gute Kenntnisse weitere 19%. Knapp die Hälfte der befragten Studierenden (47,8%) schätzen ihre Fähigkeiten in diesen Anwendungen als gering bis sehr gering ein. Ähnlich werden die Kenntnisse in Bildbearbeitungsprogrammen eingeschätzt. 48,1% der Studierenden der Erziehungswissenschaft geben an, sehr geringe bis geringe Kenntnisse in Bildbearbeitungsprogrammen zu haben. Immerhin 13,3% schätzen ihre eigenen Fähigkeiten im Umgang mit Bildbearbeitungsprogrammen als gut bis sehr gut ein.

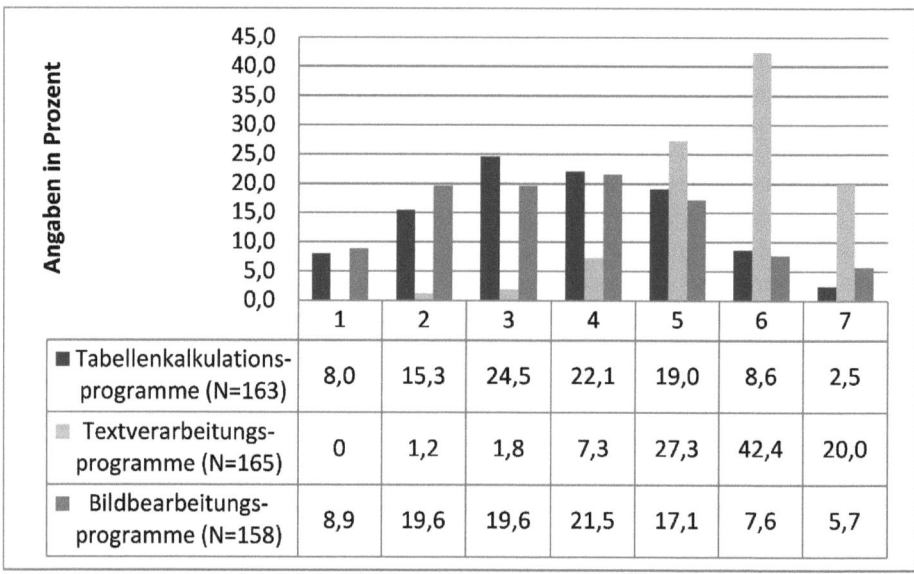

Abbildung 2:   Kenntnisse verschiedener Programme von Studierenden der Erziehungswissenschaft von 1 (sehr geringe Kenntnisse) bis 7 (sehr gute Kenntnisse) (eigene Berechnungen und Darstellung auf Basis des CampusPanel Tübingen, Welle ‚a')

Von den befragten Studierenden der Erziehungswissenschaft (N=168) geben etwa zwei Drittel (67,3%) an, Mitglied in einem sozialen Netzwerk zu sein. 22,7% der Befragten sind sogar Mitglied in zwei oder mehr sozialen Netzwerken. Dennoch ist im Schnitt jeder zehnte Student bzw. jede zehnte Studentin in keinem sozialen Netzwerk aktiv (siehe Abbildung 2).

4.2.3 Medienkenntnisse von Studierenden der Medizin

Im Interview mit einem Chefarzt eines Krankenhauses wurde der Umgang mit Suchmaschinen und Online- bzw. Literaturdatenbanken als sehr wichtige mediale Fähigkeiten von angehenden Ärzten genannt. Darüber hinaus sind Textverarbeitungsprogramme für das Arbeiten in einem Krankenhaus wichtig. Für Mediziner, die ebenfalls in der Forschung tätig sind, kommen Kenntnisse im Umgang mit Excel, PowerPoint, Literaturverwaltungsprogrammen und mit sozialen Netzwerken speziell für Wissenschaftler hinzu. Nach Selbsteinschätzung der Kenntnisse in verschiedenen Anwendungen von Studierenden der Medizin, zeigen sich folgende Selbsteinschätzungen (siehe Abbildung 3).

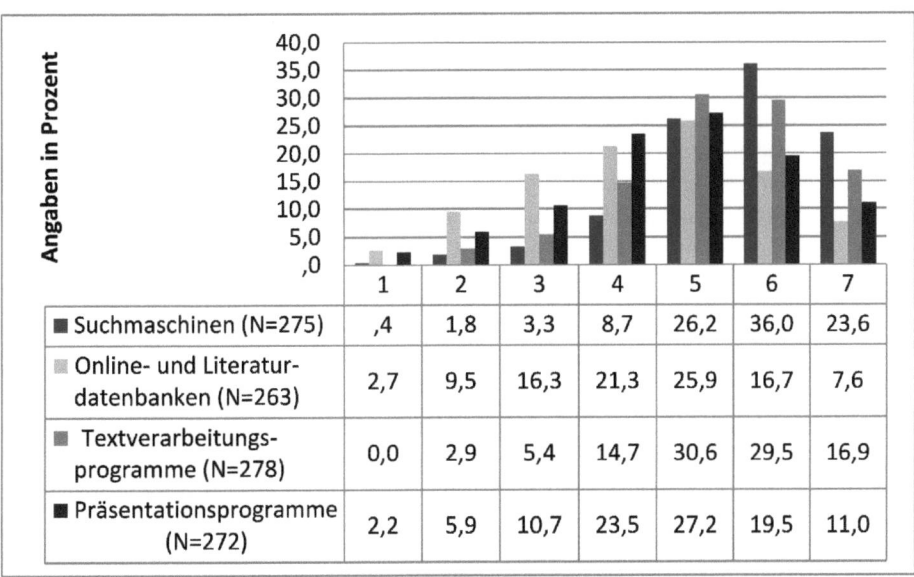

	1	2	3	4	5	6	7
■ Suchmaschinen (N=275)	,4	1,8	3,3	8,7	26,2	36,0	23,6
■ Online- und Literatur-datenbanken (N=263)	2,7	9,5	16,3	21,3	25,9	16,7	7,6
■ Textverarbeitungs-programme (N=278)	0,0	2,9	5,4	14,7	30,6	29,5	16,9
■ Präsentationsprogramme (N=272)	2,2	5,9	10,7	23,5	27,2	19,5	11,0

Abbildung 3:   Kenntnisse verschiedener Programme von Studierenden der Medizin von 1 (sehr geringe Kenntnisse) bis 7 (sehr gute Kenntnisse) (eigene Berechnungen und Darstellung auf Basis des CampusPanel Tübingen, Welle ‚a')

Die eigenen Kenntnisse im Umgang mit Suchmaschinen werden von 59,6% der befragten Studierenden der Medizin als gut bis sehr gut eingeschätzt, weitere 34,9% schätzen ihre Fähigkeiten darin als mittelmäßig bis eher gut ein. Gerade einmal 5,5% schätzen ihre Fähigkeiten als gering bis sehr gering ein. Ähnlich gute Bewertungen geben die befragten Medizinstudierenden ihren Kenntnissen in Textverarbeitungsprogrammen. 46,4% der Befragten geben an, gute und sehr gute Kenntnisse zu haben. Weitere 45,3% geben an, mittelmäßige bis eher gute Kenntnisse in Textverarbeitungsprogrammen zu besitzen. Anders sehen die Bewertungen in Präsentationsprogrammen wie PowerPoint aus. 18,8% der befragten Medizinstudierenden geben an, wenige bis sehr geringe Kenntnisse dieser Anwendungen zu haben, 23,5% haben mittelmäßige Kenntnisse. Dennoch bewertet über die Hälfte (57,7%) der befragten Studierenden die eigenen Kenntnisse als eher gut bis sehr gut. Der Umgang mit Online- und Literaturdatenbanken wurde im Interview mit einem Chefarzt als sehr zentral angegeben. Die befragten Studierenden der Medizin schätzen ihre Kenntnisse in diesen Anwendungen im Vergleich zu anderen Studierenden als eher gering ein. Etwa die Hälfte der Studierenden (49,8%) schätzt die eigenen Fähigkeiten mittelmäßig bis gering ein, die andere Hälfte (50,2%) als eher gut bis sehr gut.

Von den befragten Studierenden der Medizin gaben 70,8% an, Mitglied in einem sozialen Netzwerk zu sein, weitere 16,6% haben zwei Mitgliedschaften. Gerade einmal 1,1% sind in drei oder mehr sozialen Netzwerken Mitglied. Dennoch nutzt etwa jeder neunte Student bzw. jede neunte Studentin keine sozialen Netzwerke.

Ein Vergleich des Faktors *studienbezogene Anwendungskenntnisse* (vgl. Schmidt-Hertha & Rott, 2014), welche besonders für in der Wissenschaft tätige Mediziner wichtig sind, zeigen im Durchschnitt signifikant schlechtere Kenntnisse der Studierenden der Medizin im Vergleich mit allen anderen Befragten der Erhebung. Dieser Faktor beinhaltet die eigenen Einschätzungen der Kenntnisse in Online-, Literatur- und Bibliotheksdatenbanken sowie im Umgang mit Textverarbeitungsprogrammen, welche für das wissenschaftliche Schreiben von besonderer Bedeutung sind. Während dieser Faktor bei der Gesamtstichprobe (N=1691) normalverteilt ist (μ=0, δ=1), ist der Mittelwert der Medizinstudierenden mit μ=-0,33 signifikant geringer, die Standardabweichung beträgt ebenfalls δ=1.

5 Verknüpfung und Interpretation der Ergebnisse

5.1 Verknüpfung der Ergebnisse in den einzelnen Studienfächern

Die Betrachtung der vorgestellten Ergebnisse zeigen sowohl gute als auch weniger gute Passungen der Kenntnisse von Studierenden zu den Anforderungen in einem typischen Berufsfeld ihrer Fachrichtung. Im Folgenden werden die Ergebnisse nach Studienfächern getrennt zusammengefasst und interpretiert.

5.1.1 Betriebswirtschaftslehre

Das Interview mit einem Gruppenleiter eines internationalen Unternehmens hat deutlich gemacht, dass verschiedene Computeranwendungen, vor allem zur Tabellenkalkulation, zur Textverarbeitung, zum Präsentieren sowie zur Organisation von E-Mails und Terminen, in Wirtschaftsunternehmen von zentraler Bedeutung sind. Darüber hinaus wurde die Wichtigkeit der virtuellen Kommunikation deutlich gemacht.

Der befragte Experte hat besonders hervorgehoben, dass sehr gute Kenntnisse im Tabellenkalkulationsprogramm Excel in seinem Unternehmen essentiell sind. Nach den

Selbsteinschätzungen der Studierenden der Betriebswirtschaftslehre sind deren Kenntnisse dieses Programms nur bei etwa einem Viertel der Studierenden gut bis sehr gut, etwa ein weiteres Viertel gibt eher gute Kenntnisse im Umgang mit diesen Anwendungen an; knapp die Hälfte der befragten Studierenden attestieren sich nur sehr geringe bis mittelmäßige Kenntnisse. Wenn auch in anderen Berufsfeldern für Absolventen der Betriebswirtschaftslehre fortgeschrittene Kenntnisse in Tabellenkalkulation verlangt werden, sollten die Module und Inhalte des Studiums hinsichtlich des Kompetenzerwerbes in derartigen Programmen nochmals geprüft werden. Wenn der Umgang mit Tabellenkalkulationsprogrammen nicht ausreichend in Studienordnungen verankert ist, könnte eine Aktualisierung der Studieninhalte nötig sein. Wenn der Umgang mit Tabellenkalkulationsprogrammen bereits im Studienverlauf verankert ist, könnten zusätzliche Angebote für Studierende mit mittelmäßigen bzw. geringen Kenntnissen von Vorteil sein, welche notwendige Kenntnisse wiederholen oder vertiefende Programmkenntnisse vermitteln, um die Berufseinstiegschancen der Absolventen zu verbessern.

Anders verhält es sich mit Textverarbeitungs- und Präsentationssoftware. Während knapp drei Viertel der befragten Studierenden angaben, eher gute bis sehr gute Kenntnisse in Präsentationsprogrammen zu besitzen, sind dies bei Textverarbeitungsprogrammen sogar knappe 90%. Die Beherrschung dieser beiden Programmarten scheint bei Studierenden der Betriebswirtschaft beinahe zum Standard zu gehören.

Nur knappe 5% der Studierenden der Betriebswirtschaftslehre sind in keinem sozialen Netzwerk Mitglied. Alle anderen Studierenden scheinen soziale Netzwerke zu nutzen und als Kommunikationsmittel zu gebrauchen. Damit trainiert der Großteil der Studierenden bereits deren virtuelle Kommunikationskompetenzen. Dennoch bleibt zu prüfen, ob sich auch in anderen Berufsfeldern für Absolventen der Betriebswirtschaftslehre die virtuelle Kommunikation verbreitet. Wenn dies der Fall ist, wäre zu überdenken spezielle Angebote zur professionellen virtuellen Kommunikation, weit über die Nutzung sozialer Netzwerke hinaus, anzubieten, um die Studierenden der eigenen Universität möglichst gut auf deren Berufseinstieg vorzubereiten.

5.1.2 Erziehungswissenschaft

Der Bereichsleiter einer konfessionellen Einrichtung hat aufgezeigt, dass Berufseinsteiger/innen in seiner Branche mit Textverarbeitungs- und Tabellenkalkulationsprogrammen sowie mit sozialen Netzwerken umgehen können müssen. Ebenfalls wichtig ist der Umgang mit Anwendungen, die auf den ersten Blick für Studierende der Erziehungswissenschaft nicht relevant erscheinen: Content-Management-Systeme und Bildbearbeitungsprogramme. Die befragten Studierenden der Erziehungswissenschaft können zum Großteil gut mit einem Textverarbeitungsprogramm umgehen. Anders sieht es bei Tabellenkalkulationsprorammen aus. Etwa die Hälfte der Befragten gibt an eher geringe bis sehr geringe Kenntnisse in diesen Anwendungen zu haben, weitere 22,1% haben nach eigenen Angaben nur mittelmäßige Kenntnisse. Ähnlich verhält es sich bei den befragten Studierenden der Erziehungswissenschaft mit Bildbearbeitungsprogrammen. Da in einigen Berufsfeldern eigenständig Flyer und andere Werbeprodukte gestaltet werden sollen, ist der Umgang mit Bildbearbeitungsprogrammen von Vorteil. Etwa die Hälfte der befragten Studierenden gab an, geringe Kenntnisse in derartigen Programmen zu besitzen, weitere 21,5% gaben nur mittelmäßige Kenntnisse an. Wenn für Absolvent/inn/en der Erziehungswissenschaft Kenntnisse in Tabellenkalkulations- und Bildbearbeitungsprogrammen in weiteren potentiellen Berufsfeldern von Vorteil wären, könnten zusätzliche Angebote im Studium zum Erlernen dieser Programme die Berufseinstiegschancen der Absolvent/inn/en verbessern.

Des Weiteren hat die Studierendenbefragung gezeigt, dass etwa jeder zehnte Studierende der Erziehungswissenschaft keine sozialen Netzwerke nutzt. Ein aktiver Internetauftritt und ein Facebook-Account gehören bei immer mehr sozialen Einrichtungen zum Standard. Eventuell könnte man Studierende dieses Fachbereiches darauf aufmerksam machen und ihnen somit die Möglichkeit geben sich bereits im Studium bzw. vor Eintritt in den Beruf mit diesen Medien selbständig auseinanderzusetzen.

Da in der Studierendenbefragung die Kenntnisse zu Content-Management-Systemen nicht abgefragt wurden, können zu den Kenntnissen der Studierenden mit diesen Anwendungen keine Aussagen gemacht werden. Dennoch erscheint der Umgang mit Content-Management-Systemen sowie ebenfalls mit Bildbearbeitungsprogrammen auf den ersten Blick ungewöhnlich für den Fachbereich der Erziehungswissenschaft. Möglicherweise könnte hier eine Aufklärung während des Studiums helfen, dass Studierende sich selbständig verschiedene Computeranwendungen aneignen, die ihnen in späteren Berufsfeldern nützlich sein können.

5.1.3 Medizin

Das Interview mit dem befragten Chefarzt eines Krankenhauses hat gezeigt, dass der Umgang mit dem PC in diesem Krankenhaus essentiell ist. Es werden vor allem interne Programme genutzt, zudem sind Suchmaschinen, Online- und Literaturdatenbanken sowie Textverarbeitungsprogramme für das Berufsfeld des befragten Experten sehr wichtig. Für das wissenschaftliche Arbeiten in der Forschung kommen Tabellenkalkulations-, Präsentations- und Literaturverwaltungsprogramme hinzu. Wie in den beiden anderen vorgestellten Berufsfeldern werden auch hier spezialisierte soziale Netzwerke für den Austausch von Informationen immer wichtiger. Etwa 90% der Studierenden der Medizin nutzen bereits soziale Netzwerke.

Die eigenen Kenntnisse in Textverarbeitungsprogrammen und im Umgang mit Suchmaschinen schätzen die meisten der befragten Medizinstudierenden als gut ein. Die eigenen Kenntnisse im Umgang mit Online- und Literaturdatenbanken sowie mit Präsentationssoftware werden nur ca. 40% bzw. 50% der Studierenden als gut eingeschätzt. Der Umgang mit diesen Programmen scheint im Studium nicht derartig im Mittelpunkt zu stehen wie in anderen Studienbereichen, bspw. Geistes- oder Sozialwissenschaften. Gerade die Anwendungskenntnisse, die für das wissenschaftliche Arbeiten von Bedeutung sind und über reine Textverarbeitungsprogramme hinausgehen, scheinen nicht bei allen Studierenden der Medizin verbreitet zu sein. Eventuell könnten Angebote von universitären Einrichtungen, wie sie zum Beispiel von Bibliotheken angeboten werden, dabei helfen, mediale Kompetenzen bei diesen Studierenden zu erweitern, insbesondere bei jenen, die neben der praktischen Tätigkeit auch eine wissenschaftliche Karriere anstreben.

5.2 Wie gut ist die Vorbereitung für das spätere Berufsfeld?

In den drei vorgestellten Berufsfeldern wurde die Passung der selbsteingeschätzten mit den von den befragten Experten genannten Kompetenzen abgeglichen. Dabei zeigen sich in allen betrachteten Studienfächern bereits einige Übereinstimmungen mit den in einem typischen potenziellen Berufsfeld geforderten Fähigkeiten. Allerdings wurden in jedem Berufsfeld ebenfalls Fähigkeiten identifiziert, die bei einem Großteil der Studierenden (noch) nicht gut ausgebildet sind. Es bleibt zu prüfen, inwiefern die Selbstauskünfte der Studierenden mit ihren realen Fähigkeiten übereinstimmen. Insgesamt haben die Ergebnisse gezeigt, dass sich der Aufbau beruflich relevanter Medienkompetenz der Studierenden auf einem guten Weg befindet, allerdings Potenzial für weitere Optimierungen aufweist. Wie die berufsfeldspezifische Vorbereitung in anderen Berufsfeldern und bei Studierenden anderer Studienfächer aussieht, werden weitere Auswertungen und Studien zeigen.

Unsere Daten zeigen den momentanen Stand der medialen Fähigkeiten von Studierenden der Universität Tübingen. Wie der Aufbau von beruflich relevanter Medienkompetenz bei Tübinger Studierenden verläuft, wird der zweite Erhebungszeitpunkt der Studierendenbefragung deutlich machen. Die Spezifika der Tübinger Stichprobe hinsichtlich deren Medienkompetenz sollen zudem anhand der Daten des dritten Pretests identifiziert werden.

Literatur

Baacke, D. (1973). *Kommunikation und Kompetenz: Grundlegung einer Didaktik der Kommunikation und ihrer Medien.* München: Juventa.

Baacke, D. (1996). Medienkompetenz – Begrifflichkeit und sozialer Wandel. In: A. v. Rein (Hrsg.), *Medienkompetenz als Schlüsselbegriff* (S. 122-124). Klinkhardt: Bad Heilbrunn.

Baacke, D. (1997). *Medienpädagogik.* Tübingen: Niemeyer Verlag.

Billes-Gerhart, E. (2009). *Medienkompetenz von Lehramtsstudierenden: Eine empirische Beobachtung, Analyse und Interpretation der Orientierungs- und Bewertungsschemata von angehenden Lehrkräften.* Göttingen: Cuvillier.

Blömeke, S. (2000). *Medienpädagogische Kompetenz: Theoretische und empirische Fundierung eines zentralen Elements der Lehrerausbildung.* München: KoPäd.

Calvani, A., Cartelli, A., Fini, A. & Ranieri, M. (2008). Models and Instruments for Assessing Digital Competence at School. *Journal of e-Learning and Knowledge Society,* 4(3), 183-193.

Europäischer Rat (2000). *Schlussfolgerungen des Vorsitzes. Lissabon, 23. und 24. März,* SN100/00DE, URL: www.bologna-berlin2003.de/pdf/BeschluesseDe.pdf (22.05.2014).

Grosch, M. & Gidion, G. (2011). *Mediennutzungsgewohnheiten im Wandel: Ergebnisse einer Befragung zur studiumsbezogenen Mediennutzung.* Karlsruhe: KIT Scientific Publishing.

Habermas, J. (1971). Vorbereitende Bemerkungen zu einer Theorie der kommunikativen Kompetenz. In: N. Luhmann (Hrsg.). *Theorie der Gesellschaft oder Sozialtechnologie,* Frankfurt: Suhrkamp.

Hesse, F. W., Gaiser, B. & Reinhardt, J. (2006). e-teaching.org: Das Lehren mit digitalen Medien lernen. In K. Solbach & W. Spiegel (Hrsg.), *Entwicklung von Medienkompetenz im Hochschulbereich: Perspektiven, Kompetenzen und Anwendungsbeispiele* (S. 55-70). Düsseldorf: kopaed.

Kerres, M. & Voß, B. (2006). Kompetenzentwicklung für E-Learning: Support-Dienstleistungen lernförderlich gestalten. In: K. Solbach & W. Spiegel (Hrsg.), *Entwicklung von Medienkompetenz im Hochschulbereich: Perspektiven, Kompetenzen und Anwendungsbeispiele* (S. 35-54). Düsseldorf: kopaed.

Kleimann, B., Özkilic, M. & Göcks, M. (2008). *Studieren im Web 2.0: Studienbezogene Web- und E-Learning Dienste.* HIS Hochschul-Informations-System GmbH. Hannover HISBUS-Kurzinformationen 21.

Kleimann, B., Weber, S. & Willige, J. (2005). *E-Learning aus Sicht der Studierenden.* HIS Hochschul-Informations-System GmbH. Hannover: HISBUS-Kurzbericht 10.

KMK – Kultusministerkonferenz (2012). *Medienbildung in der Schule. Beschluss der Kultusministerkonferenz vom 8. März 2012.* URL: www.kmk.org/fileadmin/veroeffentlichun gen_beschluesse/2012/2012_03_08_Medienbildung.pdf (22.05.2014).

Lampert, C. (2006). Medienkompetenz. In: Hans-Bredow-Institut (Hrsg.): *Medien von A bis Z* (S. 216-218). Wiesbaden: VS Verlag.

Lang, V., Han, M. & Hillmert, S. (2011). *Datenhandbuch Studierendenbefragung WissenschaftsCampus Tübingen 1. Förderphase.* Tübingen.

Lischka, I. (2001). Gründe der Studienentscheidung und Erwartungen zum Übergang in den Beruf: Aspekte der Generierung hochschulischer Qualitätsziele. In: J.-H. Olbertz, P. Pasternack & R. Kreckel (Hrsg.), *Qualität: Schlüsselfrage der Hochschulreform* (S. 147-184). Weinheim: Beltz.

Lü, Q. (2008). *Medienkompetenz von Studierenden an chinesischen Hochschulen.* Wiesbaden: VS Verlag.

Margaryan, A., Littlejohn, A. & Vojt, G. (2011). Are digital natives a myth or reality? University students' use of digital technologies. *Computers and Education,* 56 (2), 429-440.

Mayring, P. (2010). *Qualitative Inhaltsanalyse. Grundlagen und Techniken.* Weinheim: Beltz Verlag.

Meister, D. M. & Meise, B. (2010). Emergenz neuer Lernkulturen: Bildungsaneignungsperspektiven im Web 2.0. In: B. Herzig, D. M. Meister, H. Moser & H. Niesyto (Hrsg.), *Jahrbuch Medienpädagogik 8* (S. 183-199). Wiesbaden: VS Verlag.

Mikos, L. (2007). Mediensozialisation als Irrweg – Zur Integration von medialer und sozialer Kommunikation aus der Sozialisationsperspektive. In: D. Hoffmann & L. Mikos (Hrsg.), *Mediensozialisationstheorien. Neue Modelle und Ansätze in der Diskussion* (S. 27-46). Wiesbaden: VS Verlag.

Notten, N., Kraaykamp, G. & Konig, R. P. (2012). Family media matters: unraveling the intergenerational transmission of reading and television tastes. *Sociological Perspectives,* 55(4), 683-706.

Pietraß, M., Schmidt, B. & Tippelt, R. (2005). Informelles Lernen und Medienbildung. *Zeitschrift für Erziehungswissenschaft,* 8(3), 412-426.

Schmidt-Hertha, B. (2011). Formelles, non-formales und informelles Lernen. In S. Bohlinger & G. Münchhausen (Hrsg.), *Validierung von Lernergebnissen: Recognition and Validation of Prior Learning* (S. 233-252). Bielefeld: wbv.

Schmidt-Hertha, B., Kuwan, H., Gidion, G., Waschbüsch, Y. & Strobel, C. (2011). *Web 2.0. Neue Qualifikationsanforderungen in Unternehmen.* Bielefeld: wbv.

Schmidt-Hertha, B. & Rott, K. J. (2014). Developing Media Competence and Work-Related Informational Behavior in Academic Studies. *International Journal on Advances in Education Research (EduRe Journal),* 1, 90-108.

Schulmeister, R. (2009). *Gibt es eine „Net Generation"? Dekonstruktion einer Mystifizierung.* Hamburg: University of Hamburg. URL: www.zhw.uni-hamburg.de/uploads/schulmeister _net-generation_v3.pdf (26.02.2014).

Smith, S. D., Salaway, G. & Caruso, J. B. (2009). *The ECAR Study of Undergraduate Students and Information Technology 2009.* USA: ECAR. URL: www.educause.edu/Resources/The ECARStudyofUndergraduateStu/187215 (26.02.2014).

Sowka, A. E. (2009). *Die Messung von Medienkompetenz: Erprobung eines Erhebungsinstruments für die Dimension „Medienkritikfähigkeit".* Unveröffentlichte Masterarbeit.

Stauder, A. (2013). 2012 survey of the preservation, management, and use of audiovisual media in European higher education institutions. *OCLC Systems & Services,* 29(4), 218-234.

Sutter, T., Charlton, M. (2002). Medienkompetenz – einige Anmerkungen zum Kompetenzbegriff. In: N. Groeben, B. Hurrelmann (Hrsg.), *Medienkompetenz* (S. 129-147). Weinheim: Juventa.

Todorova, A., Tippelt, R., Fischer, F., Schmidt, B. (2007). *Impact of digital technologies on learning outcomes, cognitive skills, social development and attitudes: A review of the research literature in the German-speaking regions.* Paris: OECD Publishing.

Treumann, K. P., Meister, D.M, Sander, U., Burkatzki, E., Hagedorn, J., Kämmerer, M., Strotmann, M. & Wegener, C. (2007). *Medienhandeln Jugendlicher: Mediennutzung und Medienkompetenz: Bielefelder Medienkompetenzmodell.* Wiesbaden: VS Verlag.

Christian Schöne

Optimierung einer Lernumgebung für berufstätige Studierende
Ein Praxisbeispiel

Abstract

Wenn heterogene Zielgruppen für Online- oder Blended-Learning-Angebote gewonnen werden und sie diese erfolgreich absolvieren sollen, kommt es entscheidend darauf an, auch die Online-Lernumgebung an die Bedürfnisse dieser Zielgruppen anzupassen. Dies betrifft z. B. die Auswahl der unterstützten Endgeräte, die Benutzerführung, den Mix aus synchronen und asynchronen Elementen, die Auswahl der eingesetzten Tools und – nicht zuletzt – auch das Design der Lernumgebung.

Im Center für Lebenslanges Lernen (C3L) an der Universität Oldenburg wird seit 2007 eine eigens entwickelte internetgestützte Lernumgebung verwendet. Das Design bildet die Struktur von Studiengängen und Modulen über ein Zwei-Ebenen-Konzept in intuitiv verständlicher Weise ab und bietet Studierenden und Lehrenden einen schnellen Überblick aktueller Neuigkeiten.

In 2012 wurde beschlossen, das System von Grund auf neu zu entwickeln. Ein wichtiger Grund dafür war der Wunsch, die bisherige Plattform (Lotus Domino) auf eine Basis von Open-Source-Produkten umzustellen. Zugleich sollte das Potenzial aktueller Web-Technologien wie HTML5 und Echtzeit-/Push-Technologien für verbesserte Bedienbarkeit und Nutzerinteraktion genutzt werden.

Am Beispiel der neuen Lernumgebung des C3L wird gezeigt, wie eine solche Anpassung an das Profil der Zielgruppe (hier: berufstätige Studierende) gelingen kann. Dabei werden Potentiale neuer Web-Technologien für internetgestützte Lernumgebungen erläutert und es wird auf die Unterstützung mobiler Endgeräte eingegangen.

1 Zielgruppe, Blended-Learning-Szenario und didaktischer Grundrahmen

Die vom C3L betreuten berufsbegleitenden Studiengänge (BBS) der Universität Oldenburg sind speziell auf Personen mit eingeschränktem Zeitbudget ausgerichtet. Die Studierenden besitzen häufig mehrjährige Berufserfahrung oder unterliegen anderen zeitlichen Einschränkungen, etwa durch familiäre Verpflichtungen, und sind in der Regel etwas älter als Studierende in den grundständigen Studiengängen. Das Durchschnittsalter liegt zwischen 25-30 Jahren (Bachelor) und zwischen 35-40 Jahren (Master) je nach Studiengang.

Um ein zeitlich flexibles Studieren zu ermöglichen, wird ein typischen Blended-Learning-Konzept mit alternierenden Online- und Präsenzphasen (vgl. Kerres, 2013)[1] angewendet. Ein Modul besteht im Regelfall aus fünf Phasen:

Die **Vorbereitungsphase** dient zur Bearbeitung der Studienmaterialien in eigener Regie sowie deren Diskussion in der Lernumgebung und beinhaltet in der Regel Online-Aufgaben zur Vertiefung der Inhalte. Die Vorbereitungsphase dauert ein bis zwei Monate. Im Anschluss findet die **erste Präsenzphase** statt. Der typische Zeitumfang beträgt zwei Tage; sie dient der Vertiefung einzelner Themen und der Bildung von Projektgruppen, die in der **Projektphase** jeweils ein Thema über ca. zwei Monate hinweg bearbeiten. Die Ergebnisse der Projektphase werden in einer Präsentation zusammengestellt und während der **zweiten Präsenzphase** (ebenfalls zwei Tage) vorgestellt und gemeinsam diskutiert. In der **Abschlussphase** besteht ggf. Zeit zur Überarbeitung von Projektergebnissen und abschließender Diskussion der Lerninhalte. Die Abschlussphase beträgt im Regelfall vier Wochen.

Der Schwerpunkt ist somit deutlich im Bereich E-Learning verortet. Die Online-Phasen werden durch Mentoren und Dozenten proaktiv betreut, die Kommunikation wird über die C3L-Lernumgebung abgewickelt. Um die Vermittlung von komplexem Wissen zu fördern, liegt den BBS ein konstruktivistisch, kompetenzorientiertes didaktisches Modell zu Grunde, welches wesentlich durch die Projektarbeit gestützt wird. Die Themenvorschläge für die Projektarbeit entstammen in der Regel von den Studierenden selbst und stehen daher häufig in Bezug zu den beruflichen Tätigkeiten der Teilnehmenden.

Eine Lernumgebung sollte in untergeordneter Weise dem Instruktionsdesign angepasst sein. Nach Schulmeister kann E-Learning in zwei Gruppen aufgeteilt werden: „Während der Studierende im E-Learning-Typ A sich vorwiegend mit vorgefertigten Lernobjekten auseinandersetzt, erarbeitet der Studierende im E-Learning-Typ B Wissen gemeinsam mit anderen" (Schulmeister, 2005, S. 487). Die beiden genannten Typen von E-Learning können leicht mit zwei didaktischen Paradigmen assoziiert werden; während Typ A dem Instruktionsparadigma entspricht, folgt Typ B dem Konstruktionsparadigma (vgl. Zawacki-Richter, 2013).

Es ist naheliegend, dass die von Schulmeister vorgenommene Typisierung zu unterschiedlichen Qualitätsdimensionen für beide Typen von E-Learning führen muss. Er subsummiert die Unterschiede im Qualitätsbegriff folgendermaßen: „Während im Typ A die Qualität des Lernens überwiegend von der Interaktivität der Lernobjekte abhängt, beruht

---

1   Anmerkung: Kerres konnotiert den Begriff „Blended-Learning" eher negativ. Für ihn drückt der Begriff Lernszenarien aus, in denen „Teile des konventionellen Unterrichts ersetzt werden durch mediengestützte Verfahren, der Rest des Unterrichts aber wie bisher stattfindet" (Kerres, 2013, S. 410). Lernszenarien, in deren Planung der Einsatz unterschiedlicher Medien a priori berücksichtigt wird, bezeichnet er als „Hybride Lernarrangements" (Kerres, 2013, S. 412). In diesem Text drückt Blended-Learning jedoch ein ganzheitliches Konzept aus, welches eher mit Kerres „Hybridem Lernarrangement" übereinstimmt.

die Qualität der Lernprozesse im Typ B sehr auf der Qualität der Moderation"
(Schulmeister, 2005, S. 487).

Die wichtigste Aufgabe der C3L-Lernumgebung besteht somit darin, die bestmögliche
Unterstützung für den Moderationsprozess zu bieten. Im Vordergrund stehen daher Werkzeuge für synchrone und asynchrone Kommunikation, wobei Mittel der asynchronen
Kommunikation zwingend verfügbar sein müssen, um die zeitliche Flexibilität zu erhalten.

2   Medien-/Endgerätenutzung

Eine gute Übersicht zur Medien- und Endgerätenutzung durch Studierende bietet der
ECAR-Report (Dahlstrom, 2013). Für die Entwicklung einer internetgestützten Lernumgebung ist vorrangig die Endgerätenutzung von Interesse. Die Bereitstellung von Studienmaterialien in verschiedenen Formaten betrifft das Design einer Lernumgebung nur
indirekt und unter bestimmten Voraussetzungen. Besondere Gründe könnten beispielsweise multimedial aufbereitete, mit interaktiven Simulationen angereicherte Lerninhalte sein.
Eine derartige Entscheidung gehört jedoch zu einem übergeordneten Bereich des Instruk-
tionsdesigns – interaktive Simulationen sind beispielsweise besonders für Unterricht nach
dem Instruktionsparadigma (vgl. Kapitel 1) von Bedeutung.

2.1   ECAR-Studie

An der aktuellen ECAR-Studie nahmen N=113.000 Studierende von insgesamt 251 Institutionen aus 14 Ländern teil, die überwiegende Mehrheit bilden Studierende aus den USA.

Abbildung 1 bietet eine Übersicht zum Besitz von Endgeräten der befragten Studierenden. Die erste Erkenntnis ist, dass Studierende nahezu ausnahmslos über einen Laptop,
Desktop- oder Tablet-PC verfügen. Weiterhin ist klar ersichtlich, dass der Trend in Richtung mobiler Geräte zeigt: Tablets, Laptops und Smartphones ersetzen zunehmend den
klassischen Desktop-PC. Interessant ist auch, dass die Verbreitung dedizierter E-Book-
Reader im Vergleich dazu deutlich langsamer voranschreitet. Vermutlich ist dies dem
Umstand geschuldet, dass E-Books problemlos mit Smartphones, Laptops und Tablet-PCs
gelesen werden können, während E-Reader spezialisierte Geräte sind.

Neben dem Besitz von Endgeräten wurden die Teilnehmenden der ECAR-Studie auch
zu Einsatz und Nutzen unterschiedlicher Endgeräte für das Studium befragt. Die Ergebnisse sind in Abbildung 2 dargestellt. Das wichtigste technische Werkzeug von Studierenden
ist aktuell eindeutig der Laptop mit steigender Nutzung und Bedeutung. Die Nutzung für
akademische Zwecke ist bei allen dargestellten Endgeräten gestiegen, die Bedeutung ist
aber lediglich bei Smartphones und Laptops merklich angestiegen. Internetgestützte Lernumgebungen sollten daher im Schwerpunkt für die Nutzung durch PCs optimiert sein –
rein technisch muss dabei zwischen Laptops und Desktop-PCs nicht unterschieden werden. An zweiter Stelle erscheint es sinnvoll Unterstützung für Smartphones zu bieten,
bzw. diese auszubauen. Die Zukunft von Tablet-PCs im akademischen Bereich ist aktuell
schwer einzuschätzen. Die Nutzung ist zwar stark angestiegen, die Bedeutung jedoch

nicht. Möglicherweise führt der enorme Anstieg in der Verbreitung von Tablets (vgl. Abbildung 1) schlicht dazu, dass Studierende häufiger ein Tablet im Gepäck haben und dieses dann ggf. auch dafür nutzen, um Informationen im Rahmen des Studiums abzurufen.

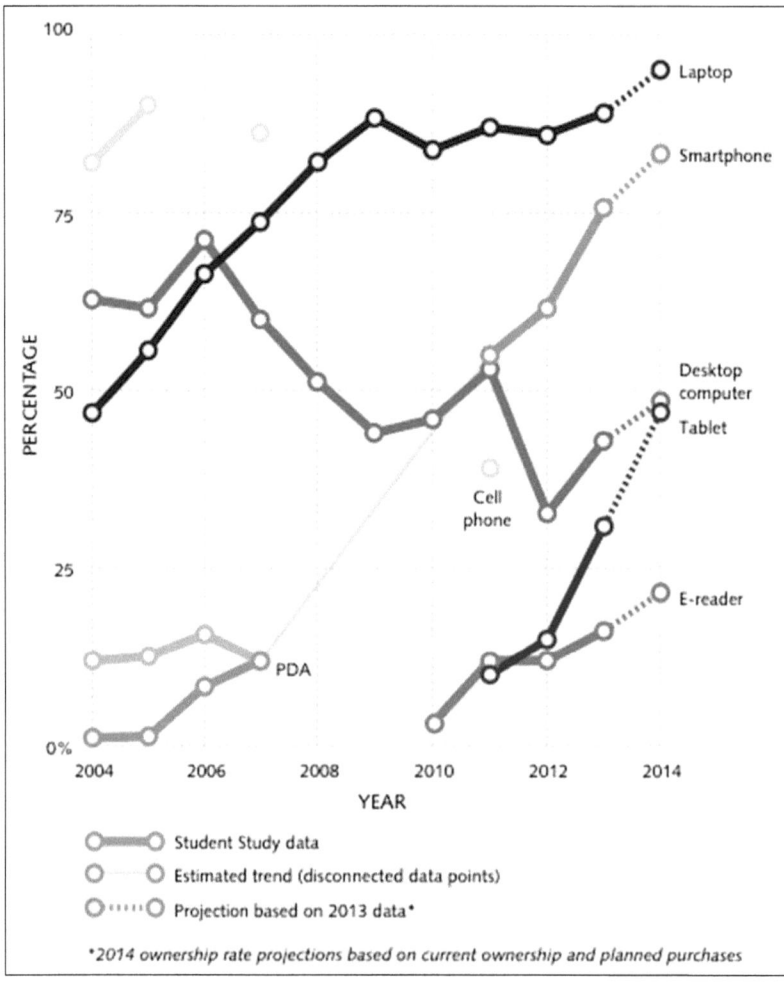

Abbildung 1:   Besitz von Endgeräten (Dahlstrom, 2013, S. 26)

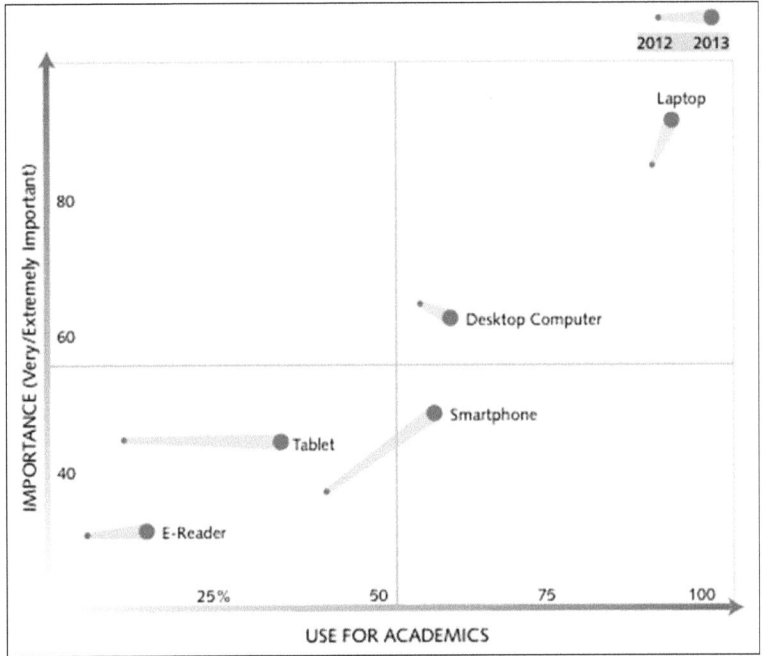

Abbildung 2: Nutzung von Endgeräten im Studium und relative Wichtigkeit (Dahlstrom, 2013, S. 27)

2.2 Studie „Mediennutzung im Studium"

Im Rahmen des vom BMBF geförderten Projektes MINT-Online[2] wurde eine Studie zur Mediennutzung im Studium durchgeführt (Zawacki-Richter, Hohlfeld & Müskens, 2014). Die Teilnehmerzahl ist mit N=2.338 um zwei Größenordnungen kleiner als die aktuelle ECAR-Studie, bietet aber eine gezielte Differenzierung zwischen ‚traditionellen Studierenden' (TS) (N_{TS}=1.508) und ‚nicht traditionellen Studierenden' (NTS) (N_{NTS}=771). Die Kriterien für die Zuordnung zur Gruppe der NTS sind vergleichbar mit der Zielgruppendefinition der BBS. Konkret wurden Teilnehmende der Gruppe der NTS zugeordnet, wenn sie:

– An einem Fern-/Onlinestudium teilnehmen,
– oder in Teilzeit studieren,
– oder mehr als 19 Stunden/Woche berufstätig,
– oder älter als 30 Jahre sind.

Der explizite Zweck dieser Studie ist es, „Aufschluss über die formelle und informelle Medien- und Lernumwelt der Studierenden, die Implikationen für die Gestaltung und

---

2   www.mintonline.de (08.07.2014).

Weiterentwicklung medialer Lernumgebungen" (Zawacki-Richter, Hohlfeld & Müskens, 2014, S. 0) zu erhalten.

In Abbildung 3 sind die Ergebnisse der Studie für den Besitz von Endgeräten dargestellt. Rein qualitativ unterscheiden sich (die vergleichbareren) Ergebnisse kaum, lediglich der Anteil Studierender im Besitz mobiler Endgeräte fällt hier deutlich geringer aus als in der ECAR-Studie.

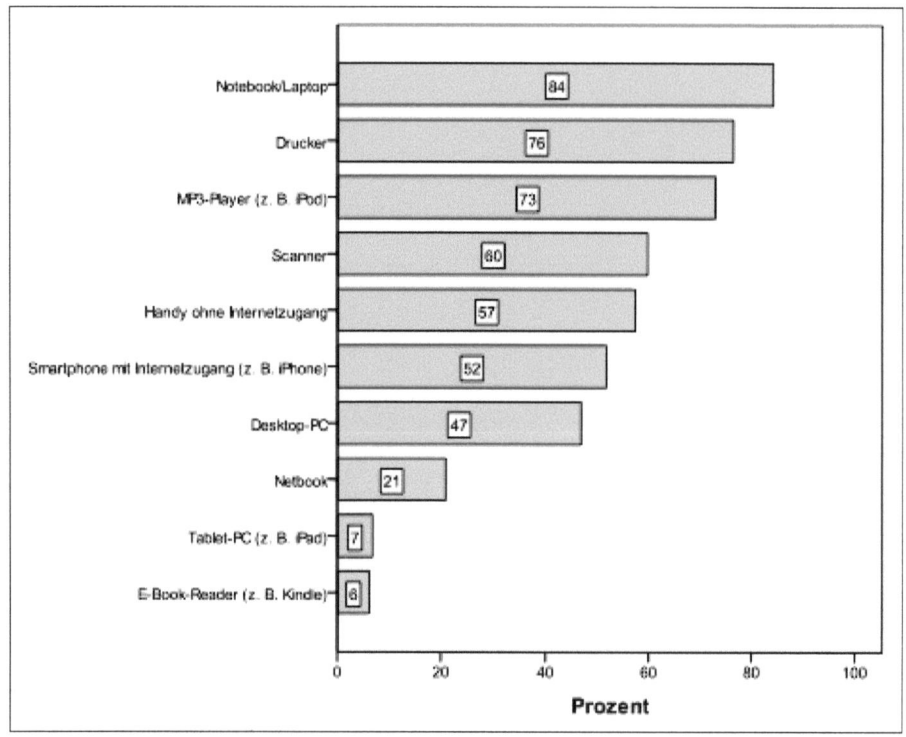

Abbildung 3:   Besitz von Endgeräten durch Studierende (N=2.338) (Zawacki-Richter, Hohlfeld & Müskens, 2014, S. 10)

Es ist davon auszugehen, dass dies lediglich in dem traditionell etwas konservativerem Kaufverhalten deutscher Konsumenten gegenüber amerikanischen begründet ist und wird sich sehr wahrscheinlich in den nächsten Jahren angleichen. Interessant sind die Ergebnisse der (in der Abbildung nicht aufgeführten) Unterschiede zwischen traditionellen und nicht traditionellen Studierenden: Der Studie nach besitzen nicht traditionelle Studierende häufiger „einen Tablet-PC (z. B. iPad) und E-Book-Reader (z. B. Kindle): 11% gegenüber 6% bzw. 11% gegenüber 4%. Beim Smartphone mit Internetzugang (z. B. iPhone) ist es jedoch umgekehrt: 54% der traditionellen Studierenden gegenüber 50% der NTS besitzen ein Smartphone. In allen anderen Bereichen sind die Verhältnisse relativ ausgeglichen" (Zawacki-Richter, Hohlfeld & Müskens, 2014, S. 10).

Insgesamt zeigt die Studie auf, dass nicht traditionell Studierende ein breiteres Spektrum an Medien und technischen Hilfsmitteln einsetzen und sich zudem weitere technische und mediale Unterstützung wünschen. Im Fazit der Studie wird hervorgehoben, dass Lernumgebungen insbesondere für berufstätige Studierende Werkzeuge für kooperatives Lernen und Arbeiten anbieten und mit mobilen Endgeräten nutzbar sein sollten (Zawacki-Richter, Hohlfeld & Müskens, 2014, S. 31f.).

3   C3L-Lernumgebung

Das Center für Lebenslanges Lernen betreibt seit 2007 eine eigens entwickelte Lernumgebung auf der Basis von IBM (Lotus) Domino. Die wichtigsten Gründe für eine eigene Lernumgebung sind:

-   Reduktion auf die benötigten Funktionen ermöglicht minimale Komplexität und intuitiv einfache Nutzung;
-   die Unabhängigkeit von externen Dienstleistern erleichtert Anpassungen und Neuerungen;
-   direkte intra-institutionelle Kommunikation zwischen didaktischem Personal und Entwicklern der Lernumgebung.

Dabei ist der letzte Punkt nicht zu unterschätzen – in der Regel kommunizieren Programmentwickler/innen von und Lehrende in Studiengängen mit ihrer IT-Abteilung über Einsatz, Konfiguration und Entwicklung von Lernplattformen. Bekanntermaßen haben beide Personenkreise häufig unterschiedliche Ansichten. Ohne dass ein ernsthaftes Konfliktverhältnis vorliegt, sind Schwierigkeiten in der Kommunikation oftmals vorhanden, zudem muss die „institutionelle Firewall" überwunden werden. Größere strukturell/organisatorische und persönliche Nähe erleichtern die Kommunikation zwischen Expert/inn/en für Didaktik und IT in erheblichem Maße.

Nach mehr als fünf Jahren des erfolgreichen Betriebs der C3L-Lernumgebung wurde 2012 beschlossen, die Lernumgebung mit Ruby on Rails (Hansson, kein Datum) neu zu implementieren. Diese Entscheidung wurde durch ausstehende Modernisierungen und den Wunsch eine andere technische Basis zu verwenden motiviert.

Ruby on Rails ist ein quelloffenes Web-Applikation Framework, dass in der Programmiersprache Ruby (Ruby-Community, kein Datum) verfasst ist und in den letzten Jahren zunehmend große Verbreitung gefunden hat. Das Framework setzt auf eine Model-View-Controller-Architektur (MVC) zur logischen Trennung zwischen Datenmodell, Kontrollfluss und Darstellung. Die Verwendung der REST-Architektur (Representational State Transfer) stellt einen Aspekt der ‚convention over configuration'-Philosophie von Rails dar, welche insgesamt eine agile Entwicklung und Rapid-Prototyping erleichtert. Zudem existieren zahlreiche frei verfügbare und ausgereifte Bibliotheken für Ruby und RoR, über die viel Entwicklungsaufwand eingespart werden kann.

Die Entwicklungsarbeiten wurden im Rahmen des Projektes Mint.online durchgeführt.

3.1   Übersicht C3LLO

Ein Grundkonzept der C3L-Lernumgebung ‚C3LLO' ist die Verwendung von zwei inhaltlichen Ebenen zur Darstellung von Modulen und des Studiengangs. Der Studiengang wird
als Hauptebene abgebildet und bietet neben auswählbaren Funktionen eine Übersicht neuer Ereignisse, Termine, aktueller Mitteilungen und belegten Modulen auf der Startseite.
Die Startseite eines Moduls bietet ebenfalls eine Übersicht der modulspezifischen Neuigkeiten sowie eine Schnellübersicht der Arbeitsgruppen. Studierende können so umgehend
auf die Funktionen ihrer Gruppe(n) zugreifen und Lehrende haben eine schnelle Übersicht
aller Gruppen. Zwischen der Haupt- und Modulebene kann über einen zentralen Reiter
jederzeit gewechselt werden. Der Wechsel zwischen Modulen oder ggf. auch Studiengängen ist jederzeit über eine Sprungnavigation möglich. Diese intuitiv einfache Struktur
wurde bei der Neuentwicklung übernommen.

Alle Funktionen der Lernumgebung (wie etwa Foren, Dateiablagen, Nachrichtenfunk-
tion u.v.m.) können beliebig einer der Ebenen oder einer Gruppe zugeordnet werden. Diese Kopplung wird durch eine sehr einfache Schnittstelle realisiert, in der lediglich die Zuordnung zu einem Personenkreis (Modul, Studiengang, Gruppe) und die entsprechende
Verankerung im Navigationsmenü definiert werden. Durch die einfache Schnittstelle können neue Funktionen auf einfache Weise hinzugefügt werden, die lose Art der Kopplung
minimiert zudem die, bei Plugin-Systemen häufig vorhandenen, Einschränkungen und
vorausgesetzte Kenntnis des Gesamtsystems. Funktionen werden vom System anhand der
implementierten Schnittstelle automatisch erkannt und sind unmittelbar nach ihrer Erstellung verfügbar.

Bei der Einrichtung von Studiengängen und Modulen werden Funktionen und Menü-
strukturen entweder per Drag&Drop erstellt oder aus benutzerdefinierten Templates erzeugt (dies beinhaltet die Vorauswahl von Funktionen für Gruppen). Die Funktionen Forum, Nachrichten/Mail und Dateiablage bilden die Grundlage einer jeden Lernumgebung.
Aus diesem Grund wurde hier besonderer Wert auf intuitive Bedienung und Übersichtlichkeit gelegt. Postfächer werden beispielsweise mit sortierbaren Tabellen dargestellt, um
Nachrichten schnell nach Eingangsdatum, Betreff, Sender bzw. Empfänger oder der Anzahl der Anhänge zu sortieren. Die Dateiablage unterstützt Drag&Drop-Interaktionen zum
Verschieben von Dateien und Ordnern (vgl. Kapitel 3.3.1 Dateiablage mit Drag&Drop-
Upload), das Forum bietet die Möglichkeit Entwürfe zu erstellen, bei der Darstellung eines Beitrags kann jederzeit der aktuelle Thread eingeblendet und darin navigiert werden.

In der alten C3L-Lernumgebung wurden in den Projektgruppen Wikis bereitgestellt,
um Unterstützung für die gemeinsame Entwicklung von Texten zu bieten. Diese wurden
jedoch nur spärlich verwendet. Ein häufig genannter Grund dafür war die Notwendigkeit
die Wiki-Syntax zumindest in den Grundzügen lernen zu müssen. Als Alternative bieten
wir in C3LLO nun Etherpads an (vgl. Etherpad, Chat und Online-Awareness-Funktion in
C3LLO) und evaluieren deren Nutzen für die Studierenden.

3.2   Unterstützung für mobile Endgeräte

Den aktuellen Erkenntnissen nach (vgl. Kapitel 2) sollte die Lernumgebung mit mobilen Endgeräten gut nutzbar sein. Bei der heutigen Anzahl verschiedener internetfähiger mobiler Endgeräte ist es nicht leicht, einen optimalen Zugang für alle Geräte zu realisieren. Es wurde daher entschieden, eine gesonderte Lösung für Smartphones zu entwickeln. Mit den meisten Tablet-PCs kann C3LLO über die reguläre, für Laptop und Desktop-PCs optimierte Web-Schnittstelle problemlos genutzt werden.

Zur Optimierung von Anwendungen für Mobiltelefone bieten sich zwei grundlegengende Lösungsmöglichkeiten an:

– Native App,
– Stylesheet für kleine Bildschirme.

Beide Möglichkeiten haben verschiedene Vor- und Nachteile: Native Apps müssen für jedes Betriebssystem eigens entwickelt werden – aktuell müssen aufgrund erheblicher Marktpräsenz mindestens zwei Systeme unterstützt werden: iOS (Apple) und Android (Google). Im Gegenzug bieten native Apps eine Reihe von Vorteilen:

– Zugriff auf Funktionen und Sensoren des Endgeräts;
– Designelemente und clientseitige Skripte sind Bestandteil der App, keine Übertragung von HTML, CSS, Javascript und Bildern notwendig;
– serverseitige Templates erfordern keine zusätzlichen Verzweigungen, um mobile Geräte gezielt zu berücksichtigen;
– häufig ist nur eine Teilmenge der Funktionen einer Webanwendung für mobile Nutzung sinnvoll.

Insbesondere für komplexere Webseiten (wie etwa Lernumgebungen) kann es daher durchaus sinnvoll sein, nativen Apps den Vorzug zu gewähren. Aus diesen Gründen sowie dem Umstand, dass Mobile-Learning aktueller Forschungsgegenstand im Projekt Mint.online ist, wurde eine App basierte Lösung gewählt. Die App wird aktuell für Android entwickelt, eine Portierung für iOS ist geplant.

3.3   Einsatz aktueller (Web-)Technologien

Die kommerzielle Nutzung des Internet ist im vergangenen Jahrzehnt rasant gestiegen. Diese Kommerzialisierung hat nicht zuletzt auch die Entwicklung neuer (Web-) Technologien vorangetrieben.

Ein kurzer Blick auf die Geschichte technischer Neuerungen im Bereich der Web-Technologien zeigt eine klare Verdichtung ab ca. 2008 auf.[3] Der aktuelle HTML-Standard des W3C (W3C, 2014), besser bekannt als „HTML5" ist der Versuch viele dieser Technologien in gebündelter Form zu standardisieren. Seit ein paar Jahren bieten die meisten be-

---

3   Eine schnelle Übersicht bietet hier etwa www.evolutionoftheweb.com (07.08.2014).

kannten Browser gute Unterstützung für große Teile des HTML5-Standards. Insbesondere ist es sehr erfreulich für Entwickler, dass Microsofts Internet Explorer ab Version 9 gute Unterstützung für W3C Standards bietet. Dadurch entfällt an zahlreichen Stellen die Notwendigkeit der doppelten Implementierung von Funktionen. Als Anregung zur Nutzung neuer Technologien werden im Folgenden zwei Komponenten der neuen Lernumgebung des C3L dargestellt: Eine Dateiablage mit Drag&Drop-Interaktion und der Einsatz von Push-Technologien.

3.3.1 Dateiablage mit Drag&Drop-Upload

Das Zusammenspiel von XMLHttpRequest Level 2 (W3C, 2012), Drag&Drop und der File API (W3C, 2013) eröffnet die interessante Möglichkeit einzelne oder mehrere Dateien asynchron hochzuladen. Durch die Verwendung von Drag&Drop entfällt die insbesondere beim Hochladen mehrerer Dateien lästige Auswahl jeder einzelnen Datei. XMLHttp Request spezifiziert ein Objekt in Javascript, das Methoden bereitstellt, um HTTP-Anfragen durchzuführen. Dadurch können weitere Daten zwischen Browser und Webserver ausgetauscht werden, ohne die aktuelle Seite zu verlassen. Diese Technologie ist daher auch unter dem Namen „AJAX" („Asynchronous Javascript and XML") bekannt.

AJAX wurde erstmals 1999 in einem Browser integriert (als XMLHTTP ActiveX Steuerelement in Microsofts Internet Explorer 5), die erste W3C-Spezifikation des XMLHttpRequest-Objektes wurde 2006 veröffentlicht. Diese erlaubte jedoch nur den Transfer von zeichenbasierten Daten (z.B. Text, Html, XML, Javascript etc.). Version 2 bietet mitunter die Möglichkeit binäre Daten zu übertragen. Die „File API" beschreibt einen Standard für Javascript-Objekte, die Dateien repräsentieren. Die wichtigsten Objekte sind das File-Objekt für eine einzelne Datei und das FileList-Objekt für eine Liste von Dateien.

Drag&Drop spezifiziert wiederum Javascript-Objekte und Ereignisse für das Verschieben von Elementen im – bzw. über dem Browserfenster. Beispielsweise können Dateien in einem Dateimanager markiert und in ein Browserfenster gezogen werden. Beim Ziehen über dem Browserfenster sowie beim Loslassen der Maustaste werden durch den Browser Ereignisse ausgelöst, die mit Javascript erfasst und verarbeitet werden können. Ohne gezielte Verarbeitung dieser Ereignisse führen viele Browser Standardoperationen durch, beispielsweise kann markierter Text in Eingabefelder oder die Adresszeile des Browsers gezogen werden.

Mit den oben kurz beschriebenen Schnittstellen ist es denkbar einfach, Dateien aus einem Dateimanager im Hintergrund auf den Webserver zu kopieren:

- „ondrop"-Ereignis für Drag-Interaktionen abfangen und prüfen, ob die Eigenschaft „dataTransfer" des Ereignisses Dateien enthält. Dazu muss lediglich geprüft werden, ob das Feld „dataTransfer.files" mindestens einen Eintrag (entspricht einer Datei) enthält.
- In „dataTransfer.files" ggf. vorhandenen Dateien per XMLHttpRequest an den Server übertragen.

Der Fortschritt der Datenübertragung kann zudem leicht über das „onprogress"-Ereignis des XMLHttpRequest-Objektes überwacht und nach Belieben visualisiert werden. Ein einfacher Fortschrittsbalken kann leicht mit dem „Canvas"-Element realisiert werden. Dabei ist anzumerken, dass die Fortschrittsanzeige keine serverseitigen Skripte benötigt, um das bereits übertragene Datenvolumen zu ermitteln.

Der beschriebene Prozess inklusive Fortschrittsanzeige benötigt knapp 150 Zeilen Javascript (von insgesamt ca. 1.000 Zeilen Javascript für die gesamte Dateiablage).

3.3.2 Push-Technologien

Unter Push-Technologien versteht man Kommunikationsvorgänge, die nicht vom Empfänger initiiert wurden. Üblicherweise liegt Push-Kommunikation ein Subskriptionsmodell zugrunde, d.h. Empfänger/innen abonnieren die gewünschten Informationskanäle. Sobald neue Informationen verfügbar sind, werden diese den Empfänger/inne/n unaufgefordert übermittelt. Die Post betreibt in diesem Sinne einen Push-Dienst mit Briefkästen als Empfänger – die Zustellung bedarf keiner Aufforderung durch die Eigentümer/innen der Briefkästen. Das Leeren des eigenen Briefkastens hingegen entspricht im Gegensatz dazu einem Kommunikationsvorgang, den man selbst initiiert hat, und könnte als „Pull"- oder „Request"-Technologie bezeichnet werden. Regelmäßiges Abfragen von Informationen („Leeren des eigenen Briekastens") wird im IT-Jargon auch „Polling" genannt.

Push-Technologien in Webanwendungen

Das HTTP-Protokoll ist ein *zustandsloses* Protokoll, dies beschreibt den Umstand, dass mehrere Anfragen an denselben Webserver prinzipiell unabhängig voneinander sind. Die Zustandslosigkeit des HTTP-Protokolls resultiert aus dem eingesetztem Request/ Response-Verfahren: Ruft man etwa in einem Browser die URL www.example.com/ index.html auf, so wird zunächst eine (TCP-)Verbindung zu Port 80 des Hosts www.example.com aufgebaut. Sobald die Verbindung hergestellt ist, fordert der Browser per HTTP-Request die Seite ‚index.html' an. Diese Anfrage wird vom Webserver des Rechners www.example.com verarbeitet und beantwortet (HTTP Response). Die Antwort enthält den Inhalt der HTML-Seite ‚index.html' (oder Angaben zu Ausnahmen/Fehlern). Sobald die Antwort vollständig übertragen wurde, wird die Netzwerkverbindung zwischen Server und Browser geschlossen. In index.html referenzierte Ressourcen (beispielsweise Bilder und Stylesheets) lösen ggf. neue, unabhängige Request/Response-Zyklen aus, jeweils mit einer eigenen Netzwerkverbindung.

Sobald eine Webseite vollständig übertragen wurde, besteht keine Verbindung mehr zwischen dem Webserver und dem Browser. In vielen Fällen ist es aber wünschenswert Nutzer/inne/n Änderungen auf dem Server sofort mitzuteilen, etwa den Inhalt einer Chat-Nachricht, Preisänderungen oder die Verfügbarkeit von Artikeln. Da der Webserver keinen Verbindungsaufbau zu einem Browser initiieren kann, muss dazu entweder eine offene Verbindung zwischen Browser und Server bestehen, oder der Browser muss regelmäßige Anfragen (via AJAX) an den Server senden, um ggf. vorhandene Neuigkeiten zu erhalten (Polling).

Die Nachteile von Polling liegen auf der Hand:

– viele unnötige Anfragen an den Server;
– kürzeste Latenzzeit abhängig vom Polling-Intervall.

Abgesehen von Polling existieren weitere Ansätze für Pseudo-Push-Technologien, insgesamt werden diese unter den Begriff „Comet"- oder „HTTP Streaming"-Technologien zusammengefasst. Ebenfalls verwendet werden die Begriffe „Ajax Push" und „Reverse Ajax" – diese sind Aufgrund der expliziten Nennung einer Technologie jedoch als Sammelbegriffe weniger sinnvoll. Allen Comet-Technologien ist gemein, dass es sich entweder um Polling handelt, oder Tricks verwendet werden, um Verbindungen offen zu halten („long polling").

WebSocket

Das WebSocket-Protokoll (W3C, 2012) beschreibt ein auf HTTP aufgesetztes Protokoll für persistente, bidirektionale Verbindungen zwischen Server und Client (Browser). Die meisten aktuellen Browser bieten bereits gute Unterstützung für das WebSocket-Protokoll – leider treten bei einigen Telekommunikationsanbietern noch Fehler beim Routing von WebSocket-Verbindungen auf, besonders bei Internetzugängen über Mobilfunknetze. Der Hintergrund ist, dass einige Mobilfunk-Internetanbieter die Kommunikationsinhalte zwischen Server und Empfänger automatisch manipulieren. Beispielsweise wird der Quelltext von HTML-Seiten umgeschrieben, um im HTML-Code referenzierte Bilder durch Versionen mit geringerer Auflösung zu ersetzen. Ein weiterer Grund ist, dass Verbindungen zwischen Telekommunikationsanbietern und mobilen Geräten ggf. eingefroren werden, d.h. ein Rechner beim Anbieter übernimmt dabei als Proxy die Rolle des Empfängers. Dies dient der Verbesserung von Akkulaufzeiten und erleichtert den Wechsel zwischen Funkzellen.

Bei der Verwendung von SSL-Verschlüsselung treten diese Probleme jedoch nicht auf, durch die Verschlüsselung können Router und Proxy Server den Inhalt der Kommunikation weder öffnen noch manipulieren.

Die größere Herausforderung beim Einsatz von WebSockets liegt jedoch darin, dass persistente bidirektionale Verbindungen ein ganz anderes Verarbeitungsmodell verlangen. „Normale" Webanwendungen basieren auf dem Request/Response-Zyklus, d.h. jede Anfrage wird einzeln und unabhängig voneinander verarbeitet. Die meisten Web Applikation Frameworks sind entsprechend auf diese Art der Verarbeitung hin ausgerichtet. Häufig werden Push-Services daher als eigener Dienst eingerichtet und erfordern gesonderte Kommunikation zwischen Push-Server (auch Publication/Subscription Server oder kurz Pub/Sub-Server genannt) und Web-Applikations-Server.

Auf der Client-Seite, d.h. im Browsermacht sich die Verankerung des HTTP-Zyklus ebenso bemerkbar: WebSocket-Verbindungen existieren im Dokument-Kontext einer HTML-Seite, d.h. Entladen des Dokuments (beim Aufruf einer neuen Seite über einen Link) schließt eventuell geöffnete WebSocket-Verbindungen. Push-Nachrichten, die in der Zeit zwischen dem Entladen eines Dokuments und Laden des nächsten Dokuments gesendet werden, müssen somit auf dem Server gepuffert werden.

Nun könnte man alle internen Links so umgestalten, dass statt einem neuen HTML-Dokument lediglich die geänderten Daten über die bestehende WebSocket-Verbindung bezogen werden. Man sieht sich dann aber mit einer modernen Version des uralten Frameset-Problems konfrontiert: Alle Unterseiten zeigen dieselbe URL in der Adresszeile des Browsers, d.h. die Verwendung direkter Links und das Setzen von Bookmarks für tiefer liegende Inhalte werden erschwert.

Etherpad, Chat und Online-Awareness-Funktion in C3LLO

Push-Technologien sind besonders für die Entwicklung kollaborativer Werkzeuge und Anwendungen von Bedeutung. Eine nützliche Anwendung für E-Learning-Zwecke ist Etherpad (GitHub: Etherpad-Lite, 2014). Dabei handelt es sich um einen einfachen Texteditor, der die synchrone und asynchrone gemeinschaftliche Bearbeitung von Texten erlaubt. Etherpad ist eine kostenlose, eigenständige Webanwendung (Open-Source, Apache License v. 2.0) und bietet eine HTTP API, die es ermöglicht, Etherpad in beliebige Web-Anwendungen zu integrieren. Über die API ist es zudem möglich, Zugangsbeschränkungen für Nutzer- und Gruppen zu definieren; durch den Betrieb hinter einem Reverse Proxy kann die Kommunikation ohne großen Aufwand mit SSL verschlüsselt werden. Es sollte an dieser Stelle erwähnt werden, dass Etherpad aktuell auf Comet-Technologien zurückgreift, prinzipiell aber für die Verwendung von WebSocket konzipiert ist.[4]

Als eigene Entwicklungen nutzen die Chat-Funktion und die Online-Awareness-Funktion in C3LLO das WebSocket-Protokoll. Als WebSocket-Integration für Ruby on Rails wird die Bibliothek ‚websocket-rails‘ verwendet (Knox, 2014). Über diese Bibliothek können die WebSocket-Funktionen bequem direkt in der Rails-Anwendung verwendet werden. Im vorigen Kapitel wurde kurz erwähnt, dass WebSocket-Verbindungen beim Wechsel zwischen Seiten durch normale Hyperlinks geschlossen werden. Dieser Umstand äußert sich vor allem in der Echtzeit-Darstellung einer ‚Wer ist Online?‘-Liste und würde ohne Behandlung dazu führen, dass Nutzer/innen beim Seitenwechsel kurzzeitig in den Offline-Status wechseln. Dies wird vermieden, indem das Ereignis ‚Nutzer X hat die Verbindung geschlossen‘ einige Sekunden verspätet und nur dann ausgelöst wird, falls innerhalb der Pufferzeit kein neuer Verbindungsaufbau stattfindet.

3.4   Pilotierung und Nutzungsstatistiken

C3LLO ist seit September 2013 in Verwendung, die ersten Nutzer/innen sind die Teilnehmenden des Zertifikatprogramms ‚Weiterbildendes Studium Windenergietechnik und -management‘ von ForWind[5]. Im Wintersemester 2013/2014 wurden Pilotmodule in den berufsbegleitenden Studiengängen der Carl von Ossietzky Universität Oldenburg durchgeführt. Ab dem Sommersemester 2014 wird C3LLO flächendeckend für alle Module der

---

4   https://github.com/ether/etherpad-lite/issues/686 (09.07.2014).
5   www.forwind.de/ (09.07.2014).

berufsbegleitenden Studiengänge eingesetzt und bisher von rund eintausend registrierten Studierenden verwendet.

Die Pilotierungsphase wurde so früh wie möglich durchgeführt, um Anregungen und Verbesserungsvorschläge der Nutzenden noch vor Abschluss der Entwicklung berücksichtigen zu können. Die zum Ende der Pilotierungsphase durchgeführte qualitative Evaluation ergab insgesamt eine hohe Zufriedenheit mit der neuen Lernumgebung sowie eine Reihe von Anregungen und Verbesserungsmöglichkeiten. Die Mehrheit der Anregungen konnte ad hoc als Verbesserungen von C3LLO umgesetzt werden, während ein kleinerer Teil in die Diskussion und Planung der Weiterentwicklung eingeflossen ist.

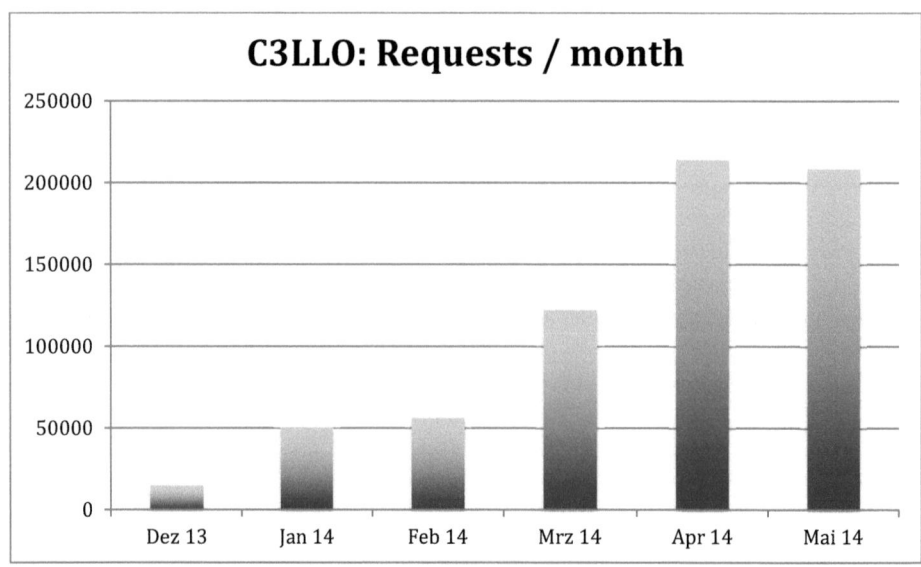

Abbildung 4:   Vom Applikations-Server verarbeitete Anfragen pro Monat
                (eigene Darstellung)

Abbildung 4 zeigt die zeitliche Entwicklung der Anzahl der verarbeiteten Anfragen pro Monat. Die dargestellten Daten betreffen Anfragen an den Rails-Applikations-Server und entsprechen der Anzahl angeforderter Seiten. Eine Seite beinhaltet typischerweise 20 bis 40 statische Ressourcen (Bilder, Stylesheets, Skripte), Ausnahmen bilden Anfragen via AJAX – diese enthalten oftmals keine statischen Ressourcen. Als grobe Abschätzung für die Auslastung des Webservers müssen die dargestellten Zahlen um eine Größenordnung erhöht werden.

In Abbildung 5 ist die gemittelte tägliche Nutzung nach der Tageszeit dargestellt. Es handelt sich dabei ebenfalls um Anfragen an den Rails-Applikations-Server (s.o.).

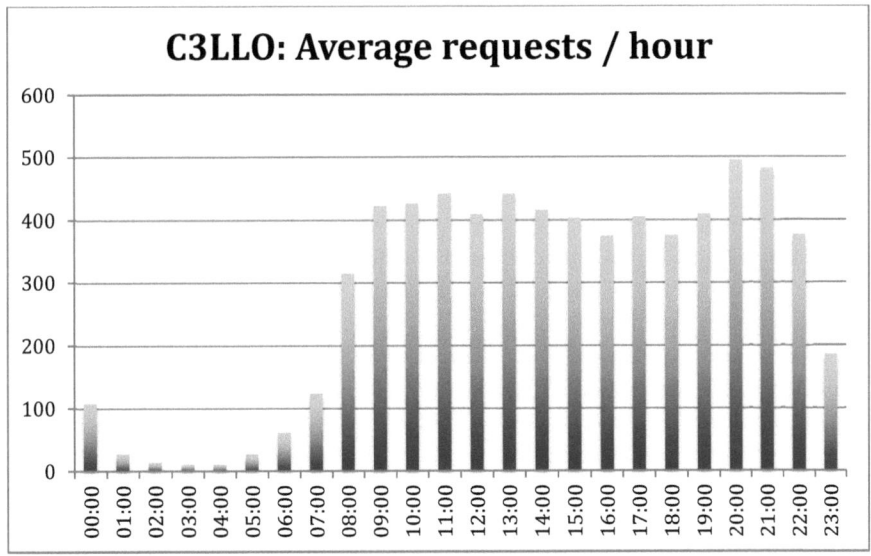

Abbildung 5:   Durchschnittliche Zahl der Anfragen nach Tageszeit im Mai 2014
               (eigene Darstellung)

3.5   Entwicklungsaufwand

Die Entwicklung von C3LLO begann im Frühjahr 2012, während der erste Praxiseinsatz der Plattform im Herbst 2013 stattgefunden hat. Tabelle1 zeigt eine Übersicht der in diesem Zeitraum aufgewendeten personellen Ressourcen. Zusammen ergibt sich ein personeller Aufwand von 13 Vollzeit-Monaten. Dabei ist festzuhalten, dass alle beteiligten Entwickler im Vorfeld auf langjährige Erfahrung im Bereich der Webentwicklung mit einschlägiger Erfahrung in der Entwicklung von Lernplattformen zurückblicken konnten.

Tabelle1: Personeller Entwicklungsaufwand der Lernumgebung C3LLO (eigene Darstellung)

Arbeitsgebiet	Monate	%-beschäftigt
Programmierung	16	50
Programmierung	2	100
Design	3	100

Dabei muss beachtet werden, dass der Zustand der Plattform im Herbst 2013 noch nicht als ‚fertig' bezeichnet werden kann. Der Aufwand für die Neuentwicklung einer voll einsatzfähigen Lernplattform muss im Minimum mit 18 Vollzeit-Monaten veranschlagt werden. Der Umfang der Quelltexte liegt aktuell bei 110.000 Zeilen (inklusive HTML Templates, CSS & Javascript). Seit Beginn der Entwicklung wurden 1.193 Änderungen („Commits") in das Git-Repository[6] eingestellt.

4   Fazit

Die vom C3L betreuten berufsbegleitenden Studiengänge sind speziell auf Personen mit eingeschränktem Zeitbudget ausgerichtet und wenden ein typisches Blended-Learning-Konzept mit alternierenden Online- und Präsenzphasen an. Die für die Onlinephasen benötigte Lernumgebung ist in untergeordneter Weise dem Instruktionsdesign anzupassen, das auf einem konstruktivistisch, kompetenzorientierten didaktischen Modell fußt, bei dem die Qualität der Moderation maßgeblich ist für die Qualität der Lernprozesse. Die zentrale Aufgabe der C3L-Lernumgebung ‚C3LLO' besteht demnach in der bestmöglichen Unterstützung des Moderationsprozesses durch Werkzeuge für synchrone und asynchrone Kommunikation. Die Lernumgebung leistet nicht nur eine Reduktion auf die tatsächlich benötigten Funktionen und ermöglicht hierdurch eine intuitiv einfache Nutzung, sondern erleichtert auch eine direkte intra-institutionelle Kommunikation zwischen didaktischem Personal und Entwicklern der Lernumgebung. Gerade letztgenannter Punkt ist nicht zu unterschätzen, da sich hieraus oftmals Schwierigkeiten in der Kommunikation ergeben. Die größere strukturell-organisatorische und persönliche Nähe erleichtern die Kommunikation zwischen Expert/inn/en für Didaktik und IT in erheblichem Maße.

Im Zuge der in den letzten beiden Jahren erfolgten Neu-Implementierung von C3LLO auf Basis von Ruby on Rails zeigte sich, dass die damit verbundenen Herausforderungen auch mit einem kleinem Entwicklerteam und begrenzten Mitteln erfolgreich bewältigt werden können. Hervorzuheben ist dabei, dass Ruby on Rails von den Entwicklern als eine, für das Vorhaben sehr gute technische Basis empfunden wurde. Die leicht verständliche Struktur und die Konventionen von RoR unterstützen die Erstellung von übersichtlichem, leicht zu wartendem Programmcode.

C3LLO bildet die organisatorischen Strukturen der berufsbegleitenden Studiengänge auf eine intuitive, übersichtliche Weise ab. Neue Inhalte sind für die Nutzer/innen schnell erkenn- und auffindbar. Das Instruktionsdesign wird durch die Kommunikationsfunktionen gezielt unterstützt, wobei der Schwerpunkt der Kommunikation bewusst auf den asynchronen Modus gelegt wurde, um den heterogenen zeitlichen Einschränkungen der Zielgruppe Rechnung zu tragen.

Literatur

Dahlstrom, E. J. (2013). *ECAR Study of Undergraduate Students and Information Technology.* In E. C. Research (Hrsg.). Louisville.

---

6   http://git-scm.com/ (09.07.2014).

Fette, I. & Melnikov, A. (2011). *The WebSocket Protocol*. IETF (Hrsg.), URL: http://tools. ietf.org/html/rfc6455 (27.05.2014).

GitHub (2014). *Etherpad-Lite*. URL: https://github.com/ether/etherpad-lite (29.05.2014).

Hansson, D. H. (ohne Datum). *Ruby on Rails*. URL: http://rubyonrails.org/ (02.06.2014).

Kerres, M. (2013). *Mediendidaktik: Konzeption und Entwicklung mediengestützter Lernangebote, 4 Ausgabe*. München: Oldenbourg.

Knox, D. (2014). *GitHub: websocket-rails*. URL: https://github.com/websocket-rails/web socket-rails (29.05.2014).

Ruby-Community (ohne Datum). *Die Programmiersprache Ruby*. URL: https://www.rubylang.org/de/ (02.06.2014).

Schulmeister, R. (2005). Kriterien didaktischer Qualität im E-Learning zur Sicherung der Akzeptanz und Nachhaltigkeit. In D. Euler & S. Seufert (Hrsg.), *E-Learning in Hochschulen und Bildungszentren* (S. 473-492). München: Oldenbourg.

W3C. (2012). *XMLHttpRequest Level 2*. URL: http://www.w3.org/TR/2012/WD-XMLHttp Request-20120117/ (27.05.2014).

W3C. (2012). *The WebSocket API*. URL: http://www.w3.org/TR/2012/CR-websockets-2012 0920/ (27.05.2014).

W3C. (2013). *File API*. URL: http://www.w3.org/TR/2013/WD-FileAPI-20130912/ (23.05.2014).

W3C. (2014). *HTML5*. URL: http://www.w3.org/TR/2014/CR-html5-20140429/ (27.05.2014).

Zawacki-Richter, O. (2013). Instruktionsdesign für berufstätige Studierende. In A. Hanft & K. Brinkmann (Hrsg.), *Offene Hochschulen Die Neuausrichtung der Hochschulen auf lebenslanges Lernen* (S. 199-205). Münster: Waxmann.

Zawacki-Richter, O., Hohlfeld, G. & Müskens, W. (2014). Mediennutzung im Studium. In: A. Hanft, H. Röbken, O. Zawacki-Richter & R. Götter. *Schriftenreihe zum Bildungs- und Wissenschaftsmanagement* (1).

Norbert Kleinefeld

Einführung: Bildungstechnologien und Medienkompetenz

1 Akademische Medienkompetenz

Die Nutzung digitaler Medien, Tools und Services erfordert nicht nur auf Seiten der Studierenden Kenntnisse und Kompetenzen im kritischen Umgang mit diesen Angeboten, sondern insbesondere auf Seiten der Lehrenden, damit diese Angebote didaktisch gewinnbringend eingesetzt werden und somit die Hochschullehre bereichern und vielfältiger gestalten. Reinmann, Hartung und Florian (2014) sprechen in diesem Zusammenhang von „akademischer Medienkompetenz" und beziehen sich dabei auf Wedekind (2008). Akademische Medienkompetenz ist jedoch weiter gefasst als das Wissen und die Fähigkeiten um den Einsatz digitaler Medien zur didaktischen Gestaltung der Lehre, sondern umfasst auch den Einsatz von Medien in der Forschung und der akademischen Selbstverwaltung. Vorrangig geht es hier also um die Lehrenden im akademischen Umfeld.

Die Entwicklung akademischer Medienkompetenz ist ein langwieriger Prozess. Hierfür bedarf es besonderer Unterstützungsangebote und spezieller Supportstrukturen. Trotz vielfältiger und in der Praxis eingesetzter Methoden und Ansätze ist der Einsatz digitaler Medien in der Hochschullehre noch immer nicht die Regel neben den klassischen Vermittlungsansätzen und sollte daher zur Verbesserung der Medienkompetenz von Studierenden und Lehrenden weiter vorangetrieben werden (vgl. Appelrath & Schulze, 2009). Die Spannweite der von den Lehrenden zu beachtenden Aspekte ist sehr groß: Konzeption, Validität, Variabilität sowie Akzeptanz der digitalen Medien bei den Studierenden sollten berücksichtigt werden.

Die Zahl entsprechender Begleitforschungsprojekte steigt in den letzten Jahren erfreulich an, so dass ein verbesserter Kenntnisstand wiederum in die Praxis einfließen kann. So können z. B. im Falle der Studie zum Projekt „LectureSight" im Rahmen dieses Kongresses wichtige Untersuchungsergebnisse bezüglich Lernen und Akzeptanz vorgestellt werden.

2 Zu den Beiträgen dieses Abschnittes

Rainer Jacob stellt in seinem Beitrag die Einbindung von interaktiven Whiteboards in Schule und Hochschule sowie die damit verbundenen Implikationen näher vor (vgl. Kürsteiner & Schlieszeit, 2011).

Im Beitrag von Christian Greweling, Rüdiger Rolf und Denis Meyer werden der Einsatz von „Matterhorn" und praktische Erfahrungen aus dem Betrieb an der Universität Osnabrück präsentiert.[1]

Der Beitrag von Lisa Rupp, Benjamin Wulff und Kai-Christoph Hamborg beschäftigt sich mit der Wirkung der Sichtbarkeit von Mimik und Gestik des Vortragenden in Veranstaltungsaufzeichnungen auf die Lernleistung.

Jana Riedel, Claudia Albrecht und Lars Schlener berichten in ihrem Beitrag über die Ergebnisse einer einschlägigen Untersuchung an der TU Dresden und das Qualifizierungsangebot „E-Teaching.TUD".[2]

Im Beitrag von Stephan Tjettmers, Majana Beckmann, Marc Krüger, Ralf Steffen, Susanne Dräger, Rüdiger Rhein und Oliver J. Bott schließlich wird das Weiterbildungskonzept „Hochschuldidaktische Beratung" als Ansatz zur umfassenden Verbesserung der Kompetenzen der Lehrenden und seine Entstehung näher erläutert.

Literatur

Appelrath, H.-J. & Schulze, L. (Hrsg.) (2009). *Auf dem Weg zu exzellentem E-Learning. Münster*: Waxmann.

Reinmann, G., Hartung, S. & Florian, A. (2014). Akademische Medienkompetenz im Schnittfeld von Lehren, Lernen, Forschen und Verwalten. In P. Imort & H. Niesyto (Hrsg.), *Grundbildung Medien in pädagogischen Studiengängen* (S. 319-332). München: kopaed.

Kürsteiner, P. & Schlieszeit, J. (2011). *Interaktive Whiteboards. Das Methodenbuch für Trainer, Dozenten und Führungskräfte*. Weinheim: Beltz.

Wedekind, J. (2008). Medienkompetenz für (Hochschul-)Lehrende. *Zeitschrift für E-Learning, Lernkultur und Bildungstechnologie, 3*(2), 24-37.

---

1   http://www.virtuos.uni-osnabrueck.de/Projekte/Matterhorn (03.09.2014).
2   http://blog.tu-dresden.de/eteaching/projekt/ (03.09.2014).

Rainer Jacob

Interaktive Whiteboards – der Einzug einer neuen Lerntechnologie
Herausforderungen für die Schulen und für die Lehramtsausbildung

Abstract

Dass interaktive Whiteboards grundsätzlich das Potenzial haben, Lehren und Lernen in Schulen und Hochschulen durch Mehrwerte zu bereichern, wird von Kenner/inne/n der Technologie kaum noch in Frage gestellt. Nach einer Phase des oft ungesteuerten Experimentierens liegen inzwischen genug dokumentierte Erfahrungen vor, um der Technologie eine nachhaltige Zukunft in der Lehrpraxis zuzusprechen. Folgerichtig gibt es einen Trend, immer mehr Räume in Schulen – aber auch Seminarräume an Hochschulen – mit dieser Technologie auszustatten. So sehen sich in der Praxis immer mehr Lehrende mit einer neuen Lerntechnologie konfrontiert, mit der sie noch nicht gut vertraut sind.

Ziel des Beitrags ist es zu zeigen, wie die Praxis der Nutzung von interaktiven Whiteboards an Schulen derzeit beschaffen ist, welche Herausforderungen sich daraus für die Lehramtsausbildung ergeben und wie die Universität Osnabrück – als Hochschule mit Schwerpunkt Lehramtsausbildung – mit dieser Situation umgeht. Außerdem soll durch den Beitrag fühlbar werden, welchen Nutzen diese Technologie eigentlich hat und warum Didaktiker sich um sie bemühen.

1 Einleitung

Die Einbindung von interaktiven Whiteboards (IWB) in den Lernalltag befindet sich gegenwärtig in einer schwierigen Phase: Einerseits gilt das IWB weithin als das Unterrichtsmedium der Zukunft, von dem man sich Fortschritte in der Unterrichtsqualität und gesteigerte Medienkompetenz der Lehrenden und Lernenden erhofft. Andererseits vermitteln viele Hochschulen den Studierenden keine Kenntnisse und praktischen Erfahrungen im Umgang mit IWBs. In vielen Fällen kommen angehende Lehrer/innen erst während ihres Referendariats mit solchen Boards in Berührung, in anderen Fällen gar nicht während ihrer Ausbildung. Damit sind sie potenziell unzureichend vorbereitet, denn in vielen Schulen sind die Boards bereits angekommen. Schlieszeit (2009) beschreibt die Situation wie folgt: „Das interaktive Whiteboard ist zweifelsohne das multimediale Werkzeug der

Zukunft für Lehrende und Lernende gleichermaßen. Ein Medium, das alle bisher eingesetzten Medien vereint. Es bietet unerschöpfliche Möglichkeiten, einen zeitgemäßen Unterricht und gleichzeitig eine neue Art der Wissensvermittlung anzugehen"[1]. Nach diesem
optimistischen Ausblick kommt der Autor dann aber zu folgendem Praxis-Befund:

> „Traurig aber wahr: Der Großteil unserer Lehramtsstudierenden erfährt während der gesam-
> ten Ausbildung kaum etwas über den Einsatz digitaler Medien im Unterricht im jeweiligen
> Studienfach oder in den fachübergreifenden Disziplinen – geschweige denn etwas über den
> Einsatz interaktiver Whiteboards. Die digitale Tafel ist aber ein neues, zentrales Medium,
> das in allen fachdidaktischen und schulpädagogischen Lehrstühlen schon längst Beachtung
> hätte finden müssen. Hier sind Universitäten und Pädagogische Hochschulen gleichermaßen
> gefordert, Medienkompetenzen von unseren zukünftigen Pädagoginnen und Pädagogen zu
> fordern und diese zu fördern."[2]

Leider hat sich die Situation in den seitdem vergangenen fünf Jahren nicht entscheidend
geändert. Die Gründe hierfür werden in Kapitel 2 betrachtet. Obwohl weithin Konsens
darüber herrscht, dass sich das Potenzial dieser Lerntechnologie in Seminaren und Übungen ebenso nutzen lässt wie im Schulunterricht, beginnt man in vielen niedersächsischen
Hochschulen gerade erst, sich mit IWB näher zu befassen. Solche hochschulinternen Programme befinden sich zumeist noch im Aufbau und können oft den Bedarf an Kenntnissen
auf Seiten der Studierenden nicht angemessen decken. Oft gibt es zu wenig Multiplikato-
ren und andere Ressourcen.

   Aus dieser Situation ergeben sich die Fragen, wie denn die Situation an den Schulen
aktuell beschaffen ist und was die Hochschulen in der Lehrerausbildung tun können und
sollten, um dem realen Bedarf entgegen zu kommen.

2   Die Situation in den Schulen

Immer mehr Unterrichtsräume an deutschen Schulen werden mit IWBs ausgestattet. Wie
viele es wirklich sind, darüber gibt es verschiedene Zahlen, doch der Trend ist unstrittig.
Allerdings ist mit der Anschaffung der Boards noch nicht viel gewonnen. Denn die potenziellen Vorteile werden erst nutzbar, wenn die Boards passende Inhalte bekommen und die
Lehrer/innen sie adäquat einsetzen können. An dieser Stelle aber fehlt es laut Wendt
(2013) seit Jahren:

> „Was man allerdings an sehr vielen Lehranstalten vergessen hatte, war die Schulung der
> Anwender. Die weißen Tafeln zogen in die Klassenzimmer ein, doch den Lehrern wurde
> nicht gezeigt, wie sie damit arbeiten sollten. Natürlich gibt es Handbücher, doch praxisori-

---

1   www.lehrer-online.de/interaktives-am-board.php?sid=736161034044613000399379993779280
    (06.05.2014).
2   www.lehrer-online.de/interaktives-am-board.php?sid=736161034044613000399379993779280
    (06.05.2014).

entierter Unterricht am digitalen Whiteboard wäre eine sinnvolle Investition gewesen. Stattdessen gaben viele Lehrer genervt und frustriert auf."[3]

Diese Darstellung ist zwar im Ganzen nicht falsch, aber insofern unvollständig, als die damit beschriebene Entwicklung samt ihrer Versäumnisse in Wirklichkeit nicht alleine den Schulen vorzuwerfen ist, sondern bereits von der dahinter stehenden Politik vorgegeben war. Strukturbildende Maßnahmen wie zuletzt die Konjunkturpakete I und II (2008 bis 2010) waren vom Ansatz her nur zur Förderung der Wirtschaft gedacht und nicht als Impulse zu einer nachhaltigen Entwicklung im Bildungsbetrieb. Mit diesen Geldern wurde dann in großem Stil neue Hardware angeschafft, aber für notwendige Begleitmaßnahmen in Ausbildung und Fortbildung war kein Geld vorgesehen. Die Lehranstalten hatten die Schulung der Anwender in vielen Fällen also nicht ‚vergessen', sondern sie hatten keine Mittel dafür bekommen. Das im obigen Zitat dargestellte Scheitern der IWBs in Teilen der Schulpraxis war somit von Anfang an vorhersehbar gewesen.

Die Schulen mussten und müssen also aus eigener Kraft nachbessern so gut sie können. Für Lehrer/innen, die zum Zeitpunkt der Anschaffung bereits an den Schulen unterrichteten, gab und gibt es in vielen Fällen immerhin eine einmalige, allgemeine und oft freiwillige Fortbildung zum Einsatz des IWB, welche meist jedoch kaum über die bloße Handhabung hinausgeht und oft auch nicht auf fachspezifische Aspekte eingeht. Die Nachhaltigkeit solcher Maßnahmen ist meist gering. An solchen Schulen gibt es dann zwar IWBs, aber womöglich keinen einzigen Lehrenden, der sich wirklich damit auskennt.

Wie schon angedeutet, ist es allgemein nicht unbedingt Aufgabe der Schulen, die Lehrer/innen mit eigenen Mitteln auf das immer noch ‚neue' Medium vorzubereiten. Die Grundausbildung von Lehrer/inne/n geschieht in den Hochschulen, und ihre Einführung in die Schulpraxis geschieht hauptsächlich im Referendariat. Dort wird bisher auch die Ausbildung am IWB durchgeführt, soweit sie überhaupt stattfindet, und zwar mit deutlichen Schwerpunkten. So geht zum einen die Referendariatsausbildung für das Lehramt an Gymnasien stärker auf IWBs ein als die für andere Schulformen, wie von der regionalen Schulbehörde bestätigt wurde. Zum anderen konzentriert man sich dabei auf bestimmte Fächer, in denen man sich die größten Mehrwerte von den Boards erhofft. So sehen z.B. Sieve, Ulrich und Schanze (2014) „sehr große Nutzungspotenziale" (ebd., S. 52) für die MINT-Fächer in Schulen und daher findet sich in diesen Fächern auch die größte Verbreitung und Nutzung von IWBs. Laut niedersächsischer Schulbehörde (Regionalamt Osnabrück) gibt es in ihrem Zuständigkeitsbereich heute kaum noch ein Gymnasium ganz ohne IWB. Dabei werden bevorzugt bestimmte Fachräume ausgestattet (wie der Kunstraum, der Musikraum oder der Physikraum), weil davon ausgegangen wird, dass eine erhöhte Anschaulichkeit von Inhalten, die durch ein IWB erreicht werden kann, in diesen Fächern besonders wirksam sei; aber auch weil die teure Hardware in abgeschlossenen Räumen sicherer scheint als in normalen Klassenräumen.

---

3   http://suite101.de/article/whiteboard-statt-tafel--wenig-interaktives-in-deutschen-schulen-a112475
    (14.05.2014).

Um einen eigenen Einblick in die Praxis an Schulen zu gewinnen, wurden in der Region Osnabrück mehrere Experten befragt, die sich detailliert zur Situation an ihrer Schule und darüber hinaus äußerten. Es handelt sich um drei Lehrer/innen von verschiedenen Schulen (zwei Gymnasien mit acht bzw. 13 Boards, eine Hauptschule mit einem Board), die jeweils in ihrer Schule die Funktion des sachkundigen Ansprechpartners für IWBs übernommen haben, sowie um zwei Medienpädagog/inn/en, die mit vielen Schulen in der Region Osnabrück zusammenarbeiten. Diese Personen bestätigten übereinstimmend, dass viele ältere Lehrer/innen sich dem Einsatz von IWBs verweigern, weil sie sich entweder deren Beherrschung nicht hinreichend zutrauen oder der Ansicht sind, diese Technologie einfach nicht zu brauchen, denn man sei ja bisher auch ohne sie ausgekommen. Jüngere Lehrer/innen, die neu ins Kollegium kommen, zeigen dagegen nach Erfahrung dieser Personen durchschnittlich eine größere Offenheit gegenüber neuen Medien im Allgemeinen und gegenüber IWBs im Besonderen. Diese Angaben werden auch von der BITCOM-Studie „Schule 2.0" (2011, S. 13f.) statistisch bestätigt.

Die Expert/inn/en bescheinigen den jüngeren Lehrer/inne/n auch allgemein eine höhere Medienkompetenz, allerdings haben auch sie in der Regel kaum Vorerfahrungen mit IWBs und müssen sich meist erst einarbeiten, weil das Medium in ihrer Ausbildung nicht vorkam.

Von allen Expert/inn/en übereinstimmend war auch die Aussage, dass jeweils nur eine Minderheit des jeweiligen Kollegiums überhaupt mit den vorhandenen IWBs arbeitet und dass auch diese Lehrer/innen die Boards zumeist nur für spontanen Tafelanschrieb nutzen, also genau wie eine analoge Tafel. Dies bedeutet auch, dass die Möglichkeit einer häuslichen Unterrichtsvorbereitung mit der Tafelsoftware, welche einen zentralen Mehrwert der Technologie darstellt (vgl. Kapitel 3.1), weithin ungenutzt bleibt. Lehrer/innen, welche über den Tafelanschrieb hinaus die Medienfunktionen der Boards und das Internet (mit einer entsprechend angepassten Didaktik) nutzen, sind an diesen Schulen bisher Ausnahmen. Diese Aussagen decken sich mit den Ergebnissen einer wesentlich größeren Praxis-Studie mit 443 Lehrer/inne/n, die von Sieve, Ulrich und Schanze (2014) beschrieben wird. Die Autoren kommen gar zu dem Schluss, dass „nach dem anfänglichen Hype" (ebd., S. 52) die Entwicklung still zu stehen scheine.

Ein weiterer zentraler Aspekt, der von den Expert/inn/en herausgestellt wurde, ist der Zugang zu den Boards. Wenn eine Schule z. B. nur wenige Boards in einzelnen Fachräumen hat, kann der Zugang problematisch sein, denn der Belegungsplan einer Schule nimmt nicht unbedingt auf das Vorhandensein von IWBs Rücksicht, sondern verteilt Räume oft nach anderen Kriterien. Ein geplanter Einsatz des IWB mit entsprechender häuslicher Vorbereitung setzt für die betreffenden Lehrer/innen jedoch voraus, dass der Raum auch vorhersehbar für sie frei ist, denn sonst müssten sie ihren Unterricht gewissermaßen doppelt vorbereiten, einmal in analoger und einmal in digitaler Form mit IWB. Auch für das Üben und Ausprobieren am Board muss Zeit sein. Der Umgang mit der meist komplexen Board-Software muss zunächst erlernt und danach regelmäßig praktiziert werden, sonst gerät die/der Anwender/in außer Übung und verliert wieder an Kompetenz. Es müssen also genügend funktionierende Boards vorhanden sein und regelmäßig gewartet werden, damit die Lehrer/innen in der Unterrichtspraxis darauf vertrauen können.

Vor diesem Hintergrund vertraten die interviewten Medienpädagog/inn/en die Auffassung, dass Schulleitungen über ihr Medienkonzept am besten eine Grundsatzentscheidung treffen sollten, die hinsichtlich der IWBs auf ‚ganz oder gar nicht' hinausläuft: Wenn eine Schule sich für eine Modernisierung durch IWBs entscheidet, sollte sie nach dieser Auffassung alle analogen Tafeln durch IWBs ersetzen. Auf diese Weise könnten die Lehrer/innen sich nicht mehr auf ihre gewohnte Arbeitsweise zurückziehen, sondern müssten sich zumindest mit den Grundlagen der neuen Technik auseinandersetzen. Außerdem sei der Zugang zu den Boards auf diese Weise unbeschränkt gewährleistet, so dass es keinem Lehrenden aus strukturellen Gründen an Praxiseinsatz und Übungsmöglichkeiten mangelt.

Seit einigen Jahren gewährt die niedersächsische Schulbehörde den Schulen eine weitreichende Autonomie in ihrer Verwaltung, und dazu gehört inzwischen auch die eigene Auswahl bei der Einstellung neuer Lehrer/innen. Eine Schule, die IWB einsetzen möchte, wird also sinnvollerweise solche Bewerber/innen als besser geeignet ansehen, die für ihre Zwecke bereits fertig ausgebildet sind, was dann eben auch die Kompetenz am IWB einschließt. Doch woher sollen in der gegenwärtigen Situation Bewerber/innen mit solchen Kompetenzen kommen?

Das Zentrum für Informationsmanagement und virtuelle Lehre (virtUOS) übernahm für die Universität Osnabrück im Herbst 2012 die Aufgabe, Veranstaltungsräume der Universität mit IWBs auszustatten und die eigenen Lehrkräfte in ihrer Nutzung zu schulen. Das Interesse an den Angeboten war größer als erwartet, doch noch größer war es auf Seiten der Studierenden, die gar nicht die unmittelbare Zielgruppe waren. In der Universität Osnabrück gibt es einen Schwerpunkt in der Lehramtsausbildung, und offenbar sind viele der Studierenden sich darüber im Klaren, dass sie in Schulen später mit IWBs konfrontiert werden könnten. Aus inhaltlichen Gründen wurde den Lehramtsstudierenden erlaubt, ausnahmsweise an den Fortbildungen für Lehrende teilzunehmen – mit dem Ergebnis, dass bald alle angebotenen Schulungen zahlenmäßig von den Studierenden dominiert wurden.

Daraufhin hat die Universität Osnabrück im Sommersemester 2014 damit begonnen, auch Studierende planmäßig in der Nutzung von IWB auszubilden. Es wird jedoch noch einige Zeit dauern, bis in diesem Bereich ein bedarfsdeckendes Programm existiert, welches die Situation merklich verbessern kann. Sofern andere Hochschulen mitwirken, könnte jedoch auf diese Weise langfristig ein Generationenwechsel an den Schulen vorbereitet werden, welcher dazu führen soll, dass die nächste Generation von Lehrer/inne/n unbefangen und selbstverständlich digitale Medien und Lerntechnologien in ihrem Schulalltag nutzen kann. Dieses Generationenproblem ist durchaus typisch und steht im Einklang mit der Habitustheorie von Bourdieu (1982, zit. n. Biermann, 2012, S. 78).

3   Mehrwerte und Probleme von interaktiven Whiteboards

Es gibt viele enthusiastische Stellungnahmen zu den Möglichkeiten von IWBs. Schon seit Jahren erscheinen in den Medien immer neue Artikel und Berichte, welche die „neue"

Technik und ihre Wirkungen preisen. Daran sind bisweilen auch offizielle Stellen beteiligt:

> „Die interaktiven Whiteboards tragen zu einer erheblichen Motivationssteigerung im Lernprozess bei und bereichern in vielfältiger Weise den Unterricht, berichtete das Landesinstitut für Lehrerbildung und Schulentwicklung [Hamburg] nach zweijähriger Untersuchung im Jahr 2007."[4]

Die in den Medien verbreitete Euphorie steht jedoch bis heute in keinem günstigen Verhältnis zu den bescheidenen Erfolgen des Mediums in der Schulpraxis, wie in Kapitel 2 dargelegt. Außerdem wird in den Medienberichten oft übersehen, dass neue Möglichkeiten oft auch neue Probleme mit sich bringen (vgl. Kapitel 3.3 und 3.4) – oder gar altbekannte Probleme zurückbringen können (vgl. Kapitel 3.2). Welche Mehrwerte sind nun wirklich durch IWBs zu erzielen?

3.1   Didaktische Mehrwerte

Bei der Beschreibung der Mehrwerte von IWBs wird bisweilen unterschieden zwischen direkten Mehrwerten, die erst mit dem neuen Medium verfügbar wurden, und indirekten Mehrwerten, die sich – meist mit höherem Aufwand – auch mit anderen Mitteln erzielen lassen (vgl. z.B. Kohls, 2012, S. 188).

Zu den direkten Mehrwerten gehört die Einbindung beliebiger medialer Inhalte sowie des Internets in das Tafelbild, wobei z. B. Filme oder Webseiten auch beschriftet werden können. Dies ermöglicht einen potenziell höheren Grad an Anschaulichkeit von Inhalten.

Der vielleicht offensichtlichste Mehrwert ist ein äußerst flexibles und dynamisches Tafelbild. Anschriften, Texte und Medienelemente können durch Verschieben, Vergrößern, Verkleinern, Drehen, Umfärben, Kopieren, Handschrifterkennung, usw. beliebig angeordnet und angepasst werden. Die daraus resultierenden didaktischen Möglichkeiten bei konkreter dynamischer Tafelarbeit lassen sich kaum erschöpfend erfassen und beschreiben, was daher im Rahmen dieses Überblicks auch nicht versucht werden soll.

Ein weiterer Mehrwert, der aus den genannten Bearbeitungsmöglichkeiten folgt, ist eine bessere Lesbarkeit von Tafelanschriften und Texten. Zum einen kann ein Schriftelement in Sekundenschnelle so stark vergrößert werden, dass es auch für Lernende in der letzten Reihe gut lesbar wird. Zum anderen ist die Software mancher Hersteller in der Lage, die Handschrift des Anwenders durch kalligrafische Hilfe leicht zu begradigen, was dann nicht nur ästhetischer aussieht, sondern meist auch besser lesbar ist. Außerdem kann die meiste Board-Software Anschriften durch Texterkennung in typografische Textblöcke umwandeln, was die Lesbarkeit im Bedarfsfall weiter erhöht, sofern der Text korrekt erkannt wird.

Auch das Speichern, Austauschen und spätere Weiterbearbeiten von Tafelbildern ist erst mit dieser Technik möglich. Dieser Aspekt wird in der Praxis von vielen Lehrer/inne/n, die mit IWBs arbeiten, als der größte Mehrwert wahrgenommen, da er bei jeder

---

4   http://bildungsklick.de/a/66638/interaktive-tafeln-hardware-allein-genuegt-nicht (16.05.2014).

Arbeitsweise zur Verfügung steht, also auch dann, wenn die medialen Funktionen gar nicht genutzt werden, sondern das IWB nur für den simplen Tafelanschrieb dient. Jede/r Lehrende wird die Möglichkeit schätzen, später einfach dort weiter machen zu können, wo er/sie zuletzt aufgehört hatte. Ebenfalls eine Folge der Speicherbarkeit von Tafelinhalten ist die Möglichkeit der orts- und geräteunabhängigen Vorbereitung von Tafelbildern. Lehrende und Lernende können mit der IWB-Software Tafelbilder zu Hause auf ihrem eigenen Gerät bis zu einem selbstgewählten Einstiegspunkt vorbereiten und dann im Unterrichtseinsatz von dort aus weiterentwickeln. Das Unterrichtsergebnis kann dann unter einem anderen Dateinamen zu Dokumentationszwecken neu abgespeichert werden. Dies entspricht auch einer verbesserten Ergebnissicherung, welche bei analogen Tafeln nur beschränkt und mit höherem Aufwand möglich ist.

Dass die Board-Software von Lehrenden und Lernenden gleichermaßen auch zu Hause genutzt werden kann, ist von den Herstellern als Teil des interaktiven Konzepts ausdrücklich vorgesehen (Schlieszeit, 2009):

> „Auch Schülerinnen und Schüler lassen sich gut bei der Erstellung von interaktiven Übungen und Aufträgen mit in den Entstehungsprozess einbinden. So können diese mit den bereits erarbeiteten Inhalten eigene Übungen in Partner- oder Gruppenarbeit erstellen und diese vor der Klasse präsentieren. Alle Boardhersteller erlauben, dass ihre Software von Lehrenden und Lernenden gleichermaßen genutzt werden kann, sobald ein entsprechendes Board an der Schule vorhanden ist. Zudem gehen die Anbieter immer mehr dazu über, eigene Schüler- oder Studentenversionen anzubieten."[5]

Ein nicht zu unterschätzender Mehrwert ist die durch Studien und Erfahrungsberichte gewonnene Einsicht, dass der didaktisch sinnvolle Einsatz interaktiver Whiteboards bei Lehrenden und Lernenden gleichermaßen zu einer dauerhaft höheren Motivation führen kann (als mit herkömmlichen Medien), auch nachdem der erste Eindruck des Neuartigen verflogen ist. Wenn Lehrer/innen die Schüler/innen aktiv in den Unterricht einbeziehen und sie das Tafelgeschehen mitgestalten lassen, arbeiten viele Schüler/innen gern am IWB und empfinden den Unterricht als anschaulich (vgl. Schlieszeit, 2011, S. 7f.; sowie Iser, 2009a). Schlieszeit (2011) nennt hier eine Reihe von Möglichkeiten, wie Lehrende die Motivation der Lernenden durch den Medieneinsatz weiter verstärken können.

Ein weiterer sehr allgemeiner Vorteil bei der Nutzung von IWBs ist die Tatsache, dass Lehrende und Lernende dabei zunehmend Medienkompetenz entwickeln. Wie in Kapitel 2 dargelegt wurde, verweigern bisher viele ältere Lehrer/innen das Medium, weil sie sich den souveränen Umgang mit der Technik nicht zutrauen. Wenn sie es dann – freiwillig oder unfreiwillig – doch tun, z. B. weil die Schulleitung beschlossen hat, alle analogen Tafeln durch IWBs zu ersetzen, werden sie zunächst viel lernen und üben müssen. Dieser Prozess ist aber nicht nur als Problem zu begreifen, sondern für die betroffenen Lehrerinnen und Lehrer auch als Möglichkeit, sich weiterzuentwickeln und die Medienkompetenz zu erwerben, die ihnen bisher fehlt. Iser (2009a) spricht in diesem Zusammenhang gar von

---

5 www.lehrer-online.de/interaktives-am-board.php?sid=73616103404461300039937993799280 (06.05.2014).

einem „niederschwelligen Einstieg in die Arbeit mit digitalen Medien"[6], da der Umstieg
von der analogen auf die digitale Tafel in grundlegender Form weit weniger Kompetenz
voraussetzt als z.B. vernetztes Arbeiten in einem Computerraum: „Digitale Medien können so auch jene zu einer neuen, offeneren Lernkultur gleichsam verführen, die sich vorher nicht auf derartige Lernarrangements eingelassen hätten."[7]

Abgesehen von diesen zentralen Mehrwerten gibt es natürlich noch viele Dinge, die
man früher auch schon mit analogen Medien machen konnte, die mit dem IWB aber einfacher und komfortabler umzusetzen sind. Das mag auf den ersten Blick wenig überzeugend
scheinen, hat jedoch in der Praxis einige Relevanz. Ein Lernspiel z.B., für das der/die Lehrende im Vorfeld erst eine halbe Stunde ausschneiden, kleben und kopieren muss und das
dann auch noch umständlich in der Anwendung ist, wird in der Praxis wohl nur selten zum
Einsatz kommen. Wenn dasselbe Lernspiel jedoch in digitaler Form in wenigen Minuten
vorbereitet werden kann und dann im Unterricht ad hoc auf die Tafel zu bringen ist, werden Lehrende es deutlich lieber einsetzen und auch bei Gelegenheit wiederverwenden.
Und wenn sie es an Kolleg/inn/en weitergeben, müssen sie sich nicht fragen, ob sie es
auch in absehbarer Zeit und komplett zurückbekommen.

3.2   Fördern interaktive Whiteboards den ‚Trend zum Frontalunterricht' bzw. zum lehrerzentrierten Unterricht?

Das IWB ist insofern ein frontales Medium, als es im Kern dazu da ist, Unterrichtsinhalte
zu präsentieren. Wer dies als Vorwurf versteht, der möge sich jedoch klar machen, dass
dies ein Charakteristikum von Tafeln überhaupt ist und im selben Maße auch für jede analoge Tafel gilt. Und ebenso wie gute Lehrende die Kreidetafel nicht als einziges Unterrichtsmedium nutzen werden, sondern sie im Wechsel oder in Kombination mit Stillar-
beitsphasen, Gruppenarbeit und sonstigen Interaktionen einsetzen werden, ist auch das
IWB nur eine von vielen Möglichkeiten, den Unterricht zu gestalten. Und interaktiv ist das
IWB nicht nur in dem Sinne, dass es auf die Eingaben der Benutzer reagiert, sondern auch
insofern, als es dazu einlädt, mit den Lernenden interaktiv zu arbeiten. IWBs eignen sich
z.B. sehr gut für die Nutzung spielerischer Elemente, bei denen auch die Lernenden an der
Tafel arbeiten können und sollten. Ein Lehrender, der die Lernenden aktiv in den Unterricht einbezieht und diesen teilweise von ihnen gestalten lässt, wird dies gerade auch mit
dem IWB tun. Umgekehrt wird ein Lehrender, der die Lernenden zu tatenlosen Zuschau-
ern seines lehrerzentrierten Unterrichts macht, auch das IWB zu einer begleitenden Dar-
stellungsfläche für seine Monologe reduzieren. Das wäre dann aber nicht dem Medium,
sondern dem Lehrenden anzulasten.

Insofern ist die Ansicht, IWB würden einen frontalen oder lehrerzentrierten Unterricht
nahelegen, hauptsächlich ein Vorurteil, das auf der unzutreffenden Annahme beruht, dass

---

6   www.lehrer-online.de/digitale-fenster.php?sid=53355619074983538629752495249690
     (15.05.2014).
7   www.lehrer-online.de/digitale-fenster.php?sid=53355619074983538629752495249690
     (15.05.2014).

ein bestimmtes Medium das Unterrichtsgeschehen stärker bestimmen könnte als die Leh-renden. Schlieszeit (2011) formuliert das so: „Nicht das Whiteboard ist lehrerzentriert, sondern der Lehrer, der es nicht richtig einsetzt" (ebd., S. 6).

Auch Medienarbeit kann heute mehr sein als das IWB allein bieten kann. Aktive, teil-weise selbstständige Mitarbeit von Schüler/inne/n kann heute in einem umfassenden Sinne digital sein und dabei auch Gruppenarbeit einschließen, wenn dabei CIP-Pools (vernetzte Computerräume), Lern-Management-Systeme, Wikis oder Videokonferenzen zum Einsatz kommen. Voraussetzung dafür ist allerdings ein hohes Maß an Medienkompetenz bei Leh-renden und Lernenden. Diese ist gerade auf Seiten der Lehrer/innen heute noch wenig gegeben.

Es ist ohnehin wenig ratsam, die Entwicklungslinie in Richtung Medienkompetenz von einem einzelnen Medium wie dem IWB her zu denken. Das Ziel besteht nicht darin, dass Schüler/innen mit dem IWB unterrichtet werden, sondern darin, dass sie für alle Inhalte einen anschaulichen, lernfördernden Unterricht bekommen und diesen mitgestalten kön-nen. Und dafür sollte jedes geeignete Mittel genutzt werden. Das Medienkonzept einer Schule sagt also idealerweise nicht ‚Die Lehrer/innen sollen IWB einsetzen', sondern es fragt zunächst, was die Schüler/innen bis zum Verlassen der Schule mit und über Medien gelernt haben sollten, um für das nachfolgende Leben vorbereitet zu sein. Praktisch jede/r Schulabgänger/in wird in ihrem/seinem Berufsleben Kompetenzen für bestimmte digitale Medien und für das Internet brauchen. Also sollte ihre/seine Schule (und gegebenenfalls anschließend ihre/seine Hochschule) auf diese Formen der Mediennutzung vorbereiten. Was wird also dafür gebraucht? Ein entsprechendes Medienkonzept weist dann jedem Medium den ihm zukommenden Platz im System Schule zu und gibt grob dessen sinnvol-le Nutzung vor. IWBs sind dabei nur ein Aspekt einer zukunftsweisenden Antwort.

3.3   Das Problem der Systemvielfalt bei interaktiven Whiteboards

Während es durchaus Aspekte einer für alle Fabrikate verallgemeinerbaren Didaktik der IWBs gibt, stellt die unterschiedliche Technik oft auch erfahrene Anwender/innen noch vor Probleme. Wer die Bedienung der Hardware und Software mit einem Fabrikat gelernt hat, fühlt sich möglicherweise vor einem anderen Fabrikat wieder als Anfänger, weil er z.T. selbst einfache Dinge kaum bewerkstelligen kann. Wenn also auf Systemen an der Universität Osnabrück Anwender/innen geschult werden, wie kann sichergestellt werden, dass diese später auch an anderen Boards handlungsfähig sind?

Das beginnt im Grundsätzlichen und setzt sich bis in die Feinheiten fort. Manche Boards werden von einem fest verbundenen lokalen Rechner angesteuert, für andere muss man ein Laptop mitbringen, damit der Bildschirm nicht leer bleibt. Hat man einen Rechner angeschlossen, so stellt sich die Frage der Software. Die meisten Boards gehen technisch davon aus, dass eine herstellereigene Software für das entsprechende Produkt vorhanden ist, und sie funktionieren mit freier oder fremder Software manchmal nur eingeschränkt. Selbst wenn solch eine gemischte Kombination funktioniert, kann sie durch die Nutzungs-bedingungen des Herstellers untersagt sein.

Hat man die herstellereigene Software installiert, sollte zwar alles gut funktionieren, aber nur solange, wie man der Marke treu bleibt. Steht man dagegen eines Tages vor einem Board eines anderen Herstellers, ist plötzlich wieder vieles anders. Die Hardware ist anders, so dass man beim Schreiben z.B. mit einer unterschiedlichen Haptik konfrontiert wird, an die man sich neu gewöhnen muss. Die Software ist anders, so dass man dieselben Dinge, die man eigentlich schon kann, wieder neu lernen muss. Und am Ende haben manche Produkte auch Alleinstellungsmerkmale, so dass man bestimmte Dinge an einem anderen Board vielleicht gar nicht in vergleichbarer Weise umsetzen kann. Solche Unterschiede mögen eigentlich klein und am Ende überwindbar sein, sie können im realen Unterrichtsgeschehen aber zu unschönen Verzögerungen führen und die Lehrenden in ihrem Handeln verunsichern.

Diese Probleme sind für die Anwender/innen nur allmählich durch eigene Erfahrungen lösbar. Für die geregelte Ausbildung von Studierenden sind sie gar nicht lösbar, solange die Hersteller sich nicht auf bestimmte Standards einigen, die den Umstieg zwischen Systemen erleichtern. Im Moment können wir allenfalls für ein entsprechendes Bewusstsein sorgen, so dass die Anwender/innen sich im Vorfeld auf solche Probleme einstellen.

3.4   Rahmenbedingungen des Einsatzes interaktiver Whiteboards

Der Einsatz von IWB schafft im Vergleich mit anderen Medien nicht nur bestimmte didaktische Möglichkeiten, sondern z.T. auch veränderte praktische Rahmenbedingungen.

So ist sich offenbar nicht jede Schulleitung im Vorfeld einer Anschaffung darüber im Klaren, dass die Nutzung von IWBs als Ersatz für analoge Tafeln die laufenden Kosten pro Klassenraum steigern wird. Hierbei ist einerseits an regelmäßige Energiekosten zu denken, aber auch an höhere Kosten für Wartung, Reparaturen und Ersatz von verlorenem Zubehör. Auch Schäden durch Vandalismus können ggf. eine neue Größenordnung erreichen.

Neue Rahmenbedingungen ergeben sich auch bei den Lichtverhältnissen. Während sich die Lesbarkeit von analogen Tafeln durch mehr Tageslicht oder Umgebungslicht eher verbessert, nimmt auf IWB der Kontrast ab, wenn mehr Umgebungslicht vorhanden ist. Dies erfordert in der Praxis eventuell Anpassungen in der Beleuchtungssteuerung.

Ein weiterer Aspekt ist die Anfälligkeit des Mediums gegenüber Fehlbedienung und technischen Störungen. Diese ist bei einem elektronischen Gerät mit komplexer Software naturgemäß erheblich höher als bei einer simplen Kreidetafel. Vergleicht man das IWB aber nicht mit einer analogen Tafel, sondern mit einer Präsentation von Inhalten über PC und Beamer, wie sie z.B. im Kontext einer Hochschul-Vorlesung üblich ist, so gibt es dagegen eher geringe Unterschiede in der Ausfallsicherheit, da hier vergleichbare Hardware und Software zum Einsatz kommt. Das Problem der begrenzten Lebensdauer von Beamerlampen teilen diese Technologien auch mit dem traditionellen analogen Medium Overheadprojektor. Iser (2009b) zeigt, welche begleitenden Maßnahmen für einen verlässlichen praktischen Einsatz an einer Schule durchzuführen sind.[8]

---

8   www.lehrer-online.de/796435.php?sid=88561336488746098240015091509010 (15.05.2014).

4 Fazit

Das IWB ist mittlerweile eine technisch weithin ausgereifte Lerntechnologie, die theoretisch ihren Platz in den Medienkonzepten der Schulen hat und auch praktisch als Hardware zunehmend vorhanden ist. So verspricht sie schon seit Jahren ansehnliche pädagogische Mehrwerte, die sie aber nicht einlösen kann, solange die Lehrerinnen und Lehrer, die sie einsetzen sollen, dafür unzureichend vorbereitet sind. Im Falle älterer Lehrer/innen ist das nachvollziehbar. Im Falle frisch ausgebildeter Lehrer/innen ist dagegen keineswegs einsehbar, warum das Potenzial einer neuen Lerntechnologie systematisch auf der Strecke bleibt. Es herrscht offensichtlicher Handlungsbedarf in der Lehramtsausbildung und -fortbildung, der von den Hochschulen erfüllt werden sollte. Wer den Umgang mit dem IWB während seines Studiums gelernt hat, kann dies während des Referendariats im praktischen Einsatz weiter üben und schließlich als fertige/r Junglehrer/in vor die eigene Klasse treten, ohne die im Klassenraum installierte Technik als fremdes Wesen fürchten zu müssen.

Mit einer Vereinheitlichung der Systeme und ihrer Standards könnten die Hersteller diesen Weg für die Anwender sehr erleichtern. Aber auch ohne solche Hilfe sollten die Hochschulen die damit formulierte Herausforderung annehmen und entsprechende Angebote für die Lehramtsstudiengänge schaffen, damit eines Tages Lehrer/innen mit zukunftsorientierter Medienkompetenz in den Schulen unterrichten.

Literatur

Biermann, R. (2012). Digitale Spiele und ihre Akzeptanz im schulischen Kontext. In: W. Kaminski & R. Lorber (Hrsg.), *Gamebased Learning. Clash of Realities 2012* (S. 71-86). München: kopaed.

BITKOM (Bundesverband Informationswirtschaft, Telekommunikation und neue Medien e.V.) (2011). *Schule 2.0 - Eine repräsentative Untersuchung zum Einsatz elektronischer Medien an Schulen aus Lehrersicht.* URL: www.bitkom.org/files/documents/BITKOM_Publikation_Schule_2.0.pdf (15.07.2014).

Iser, T. (2009a). *Digitale Fenster öffnen: Whiteboards elektrisieren Schulen.* URL: www.lehrer-online.de/digitale-fenster.php?sid=53355619074983538629752495249690 (15.05.2014).

Iser, T. (2009b). *Bedenken gegenüber der „Supertafel".* URL: www.lehrer-online.de/796435.php?sid=88561336488746098240015091509010 (15.05.2014).

Kohls, C. (2012). Erprobte Einsatzszenarien für interaktive Whiteboards. In G. Csanyi, F. Reichl & A. Steiner (Hrsg.), *Digitale Medien – Werkzeuge für exzellente Forschung und Lehre* (S. 187-197). Münster: Waxmann.

Schlieszeit, J. (2009). *Interaktives am Board.* URL: www.lehrer-online.de/interaktives-am-board.php?sid=73616103404461300039937993799280 (06.05.2014).

Schlieszeit, J. (2011). *Mit Whiteboards unterrichten. Das neue Medium sinnvoll nutzen.* URL: http://mo2.lmz.navdev.de/fileadmin/bibliothek/schlieszeit_whiteboards/schlieszeit_whiteboards.pdf (16.05.2014).

Sieve, B., Ulrich, N. & Schanze, S. (2014). Vom Lehrerwerkzeug zum Werkzeug für Lernen-
    de: Wie bekommen Lehrer Perspektiven für die Nutzung interaktiver Whiteboards. *Com-
    puter + Unterricht*, 93, 52-53.
Wendt, K. (2013). *Whiteboard statt Tafel – wenig Interaktives in deutschen Schulen.* URL:
    http://suite101.de/article/whiteboard-statt-tafel--wenig-interaktives-in-deutschen-schulen-
    a112475 (14.05.2014).

Christian Greweling, Rüdiger Rolf & Denis Meyer

Automatisierte Vorlesungsaufzeichnungen mit Opencast Matterhorn an der Universität Osnabrück
Wissenswertes zum praktischen Einsatz des Systems, die technische Infrastruktur und mögliche Fallstricke

Abstract

Das Zentrum für Informationsmanagement und virtuelle Lehre der Universität Osnabrück (virtUOS) betreibt an der Universität Osnabrück einen zentralen Vorlesungsaufzeichnungsdienst. Hierbei werden derzeit ca. 70 Vorlesungen mit fast 1.000 einzelnen Terminen pro Jahr aufgezeichnet. Dieser Dienst ist weitgehend automatisiert und wird mit nur 1,2 Vollzeit-Äquivalenten (VZä) betrieben. Als Basis wird ‚Opencast Matterhorn' genutzt, eine Open-Source-Software, die sowohl von einer Community aus zahlreichen europäischen und amerikanischen Universitäten als auch von diversen Firmen entwickelt wird. Auch das virtUOS und der ELAN e.V. beteiligen sich an der Weiterentwicklung.

In diesem Text soll ein Einblick in den Einsatz von ‚Matterhorn' und die Entwicklungen rund um ‚Opencast Matterhorn' gewährt werden. Es wird über praktische Erfahrungen aus dem Betrieb an der Universität Osnabrück berichtet werden. Zusätzlich werden wir einen Blick über den Tellerrand werfen, welche Nutzungszahlen mit Matterhorn an einigen großen Universitäten möglich sind.

1 Einleitung

Videoverarbeitung gehört zu den etablierten Trends im E-Learning-Bereich an Hochschulen. Auch wenn es nur eine vergleichsweise geringe Innovation darstellt, kann diese Technologie nun den Einsatz in der Breite finden. Als Abspielgeräte sind Notebooks, Tablets und Smartphones allgegenwärtig. Der Vertriebsweg über das Internet hat sich etabliert, die Kosten für den mobilen Zugang sind vertretbar geworden und das Internetvideo ist zum Massenmedium geworden, das zunehmend in Konkurrenz tritt zu etablierten Kanälen wie z.B. Fernsehen. Nutzer finden nicht mehr zufällig ein lehrreiches Video im Internet, sie suchen gezielt nach derartigen Angeboten.

Im Bereich der Didaktik zeigen u.a. Massive Open Online Courses (MOOCs), wie man Lernmodule massentauglich aufbereiten kann. Während diese eher den professionellen Weiterbildungsmarkt ansprechen, gilt es an Hochschulen, eine weitaus kostengünstigere Serviceleistung zu etablieren, die den eigenen Studierenden zu Gute kommt. MOOCs werden mit großem Aufwand produziert, Vorlesungsaufzeichnungen hingegen sind ein vergleichsweise kostengünstiges Nebenprodukt einer regulären Vorlesung. Während MOOCs reguläre Lehrveranstaltungen ersetzen, sollen Vorlesungsaufzeichnungen – in den meisten Fällen – nur eine reguläre Lehrveranstaltung ergänzen. Wie zahlreiche Untersuchungen zeigen (Hamborg, Ollermann, Meyknecht, Meier Da Fonseca & Rolf, 2012), erfreuen sich Vorlesungsaufzeichnungen einer großen Beliebtheit bei Studierenden. Diese wissen das Angebot für sich passend zu nutzen, entweder um ihren Stundenplan flexibler gestalten zu können, um Lerndefizite zu kompensieren oder um sich auf Prüfungen vorzubereiten.

An der Universität Osnabrück sind Vorlesungsaufzeichnungen seit über einem Jahrzehnt im Einsatz. Die Mitarbeiter des virtUOS waren anfangs im eigenen Projekt virtPresenter (vgl. Ketterl, Mertens, Vornberger, 2008) und später im ‚Opencast Matterhorn'-Projekt stets darum bemüht, effiziente Techniken zur Vorlesungsaufzeichnung zu erforschen und Software zu entwickeln, die einen kostengünstigen Einsatz von Aufzeichnungen in der Lehre ermöglichen. Nur wenn so wenig Personal wie möglich zur Aufzeichnung, Nachbearbeitung und zum Betrieb des Systems benötigt werden, kann eine Lösung genügend skalieren, um eine reguläre Dienstleistung darauf aufbauen zu können.

Wie man an der University of Manchester sehen kann (Opencast, 2014), ist der Entwicklungsstand von ‚Matterhorn' inzwischen zumindest soweit fortgeschritten, dass mit einem kleinen Team von fünf Personen mehr als 1.000 Stunden pro Woche aufgezeichnet werden können. Hierbei ist aber auch zu beachten, dass der Service-Level in solchen Fällen angepasst werden muss und auch die letzten manuellen Arbeitsschritte, wie sie in Osnabrück derzeit im Einsatz sind, aus dem Arbeitsprozess entfernt werden müssen. Während in Osnabrück, aufgrund der begrenzten Anzahl an Aufzeichnungen, möglich ist den Lehrenden den Service anzubieten ihre Aufzeichnung zu schneiden, ist es an anderen Hochschulen teilweise nötig, selbst automatisierte Arbeitsschritte, wie die Texterkennung, abzuschalten, da diese zu viel Rechenzeit benötigen. Es ist erforderlich, dass man bei der Anpassung des Systems den passenden Kompromiss im Sinne der eigenen Anforderungen findet. In diesem Text wird u.a. dargestellt, wie dieser Kompromiss an der Universität Osnabrück aussieht.

2 Opencast Matterhorn

Das virtUOS und der ELAN e.V., dessen Mitarbeiter/innen eng mit dem virtUOS zusammenarbeiten, sind von Beginn des ‚Opencast Matterhorn'-Projektes in die Entwicklung der Software involviert. Der Schwerpunkt des Osnabrücker Teams liegt zum einen in der Player-Entwicklung und zum anderen in der Aufzeichnungstechnik. Der Fokus der Entwicklung liegt derzeit in drei Bereichen: der Entwicklung eines Videoeditors, der es Anwendern erlaubt, im Browser effizient eine Aufzeichnung nachzubearbeiten, einem neuen modularen Videoplayer, basierend auf der aufkommenden Technologie HTML5, und der

Entwicklung von Aufzeichnungssoftware für Windows, welche u. a. im mobilen Aufzeichungsgerät (ELAN E-Lecture Equipment, E3-Koffer) des ELAN e.V. eingesetzt wird.

2.1 Video-Editor

Bisher ist es in ‚Matterhorn' nur möglich, den Anfang und das Ende eines hochgeladenen Videos zu kürzen. Der neue Videoeditor, dessen Entwicklung mittlerweile fast abgeschlossen ist, wird den alten Trim-Editor ablösen und einige Neuerungen mit sich bringen. Zum einen wird es möglich sein, beliebige Passagen des Videos herauszuschneiden, zum anderen werden Passagen, welche keinen Ton bzw. nur leises Rauschen besitzen, vorselektiert und dem Nutzer als löschbar dargeboten.

Die Universität Osnabrück und der ELAN e.V. haben hierfür im Auftrag der ETH Zürich die notwendigen Änderungen an ‚Matterhorn' vorgenommen und neben Änderungen des ‚Matterhorn'-Backends eine intuitive Benutzeroberfläche entworfen, welche dem Nutzer nicht nur die Aufzeichnungen, die zugehörige Waveform und eine Liste der vorhandenen Segmente anzeigt, sondern auch viele weitere nützliche Features wie z.B. einen Zoom für genaueres Schneiden zur Verfügung stellt.

2.2 Theodul-Pass-Player

Die technischen Grundlagen für den derzeitigen ‚Matterhorn'-Player wurden im Jahr 2008 festgelegt. Er setzt auf nun auslaufende Technologien wie Flash und ist für Institutionen schwer anpassbar bzw. für Entwickler schwer zugänglich. Aus diesen Gründen haben sich die Universität Osnabrück und der ELAN e.V. dafür entschieden, einen neuen ‚Matterhorn'-Player zu entwickeln. Vorgaben für diesen sind u.a. aktuelle und aufkommende Technologien wie HTML5, eine strikte Plugin-Architektur, damit der Player leicht anpassbar und zugänglich für neue Features ist, Internationalisierung und die Möglichkeit, den Player vollkommen an die jeweilige Institution anpassen zu können. Jedoch sollen auch Funktionen vom alten Player übernommen bzw. erweitert werden, wie z.B. Annotationen des Videos, multiple Video-Streams, einen Vollbild-Modus und Accessibility (u.a. Screen-Reader-Support).

Die Entwicklung des neuen Players ist ein zeitaufwändiger Prozess, bei dem viele Entscheidungen zur Architektur des Players getroffen werden mussten. Um Transparenz zu sichern, wird die Community in einem Blog über Neuigkeiten unterrichtet.[1]

---

1   http://engagedevcamp.wordpress.com (25.06.2014).

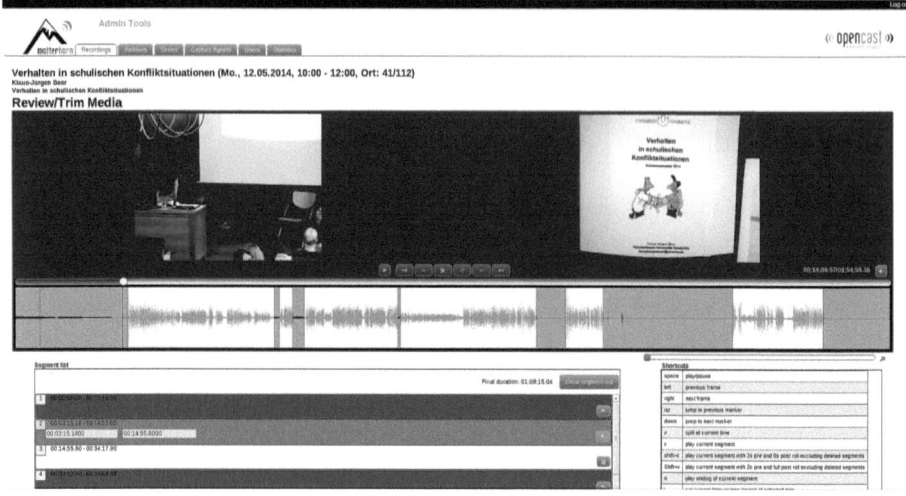

Abbildung 1: Der Matterhorn Video-Editor (eigene Darstellung)

2.3 TheRec und Matterhorn Remote Inbox

Die Matterhorn Remote Inbox (MHRI)[2] ist ein Hilfsmittel, welches die Zusammenarbeit von externer Hardware und dem ‚Opencast Matterhorn'-Projekt deutlich vereinfacht. MHRI bietet die Möglichkeit, auf dem Aufzeichnungs-Rechner ein beliebiges Hauptverzeichnis zu registrieren, in welchem Verzeichnisse als Inboxen für unterschiedliche Serien in ‚Matterhorn' definiert werden können. Alle Änderungen an Dateien und Verzeichnissen in einer der Inboxen werden registriert. Wurde beispielsweise eine neue Aufzeichnung angelegt, wird die neue Aufzeichnung, sobald die Dateien nicht mehr größer werden, zum späteren Hochladen und Verarbeiten markiert. MHRI stellt hierfür eine einfach zu bedienende grafische Nutzeroberfläche zur Verfügung. Unter anderem wird der Status der Aufzeichnungen auf dem Rechner und auf dem Server angezeigt. Auch sind neben Funktionen zur Planung, zum Stoppen und zum Wiederholen eines Prozesses weitere Funktionen wie das Anlegen einer neuen Serie auf dem Server oder das Zuweisen eines Workflows und verschiedene Editoren vorhanden.

Die Matterhorn Remote Inbox eignet sich zur Zusammenarbeit mit ‚TheRec'[3]. ‚TheRec' ist eine Software, mit der Videos von mehreren Quellen gleichzeitig synchron aufgenommen werden können. Die Anzahl der Quellen ist allein von der Leistung des ausführenden Computers abhängig. Dank der speziellen Architektur werden viele verschiedene Geräte – von USB-Webcams über DV-Kameras und VGA-Grabbern bis hin zu Software zur Bildschirmaufzeichnung – unterstützt. Konfiguriert man ‚TheRec' derart,

---

2   http://zentrum.virtuos.uni-osnabrueck.de/mhri (20.06.2014).
3   http://zentrum.virtuos.uos.de/therec (20.06.2014).

dass direkt in das von MHRI überwachte Verzeichnis aufgenommen wird, werden alle Änderungen von MHRI registriert und direkt im Anschluss hochgeladen.

3 Matterhorn im praktischen Einsatz

3.1 Nutzungsszenarien

3.1.1 Vorlesungsaufzeichnungen

Auch wenn MOOCs derzeit sehr populär sind und viel in den Medien diskutiert werden, werden sie in absehbarer Zeit aufgrund der aufwändigen Produktion nicht in vielen Lehrveranstaltungen einsetzbar sein, da sie eher für Lernende gedacht sind, die sich eigenständig ein Thema erschließen wollen. Somit decken sie eine andere Zielgruppe als Vorlesungsaufzeichnungen ab.

Das Ziel von Vorlesungsaufzeichnungen ist es vorrangig, die Präsenzlehre zu unterstützen. Der Inhalt ist sehr günstig zu produzieren, da keine eigene Präsentation für die Aufzeichnung erarbeitet werden muss. Der Lehrende braucht für die Aufzeichnung auch nicht extra Zeit zu investieren und zumindest mit ‚Matterhorn' ist auch kein gesonderter Schulungsaufwand im Umgang mit der Software notwendig, da diese unabhängig vom Lehrenden automatisch und zeitgesteuert aufzeichnet.

3.1.2 Pressestelle/Uni-Homepage

Ein anderer Anwendungsfall ist die Bereitstellung von kleinen Videoclips auf der Homepage der Universität. Die redaktionelle Betreuung dieser Clips liegt bei der Pressestelle. Die organisatorischen Abläufe bei der Erstellung des Contents unterscheiden sich komplett von denen im Bereich der Vorlesungsaufzeichnung. Der fertige Content soll in ein Typo3-Redaktionssystem eingebunden und in einigen Fällen sollen die Videos zudem im Youtube-Kanal der Universität veröffentlicht werden. Die Clips werden gemeinsam von einem kleinen Produktionsteam des virtUOS und der Pressestelle mit vergleichsweise hohem Aufwand erstellt. Sie sollen wichtige Themen auf der Homepage publikumswirksamer aufbereiten. Zusätzlich werden Aufzeichnungen von ausgewählten öffentlichen Veranstaltungen bereitgestellt. Da es sich bei ‚Matterhorn' um freie und kostenlose Open-Source-Software handelt, war es problemlos möglich, eine weitere Instanz der Software extra für diesen Zweck aufzusetzen und diese nach den Wünschen und Vorstellungen der Pressestelle anzupassen. Als Schnittstelle zum Typo3-Redaktionssystem, das von einer externen Werbeagentur aufgesetzt wurde, sind ‚ATOM'-Feeds[4] gewählt worden. Bei ‚ATOM' handelt es sich um einen Nachfolger der RSS-Feeds, der von der ITEF standardisiert wurde. Über den ‚ATOM'-Feed können die Links zum Player und den verschiedenen Mediendateien strukturiert übergeben werden. Die Werbeagentur konnte sich so bei der Einbindung der Daten in die Webseite an einem etablierten Standard orientieren.

---

4 http://tools.ietf.org/html/rfc4287 (20.06.2014).

Durch die getrennte Installation kann ein eigenes Benutzermangement und Redaktionssystem umgesetzt werden. Innerhalb eines Systems müssen nicht unterschiedliche Rollen für Pressestelle und Vorlesungsaufzeichnungen vorgehalten werden. Für die Mitarbeiter/innen in der Redaktion sind die eigenen Inhalte schnell auffindbar und verschwinden nicht in der weitaus größeren Masse der Vorlesungsaufzeichnungen. Die Aufzeichnungen aus beiden Systemen werden in der an der Universität eingerichteten ‚Lernfunk'-Datenbank automatisch zusammengeführt.

3.1.3 Stud.IP

‚**Stud**ienbegleitender **I**nternetsupport von **P**räsenzlehre' (Stud.IP) ist das zentrale Lernmanagement-System, in dem alle Kurse und deren Inhalte verwaltet werden. Der überwiegende Teil der Aufzeichnungen wird hierhin distribuiert und letztendlich durch die Studierenden abgerufen. Für Stud.IP sind zwei Plugins – eins für die Anbindung an ‚Lernfunk' und eins für ‚Opencast Matterhorn' – verfügbar, die die Darstellung des Videomaterials in den einzelnen Kursen ermöglichen. Im Sommersemester 2014 wurde das ‚Lernfunk'-Plugin durch das ‚Opencast'-Plugin ersetzt.

Durch das neue Plugin wird außer der einfachen Darstellung der Episoden eines Kurses auch die Möglichkeit geboten, eine Aufzeichnung per Knopfdruck, basierend auf dem Ablaufplan in Stud.IP, zu planen. Dies ermöglicht Dozent/inn/en, ihre Aufnahmen selbstständig zu planen und ist momentan in einer Pilot-Phase ausgewählten Benutzer/inne/n zugänglich, welche Erfahrung mit dem System mitbringen. Nach dem erfolgreichen Test wird die neue Funktion schließlich allen Dozent/inn/en zur Verfügung gestellt. Durch die eigenständige Planung wird auf eine erhöhte Akzeptanz bei Professor/inn/en gehofft, da keine dritte Person zwischen den Lehrenden und der Aufzeichnung steht.

3.1.4 Lernfunk

Schon vor der Einführung von ‚Matterhorn' gab es an der Universität Osnabrück verschiedene Erfahrungen mit Medienaufzeichnungen. Einen Überlick über die Medien gab es nicht, sie sollten aus verschiedenen Systemen je nach Bedarf in unterschiedliche Systeme eingebunden werden und wenn ein Server migriert wurde, gingen derartige Einbindungen verloren. Um den Überblick über das bisher produzierte Material zu verbessern und eine konsistente Einbindung zu ermöglichen, wurde eine Mediendatenbank namens ‚Lernfunk' geschaffen. Die meisten Systeme übertragen die Metadaten ihrer Aufzeichnung über eine definierte Schnittstelle an ‚Lernfunk' (REST-Webservice oder RSS-Feed). Die Aufzeichnung erhält daraufhin eine eindeutige Referenz und lässt sich wiederum über Feeds oder Webservices in andere Systeme einbinden. Zusätzlich bietet ‚Lernfunk' ein Portal, in dem die öffentlichen Aufzeichnungen angezeigt werden können (Mertens, Birnbaum, Ketterl & Rolf, 2008).

In der aktuellen Situation in Osnabrück sind zahlreiche ‚Matterhorn'-Instanzen aktiv, über die man mit Hilfe der ‚Lernfunk'-Datenbank den Überlick behalten kann. Für die nächste Version von ‚Lernfunk' wurden nach Absprache mit der Pressestelle der Universität neue Anforderungen erhoben, die eine hochschulweite Nutzung verbessern sollen. Der

Schwerpunkt dieser Änderungen liegt auf einem Redaktionssystem, der Versionierung der Daten und der Internationalisierung. Zusätzlich wird ‚Lernfunk' für den Export der Daten um die gleichen REST-Schnittstellen-Definitionen wie ‚Matterhorn' erweitert, so dass ‚Lernfunk' eine vorhandene ‚Matterhorn'-Instanz erweitern kann.

3.2 Ablauf der Videoaufzeichnung an der Universität Osnabrück

An der Universität Osnabrück sind momentan elf Räume mit Technik für automatisierte Aufzeichnungen ausgestattet. Das Eingangs-Material besteht aus zwei Video-Streams und einer Audiospur. Die Videostreams bestehen aus einem Dozent/inn/en-Video und einer Aufnahme der Präsentations-Wiedergabe. Nach der Aufnahme sind beide Streams zusammengenommen ca. vier Gigabyte (GB) groß. Die Aufnahme wird mit unterschiedlicher Capture-Hardware und -Software durchgeführt: Mit der NCast PVR720[5], dem Matterhorn Referenz-Capture-Agent und seit dem Sommersemester 2014 auch mit Galicaster[6]. Die unterschiedlichen Aufzeichnungsrechner sind den Fortschritten in der Technik und den daraus resultierenden neuen Anforderungen geschuldet.

Nach der durchgeführten Aufnahme erfolgt das automatische Hochladen und Verarbeiten auf den Servern. Auf der ‚Matterhorn'-Server-Architektur erfolgt die Weiterverarbeitung. Das Roh-Material durchläuft mehrere Schritte, welche in sogenannten ‚Workflows' definiert sind. Zunächst werden die Videos für den Videoeditor vorbereitet, um es in diesem zu schneiden und gegebenenfalls zu kürzen. Danach erfolgt die Konvertierung in unterschiedliche Formate. Aktuell wird an der Universität Osnabrück das Videomaterial in drei unterschiedliche Qualitätsstufen und eine separate Audiodatei konvertiert, welche auch dem Nutzer im Player angeboten werden. Je nach Qualitätsstufe ist eine Videodatei durchschnittlich 100, 300 und 500 Megabyte (MB) groß, die separaten Video-Dateien der Dozentin/des Dozenten und des Präsentations-Bildes bleiben hierbei erhalten.

Zum Schluss erfolgt je nach Wunsch die automatische Auslieferung zu Portalen wie z.B. ‚Lernfunk', ‚Stud.IP' oder auch ‚iTunes'. Im Wintersemester 2013/2014 wurden so 512 Videos erfolgreich bereitgestellt.

3.3 Aufwand

Der Betrieb eines Vorlesungsaufzeichnungdienstes kann nicht ohne entsprechendes Personal, das diesen Dienst unterstützt, auskommen. Dieses wird sowohl für die Betreuung der technischen Infrastruktur als auch für die Anwerbung von Veranstaltungen und die Organisation des Aufzeichnungsbetriebs benötigt.

---

5 http://ncast.com/ (20.06.2014).
6 http://wiki.teltek.es/display/Galicaster/Galicaster+project+Home (20.06.2014).

3.3.1 Technik

Die technische Infrastruktur für Vorlesungsaufzeichnungen mit ‚Matterhorn' ist komplexer als in vielen anderen E-Learning-Dienstleistungen. Neben der Bereitstellung einer Server-Infrastruktur, die leistungsmäßig an die Menge der Aufzeichnungen innerhalb einer Woche und die erwarteten Abrufzahlen angepasst sein muss, gilt es auch die Capture Agents in den Hörsälen zu überwachen und zu warten. Zu den Regelaufgaben gehören Aktualisierungen sowohl der Server- als auch der Capture Agent-Software, die Überwachung der im System laufenden Jobs und gegebenfalls eine Fehleranalyse und -behebung. Auch der Speicherplatz muss regelmäßig angepasst werden. Des Weiteren müssen der Zustand der Infrastruktur überwacht und gegebenfalls Geräte modernisiert werden, um schon im Vorfeld Ausfällen vorzubeugen. Seit 2002 werden an der Universität Osnabrück Vorlesungen aufgezeichnet. Die dafür genutzte Infrastruktur musste in diesen Jahren mehrfach ausgebaut und erneuert werden. Server haben im Durchschnitt eine Fünf-Jahre-Service-Leistung durch den Hersteller. Die in selbstgebauten Capture Agents genutzte Technik, wie z.B. ein VGA-Grabber, hat teilweise eine noch geringere Haltbarkeit. Es wird dringend geraten, für die Techniker/in auch eine Vertretung zu haben, da Ausfälle plötzlich auftreten können und die Dienstleistung zuverlässig das gesamte Semester lang funktionieren muss. Insbesondere bei der Aufzeichnung muss man schnell reagieren können, da ausgefallene Aufzeichnungen nur vergleichsweise aufwändig erneut produziert werden können. Studierende und Lehrende reagieren häufig empfindlich darauf, wenn aus technischen Gründen eine Aufzeichnung verloren gegangen ist, weswegen für eine hohe Akzeptanz vor allem die Technik zuverlässig funktionieren muss.

An der Universität Osnabrück ist derzeit eine halbe Stelle für die Betreuung der Technik vorgesehen. Zwei Mitarbeiter, die eigentlich an der Weiterentwicklung der ‚Opencast Matterhorn'-Software arbeiten, können jedoch als Vertreter aushelfen.

3.3.2 Organisation

Ein entscheidender Aspekt für die Akzeptanz des Vorlesungsaufzeichnungsdienstes ist es, auch organisatorisch unterstützend tätig zu werden. Zum einen müssen Lehrende auf das Angebot hingewiesen werden. In Osnabrück werden vor Beginn des Semesters über 100 Lehrende angeschrieben, deren Lehrveranstaltungen in geeigneten Räumen stattfinden, um diese auf die Möglichkeit zur Aufzeichnung hinzuweisen. Zum anderen muss den Lehrenden ein/e zentrale/r Ansprechpartner/in geboten werden, damit sie wissen, an wen sie sich bei offenen Fragen wenden können. Ein/e Administrator/in ist hierfür meistens nicht die beste Wahl, da nicht nur bzw. nur selten auf technischer Ebene betreut werden soll. Wenn im Videoschnitt Probleme festgestellt werden, wie z.B., dass das Mikrofon nicht korrekt benutzt wurde, muss mit dem Lehrenden geklärt werden, wie in Zukunft derartige Probleme vermieden werden können.

Für die Organisation ist derzeit ein Mitarbeiter, der etwas mehr als die Hälfte seiner Zeit für diese Aufgabe aufwendet, vorgesehen. Eine Vertretung wird durch einen Techniker und durch die Support-Hotline des virtUOS bereitgestellt.

3.4   Technische Infrastruktur

Erfahrungen der letzten Semester haben gezeigt, dass die technische Infrastruktur immer zusammen mit den Anforderungen wachsen muss. Bei einer Nutzung von etwa ein bis drei Aufzeichnungen pro Woche reichen übliche Desktop-Server für einen reibungslosen Betrieb aus. Sobald man diese Grenze überschreitet, spielt Lastverteilung und Sicherung der Systeme eine große Rolle. Hierbei ist es sinnvoll, die Aufzeichnungsrechner und die Server getrennt zu betrachten, sowohl aus Monitoring-Sicht als auch aus der Backup-Sicht.

In Abbildung 2 ist die aktuelle Server-Struktur abgebildet. Im linken Teil sind die unterschiedlichen Aufzeichnungssysteme zu sehen, womit aktuell elf Räume ausgestattet sind. Im mittleren und rechten Teil ist die aktuelle ‚Matterhorn'-Server-Architektur mit den einzelnen virtuellen Maschinen abgebildet. Diese besteht aus dem ‚Matterhorn' Core-Server mit einer zentralen Datenbank, zwei Worker-Servern, die das Konvertieren der Videos und die Analyse der Inhalte übernehmen, und den Streaming- und Engage-Servern, über die die Inhalte distribuiert werden. Die produzierten Daten werden auf einer 20 Terabyte (TB) großen Isylon Storage-Cloud abgelegt, mit der alle Server verbunden sind.

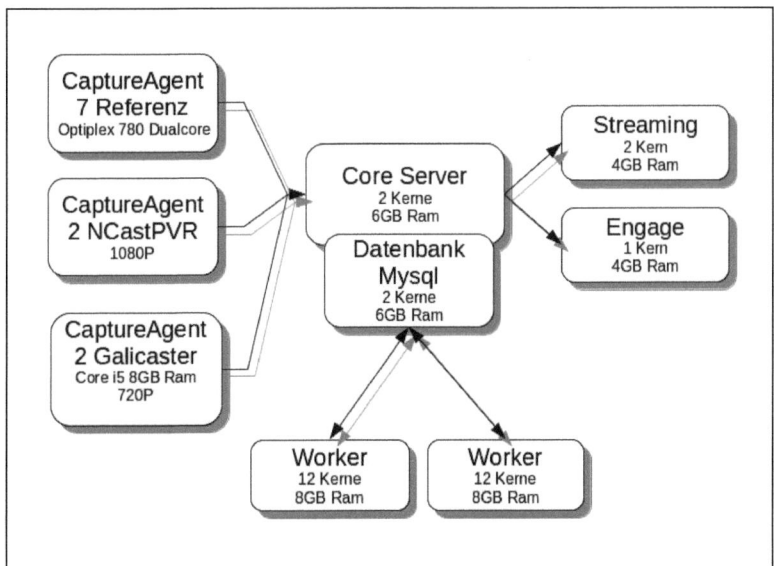

Abbildung 2:   Matterhorn-Server-Architektur an der Universität Osnabrück
                (eigene Darstellung)

3.4.1 Monitoring

Auf Grund der Komplexität und des Zusammenspiels der vielen unterschiedlichen Techniken stellt jede Teileinheit für sich eine Fehlerquelle dar. Über die vergangenen Semester hin konnte eine Zuverlässigkeit von 96% Prozent aller Aufzeichnungen erzielt werden, wobei davon nur 1,5% auf technisches Versagen zurückzuführen sind.

Um ein solches Ergebnis zu erzielen, ist eine ständige Überwachung der einzelnen Systeme unumgänglich, um Fehler frühzeitig zu identifizieren, zu beheben und auch vorbeugen zu können.

Eins der wichtigsten Werkzeuge zur Überwachung der Hard- und Software ist eine Überwachungs-Software wie Xymon, Nagios o.ä. Aufgrund der lokalen Anforderungen wird Xymon eingesetzt. Sobald ein Dienst nicht entsprechend reagiert, erfolgt eine Nachricht via E-Mail. Außerdem wird über alle überwachten Dienste wie z.B. Erreichbarkeit und Speicherauslastung, eine Statistik geführt. Dieses ist für spätere Fehleranalysen von großem Wert.

3.4.2 Ausfall des Systems und Folgen

Da die Aufzeichnungsrechner räumlich getrennt und autark vom Core-System arbeiten, ist eine erste Sicherung gegeben. Im Falle eines Ausfalls der Server, ausgelöst durch Netzwerkstörungen, Stromausfälle oder Hardwaredefekte, ist es wichtig, dass die Aufzeichnungen ohne Störungen laufen. Ausserdem sollten sämtliche Rohdaten für eine Zeit von mindestens einem Semester auf den Capture-Agents vorgehalten werden. Diese Vorgehensweise hat sich im Wintersemester 2013/2014 als äußerst wichtig herausgestellt.

In den ersten beiden Wochen des Wintersemesters 2013/2014 fiel ein Netzwerk-Switch an den Servern aus. Da auch die Systemdateien für die virtuelle Maschine über Netzwerk angebunden waren, wurde somit im laufenden Betrieb dem System der Festplattenzugriff entzogen. Durch eine ungünstige Konfiguration der virtuellen Maschinen wurden viele Sektoren der Festplatte als defekt markiert, so dass viele Daten erst wiederhergestellt werden mussten. Dies führte zu einem Totalausfall der Matterhorn-Server für ca. vier Tage. In diesem Zeitraum waren weder die Server für die Capture-Agents ansprechbar noch war das Abrufen des Videomaterials für die Studierenden möglich.

Zum Zeitpunkt des Ausfalls war noch ein bis dahin unentdeckter Fehler in der Firmware der Ncast-Rekorder vorhanden, der es verhinderte, eine Aufnahme zu starten, wenn die Server nicht erreichbar war, weswegen die Aufnahmen auf diesen Geräten verloren gegangen sind. Alle übrigen Capture-Agents haben ohne Probleme weiter aufgezeichnet und es konnten trotz massiver Probleme 90% der Aufnahmen erfolgreich durchgeführt werden.

Der Ausfall hatte jedoch noch weitreichende Folgen. Vor Beginn des Semesters wurde mit einem Volumen von ca. 30 Aufzeichnungen pro Woche gerechnet. In den ersten beiden Wochen steigerte sich die Zahl auf 40, woraufhin die Auslastung des Systems für die Verarbeitung des Materials bei ca. 90% lag. In der Fehler-Woche hatten sich jedoch 40 Aufzeichnungen aufgestaut und mit gegebenen Kapazitäten wären sechs Wochen nötig gewesen, um den Ausfall zu kompensieren, was natürlich bei einer Semesterdauer von nur zwölf Wochen inakzeptabel ist, wenn man den Anspruch hat, den Studierenden das Material als Begleitung zur Vorlesung zur Verfügung zu stellen.

Ein weiteres Problem war die Auslastung des Core-Systems. Für die Kompensierung der Ausfallzeit liefen der Core-Server und die Worker-Server durchgehend auf annähernd 100%. Bis zum erwähnten Semester wurde die Datenbank an der Universität Osnabrück auf dem Core-Server installiert, was bei einer sporadischen Auslastung keine Rolle spielt.

Da ‚Matterhorn' jedoch für der Kommunikation der einzelnen Dienste auf die Datenbank aufbaut, kommt es bei einer permanent hohen Auslastung zu langen Antwortzeiten der Datenbankanfragen. In diesem Fall waren die Antwortzeiten so lang, dass die Matterhorn-Dienste sich gegenseitig nicht mehr erreichen konnten und ein Großteil der zu verarbeitenden Jobs fehlschlugen. In den nachfolgenden Semestern wurde dieses Problem durch einen separaten Datenbankserver behoben.

4 Matterhorn weltweit

Die ‚Opencast Matterhorn'-Software ist an zahlreichen Hochschulen weltweit im Einsatz und auch erste National Research and Education Networks (NRENs) betreiben schon ‚Matterhorn' für Hochschulen, die sie betreuen. Die folgenden zwei Beispiele verdeutlichen die unterschiedlichen Anwendungsfelder.

4.1 Manchester

An der Universität Manchester wurde eine kleine Podcast-Producer-Installation durch ‚Opencast Matterhorn' abgelöst. Man entschied sich in diesem Zusammenhang, die Dienstleistung auf über 120 Räume auszudehnen und beschloss zudem, auf eine Opt-Out Policy zu wechseln, nachdem alle Lehrenden in den entsprechend ausgestatteten Räumen aufgezeichnet werden, sofern sie dem nicht explizit widersprochen haben. Die Auslastung der Capture Agents liegt nun bei etwa 70% und es werden jede Woche mehr als 1.000 Stunden aufgezeichnet (Opencast 2014).

Aus Effizienzgründen wird derzeit fast ausschließlich der Bildschirm und der Ton aufgezeichnet, auch auf eine Nachbearbeitung der Videos, bei der z.B. die Aufzeichnung um die Zeiten, in denen die Vorlesung noch nicht gestartet oder schon geendet hat, gekürzt wird, findet nicht statt. Die Videos werden in das Lernmanagementsystem der Hochschule eingebunden, der ‚Matterhorn'-eigene Player wird nicht genutzt und es wurde eine zusätzliche Software erstellt, welche aus den Raumplänen der Universität die Zeitpläne für die Aufzeichnung mit ‚Matterhorn' erstellt.

4.2 Uninett

„Uninett" ist der norwegische NREN. ‚Matterhorn' wird von ‚Uninett' als multimandantenfähige Installation für verschiedene Hochschulen betrieben, wofür die Server zentral zur Verfügung gestellt werden. Basierend auf der Uniform Resource Locator (URL), über die ein Server angesprochen wird, können Benutzerverwaltung, genutzte Module, Dateibereich und Ähnliches in ‚Matterhorn' getrennt werden. Die Hardware kann so effizienter von mehreren Einrichtungen genutzt werden.

5   Ausblick und Fazit

Derzeit ist neben dem neuen Videoeditor, welcher den Trim-Editor ersetzen wird, und dem neuen ‚Matterhorn'-Player auch eine neue Administrationsoberfläche (Admin UI) geplant, welche durch den ‚Matterhorn'-Dienstleister ‚Entwine' entwickelt wird. Außerdem wurden die ‚Youtube'-Schnittstelle und die Videoanalysefunktionen überarbeitet. Wie man der ‚Matterhorn' Roadmap[7] entnehmen kann, stehen zahlreiche Neuerungen in den nächsten Veröffentlichungen bevor.

‚Matterhorn' wird momentan jedoch auch auf den Einsatz in MOOCs vorbereitet. Vom ELAN e.V. wurde eine Erweiterung für MOOCs in Stud.IP entwickelt. (M)OOC.IP[8] orientiert sich an dem Aufbau erfolgreicher MOOC-Systeme, und es soll zum einen möglich sein, aus einem Stud.IP-Kurs einen MOOC-Kurs zu machen, zum anderen soll man das didaktische Modell von MOOCs auch auf kleine geschlossenere Kurse anwenden können. Da ‚Stud.IP' schon eine sehr umfassende Einbindung von ‚Matterhorn' beinhaltet, können hier Synergien genutzt werden, um ‚Matterhorn' für die Bereitstellung von Videos in diesen Kursen zu nutzen. Im Gegensatz zu anderen öffentlichen Plattformen müssen so nicht Videos auf öffentlichen Plattformen wie ‚Youtube' gehostet werden, sondern können auch durch das eigene Rechenzentrum ohne eine Abtretung der Rechte bereitgestellt werden.

Aber auch für die derzeit sehr beliebte MOOC-Software ‚OpenEdX'[9] entwickelt die Universitat Politècnica de València im Rahmen des EMMA-Projektes[10] eine Anbindung an ‚Matterhorn'. Diese Erweiterung basiert auf dem Paella Player[11], der als alternativer Player für ‚Matterhorn' in València entwickelt wurde.

Eine weitere Herausforderung für die klassischen Vorlesungsaufzeichnungen ist es, aus dem Erfolg von MOOCs Lehren zu ziehen, um didaktische Konzepte, welche in diesem Rahmen gut funktioniert haben, auch für Vorlesungsaufzeichnungen zu erschließen. Dies hat sicherlich nur am Rand mit der Weiterentwicklung der ‚Opencast Matterhorn'-Software zu tun, die Herausforderung liegt eher im Bereich der Didaktik, die den Lehrenden Empfehlungen geben sollte, wie ein Kompromiss zwischen einer Live-Präsentation für die eigenen Studierenden und einer optimierten Aufzeichnung aussehen könnte.

Mit den Neuerungen der Server-Struktur, in die Verbesserungen aus dem Wintersemester 2013/2014 eingeflossen sind, hoffen wir, für die nächsten Semester und die steigende Zahl an Aufzeichnungen gerüstet zu sein. Nach den bisherigen Erfahrungen müsste gegebenenfalls nur die Rechenleistung der Worker-Server skaliert werden.

Insgesamt kann festgestellt werden, dass das ‚Opencast Matterhorn'-System sich im praktischen Einsatz an der Universität Osnabrück über vier Jahre lang bewährt hat. Die Software zeigt großes Potenzial, dass Vorlesungsaufzeichnungen als Dienstleistungen mit vertretbaren Kosten an einer Hochschule etabliert werden können. Jedoch ist in Zukunft

---

7   https://opencast.jira.com/wiki/display/MH/Matterhorn+Road+Map (20.06.2014).
8   http://moocip.de/ (20.06.2014).
9   http://online.stanford.edu/openedx (20.06.2014).
10   http://europeanmoocs.eu/ (20.06.2014).
11   http://paellaplayer.upv.es/ (20.06.2014).

davon auszugehen, dass die Herausforderungen in organisatorischen und didaktischen Fragen liegen werden. So zeigt z. B. das in England vereinzelt schon praktizierte Opt-Out-Modell, welche Potenziale in organisatorischen Vereinfachungen stecken.

Die ‚Opencast Matterhorn'-Software wird kontinuierlich von der Community weiterentwickelt. Neben den Hochschulen sind auch die verbundenen Firmen bereit, ihre Weiterentwicklungen in die Open-Source-Software mit einfließen zu lassen, um ein konkurrenzfähiges Produkt anbieten zu können. Als Open-Source-Software, die nicht von einer einzelnen Firma und deren Produktpolitik abhängig ist, und mit Unterstützung von derzeit fünf kommerziellen und drei Open-Source-Aufzeichnungsgeräten ist davon auszugehen, dass die Einführung von ‚Matterhorn' eine zukunftssichere Investition ist.

Literatur

Hamborg, K.-C., Ollermann, F., Meyknecht, G., Meier Da Fonseca, V. & Rolf, R. (2012). Akzeptanz von Lehrveranstaltungsaufzeichnungen – Befunde aus zwei empirischen Studien. In: *DeLFI 2012 – Die 10. E-Learning-Fachtagung Informatik,* 24.-26. September 2012, FernUniversität Hagen.

Ketterl, M., Mertens, R. & Vornberger, O. (2008). *Vorlesungsaufzeichnung 2.0. Lernen – Organisation – Gesellschaft* (S. 103-108). eCampus-Symposium der Osnabrücker Hochschulen, Osnabrück, 02.-10. Oktober 2008.

Mertens, R., Birnbaum, N., Ketterl, M. & Rolf, R. (2008). *Integrating Lecture Recording with an LMS: An Implementation Report* (S. 1067-1074). World Conference on E-Learning, in Corporate, Government, Healthcare & Higher Education (E-Learn 2008), Las Vegas, Nevada, USA, 17.-21. November 2008.

Opencast (2014), *Adopter Highlight: University of Manchester.* URL: http://opencast.org/article/adopter-highlight-university-manchester (07.04.2014).

Lisa Rupp, Benjamin Wulff & Kai-Christoph Hamborg

Veranstaltungsaufzeichnungen mit LectureSight: Effekte auf Lernen und Akzeptanz

Abstract

Der Einfluss non-verbaler Kommunikation, insbesondere von Gestik und Mimik, auf Lernprozesse ist seit Jahren Forschungsgegenstand der Linguistik und der Psychologie. Resultierende Befunde weisen darauf hin, dass Gestik die korrekte Interpretation mehrdeutiger Wortbedeutungen und damit den Verständnisprozess unterstützt. Zusätzlich werden positive Effekte von Gestik auf die Gedächtnisleistung berichtet. Rezipienten sind in der Lage mehr Informationen frei zu reproduzieren sowie komplexe Sachverhalte und abstrakte Zusammenhänge besser zu verstehen, wenn gesprochene Instruktionen von Gesten begleitet werden. Gestik dient also dem Zweck der Übermittlung von Informationen vom Sprecher zum Zuhörer. In der hier präsentierten Studie wurde die Wirkung der Sichtbarkeit von Mimik und Gestik des Vortragenden in Veranstaltungsaufzeichnungen auf die Lernleistung untersucht. Eine Experimentalgruppe bereitete sich auf eine simulierte Klausur mit einer per ‚LectureSight'-Technologie erstellten Vortragsaufzeichnung mit nachführender Kamera vor, in der der Vortragende stets in Nahaufnahme zu sehen war und damit auch seine Gestik und Mimik gut erkennbar waren. Eine Kontrollgruppe verwendete die Aufzeichnung desselben Vortrags, aufgezeichnet aus einer, für Vorlesungsaufzeichnungen in großen Hörsälen typischen, starren Panorama-Perspektive, wodurch der nonverbale Ausdruck des Vortragenden weniger klar erkennbar war. Die Ergebnisse der Studie zeigen signifikant positive Effekte auf die Lernleistung für die Proband/inn/en, die die ‚LectureSight'-Aufzeichnung verwendeten. Zudem wurde von diesen Proband/inn/en die pragmatische Qualität sowie die Attraktivität als Indikatoren für die Akzeptanz der Veranstaltungsaufzeichnung signifikant bzw. tendenziell signifikant besser beurteilt als für die klassische Panorama-Wiedergabe.

1 Einleitung

Seit seinen Anfängen in den frühen 90er Jahren hat das Konzept des E-Learning an immer größerer Bedeutung gewonnen und stellt heute einen zentralen Bestandteil des Lernens und der Lehre an vielen Hochschulen dar (Hermann, Lauer & Trahasch, 2006; Keller, Hrastinski & Carlsson, 2007). Der Begriff ‚E-Learning' umfasst hierbei jede Form des Lernens, bei der elektronische Medien bei der Übermittlung von Informationen zum Einsatz kommen. Die Anwendungskonzepte reichen dabei von der einfachen unimodalen

Präsentation, wie etwa in Form von Audiopodcasts, bis hin zur komplexen multimodalen Darbietung unter Einsatz von detaillierten und interaktiven Lernmaterialien.

Eine besondere und mittlerweile an Universitäten und Hochschulen weltweit verbreitete Form von E-Learning (z.B. Ketterl, Schulte & Hochmann, 2010; Rust & Krüger, 2011) stellt das Aufzeichnen von Vorlesungen auf Video (Iverson & Goldin-Meadow, 1998) und das spätere Bereitstellen des Materials auf Internetplattformen dar (E-Lectures). Dieser Ansatz erlaubt Lernenden nicht nur die wiederholte Betrachtung bestimmter Vorlesungsinhalte, sondern ermöglicht gleichzeitig einen an die Bedürfnisse und Kapazitäten der Lernenden angepassten Lernprozess (Ketterl, Schulte & Hochmann, 2010). Neben diversen Studien, die die positiven Effekte von Vorlesungsaufzeichnungen auf den Lernerfolg mit einem Anstieg der Lernmotivation (Fey, 2002), einer Reduktion von Umweltdistraktoren (Glowalla, 2004), der verminderten Notwendigkeit, seine Aufmerksamkeit zu teilen (Moreno & Mayer, 2000) und der Anpassung von Lerntempo und Stoffumfang an die eigenen Bedürfnisse (z. B. Mertens, Ketterl & Vornberger, 2007) begründen, lieferte Glowalla (2004) empirische Belege für die Bedeutsamkeit des Videos selbst. So richten Lernende bei simultaner Präsentation von Video und Präsentationsfolien bis zu 70% ihrer Aufmerksamkeit auf das Video und nur etwa 20% auf das Textmaterial. Dieser Effekt kehrt sich um, wenn statt des Videos ein statisches Bild des Vortragenden, unterlegt mit der entsprechenden Audiospur, präsentiert wird (60% der Aufmerksamkeit liegt in diesem Fall auf den Präsentationsfolien und 20% auf dem Bild der Dozent/inn/en).

Seit 2003 werden solche E-Lectures auch an der Universität Osnabrück verwendet. In diesem Kontext werden Vorlesungen auf Video aufgezeichnet und den Studierenden das gesamte Semester über das Internet zur Verfügung gestellt. Im Wintersemester 2009 wurde der virtPresenter, der bis dahin als Aufzeichnungssystem verwendet und eigens zu diesem Zweck vom Zentrum für Informationsmanagement und virtuelle Lehre (virtUOS) der Universität Osnabrück entwickelt wurde (Mertens, Ketterl & Vornberger, 2007), von dem Open-Source-Projekt ‚Opencast Matterhorn'[1] abgelöst (Ketterl, Schulte & Hochmann, 2010). Seitdem sind E-Lectures über den ‚Opencast Matterhorn' Engage Player verfügbar.

Die hier vorgestellte Studie beschäftigt sich mit der Realisierung von personenorientierten Großaufnahmen bei Veranstaltungsaufzeichnungen mit Hilfe des ‚LectureSight'-Systems und dem Einfluss der hiermit verbundenen besseren Erkennbarkeit von Gestik und Mimik von Vortragenden auf die Lernleistung und die Motivation der Rezipienten, sich mit den Aufzeichnungen zu beschäftigen, sowie der Akzeptanz des Systems. Im Folgenden wird zunächst auf die Befundlage zum Einfluss von Gestik und Mimik auf den Lernerfolg eingegangen. Es folgt die Beschreibung des ‚LectureSight'-Systems sowie anschließend die Darstellung der empirischen Studie und deren Ergebnissen. Die abschließende Diskussion nimmt Bezug sowohl auf kritische Aspekte der Studie als auch auf Implikationen der Ergebnisse für zukünftige Forschung.

---

1   www.opencast.org/matterhorn (01.07.2014).

1.1   Der Einfluss von Gestik und Mimik auf Lernen

In vielen empirischen Studien, die sich vor allem Eye-Tracking-Methoden bedienten, konnte gezeigt und belegt werden, dass der Hauptfokus von Zuhörenden im persönlichen Gespräch auf dem Gesicht des Gegenübers liegt. Gleichzeitig wird nur ein geringer Teil der Gestik des Sprechers (nur 8,8%) direkt fixiert (z.B. Gullberg & Holmqvist, 1999; Kendon, 1990).

Vor dem Hintergrund dieser Erkenntnisse untersuchten Gullberg und Holmqvist (2002) den Unterschied im Fixationsverhalten von Zuhörer/inne/n, abhängig davon, ob sie/er der/dem Sprecher/in persönlich gegenüber standen oder diese auf Video sahen. Sie nahmen an, dass die überproportionale Fixation des Gesichts des Gegenübers sozialen Konventionen geschuldet sei und in der Videobedingung deutlich reduziert werde, sodass nun die Mehrheit der Gesten des Sprechers (70% bis 75%) fixiert würde.

Zwar konnten Gullberg und Holmqvist (2002) in ihrer Studie zeigen, dass in der Videobedingung tatsächlich das Gesicht des Gegenübers signifikant weniger häufig fixiert wurde, der Hauptfokus allerdings, entgegen der Erwartung, nicht auf die Gestik, die sogar noch weniger fixiert wurde, sondern immer noch auf der Mimik des Sprechers lag. Es ist also anzunehmen, dass der Mimik des Sprechers eine entscheidende Rolle für die Kommunikation von Informationen an die/den Zuhörer/in zukommt.

Neben der Bedeutung der Mimik konnte in mehreren Studien ebenso der große Einfluss von Gesten für den Informationsaustausch nachgewiesen werden. Auch wenn nur ein geringer Teil der Gesten eines Sprechers direkt fixiert wird, so nimmt die/der Zuhörer/in diese doch in seinem peripheren Gesichtsfeld wahr.

Besonders David McNeill (1985; 1992) argumentierte, dass Gesten ein intrinsischer Teil von Sprachproduktion und -verstehen seien und zu der gleichen psychischen Struktur gehörten wie die gesprochene Sprache selbst. Auf der Grundlage seiner Argumentation für die Parallelität von Gestik und Sprache folgerte McNeill, dass Gesten entsprechend der Semantik und Pragmatik der von ihnen begleiteten Wörter funktionierten. Daraus leitete er die Annahme ab, dass Gesten zusätzliche Informationen enthalten müssten, die durch die gesprochene Sprache alleine nicht übermittelt werden.

Diese Ansicht, die McNeill in seiner *Communication Theory* vertritt, konnte durch diverse empirische Belege anderer Forscher (z. B. Hadar & Pinchas-Zamir, 2004; Özyürek, Willems, Kita & Hagoort, 2007) gestützt werden. Holle und Gunter (2007) zeigten, dass Zuhörer die Gesten ihres Gegenübers nutzen, um Mehrdeutigkeiten in der Sprache aufzuklären. Gestik stellt also ein Mittel zur Erleichterung des Verständnisprozesses dar (Alibali, 1997; Straube, Green, Weiss, Chatterjee & Kircher, 2008). Zusätzlich zu Vorteilen für das Sprachverstehen waren bei den Probanden auch Gedächtniseffekte zu beobachten (Kelly, Barr, Breckinridge Church & Lynch, 1999; Straube, Green, Weiss, Chatterjee & Kircher, 2008). Sie waren in der Lage, signifikant mehr Informationen wiederzugeben, wenn diese vorher von Gesten begleitet dargeboten wurden. Das Ersetzen von Gesten durch willkürliche Handbewegungen reduzierte diesen Effekt signifikant (Holle & Gunter, 2007).

Diese Befunde können ausgeweitet werden auf den Bereich des Lernens im Allgemeinen. Unter anderem zeigten Valenzo, Alibali und Klatzky (2003), dass Instruktionen und komplexe Sachverhalte einfacher begriffen werden, wenn diese in ihrer Darstellung von Gesten begleitet werden.

1.2   Das LectureSight-System

Das ‚LectureSight'-System ist eine Open Source Software[2] zur automatischen Steuerung von sogenannten PTZ- oder Schwenk-Neige-Kameras, die vor allem für den Einsatz bei Videoaufzeichnungen von Vorträgen und Vorlesungen gedacht ist. Die Software fungiert als *virtueller Kameramann* und übernimmt automatisch die Bildgestaltung. Wie genau die Kamera gesteuert wird, kann von Benutzenden durch kleine Programme, sog. *Steuerungsstrategien* festgelegt werden, die im System hinterlegt werden (Wulff & Fecke, 2012).

Die Software läuft auf handelsüblichen PCs unter dem Betriebssystem Linux. Für die Videoanalyse wird eine Grafikkarte benötigt. Dadurch, dass die rechenintensive Videoanalyse gänzlich auf die Grafikkarte ausgelagert ist, besteht die Möglichkeit auf dem gleichen Rechner parallel eine Videoaufnahmesoftware wie z. B. Galicaster[3] zu betreiben. Das System analysiert in Echtzeit das Videobild von einer Übersichtskamera (handelsübliche Webcam), findet Personen, die Position des Kopfes und verfolgt diese, solange sie im Bild sind. Es können Bereiche in der Szene markiert werden, die wichtig für die Bildgestaltung sind (z.B. Bühne/Podium), und solche, die vom System ignoriert werden sollen (z. B. Zuschauerraum). Betritt eine Person einen der als wichtig markierten Bereiche, so wird die hinterlegte Steuerungsstrategie aktiv und entscheidet, wie die Produktionskamera zu steuern ist.

Eine simple Steuerungsstrategie, die bei LectureSight standardmäßig installiert ist, ist die Strategie ‚Immer-Folgen, nur Schwenk': Die Person, die als erstes den Vortragsbereich betritt, wird von der Produktionskamera in Großaufnahme durch Schwenks verfolgt. Diese Strategie eignet sich vor allem für Veranstaltungen, in denen stark die Tafel eingesetzt wird (z. B. Veranstaltungen aus der Mathematik).

---

2   www.lecturesight.org (01.07.2014).
3   http://wiki.teltek.es/display/Galicaster/Galicaster+project+Home (01.07.2014).

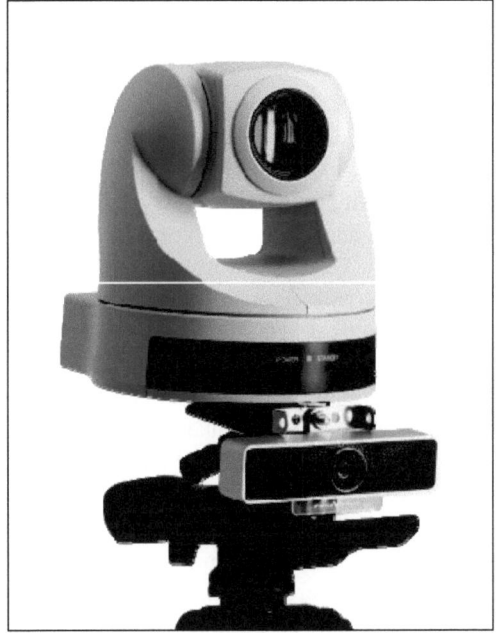

Abbildung 1: LectureSight-Kameraaufbau, oben Produktionskamera, unten Übersichtskamera (eigene Darstellung)

2 Die Studie

Vor dem Hintergrund der oben genannten Forschungsergebnisse zum Effekt von Gestik und Mimik auf das Lernen, beschäftigt sich diese Studie mit der experimentellen Untersuchung der Effektivität des ‚LectureSight'-Systems in Bezug auf die Lernleistung und der Motivation von Studierenden, sich mit der Veranstaltungsaufzeichnung zu beschäftigen, sowie der Akzeptanz des Systems als abhängige Variablen.

Für die Studie wurde ein ein-faktorielles Design mit zwei Gruppen realisiert, denen die Versuchsteilnehmer zufällig zugewiesen wurden. In der ersten Gruppe (‚LectureSight'-Gruppe) erhielten die Probanden ein mit dem ‚LectureSight'-System aufgenommenes Video mit dynamischem gezoomten Bildausschnitt, in der zweiten Gruppe (Kontrollgruppe) eine mithilfe herkömmlicher Technologie erstellte Aufzeichnung desselben Vortrags, die ein statisches Panoramabild lieferte.

Die folgenden Hypothesen wurden in der Studie untersucht:

- Abhängig von der Aufzeichnungstechnologie unterscheidet sich die Lernleistung der Probanden zugunsten der ‚LectureSight'-Gruppe.
- Die Motivation, mit der die Videoaufzeichnung des Vortrags rezipiert wird, ist in ‚LectureSight'-Gruppe stärker ausgeprägt als in der Kontrollgruppe.

– Die Akzeptanzwerte für die ‚LectureSight'-Aufzeichnungstechnologie sind besser als in der Kontrollgruppe.

Die erste Hypothese wird mit der *Communication Theory* begründet. Diese Theorie nimmt, wie einleitend dargestellt, an, dass Gestik zusätzliche Informationen an die/den Zuhörer/in übermittelt, die in der gesprochenen Sprache alleine nicht enthalten sind. Auf dieser Argumentation aufbauend ist anzunehmen, dass die Menge an erinnerten Informationen aus Veranstaltungsaufzeichnungen abhängig vom Grad der Erkennbarkeit von Gestik und Mimik des Vortragenden ist. Es wird erwartet, dass die ‚LectureSight'-Gruppe eine bessere Testleistung sowohl für Recall- als auch für Recognition-Aufgaben zeigt.

Der zweiten und dritten Hypothese liegt die Annahme zugrunde, dass die bessere Erkennbarkeit der Gestik und Mimik der Dozentin bzw. des Dozenten, wie sie im Lecture-Sight-Video gegeben ist, die Informationsaufnahme erleichtert (z. B. Kelly, Barr, Breckinridge Church & Lynch, 1999), und sich damit einhergehend positiv auf die Motivation, sich mit dem Stimulusvideo zu beschäftigen, als auch auf die Akzeptanz der Aufzeichnung auswirkt.

Das Experiment wurde in zwei Teilen durchgeführt. Im ersten Teil sahen Versuchsteilnehmer/innen eine 30-minütige, mit der jeweiligen Technologie erstellte Videoaufzeichnung eines Vortrages über das Thema der Phrenologie. Das Vortragsthema wurde gezielt so gewählt, dass bei den Versuchsteilnehmer/inne/n möglichst wenige Vorkenntnisse bestanden, der Inhalt aber dennoch für alle gut verständlich und nachvollziehbar war.

Die Erfassung der abhängigen Variablen (Lernleistung, Motivation und Akzeptanz), erfolgte am Folgetag in einer simulierten Klausursituation. Neben einem Leistungstest zur Überprüfung der aus dem Video behaltenen Informationen wurde den Versuchsteilnehmer/inne/n der AttrakDif-2.0-Fragebogen (Hassenzahl, Burmester & Koller, 2003) zur Erfassung der Akzeptanz vorgegeben.

2.1   Versuchspersonen

Die Versuchsteilnehmer/innen waren 60 Studierende der Universitäten Osnabrück und Münster im Alter von 17 bis 35 Jahren. Voraussetzung für die Teilnahme an der Studie war Deutsch als Muttersprache. Vorherige Erfahrungen mit E-Lectures oder dem ‚Opencast Matterhorn'-System war nicht notwendig.

Die Versuchsteilnehmer/innen wurden randomisiert einer von zwei Gruppen zugeordnet, die je aus 30 Teilnehmer/inne/n bestanden. Der Experimentalgruppe (‚LectureSight'-Gruppe) wurde als Stimulusmaterial ein Video vorgegeben, das mit dem ‚LectureSight'-System aufgenommen wurde. Die Kontrollgruppe erhielt die Videoaufzeichnung mit statischem Panoramabild als Stimulus.

2.2   Stimulusmaterial

Das Stimulusmaterial für beide Gruppen wurde parallel mit zwei Sony EVI-D70p Schwenk-Neige-Kameras produziert, von denen eine auf eine feste Perspektive eingestellt war und die andere mit dem ‚LectureSight'-System gesteuert wurde. ‚LectureSight' war auf die Steuerungsstrategie „Immer Folgen, nur Schwenk" (siehe 1.2) konfiguriert. Beide Kameras wurden in geringem Abstand zueinander an der Hinterseite des Seminarraums mit einem Abstand von 18 Metern von der Tafel positioniert. Das Videosignal der beiden Kameras wurde mittels zweier Hauppauge WinTV-PVR USB 2 Framegrabber digitalisiert, in die jeweils beide die Audioausspielung der Mikrofonanlage des Raumes eingespeist wurde. Die beiden gemixten und digitalisierten AV-Streams wurden auf einem ThinkPad X200-Computer mit der freien Videoencoding-Software Mencoder zu Videodateien im Mpeg4-Format mit MP3-Audiospur encodiert und gespeichert.

Abbildung 2:   Stimulusmaterial im Engage-Player: oben Totale (Kontrollgruppe), unten Nahaufnahme mit nachführender Kamera (‚LectureSight'-Gruppe) (eigene Darstellung)

Für die Präsentation im Experiment wurde das Rohmaterial in einen ‚Opencast Matterhorn'-1.4.0-Server eingespeist und mit der Standardverarbeitungskette ‚Analyse, Compose, Distribute' zu Flash-Videos für die Auslieferung im sogenannten Engage-Player von ‚Matterhorn' verarbeitet. Dabei wurde beiden Aufnahmen jeweils das synchronisierte Folien-Video hinzugefügt, das ebenfalls bei dem Vortrag mittels Epiphan VGA2USB aufgezeichnet wurde. Der einzige Unterschied zwischen dem, was den beiden Gruppen im Experiment präsentiert wurde, war also die Videospur des Vortragenden (vgl. Abbildung 2).

2.3   Durchführung des Experiments

Die Teilnehmer/innen der Studie wurden unter dem Vorwand rekrutiert, an einem Gedächtnisexperiment teilzunehmen. Im Verlauf des Experiments wurde sichergestellt, dass keinem der Versuchsteilnehmer/innen bewusst war, dass der Einfluss des Grades der Erkennbarkeit von Gestik und Mimik des Vortragenden im Video auf ihre Lernleistung untersucht wurde.

Im ersten Teil des Experiments bekamen die Teilnehmer/innen ihren personalisierten Link zu der Seite des ‚Opencast Matterhorn'-Engage Players mit dem Stimulusvideo per E-Mail zugeschickt. Sie wurden instruiert, das Stimulusvideo in der gleichen Art und Weise zu behandeln, wie sie dies auch mit anderen Vorlesungsaufzeichnungen, die sie im Verlauf ihres Studiums nutzen, tun würden. Alle Versuchsteilnehmer/innen konnten Ort, Zeit und Endgerät für die Nutzung es Stimulusvideos frei wählen. Teilnehmer/innen, die zusätzlich Notizen anfertigten, wurden gebeten, diese am Testtag mitzubringen.

Sowohl das ‚LectureSight'-Video als auch das Kontroll-Video wurden über den ‚Opencast Matterhorn'-Engage-Player zur Verfügung gestellt. Beide Videos wurden synchronisiert mit den Folien des Vortrags präsentiert. Ein Umschalten des Präsentationsmodus (z.B. Vollbild) war nicht möglich. Über das im Engage-Player enthaltene UserTracking-System wurden alle Aktivitäten der Teilnehmer/innen auf der Internetseite des Players aufgezeichnet und so sichergestellt, dass jede/r Teilnehmer/in das Video genutzt hatte.

Der Test zur Erfassung der Recognition- und Recall-Leistung der Teilnehmer/innen wurde am Folgetag durchgeführt. Um eine möglichst authentische Klausursituation herzustellen, wurde der Test in Papierform als Gruppentest administriert. Der Test beinhaltete 16 Fragen, von denen neun im Multiple-Choice-Format mit jeweils nur einer richtigen Antwort gestellt waren. Diese Fragen dienten der Erfassung der Recognition-Leistung. Die restlichen sieben Fragen enthielten ein offenes Antwortformat und erforderten die freie Reproduktion der Vortragsinhalte (Recall). Die Bearbeitungsdauer für den Test betrug 30 Minuten.

Nach Beendigung des Tests bearbeiteten die Versuchsteilnehmer/innen einen Fragebogen zur Erfassung ihrer Akzeptanz des Stimulusvideos. Zusätzlich wurde ihnen der in Form eines siebenstufigen semantischen Differentials gestaltete Attrakdiff2.0-Fragebogen (Hassenzahl, Burmester & Koller, 2003) vorgelegt, wobei hier besonders die Subskalen Pragmatische Qualität (PQ), Hedonische Qualität Stimulation (HQs) und Attraktivität (ATT) betrachtet wurden. Die PQ-Skala erlaubt die Bewertung einer Anwendung in Bezug auf deren Effektität und Effizienz, während die HQs-Skala Gefallensaspekte und die ATT-Skala die Attraktivität eines Produktes aus Sicht des Nutzers erfasst.

2.4   Datenanalyse

Eine der Datenanalyse vorangestellte Box-Plot-Analyse identifizierte drei Ausreißer mit auffällig langen Rezeptionszeiten der Aufzeichnungen, die von der weiteren Analyse ausgeschlossen wurden. Alle drei Ausreißer stammten aus der ‚LectureSight'-Gruppe, deren Größe auf N=27 reduziert wurde.

2.4.1   Lernleistung

Zur Bestimmung der Lernleistung wurde ein Korrekturschema erstellt, das die korrekten Antworten für alle Multiple-Choice-Fragen des Recognition-Tests sowie Musterantworten für alle offenen Fragen des Recall-Test enthielt. In den Musterantworten war hervorgehoben, welche Aussagen notwendigerweise vorhanden sein mussten, damit die Antwort als richtig und vollständig gewertet werden konnte. Ein neutraler Beurteiler, dem das Ziel der Studie nicht bekannt war, wurde gebeten, die Tests mithilfe des Korrekturschemas auszuwerten. Die Übereinstimmung der Bewertungen des Versuchsleiters und dem neutralem Beurteiler betrug 100%.

Für jede richtig beantwortete Multiple-Choice-Frage wurde ein Punkt vergeben. Für die offenen Fragen konnten jeweils, abhängig von der Vollständigkeit der Antwort, bis zu drei Punkte erzielt werden. Der Summenwert für den Recognition-Test betrug maximal neun Punkte, für den Recall-Test 21 Punkte.

Für die deskriptive Beschreibung der Ergebnisse der Lernleistung wurden die Daten des Recognition-Tests durch eine lineare Transformation dem Skalenspektrum des Recall-Tests angeglichen. Die Signifikanztestung der Unterschiede zwischen den Gruppen erfolgte verteilungsbedingt mittels eines Mann-Whitney U-Test.

2.4.2   Motivation

Das Konzept der Motivation erklärt die Richtung, Persistenz und Intensität menschlichen Verhaltens (Heckhausen & Heckhausen, 2005). Als Indikatoren für die Motivation der Proband/inn/en, das Video zu nutzen, wurde die Zeit, die die Versuchsteilnehmer/innen mit der Rezeption des Videos verbrachten (Nutzungsdauer), als Operationalisierung der Persistenz des Verhaltens sowie die Anzahl der Pausen und Sprünge, die während dieses Zeitraums im Video vorgenommen wurden, als Operationalisierung der Intensität des Verhaltens erfasst. Diese Angaben wurden den UserTracking-Daten entnommen. Die Nutzungsdauer wurde gemessen von dem Zeitpunkt, an dem das Video gestartet wurde, bis zu dem Zeitpunkt, an dem das Video beendet wurde (in Minuten). Für beide Gruppen wurden Mittelwerte und Standardabweichungen sowohl für die Nutzungsdauer wie auch für die Anzahl der Sprünge und Pausen berechnet. Verteilungsbedingt wurden die Unterschiede zwischen den Gruppen mit einem Mann-Whitney U-Test auf Signifikanz getestet.

2.4.3 Akzeptanz

Bei der Auswertung der deskriptiven Daten des Fragebogens zur Akzeptanz des Stimulus-videos war die subjektive Einschätzung der Versuchsteilnehmer/innen, worauf sie während der Nutzung des Videos ihre Hauptaufmerksamkeit gerichtet hatten, von besonderem Interesse.

Für die bessere Verständlichkeit der Ergebnisse des AttrakDiff2.0-Fragebogens, wurde die ursprüngliche Skalierung mit den numerischen Ankern 1 und 7 auf die Ausprägungen -3 bis +3 umkodiert. Für negativ formulierte Items wurden die Skalenwerte vor der weiteren Analyse umgekehrt. Für jede Subskala wurden Mittelwerte und Standardabweichungen berechnet. Eine einfaktorielle ANOVA diente der Überprüfung der Unterschiede zwischen den Gruppen auf Signifikanz.

2.5 Ergebnisse

2.5.1 Lernleistung

Für die Recognition-Aufgaben erhielten die Proband/inn/en der ‚LectureSight'-Gruppe im Durchschnitt M=14,61 Punkte mit einer Standardabweichungen von SD=3,21, wohingegen Versuchsteilnehmer/innen der Kontrollgruppe im Durchschnitt M=11,82 Punkte bei einer Standardabweichung von SD=3,77 erreichten (transformierte Werte). Der Mann-Whitney U-Test zeigt einen signifikanten Unterschied zwischen den Gruppen (p=.004) mit mittlerer Effektstärke (φ=0,377).

Im Recall-Test erreichten die Teilnehmer/innen der ‚LectureSight'-Gruppe durch-schnittlich M=10,02 Punkte mit einer Standardabweichung von SD=3,155. Mitglieder der Kontrollgruppe erreichen M=5,00 Punkte mit einer Standardabweichung von SD=2,822. Auch für den Recall-Test zeigt sich ein signifikanter und in diesem Fall großer Effekt zu-gunsten der ‚LectureSight'-Technologie (p=0,000, φ=0,649) (vgl. Tabelle 1).

Tabelle 1: Auswertung der Testergebnisse für Recognition und Recall (eigene Darstellung)

	Gruppe	N	Mdn	U-Wert	Z	p
Recognition	LectureSight-Gruppe	27	14,00*	257,00	- 2,849	0,004
	Kontrollgruppe	30	11,67			
Recall	LectureSight-Gruppe	27	10	111,00	- 4,907	0,000
	Kontrollgruppe	30	4			

Erläuterungen: *auf Basis der transformierten Werte berechnet

2.5.2 Motivation

Die Versuchsteilnehmer/innen der Studie verbrachten im Durchschnitt 38,40 Minuten mit der Nutzung des Videos. Während dieser Zeit sprangen sie 1,04 Mal an frühere oder spätere Stellen des Videos und hielten dieses 1,28 Mal an. Auf Grund der stark von der Normalverteilung abweichenden Daten wurde der Gruppenvergleich per U-Test vorgenommen.

Die Teilnehmer/innen der ‚LectureSight'-Gruppe interagierten im Median 33,50 Minuten mit dem Aufzeichnungsvideo. Darin enthalten waren im Median 1,00 Sprünge und 1,00 Pausen. Die Teilnehmer/innen der Kontrollgruppe interagierten im Median 33,97 Minuten mit dem Video. Während dieser Zeit sprangen sie 0,5 Mal an andere Stellen im Video und stoppten dieses 1,00 Mal. Die statistischen Tests zeigen für keinen der Indikatoren einen signifikanten Unterschied zwischen Gruppen.

Tabelle 2: Auswertung der UserTracking-Daten zur Erfassung der Motivation
(eigene Darstellung)

Indikator	Gruppe	Mdn	U-Wert	Z	p
Zeit mit Video	LectureSight-Gruppe	33,50	381,00	- 0,148	0,882
	Kontrollgruppe	33,97			
Pausen	LectureSight-Gruppe	1,00	393,00	- 0,202	0,840
	Kontrollgruppe	1,00			
Sprünge	LectureSight-Gruppe	1,00	337,00	- 1,158	0,247
	Kontrollgruppe	0,50			

2.5.3 Akzeptanz

Zusammenfassend bewerteten die Teilnehmer/innen die Veranstaltungsaufzeichnungen sehr positiv und gaben mehrheitlich an, das Gefühl zu haben, von diesem Angebot zu profitieren. Als Hauptgründe nannten sie hierfür die Möglichkeit, bestimmte Inhalte in ihrem eigenen Lerntempo wiederholen zu können, sowie die erhöhte zeitliche Flexibilität.

Nur acht der insgesamt 60 Versuchsteilnehmer gaben an, bei der Nutzung des Stimulusvideos hauptsächlich auf das Video selbst geachtet zu haben. Etwa die Hälfte gab an, nur die Audiospur beachtet zu haben. Die restlichen Teilnehmer/innen gaben an, ihre Aufmerksamkeit auf die Vortragsfolien gerichtet zu haben, bzw. zwischen den Vortragsfolien und der Audiospur geteilt zu haben.

Die Auswertung des AttrakDiff2.0-Fragebogens zeigt einen signifikanten Unterschied mit mittlerer Effektstärke (η^2=0.070) zwischen den Gruppen für die Subskala Pragmatische Qualität (p=0,046). Für die Subskalen Hedonische Qualität – Stimulation und Attraktivität finden sich Irrtumswahrscheinlichkeiten von p=0,575 bzw. p=0,060. Der sich für

die Attraktivitätsbewertung andeutende Trend weist eine mittlere Effektstärke auf
(η^2=,063).

Tabelle 3: Auswertung des AttrakDiff2.0 zur Erfassung der Akzeptanz (eigene Darstellung)

Subskala	Gruppe	M	SD	F-Wert	p
Pragmatische Qualität (PQ)	LectureSight-Gruppe	1,111	0,726	4,176	0,46
	Kontrollgruppe	0,738	0,653		
Hedonische Qualität – Stimulation (HQs)	LectureSight-Gruppe	-0,015	0,867	0,319	0,575
	Kontrollgruppe	-0,161	1,062		
Attraktivität (Att)	LectureSight-Gruppe	0,899	0,888	3,686	0,060
	Kontrollgruppe	0,428	0,955		

3   Diskussion

Ziel der Studie war es, den Effekt der ‚LectureSight'-Technologie im Vergleich zu einer
herkömmlichen Aufzeichnungstechnologie mit statischem Panoramabild auf die Lernleistung, die Motivation, die Aufzeichnungen zu rezipieren sowie deren Akzeptanz.

Um die Lernleistung zu erfassen, wurde den Proband/inn/en ein Lerntest (Recognition-
und Recall-Test) vorgelegt, dessen Fragen sich auf den Inhalt der am Vortag angeschauten
Veranstaltungsaufzeichnung bezogen. Es finden sich signifikante Unterschiede sowohl für
die Recogniton- als auch für die Recall-Leistung zugunsten der ‚LectureSight'-Gruppe mit
mittlerer bzw. großer Effektstärke.

Diese Ergebnisse stützen die Hypothese zum Einfluss von Gestik und Mimik auf den
Lernprozess entsprechend der *Communication Theory* (Kelly, Barr, Breckinridge Church
& Lynch, 1999; Straube, Green Weiss, Chatterjee & Kircher, 2008), nach der Lernende
signifikant mehr Informationen erinnern, wenn diese von Gesten begleitet präsentiert werden. Obwohl nur ein kleiner Teil der Versuchsteilnehmer/innen (vier in jeder Gruppe) in
der vorliegenden Untersuchung angaben, hauptsächlich auf den Vortragenden geachtet zu
haben, scheint es doch evident, dass Proband/inn/en aus der ‚LectureSight'-Gruppe von
der besseren Erkennbarkeit der Gestik und Mimik des Vortragenden profitierten.

Als Indikatoren für die Motivation, das Stimulusvideo zu nutzen, wurden die Zeit, die
die Versuchspersonen nutzten, um mit dem Video zu interagieren, sowie die Anzahl der
Pausen und Sprünge im Video bestimmt. Die Hypothese, dass für die ‚LectureSight'-
Gruppe eine signifikant höhere Motivation zu erwarten war, konnte jedoch nicht bestätigt
werden, d.h. die Effekte in Bezug auf die Lernleistung lassen sich nicht durch die Intensität der Auseinandersetzung entsprechend der getroffenen Operationalisierungen erklären.

Die Analyse der Akzeptanz der Aufzeichnungstechnologie zeigte, dass die ‚Lecture-
Sight'-Aufzeichnung sowohl hinsichtlich ihrer Effektivität und Effizienz sowie ihrer Attraktivität statistisch signifikant bzw. mit einer deutlichen Tendenz besser bewertet wurde.

Zusammenfassend deuten die Befunde damit recht klar darauf hin, dass Lernende von dem ,LectureSight'-System mit Bezug auf die Lernleistung stark profitieren können. Ein Effekt, der sich auch in den Akzeptanzwerten des Systems widerspiegelt.

3.1 Kritische Betrachtung der Studie

In Bezug auf die hier durchgeführte Studie müssen einige Aspekte kritisch betrachtet werden.

Obwohl die Versuchsteilnehmer/innen im Vorfeld der Studie instruiert wurden, sich nicht besonders auf den nachfolgenden Wissenstest vorzubereiten, ist es möglich, dass die Versuchsteilnehmer/innen mehr Zeit mit dem Stimulusvideo verbrachten, als sie dies mit einer normalen Veranstaltungsaufzeichnung getan hätten. Obwohl beide Experimentalgruppen identisch instruiert wurden und damit mit keiner systematischen Verzerrung der Betrachtungszeiten der Aufzeichnungen gerechnet werden muss, ist dies trotzdem ein Faktor, der in zukünftigen Studien kontrolliert werden sollte.

Ein anderer Aspekt, der bei der Betrachtung der Ergebnisse dieser Studie berücksichtigt werden sollte, ist die technische Qualität der Stimulusvideos. Teilnehmer/innen beider Gruppen klagten über die sehr leise Audiospur. Ob dies auf technische Probleme in der Videoproduktion oder auf Fehler der Endgeräte der Teilnehmer/innen zurückzuführen ist, bleibt unklar. Da beide Videoaufzeichnungen in der Postproduktion mit ein und derselben Audiospur unterlegt wurden, blieb die Audiobedingung über beide Gruppen identisch. Trotzdem kann nicht ausgeschlossen werden, dass sich die geringe Lautstärke auf die erfassten abhängigen Variablen ausgewirkt hat, z.B. indem sie die Teilnehmer/innen dazu veranlasste, ihre Hauptaufmerksamkeit auf die Audiospur anstatt auf das Video zu lenken. Dieser Faktor sollte wiederum in weiteren Studien berücksichtigt werden.

Dessen ungeachtet können die Befunde dieser Studie als vielversprechend bezüglich des Potenzials des ,LectureSight'-Systems bewertet werden. Für weitere Untersuchungen zur Wirksamkeit des Systems bietet es sich an, neben der Replikation der vorliegenden Befunde nach Mechanismen zu forschen, die die Wirksamkeit des ,LectureSight'-Systems auf die Lernleistung zu erklären in der Lage sind. In der vorliegenden Untersuchung wurde diesbezüglich die Motivation, insbesondere die Persistenz und Intensität der Proband/inn/en, die Aufzeichnungen zu rezipieren adressiert, ohne jedoch Effekte zu zeigen. Ein alternativer Ansatzpunkt könnte in der genaueren Betrachtung der Aufmerksamkeitswirkung der Vortragsaufzeichnungen in Abhängigkeit von der Aufzeichnungstechnologie liegen, z.B. mit Fokus auf die Verteilung der Aufmerksamkeit auf die Mimik und Gestik der vortragenden Person sowie die Vortragsfolien.

Literatur

Alibali, M. W., Flevares, L. M. & Goldin-Meadow, S. (1997). Assessing knowledge conveyed in gesture: Do teachers have the upper hand? *Journal of Educational Psychology*, 89, 183-193.

Beattie, G. & Shovelton, H. (1999). Do iconic hand gestures really contribute anything to the semantic information conveyed by speech? An experimental investigation. *Semiotica*, 123(1-2), 1-30.

Fey, A. (2002). Audio vs. Video: Hilft Sehen beim Lernen? Vergleich zwischen einer audiovisuellen und auditiven virtuellen Vorlesung. *Unterrichtswissenschaften, Zeitschrift für Lernforschung*, 30(4), 331-338.

Glowalla, U. (2004). Utility und Usability von E-Learning am Beispiel von Lecture-on-demand Anwendungen. In C. Steffens, M. Thüring & L. Urbas. (Hrsg.), *ZMMS Spektrum. Entwerfen und Gestalten. 5. Berliner Werkstatt Mensch-Maschine-Systeme 18*. Düsseldorf: Vdi Verlag Gmbh.

Gullberg, M. & Holmqvist, K. (1999). Keeping an Eye on Gestures: Visual Perception of Gestures in Face-to-Face Communication. *Pragmatics & Cognition*, 7, 35-63.

Gullberg, M. & Holmqvist, K. (2002). Visual Attention towards Gestures in Face-to-Face Interaction vs. on Screen. In I. Wachsmuth & T. Sowa (Hrsg.), *Gesture and Sign Language in Human-Computer Interaction: International Gesture Workshop, GW 2001* (S. 206-214). Berlin: Springer.

Hadar, U. & Pinchas-Zamir, L. (2004). The Semantic Specificity of Gesture: Implications for Gesture Classification and Funciton. *Journal of Language and Social Psychology*, 23(2), 204-214.

Hassenzahl, M., Burmester, M. & Koller, F. (2003). Attrak Diff: ein Fragebogen zur Messung wahrgenommerner hedonischer und pragmatischer Qualität. In J. Ziegler & G. Szwillus (Hrsg.), *Mensch & Computer 2003: Interaktion in Bewegung* (S. 187-196). Stuttgart: Teubner.

Heckhausen, J. & Heckhausen, H. (2005). Motivation und Handeln: Einführung und Überblick. In J. Heckhausen & H. Heckhausen (Hrsg.), *Motivation und Handeln* (S. 1-9). Berlin: Springer.

Hermann, C., Lauer, T. & Trahasch, S. (2006). Eine lernerzentrierte Evaluation des Einsatzes von Vorlesungsaufzeichnungen zur Unterstützung der Präsenzlehre. In: M. Mühlhäuser, G. Rößling & R. Steinmetz (Hrsg.), *Tagungsband der 4. e-Learning Fachtagung Informatik (DeLFI 2006*, S. 39-50).

Holle, H. & Gunter, T. C. (2007). The Role of Iconic Gestures in Speech Disambiguation: ERP Evidence. *Journal of Cognitive Neuroscience*, 19(7), 1175-1192.

Iverson, J. M. & Goldin-Meadow, S. (1998). Why people gesture when they speak. *Nature*, 396, 228.

Iverson, J. M. & Goldin-Meadow, S. (2001). The resilience of gesture in talk: gesture in blind speakers and listeners. *Developmental Science*, 4(4), 416-422.

Keller, C, Hrastinski, S. & Carlsson, S. A. (2007). *Students' Acceptance of E-Learning Environments: A Comparative Study in Sweden and Lithuania*. In Proceedings of the Fifteen European Conference on Information Systems.

Kelly, S. D., Barr, D. J., Breckinridge Church, R. & Lynch, K. (1999). Offering a hand to pragmatic understanding: The role of speech and gesture incomprehension and memory. *Journal of Memory and Language*, 40, 577-592.

Kendon, A. (1990). *Conducting Interaction*. Cambridge: Cambridge University Press.

Ketterl, M., Schulte, O. A. & Hochmann, A. (2010). Opencast Matterhorn: A community-driven open source software project for producing, managing, and distributing academic video. *Interactive Technology & Smart Education*, 7(3), 168-180.

McNeill, D. (1985). So You Think Gestures Are Nonverbal?. *Psychological Review*, 92(3), 350-371.

McNeill, D. (1992). *Hand and Mind: What Gestures Reveal About Thought.* Chicago: Chicago University Press.

Mertens, R., Ketterl, M. & Vornberger, O. (2007). The virtPresenter lecture recording system: Automated production of web lectures with interactive content overviews. *Interactive Technology & Smart Education*, 4(1), 55-65.

Moreno, R. & Mayer, R.-E. (2000). A Learner-Centred Approach to Multimedia Explanations: Deriving Instructional Design Principles from Cognitive Theory. *Interactive Multimedia Electronic Journal of Computer-Enhanced Learning*, 2(2), 12-20.

Özyürek, A., Willems, R. M., Kita, S. & Hagoort, P. (2007). On-line Integration of Semantic Information from Speech and Gesture: Insights from Event-related Brain Potentials. *Journal of Cognitive Neuroscience*, 19(4), 605-616.

Raedy, P. & Goldin-Meadow, S. (2010). Gesturing Saves Cognitive Resources When Talking About Nonpresent Objects. *Cognitive Science*, 3, 602-619.

Rust, I. & Krüger, M. (2011). Der Mehrwert von Vorlesungsaufzeichnungen als Ergänzungsangebot zur Präsenzlehre. In T. Köhler & J. Neumann (Hrsg.), *Wissensgemeinschaften. Digitale Medien – Öffnung und Offenheit in Forschung und Lehre* (S. 229-239). Münster: Waxmann.

Singer, M. A. & Goldin-Meadow, S. (2005). Children learn when their teacher's gestures and speech differ. *Psychological Science,* 16(2), 85-89.

Straube, B., Green, A. Weis, S., Chatterjee, A. & Kicher,T. (2008). Memory Effects of Speech and Gesture Binding: Cortical and Hippocampal Activation in Relation to Subsequent Memory Performance. *Journal of Cognitive Neuroscience*, 21(4), 821-836.

Valenzo, L., Alibali, M. W. & Klatzky, R. (2003). Teacher's gestures facilitate student's learning: A lesson in symmetry. *Contemporary Educational Psychology*, 28, 187-204.

Wulff, B. & Fecke, A. (2012). LectureSight-An Open Source System for Automatic Camera Control in Lecture Recordings. In *Multimedia (ISM), 2012 IEEE International Symposium on* (S. 461-466). IEEE.

Jana Riedel, Claudia Albrecht & Lars Schlenker

Die Didaktik zählt: Kompetenzvermittlung zur Lösung didaktischer Herausforderungen

Abstract

An der TU Dresden werden Lehrenden bereits unterschiedliche Infrastrukturen und Unterstützungsangebote zur Nutzung digitaler Medien in ihren Lehrveranstaltungen zur Verfügung gestellt. Eine aktuelle Umfrage zeigt, dass digitale Medien auch durch 92,5% der befragten Lehrenden eingesetzt werden. Jedoch werden diese vorrangig zur Unterstützung der Lehr-Lernorganisation genutzt, während komplexere Szenarien zur Lösung didaktischer Herausforderungen selten umgesetzt werden. Um die Kompetenzen Lehrender hierfür zu stärken, wurde ein Qualifizierungsangebot entwickelt, welches speziell die didaktischen Handlungsfelder in der Hochschullehre fokussiert und dessen Lehrinhalte entsprechend strukturiert sind. Die Lehrenden sollen so anhand der Verfügbarkeit von konkretem Handlungswissen zum didaktisch begründeten Einsatz digitaler Medien motiviert und befähigt werden. Der Beitrag stellt das ausführliche Konzept des Qualifizierungsangebotes vor und berichtet über erste Erfahrungen in einem Pilotierungsdurchgang, der von März bis Juli 2014 stattfindet.

1   Einleitung

Die Nutzung digitaler Medien und Technologien ist zunehmend Alltag in der Hochschullehre: Immer mehr Lehrende nutzen diese zur Unterstützung und Gestaltung ihrer Lehrveranstaltungen. Aktuelle Förderprogramme wie der „Qualitätspakt Lehre" des Bundesministeriums für Bildung und Forschung (BMBF) fördern explizit auch Projekte zur Verbreitung digitaler Medien in der Hochschullehre. Vielfach beschränkt sich die Verwendung jedoch auf die Unterstützung der Lehr-Lern-Organisation zur Entlastung der Präsenzphasen von administrativen Aufgaben, wie z.B. die Organisation von Online-Einschreibungen oder die Bereitstellung von Materialien und Informationen. Komplexere Blended-Learning-Szenarien oder der Einsatz digitaler Technologien zur Lösung didaktischer Herausforderungen wie Aktivierung und Prüfung in Massenveranstaltungen oder Unterstützung der Lernmotivation finden seltener Anwendung, wie eine aktuelle Umfrage unter Lehrenden der TU Dresden[1] zeigt (Zentrum für Weiterbildung der TU Dresden, 2013).

An verschiedenen Hochschulen widmen sich spezielle Qualifizierungsangebote unter dem Label des „E-Teaching" der Förderung[2] von Kompetenzen für den situations- und anforderungsgerechten Medieneinsatz in der Hochschullehre. Im Folgenden sollen zunächst die Unterstützungsbedarfe der adressierten Hochschullehrenden der TU Dresden und deren Anforderungen an hochschuldidaktische Weiterbildungsangebote analysiert werden. Ausgehend von theoretischen Konzepten zur Beschreibung möglicher Kompetenzen, die hier unter dem Begriff der mediendidaktischen Handlungskompetenz gefasst werden, werden die Lehrziele des Qualifizierungsangebotes auf die Passfähigkeit zu existierenden Kompetenzmodellen geprüft. Anschließend wird das didaktische Konzept eines exemplarischen Qualifizierungsangebotes vorgestellt, welches besonderen Wert auf die didaktische Begründung des Medieneinsatzes legt. Daher ist es anhand der didaktischen Handlungsfelder in der Hochschullehre strukturiert, für die neben der theoretischen didaktischen Grundlagen jeweils mögliche digitale Technologien und Umsetzungsbeispiele gezeigt werden. Dieser konsequent von den didaktischen Herausforderungen gedachte Zugang wurde im Qualifizierungsangebot „E-Teaching.TUD" erstmalig umgesetzt und im Sommersemester 2014 pilotiert. Auf die ersten Erfahrungen soll im vierten Teil des Beitrags eingegangen werden.

2   Unterstützungsbedarfe der Hochschullehrenden

An der TU Dresden werden Lehrenden bereits unterschiedliche Infrastrukturen und Unterstützungsangebote zur Nutzung digitaler Medien in ihren Lehrveranstaltungen zur Verfügung gestellt. Im Wintersemester 2013/2014 wurden die verfügbaren Kurse insgesamt über 1.600.000 Mal aufgerufen (Bildungsportal Sachsen GmbH, 2014). Gleichzeitig liegt die Nutzungsaktivität im Wintersemester 2013/2014 bei ca. 26.500 aktiven Nutzern mit 62,8% höher als an allen anderen sächsischen Hochschulen, die die zentrale Lernplattform OPAL nutzen (Bildungsportal Sachsen GmbH, 2014).

Es handelt sich dabei um eine Entwicklung als Folge eines kontinuierlichen Auf- und Ausbaus von zentralen und dezentralen Unterstützungsstrukturen sowie der Schaffung von Anreizen, die an der TU Dresden zu einer zunehmenden Verankerung von E-Learning in der Lehre geführt haben. Dieses Bild wird ergänzt durch eine aktuelle Umfrage unter Lehrenden an der TU Dresden (Zentrum für Weiterbildung der TU Dresden, 2013). Danach setzen 92,5% der befragten Lehrenden digitale Medien in der Lehre ein. Jedoch werden

---

[1]   Die Erhebung fand Ende 2012 statt und wurde im Rahmen des Qualitätspakt-Lehre-Projekts „Lehrpraxis im Transfer" am Zentrum für Weiterbildung durchgeführt. An ihr nahmen insgesamt 437 Lehrende der TU Dresden teil.

[2]   Im Folgenden soll das Qualifizierungsangebot „E-Teaching.TUD" der TU Dresden vorgestellt werden. Weitere bereits mehrjährig angebotene Programme bestehen an folgenden deutschen Hochschulen: TU Berlin, HTW Berlin, FU Berlin, Universität Potsdam, Goethe Universität Frankfurt/M., Virtueller Campus Rheinland-Pfalz.

diese vorrangig zur Unterstützung der Lehr-Lern-Organisation genutzt, wie dem Einstellen von Materialien (73,4%), dem Bereitstellen von Informationen (72,9%) sowie zur Organisation von Einschreibungen (46,7%) (vgl. Abbildung 1).

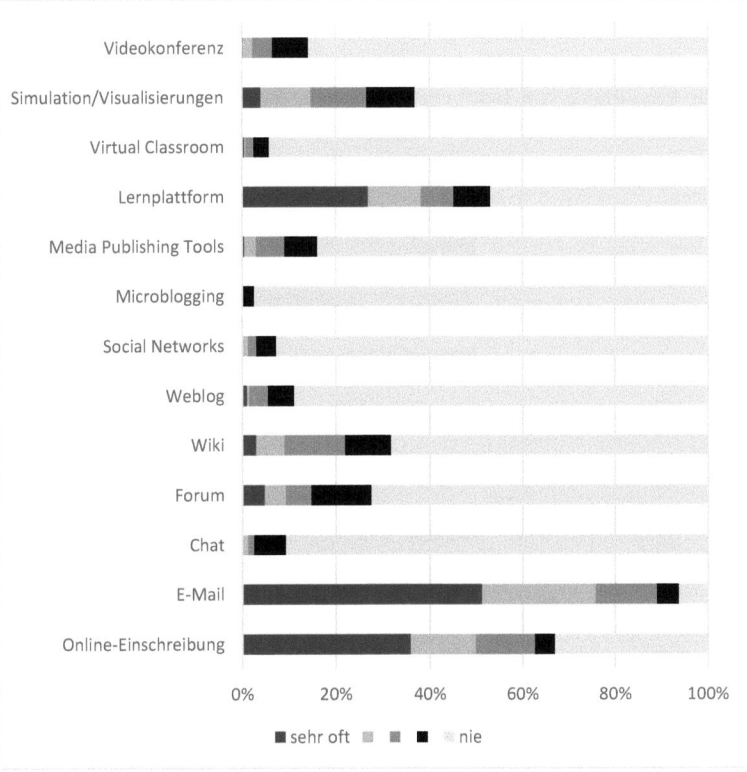

Abbildung 1:   Formen und Formate des Einsatzes digitaler Medien in der Lehre an der TU Dresden (Zentrum für Weiterbildung der TU Dresden, 2013; N=437)

Der Einsatz zur Lösung didaktischer Herausforderungen wie Aktivierungs- und Prüfungsmöglichkeiten in Massenveranstaltungen, Unterstützung der Lernmotivation von Studierenden, Umgang mit dem Verhältnis von Stoffumfang und zur Verfügung stehender Zeit erfolgt jedoch noch nicht, obwohl diese von den befragten Lehrenden als Herausforderungen in der Lehre benannt wurden (vgl. Riedel, Schlenker & Albrecht, 2013).

Befragt nach den Hindernissen des Medieneinsatzes nennen die Lehrenden vor allem den großen Aufwand für die Erstellung und Umsetzung (48,5%) bei gleichzeitig geringen Zeitressourcen (41,6%) (Zentrum für Weiterbildung der TU Dresden, 2013) (vgl. Abbildung 2).

Als Ausdruck von Unsicherheit und mangelnden Kompetenzen können Argumente wie die fehlende Passung zu Form (30,2%) oder Inhalt (27,5%) der eigenen Lehrveranstaltung und der Kompliziertheit von Technik (20,9%) gewertet werden (ebd.). Diese Angaben verweisen darauf, dass es zur Integration von Medien in die Lehre nicht nur (medien-)

didaktischer Kenntnisse und zusätzlicher technischer Fertigkeiten bedarf, sondern die Anforderungen gerade wegen des größeren Planungsaufwandes weiter gefasst werden müssen. Insgesamt verweisen die Befunde auf eine zunehmende Verankerung von digitalen
Medien in der Lehre an der TU Dresden. Gleichzeitig sind sie ein Beleg für die Abwesen-
heit einer gezielten Medienunterstützung innerhalb zentraler Handlungsfelder, die nach
wie vor den Kern der Lehre an der Hochschule ausmachen. Dazu gehören u.a. die didak-
tisch-methodische Gestaltung von Lehrveranstaltungen, das Verhältnis zwischen zu ver-
mittelndem Stoffumfang und dafür zur Verfügung stehender Zeit sowie die Lernmotivation der Studierenden.

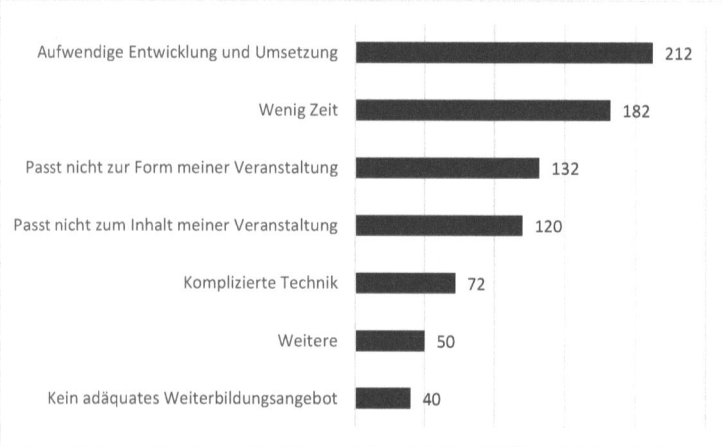

Abbildung 2:   Hindernisse bei der Nutzung digitaler Medien in der Lehre (Zentrum für Weiter-
                bildung der TU Dresden, 2013; N=437)

Dies deckt sich mit der aktuellen Umfrage unter Lehrenden der TU Dresden, bei der die
daran Beteiligten neben den genannten Punkten auch die Abstimmung der Lehrinhalte
aufeinander und die unterschiedlichen Studienvoraussetzungen als größte Herausforderungen in der Lehre angaben. Besonders wichtige Ziele in ihrer Lehre waren den Lehrenden dabei die Vermittlung von Fachwissen und Methodenkompetenz (90%) sowie die
Anregung des Lernprozesses der Studierenden (85%) (Zentrum für Weiterbildung der TU
Dresden, 2013). Daran wird deutlich, dass vor allem die Konzeption, Gestaltung und Begleitung konkreter Unterrichtssituationen und Lernprozesse Anforderungen sind, der sich
Lehrende stets aufs Neue stellen müssen und die besonders in Massenveranstaltungen eine
erhebliche Herausforderung darstellen.

3   Theoretisch-normative Kompetenzbeschreibungen

Als Richtlehrziel des Qualifizierungsangebotes werden vorrangig zwei Faktoren betrachtet: So sollen die Lehrenden einerseits befähigt werden, eine konkrete Lehrveranstaltung

multimedial zu unterstützen und dabei alle für den E-Learning-Einsatz notwendigen Rollen wie die des Autors (Mediendidaktikers), des Koordinators (Projektmanagement), des Trainers (Durchführung und Betreuung) und des Technikers (Medienproduktion) zu übernehmen (Schlenker, Riedel & Albrecht, 2014). Andererseits müssen die Teilnehmenden in der Lage sein, nach Abschluss der Qualifizierung das erlernte Wissen auch auf andere multimedial unterstützte Lehrszenarien innerhalb ihres Lehrkontextes zu transferieren. Daher ist es notwendig, eine möglichst umfassende Handlungskompetenz zum Einsatz digitaler Medien im Lehr-/Lernkontext zu vermitteln. Aus diesem Grund wurde im Vorfeld der Konzeption der Lehrveranstaltung nach geeigneten theoretischen Konzepten recherchiert, die als Basis für die zu vermittelnden Grob- und Feinlehrziele dienen können.

Eine vergleichende Darstellung und verbindende Weiterentwicklung existierender Konzepte findet sich bei Mayrberger (2008). Demnach ist eine der grundlegenden Fragestellungen, „inwiefern in der wissenschaftlichen Aus- und Weiterbildung für die sinnvolle Integration von E-Learning in der akademischen Lehre auch medienpädagogische Fragestellungen Berücksichtigung finden sollten, die über technische und didaktische Bereiche des Lehren und Lernens mit digitalen Medien hinaus gehen" (ebd., S. 10).

Sie beschreibt zwei unterschiedliche disziplinäre Zugänge zur Beschreibung von Kompetenzen für den Einsatz von E-Teaching-Szenarien: einen hochschuldidaktischen und einen medienpädagogischen. Beide Konzepte bettet sie in den Rahmen des Konstruktes der E-Competence (ebd., S. 10). Dabei wird E-Competence in verschiedenen Konzepten betrachtet. Durch die „European E-Competence Initiative for Academic Staff" wird E-Competence für den Bereich der Hochschule wie folgt definiert: „In the context of Higher Education, we define E-Competence as the integration of pedagogical concepts and institutional frameworks into the process of technological innovation in teaching and learning" (Schneckenberg, 2004, S. 7). Euler, Hasanbegovic, Kerres und Seufert (2006) hingegen beschreiben E-Competence als eine umfassende Kompetenz, die sich „auf die Nutzung von digitalen Medien und Werkzeugen in allen Tätigkeitsbereichen eines Berufs bezieht, also neben der [...] Lehre auch auf das Forschen, Publizieren, Verwalten, Managen oder Führen". Dieses Konzept greift für das Richtlehrziel des Projektes „E-Teaching.TUD" zu weit und schien daher als Grundlage zur Konzeption nicht zielführend. Aus diesem Grund wurde nach einem weniger komplexen Modell gesucht und das Konzept der E-Lehrkompetenz betrachtet, das als Teil der E-Competence betrachtet werden kann (Euler et al., 2006; Mayrberger, 2008).

E-Lehrkompetenz „beinhaltet [...] zum einen eine Erweiterung von Lehrkompetenz um neue Anforderungen, die sich durch die Technik ergeben, und zum anderen eine Ausdifferenzierung bereits bestehender Lehrkompetenz, wenn es um die Nutzbarmachung dieser Technik in nunmehr E-Learning-gestützten Lernsituationen geht" (Euler et al., 2006, S. 10). Durch Euler et al. (2006) werden die zur E-Lehrkompetenz zugehörigen Kompetenzdimensionen in Sach-, Selbst- und Sozialkompetenz untergliedert und entsprechend notwendiges Wissen, Einstellungen und Fertigkeiten beschrieben. Auf Basis dieser allgemein notwendigen Kompetenzen werden für zehn spezifische E-Learning-Szenarien konkrete Anforderungen beschrieben.

Als Voraussetzung für E-Lehrkompetenz wird dabei akademische Medienkompetenz begriffen (Mayrberger, 2008). Dieses Modell wurde durch Wedekind (2004) entworfen, der eine medienpädagogische Sicht auf Medienkompetenz weiterentwickelt und akademische Medienkompetenz als „die Fähigkeit von Hochschullehrenden und -lernenden zum kompetenten, verantwortungsvollen und reflektierten Umgang mit digitalen Medien in den unterschiedlichen akademischen Tätigkeitsfeldern von Forschung, Lehre und Entwicklung [definiert]. Sie beinhaltet medienbezogene Handlungsfähigkeit und umfasst darüber hinaus auch die Beurteilungsfähigkeit der (Aus-)Wirkungen des Einsatzes von modernen IuK-Technologien" (ebd., S. 269). Für das Projekt „E-Teaching.TUD" und die den Teilnehmenden zu vermittelnden Kompetenzen greift auch das Konzept der akademischen Medienkompetenz in zwei Bereichen zu weit: Zum einen werden sowohl Lehrende als auch Lernende einbezogen. Letztere gehören allerdings nicht zu der mit dem Qualifizierungsangebot adressierten Zielgruppe. Zum anderen geht das Konzept weit über die reine Hochschullehre hinaus, indem auch Kompetenzen für Forschung und Entwicklung einbezogen werden. Daher wurde dieses Konzept nicht als passfähiges Qualifikationsziel in Betracht gezogen.

Aus der Analyse bereits existierender Modelle und Konzepte ergab sich, dass kein Konzept bzw. Modell die mit dem Projekt „E-Teaching.TUD" verbundenen Intentionen und Lehrziele vollumfänglich abdeckt und damit als Grundlage für die didaktische Konzeption dienen kann. Daher wurde der Begriff der mediendidaktischen Handlungskompetenz als das zu erreichende Richtlehrziel eingeführt. In Anbetracht der anfangs des Kapitels beschriebenen Anforderungen an die Lehrenden umfasst die mediendidaktische Handlungskompetenz Hochschullehrender die Gesamtheit der „Kenntnisse, Fähigkeiten und Einstellungen, die für die didaktische Konzeption, Planung, Durchführung und Evaluation des Medieneinsatzes in der Hochschullehre unter Berücksichtigung der rechtlichen sowie hochschulpolitischen Rahmenbedingungen notwendig sind. Die Definition schließt auch Beurteilungs- und Reflexionskompetenzen ein, die vor allem in den Phasen der Planung, didaktischen Konzeption und Evaluation bedeutsam sind" (Schlenker, Riedel & Albrecht, 2014, S. 78). Dieses Verständnis von mediendidaktischer Handlungskompetenz liegt der didaktischen Konzeption des Qualifizierungsangebotes zu Grunde, die im nächsten Kapitel näher ausgeführt wird.

4   Didaktische Konzeption des Qualifizierungsangebotes

Die Prozesse des Wissens- und Kompetenzerwerbs in formellen Bildungskontexten können aus zwei Perspektiven betrachtet werden: dem Lehren und dem Lernen. Während der weitverbreitete Begriff des E-Learnings darauf fokussiert, Lernprozesse mit Medien zu beschreiben, werden unter dem Begriff E-Teaching Aspekte des Lehrens mit Medien adressiert. Dabei handelt es sich um eine didaktisch begründete Auswahl von mediengestützten Szenarien im formellen Lehrkontext. Für den Kontext der Hochschullehre besteht die besondere Herausforderung darin, die existierenden medial unterstützten Methoden und Formate deutlich stärker als bisher innerhalb hochschultypischer und didaktisch begründeter Unterrichtssituationen zu entwickeln und zu erproben.

Eine zentrale Anforderung bei der Konzeption des Qualifizierungsangebots „E-Teaching.TUD" bestand daher in der engen Verbindung hochschuldidaktischer und mediendidaktischer Ansätze und Methoden bei gleichzeitiger Orientierung an den spezifischen Anforderungen und Herausforderungen der Hochschullehre. In der konkreten Konzeption und Umsetzung des Qualifizierungsangebots „E-Teaching.TUD" schlägt sich dies nieder in der Ausrichtung aller inhaltlichen Bestandteile (Module) an so genannten (hochschul-)didaktischen Handlungsfeldern. Ihre direkte Adressierung forciert den Praxisbezug sowie die Reflexion des Medieneinsatzes anhand konkreter didaktischer Szenarien.

Die folgenden Ausführungen fokussieren die didaktischen Potenziale digitaler Medien in den verschiedenen didaktischen Handlungsfeldern, deren Gestaltung Aufgabe der Lehrenden im Sinne von E-Teaching ist. Über die Gestaltung von Inhalten hinaus betrifft dies folgende Bereiche, für die jeweils eine Beispielanwendung aufgezeigt werden soll (siehe Riedel, Schlenker & Albrecht, 2013):

– **Organisation von Lehr-/Lernprozessen:** Durch die Möglichkeit, Inhalte unabhängig von zeitlichen und örtlichen Beschränkungen in Online-Phasen zu erarbeiten, bleibt in Präsenzveranstaltungen mehr Zeit für Diskussion und Vertiefung.

– **Gestaltung von Inhalten:** Wissenschaftliche und technische Modelle sind durch komplexe Zusammenhänge gekennzeichnet. Durch die multimediale Aufbereitung und Ergänzung entsprechender Lehrinhalte kann deren Verständlichkeit verbessert werden (Handke & Schäfer, 2012).

– **Neue methodische Möglichkeiten (u. a. zur Aktivierung):** Besonders in Massenlehrveranstaltungen stellt die abwechslungsreiche Unterrichtsgestaltung eine Herausforderungen für Lehrende dar. In die Präsenzsituation eingebundene Medien und Feedbacksysteme erzeugen Abwechslung und Gelegenheiten für den Austausch zwischen Studierenden und Lehrenden (Schlenker & Beyer, 2013).

– **Gestaltung von Kommunikationsprozessen:** Die Verlagerung der Kommunikation in virtuelle Räume schafft orts- und zeitunabhängige sowie niedrigschwellige Zugänge für den gemeinsamen Austausch in Lerngruppen sowie zwischen Lernenden und Lehrenden.

– **Betreuungs- und Motivationsmöglichkeiten:** Selbstlernphasen u.a. als Teil von Blended-Learning-Szenarien stellen hohe Anforderungen an die Motivation und Disziplin Studierender. Regelmäßiges Online-Feedback gibt Studierenden und Lehrenden Rückmeldung zum individuellen Arbeits- und Lernfortschritt.

– **Prüfungs- und Bewertungsszenarien:** Gerade in grundlagenvermittelnden Massenveranstaltungen können Prüfungsszenarien mit automatisiert auswertbaren E-Klausuren für die Lehrenden mit einer erheblichen Zeitersparnis verbunden sein.

– **Gestaltung von Kooperations- und Kollaborationsprozessen:** Virtuelle Kooperations- und Kollaborationsszenarien ermöglichen die synchrone und asynchrone Zusammenarbeit räumlich getrennter Teams.

– **Lehr- und Lernevaluation und Qualitätssicherung:** Online verfügbare Studien- und Prüfungsleistungen dokumentieren nicht nur Lernaktivitäten und -wege Studierender, sondern bieten eine flexible Möglichkeit, Lehre zu dokumentieren, auszuwerten und nachfolgende Lehr- und Lernangebote zu gestalten.

Die benannten didaktischen Handlungsfelder orientieren sich an den Aufgabenbereichen, die bei der Planung, Durchführung und Evaluation von Hochschullehre entstehen, und dienen als thematischer Rahmen für die einzelnen Module des Qualifizierungsangebotes. So sind neben diesen acht inhaltlichen Modulen, einem Einführungs- und einem Abschlussmodul insgesamt zehn Module konzipiert worden. Diese umfassen jeweils 24 Arbeitseinheiten (à 45 Minuten) und erstrecken sich über einen Bearbeitungszeitraum von jeweils zwei Wochen.

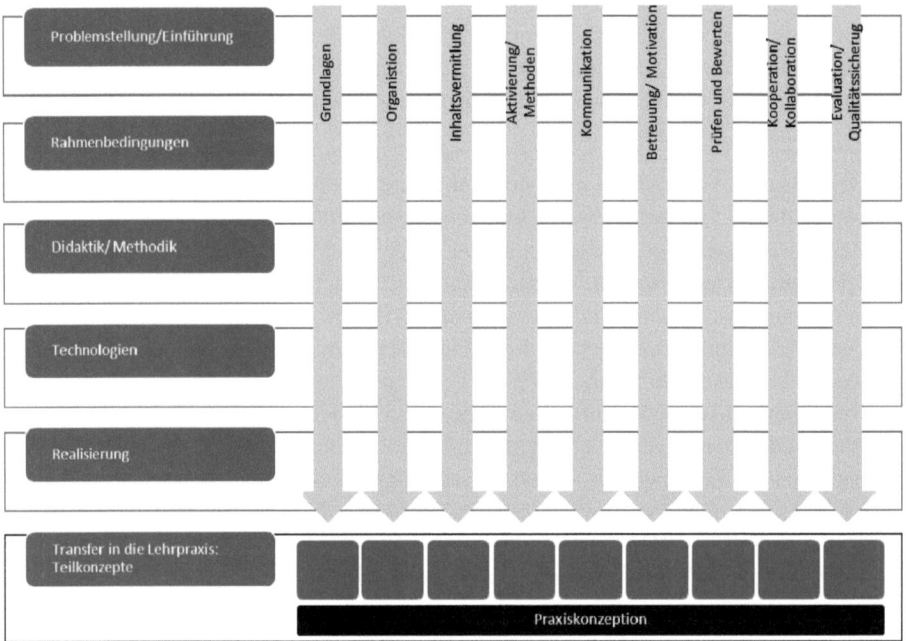

Abbildung 3:   Übersicht über die Inhaltsmodule und den Transfer in die Lehrpraxis im Qualifizierungsangebot „E-Teaching.TUD" (eigene Darstellung)

Innerhalb der Module werden jeweils folgende Themenbereiche betrachtet (vgl. auch Abbildung 3):

– **Didaktik:** Hierbei werden didaktische Grundlagen des Lehrens und Lernens vermittelt, spezifische Methoden vorgestellt und auf hochschul- und fachdidaktische Besonderheiten eingegangen.
– **Technologie:** Dieser Teil stellt konkrete Werkzeuge und Medien vor, die sich zur Lösung der im jeweiligen Modul zu treffenden didaktischen Entscheidungen eignen. Hierbei wird vor allem auf etablierte Technologien der sächsischen Hochschulland-

schaft eingegangen (z.B. Lernplattform OPAL, Testwerkzeug ONYX, Videokonferenz mit Adobe Connect und Audience Response System invote).

- **Rahmenbedingungen:** Neben rechtlichen Aspekten (Urheberrecht, Datenschutz, Prüfungsrecht) geht es hierbei auch um Ressourcenplanung und die Berücksichtigung hochschulischer Besonderheiten (z.B. Studien- und Prüfungsordnungen).

- **Umsetzung:** Hinweise zur Realisierung erfolgen in Form von Ablauf- und Projektplänen, die die Vorbereitung und Durchführung einzelner Szenarios betreffen. Hierbei werden die Teilnehmenden auch aufgefordert, einzelne Elemente bereits selbst zu formulieren (bspw. eigene Lernaufgaben formulieren, erste Fragen im Antwort-Wahl-Verfahren erstellen).

- **Praxiskonzept:** Jedes Modul schließt mit dem Transfer der Lerninhalte auf die eigene Lehrveranstaltung ab. Die Teilnehmenden erstellen hierzu ein Konzept, wie das entsprechende didaktische Handlungsfeld in der eigenen Lehre realisiert werden soll.

Bei der Vermittlung der Lehrinhalte kommt das Prinzip des „Pädagogischen Doppeldeckers" zum Einsatz, bei dem die Lehrmethoden gleichzeitig Lerngegenstand sind. Dabei haben die Lehrenden die Möglichkeit eines erfahrungsbasierten Lernens. Folgende Szenarien und Methoden folgen diesem Prinzip: Webinar (sowohl als Vortrag von Expert/inn/en mit Diskussion als auch interaktive Arbeit in Arbeitsgruppen), Inverted Classroom Modell, formatives Live-Assessment mittels Audience Response System, asynchrone Online-Diskussion, kollaborative Texterstellung, Veranstaltungsaufzeichnung, Peer-Review, Tutorial, formatives Self-Assessment innerhalb multimedialer Lernmodule.

Das Qualifizierungsangebot ist als Blended-Learning-Arrangement konzipiert. Insgesamt gibt es vier Präsenztermine, mindestens eine Online-Veranstaltung (Webinar) pro Modul, Online-Gruppenarbeiten (z.B. kollaborative Texterstellung, Peer-Review, Online-Diskussion), Selbstlerneinheiten und den Transfer auf die Praxis. Abbildung 4 zeigt die zeitlichen Anteile der einzelnen Bestandteile.

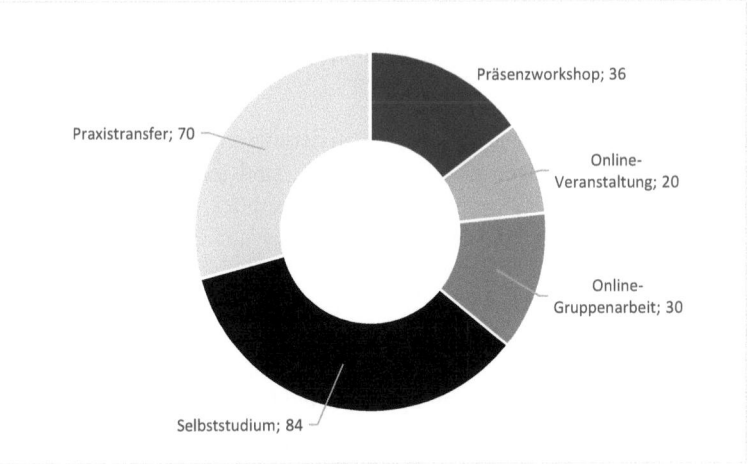

Abbildung 4:　Anzahl Arbeitseinheiten (à 45 Min.) pro Vermittlungsform (eigene Darstellung)

Die Präsenzveranstaltungen finden jeweils zu Beginn und Ende des Qualifizierungsangebotes und jeweils in sechs Wochen Abstand als Auftakt zu den Modulen 4 und 7 statt. Sie
dienen neben der Vermittlung spezieller Inhalte vor allem dem Austausch der Teilnehmenden untereinander. In der Abschlussveranstaltung werden die einzelnen Praxiskonzepte präsentiert und durch die Teilnehmenden und die Trainer/innen beurteilt. Der Fokus
liegt dabei auf der Überprüfung des situations- und anforderungsgerechten Medieneinsatzes sowie dem Austausch zu ersten Erfahrungen bezüglich der Umsetzung.

5   Erfahrungen aus dem Pilotierungsdurchgang

Das Konzept wurde vom 14. März 2014 bis zum 25. Juli 2014 erstmalig mit 16 Teilnehmenden erprobt. Die Teilnehmendengruppe war in Bezug auf verschiedene Merkmale sehr
heterogen zusammengesetzt (vgl. Tabelle 1).

Tabelle 1: Ausprägung der demografischen und lehrveranstaltungsspezifischen Merkmale der
            Teilnehmendengruppe (eigene Darstellung)

Merkmal	Ausprägungsformen der Teilnehmenden
Alter	Min 27; Max 57 Jahre (Mittelwert: 34,5; Median: 33)
Lehrerfahrung	Min 0; Max 32 Jahre
Tätigkeit	Wiss. Mitarbeiter, Lehrbeauftragter, Professor
Akad. Grad	Diplom, Magister Artium, Promotion
Fach	Informatik, Ingenieurwesen, Jura, Kommunikation, Pädagogik, Psychologie, Sprachen, Umwelt, Verwaltung, Wirtschaft
Art der Lehrveranstaltung	Praktikum, Seminar, Vorlesung, Fernstudiengang
Anzahl der Studierenden in der Lehrveranstaltung	Min 8; Max 600 (Mittelwert: 117, Median: 40)

Die Erwartungen der Teilnehmenden an das Qualifizierungsangebot, die in der Auftaktveranstaltung mittels offener Fragen abgefragt worden, sind jedoch recht homogen. So
wünschen sich die Teilnehmenden vor allem einen Überblick über die verschiedenen
Möglichkeiten und Anwendungsfälle des Medieneinsatzes auf Grundlage des aktuellen
Forschungsstandes, der didaktischen Grundentscheidungen, der verfügbaren Technologien
sowie der organisatorischen und rechtlichen Rahmenbedingungen (vgl. Abbildung 5).
    Hinsichtlich der geplanten Zielstellungen für die eigenen Lehrveranstaltungen interes-
sieren die Teilnehmenden jedoch unterschiedliche Anwendungsfälle wie bspw. E-Assessment, virtuelle Kollaboration oder Umgang mit mehreren Kommunikationsströmen. Auch
Inhalte zu technischen Fertigkeiten wie der Nutzung der sächsischen Lernplattform OPAL
und dem integrierten Testwerkzeug ONYX waren von besonderem Interesse für einen Teil
der Teilnehmenden.

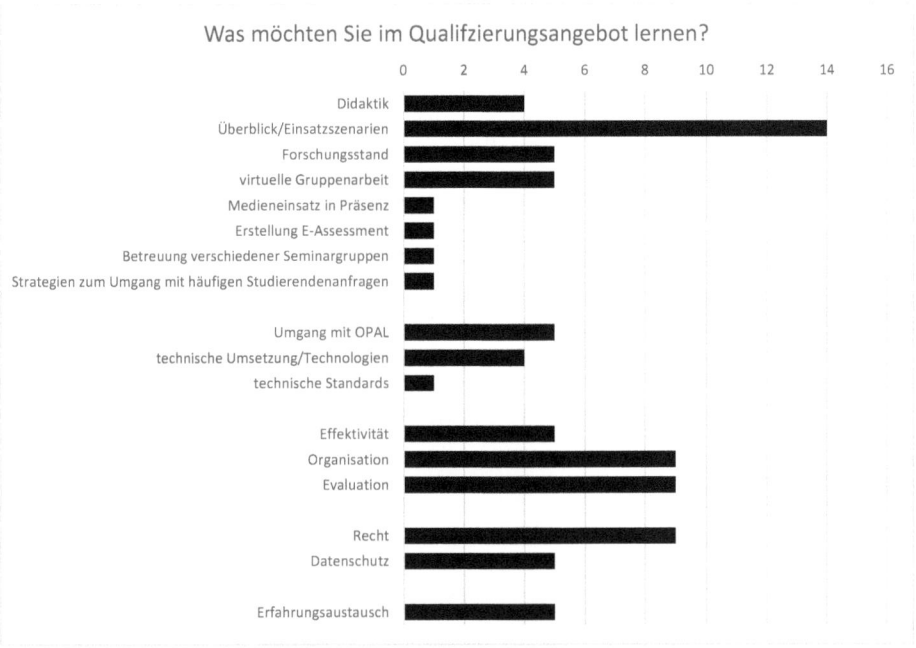

Abbildung 5:　Offene Antworten zu Erwartungen der Teilnehmenden in Bezug auf das Qualifizierungsangebot (absolute Angaben, N=14) (eigene Darstellung)

Auch die Ziele des Medieneinsatzes sind unter den Teilnehmenden grundsätzlich ähnlich. Bei offener Antwortmöglichkeit nannten die Teilnehmenden in der Auftaktveranstaltung vor allem die Stärkung der Aktivität und Selbststeuerung des Lernens durch die Studierenden, die Flexibilisierung für Lehrende und Lernende, die Unterstützung der Lehr-Lern-Organisation sowie die Förderung einer Feedback-Kultur und des Austausches (vgl. Abbildung 6). Vereinzelt fühlten sich die Teilnehmenden auch verpflichtet, ihre Lehre zeitgemäß und entsprechend der Anforderungen der Studierenden zu gestalten, um so die Motivation der Lernenden zu steigern. Gerade die Durchführung von E-Prüfungen stellt für einige Teilnehmende eine herausgehobene Zielstellung dar.

Bis auf wenige Ausnahmen sind sich die Teilnehmenden auch bei der Bewertung einzelner Einsatz-Szenarien des E-Teaching einig. Die digitale Verfügbarkeit von Materialien und Informationen wird von keinem der Teilnehmenden in Frage gestellt und von einem Großteil bereits realisiert. Auch das Prinzip des Flipped Classrooms erhält volles Interesse. Weiterhin bewertet ein Großteil der Teilnehmenden folgende Szenarien für vorstellbar in der eigenen Lehrveranstaltung: E-Klausuren, virtuelle Gruppenarbeit, Integration externer Experten, Betreuung durch Diskussionsforen, Webinare sowie multimediale Selbstlernmodule (WBTs). Studierende selbst digitale Medienprodukte erstellen zu lassen, ist nur für Wenige interessant. Uneinigkeit besteht beim Einsatz von Just-in-time-Teaching, Audience-Response-Systemen, formativen Assessments oder digitaler Medienprodukte (vgl. Abbildung 7).

Abbildung 6:   Offene Antworten zu Zielen des Medieneinsatzes (absolute Angaben, N=14) (eigene Darstellung)

Die Abfrage wurde zum Auftakt des Qualifizierungsangebotes durchgeführt. In den Konzepten zu ihren Lehrveranstaltungen, die acht der Teilnehmenden begleitend zum Qualifizierungsangebot erstellen, stellt sich ein anderes Bild dar. So wollen beispielsweise sieben der Konzept-Erstellenden Tests für das formative Self-Assessment zur Verfügung stellen. Daran zeigt sich, dass sich die Einschätzung verschiedener E-Learning-Szenarien vor der Wissensvermittlung im Vergleich zu den Ergebnissen des Wissenstransfers in Form der Praxiskonzepte geändert hat. Als Grund hierfür kann vermutet werden, dass sich die didaktische Beurteilung dieser Einsatzszenarien aufgrund eines Zuwachses an didaktischen Grundkenntnissen verändert hat. Diese Annahme muss jedoch durch weiterführende Analysen bestätigt werden, die noch durchgeführt werden.

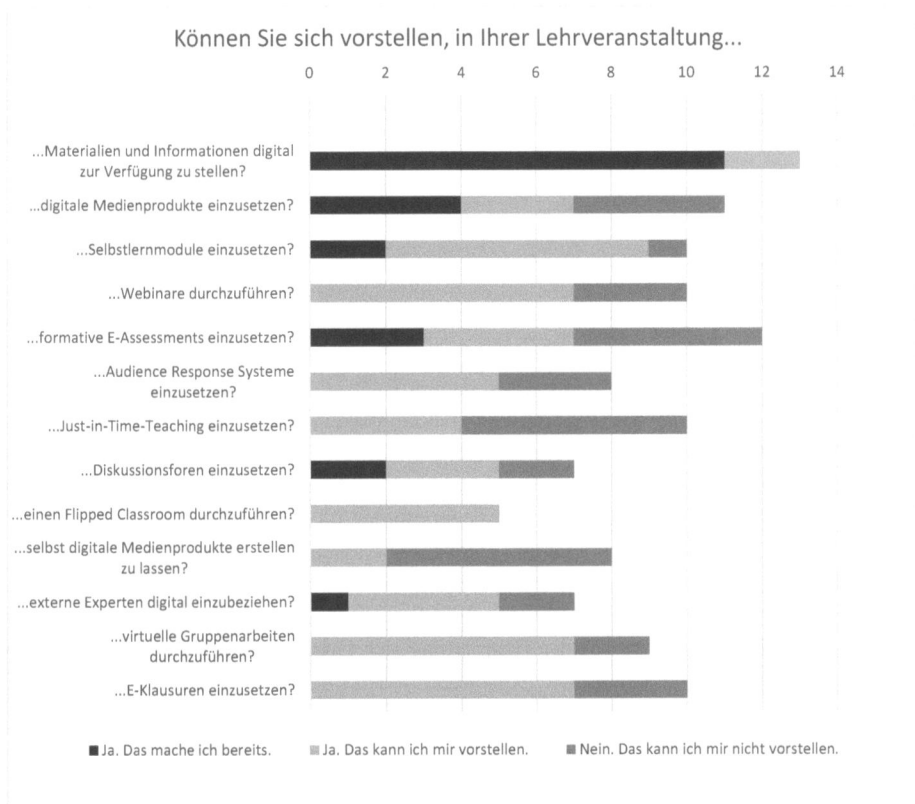

Abbildung 7:   Bereitschaft zum Einsatz einzelner E-Teaching-Szenarien in der eigenen Lehrveranstaltung (absolute Angaben) (eigene Darstellung)

Die Fokussierung der didaktischen Aspekte entspricht zudem den Erwartungen der Teilnehmenden, die den Technologieeinsatz auf der Grundlage von Forschungsergebnissen
und unter Berücksichtigung der Rahmenbedingungen realisieren wollen. Entgegen der
Vermutung, dass eine umfassende und fächerübergreifende Qualifizierungsmaßnahme der
Heterogenität der Zielgruppe nicht gerecht wird, lassen die homogenen Erwartungen der
Teilnehmenden den Schluss zu, dass die Heterogenität zu einem fruchtbaren Erfahrungsaustausch einlädt. Um den heterogenen Voraussetzungen zusätzlich gerecht zu werden,
erhalten die Teilnehmenden individuelles Feedback auf ihre Praxiskonzepte. Konkrete
Angebote um der Heterogenität des Vorwissens der Teilnehmenden, welches sich vor allem hinsichtlich technischer Bedienkompetenzen und didaktischer Grundlagen stark unterscheidet, sollen für weitere Durchgänge des Qualifizierungsangebotes in Form eines
diagnostischen Self-Assessments mit sich anschließenden Vorbereitungskursen realisiert
werden.

An den einzelnen Teilkonzepten des Praxistransfers zeigt sich, dass eine strikte Trennung der einzelnen didaktischen Handlungsfelder beim Planungsprozess häufig schwierig

ist. Es ist den betreuenden Trainern dabei gelungen, den Teilnehmenden die komplexen Zusammenhänge der verschiedenen Handlungsfelder/Module anhand konkreter Hinweise zu den realisierten Praxiskonzepten zu verdeutlichen.

6   Zusammenfassung

Die Entwicklung und Konzeption des Qualifizierungsangebotes „E-Teaching.TUD" erfolgte auf Grundlage einer Bedarfserhebung unter Lehrenden der TU Dresden und der Analyse normativer Kompetenzmodelle zur Entwicklung von Kompetenzen Hochschullehrender für den situations- und anforderungsrechten Medieneinsatz. Als Konsequenz auf die mangelnde Integration komplexer didaktischer E-Teaching-Szenarien in die Praxis der Hochschullehrenden und des Richtlernziels, den Medieneinsatz aufgrund didaktischer Grundentscheidungen planen, konzipieren, realisieren und evaluieren zu können, wurde für das Qualifizierungsangebot eine Strukturierung gewählt, die sich streng an didaktischen Handlungsfeldern orientiert und die Technologien diesen unterordnet.

Die bisher vorliegenden Evaluationsergebnisse weisen darauf hin, dass bei einigen Lehrenden bereits ein Wandel der Bewertung einzelner mediengestützter Lehrszenarien eingetreten ist und sie in ihren als Praxistransfer realisierten Konzepten bereits auf Elemente zurückgreifen, die sie vor der Bearbeitung des Qualifizierungsangebotes noch als weniger relevant bewertet haben. Die Ergebnisse in den Praxiskonzepten zeigen weiterhin, dass grundsätzlich davon ausgegangen werden kann, dass die gewählte Strukturierung für die Entwicklung (medien-)didaktischer Handlungskompetenzen geeignet ist.

Literatur

Bildungsportal Sachsen GmbH (2014): *Nutzungsstatistik OPAL Wintersemester 2013/2014. Stand: 28.02.2014.* Dokument zur internen Nutzung.

Euler, D., Hasanbegovic, J., Kerres, M. & Seufert, S. (2006). *Handbuch der Kompetenzentwicklung für E-Learning-Innovationen. Eine Handlungsorientierung für innovative Bildungsarbeit in der Hochschule.* Bern: Huber.

Handke, J. & Schäfer, A. M. (2012). *E-Learning, E-Teaching und E-Assessment in der Hochschullehre – eine Anleitung.* München: Oldenbourg.

Mayrberger, K. (2008). (Medien-)pädagogische Kompetenzen für die nachhaltige Integration von E-Learning in die akademische Lehre. *E-Competence für Lehrende. Zeitschrift für E-learning* 02/2008. S. 9-23.

Riedel, J., Schlenker, L. & Albrecht, C. (2013). Fokus E-Teaching – Zur Mediendidaktischen Handlungskompetenz Lehrender. In K. Hering, J. Kawalek, K. Hornoff & F. Schaar (Hrsg.), *Didaktik Motivation Innovation. Tagungsband zum Workshop on e-Learning 2013* (S. 75-84). Leipzig: HTWK Leipzig.

Schlenker, L., & Beyer, S. (2013). Online in der Vorlesung – Potentiale digitaler Medien für aktives Lernen. In K. Hering, J. Kawalek, K. Hornoff & F. Schaar (Hrsg.), *Didaktik Moti-*

vation Innovation. Tagungsband zum Workshop on e-Learning 2013 (S. 105-113). Leipzig: HTWK Leipzig.

Schlenker, L., Riedel, J. & Albrecht, C. (2014). Ist das jetzt schon E-Learning? – Kompetenzen für den Medieneinsatz in der Hochschullehre. *Perspektiven Guter Lehre – Tagungsedition.* HDS. Journal I/2014. (S. 58-63). Leipzig: Hochschuldidaktisches Zentrum Sachsen. URL: www.qucosa.de/fileadmin/data/qucosa/docu-ments/13788/rz_hds_journal_1_2014_tagungsedition_14032014_.pdf (19.05.2014).

Schneckenberg, D. (2004). *THE EUROPEAN eCOMPETENCE INITIATIVE – Project Presentation.* URL: www.ecompetence.info/uploads/media/-ecompetence_12_10_stgallen.pdf (19.05.2014).

Wedekind, J. (2004). Medienkompetenz an Hochschulen. In Bremer, C. & Kohl, K. E. (Hrsg.), *E-Learning-Strategien und E-Learning-Kompetenzen an Hochschulen* (S. 267-279). Bielefeld: Bertelsmann..

Zentrum für Weiterbildung der TU Dresden. (2013). *Lehrpraxis im Transfer. Teilprojekt TU Dresden. Bedarfserhebung 2012/13.* Dokument zur internen Nutzung.

Stephan Tjettmers, Majana Beckmann, Marc Krüger,
Ralf Steffen, Susanne Dräger, Rüdiger Rhein & Oliver J. Bott

Professionalisierung der Beratung zum Einsatz digitaler Medien in der Lehre

Das Weiterbildungskonzept „Hochschuldidaktische Beratung"

Abstract

Im Rahmen des Bund-Länder-Programms für bessere Studienbedingungen und mehr Qualität in der Lehre (‚Qualitätspakt Lehre') verfolgt das Verbundprojekt eCULT das Ziel, vorhandene Erfahrungen im Einsatz digitaler Lerntechnologien aufzugreifen und in die Breite zu tragen. Um Lehrende möglichst gut auf den Einsatz von digitalen Medien vorbereiten zu können und sie didaktisch zu unterstützen, bedarf es einer Professionalisierung der vorhandenen Support- und Beratungsstrukturen – und damit der hochschuldidaktischen Beratung.

Dieses äußerst anspruchsvolle Tätigkeitsfeld mit seinen vielfältigen Anforderungen ist Gegenstand eines Qualifizierungsangebotes für didaktische Beraterinnen und Berater in Hochschulen. Die hochschulzertifizierte Weiterbildung hat einen Umfang von 30 Credit Points und umfasst neun Module in den drei Modulbereichen „Didaktik", „Beratung" und „Hochschule" sowie begleitende Reflexionen in peer groups. Anschließend werden die Teilnehmenden in ein kollegiales Netzwerk überführt, das einem langfristigen Austausch dient und so die Nachhaltigkeit garantiert. Ziel des Angebotes ist es, insbesondere den vielen Mitarbeiter/inne/n im Qualitätspakt Lehre eine Möglichkeit der Professionalisierung zu geben, die im Aufbau befindlichen Strukturen zu verstetigen und damit eine nachhaltige Qualität der Angebote sicherzustellen.

1   Einleitung

Die Beratung von Hochschullehrenden ist ein komplexes Tätigkeitsfeld, in dem Professionalisierung notwendig und erwünscht ist. Insbesondere die Hochschule als Beratungskontext und die Hochschullehre als Beratungsgegenstand machen die Beratung für Mitarbeitende in Qualitätspakt-Lehre-Projekten[1] zu einer Herausforderung. Eine Einschätzung von Johannes Wildt zu den Erfolgsaussichten des Qualitätspakt Lehre bestätigt dies: „Da kommt eine gewaltige Menge an neuen Initiativen zusammen. Das große Problem sehe ich in deren praktischen Umsetzung: Es gibt hierfür kein hinreichend qualifiziertes Personal in der benötigten Zahl; der Markt ist weitgehend leer gefegt" (Reinmann, Ebner & Schön, 2013, S. 242). Ganz ähnlich betrachtet auch Ludwig Huber die Situation: „Viele verschiedene und interessante Projekte werden da angestoßen. Auf der anderen Seite bin ich aber skeptisch und befürchte, dass das Ganze nur ein Strohfeuer ist: Es beteiligen sich viele, um an schnelles Geld zu kommen und sich im Wettbewerb zu behaupten. Oft sind gar keine hochschuldidaktischen Erfahrungen da. Den jungen Mitarbeitern, die dann für Projekte mit befristeten Verträgen angestellt werden, ist das nicht anzulasten; diese können die Erfahrung gar nicht haben, wenn sie gerade erst ihr Studium angeschlossen haben" (Reinmann et al., 2013, S. 235f.). Diese kritischen Einschätzungen der beiden Experten machen deutlich, dass vermutlich viele der Mitarbeitenden Unterstützung in ihrer hochschuldidaktischen Arbeit mit Lehrenden benötigen. Vor diesem Hintergrund wurde das Weiterbildungskonzept „Hochschuldidaktische Beratung" entwickelt: Projektmitarbeitende, die zusammen mit Lehrenden an der Qualität der Lehre arbeiten, erhalten die Möglichkeit, ihre Tätigkeit zu reflektieren, ihr bisheriges Wissen aus einer neuen Perspektive zu betrachten und nicht zuletzt ihre Kompetenzen für die hochschuldidaktische Beratung zu stärken. Ziel ist die Verbesserung der Qualität der Lehre durch eine Qualitätsverbesserung der hochschuldidaktischen Beratung der Lehrenden. Doch wie genau ist der Begriff theoretisch einzuordnen?

Der Begriff Didaktik wird als die Theorie und Praxis des Lehrens und Lernens bezeichnet (Jank & Meyer, 2009) und befasst sich mit der Frage, „wer was von wem wann mit wem wo, wie, womit und wozu lernen soll" (ebd., S. 16). Webler (2007) formuliert speziell für die Hochschuldidaktik: Ziel didaktischen Handelns ist es, die „Lernende[n] so in eine Lernumgebung zu bringen, dass sie ihren individuellen Lernstilen und Lernbedürfnissen entsprechend möglichst optimal Kompetenzen erwerben und verstärken können" (ebd., o.S.). Beratende sollten also über fundierte Kenntnisse der Gestaltung von Lehr-/Lernprozessen verfügen.

Die folgende Definition von Beratung erscheint für das Handlungsfeld Hochschule sinnvoll übertragbar:

> „Beratung ist [...] ein vom Berater nach methodischen Gesichtspunkten gestalteter Problemlöseprozess, durch den die Eigenbemühungen des Ratsuchenden unterstützt/optimiert bzw. seine Kompetenzen zur Bewältigung der anstehenden Aufgabe/des Problems verbessert werden" (Mutzeck, 2008, S. 13f.).

---

1 Mit dem Bund-Länder-Programm für bessere Studienbedingungen und mehr Qualität in der Lehre (‚Qualitätspakt Lehre') sollen die Betreuung der Studierenden und die Lehrqualität an Hochschulen verbessert werden. Der Bund stellt dafür zwischen 2011 und 2020 rund zwei Milliarden Euro zur Verfügung. Gefördert werden 186 Hochschulen aus allen 16 Ländern. Ausführliche Informationen sowie eine Übersicht über die geförderten Projekte unter: www.qualitaetspakt-lehre.de (15.07.2014).

Demnach konstituiert sich ein Beratungsprozess durch drei Aspekte: Eine ratsuchende Person (Lehrende/r), eine beratende Person (hochschuldidaktische/r Berater/in) und ein zu bearbeitendes Problem (spezifisches Anliegen aus der Lehre). Hervorzuheben ist, dass die Problemlösung in einem Prozess erfolgt, den der/die Beratende methodisch gestaltet.

Hinsichtlich der Unterscheidung zwischen Experten- und Prozessberatung (Schein, 2003) lässt sich die hochschuldidaktische Beratung nicht eindeutig einordnen. Zum einen ist es wichtig, dass Beratende den Prozess moderieren und die Lehrenden bei der Lösungsfindung begleiten. Zum anderen ist es erforderlich, dass sie ihre fachliche Expertise in Form von Lösungsideen einbringen. Damit lässt sich die hochschuldidaktische Beratung nicht auf eines dieser beiden Formate festlegen; vielmehr erscheint es sinnvoll, sich an integrativen Ansätzen zu orientieren (vgl. Königswieser, Sonuç & Gebhardt, 2005; Reiber, 2013).

Die aufgezeigten Perspektiven führen zu der folgenden Arbeitsdefinition: Unter hochschuldidaktischer Beratung verstehen wir eine integrierte Fach- und Prozessberatung, bei der ein/e Lehrende/r durch eine/n didaktischen Experten/in bei der Identifikation und Lösung von Bildungsproblemen und/oder bei der Gestaltung von Lehr-/Lernprozessen methodisch begleitet und durch seine/ihre Expertise unterstützt wird.

2 Motivation und empirische Vorarbeiten

Welche Kompetenzen sind für eine professionelle hochschuldidaktische Beratungstätigkeit erforderlich? Dieser Frage geht eine Studie von Grüter und Krüger (2013) nach, in der Expert/inn/en zu den Schwierigkeiten und erforderlichen Kompetenzen für die hochschuldidaktische Beratung befragt wurden. Die dort identifizierten Herausforderungen lassen sich auf Basis der Ergebnisse in vier Handlungsfelder einteilen, welche in das Weiterbildungskonzept in Form von Modulbereichen überführt wurden.

Handlungsfeld Beratung: Dieses Feld umfasst verschiedenste Kompetenzen, die von den Befragten geschildert wurden. So spielen soziale und kommunikative Kompetenzen eine zentrale Rolle, etwa der Umgang mit verschiedenen Persönlichkeiten und das Anwenden von Gesprächstechniken. Ebenso wurden Selbstkompetenzen angeführt, wozu die klassischen Beratereigenschaften Empathie, Wertschätzung und Authentizität sowie eine stetige Reflexion der eigenen Haltung zählen. Weitere wichtige Aspekte in diesem Handlungsfeld sind Analysefähigkeit, ein Repertoire an Beratungsmethoden und die Fähigkeit, Prozesse zeitlich und inhaltlich zu strukturieren. Diese Kompetenzen ermöglichen es, in der Interaktion mit Hochschullehrenden professionell zu agieren.

Handlungsfeld Hochschuldidaktik: Als herausfordernd beurteilten die Expert/inn/en u.a. den Umgang mit der Diversität der Lehrenden. Damit einher geht auch der fachliche Hintergrund. Neben dem Wissen über fachkulturelle Unterschiede und dem professionellen Umgang damit umfasst es in erster Linie eine hochschuldidaktische Fachkompetenz, z.B. das Wissen über die Gestaltung von Lehr- und Lernprozessen, ein Know-how in allen hochschuldidaktischen Handlungsfeldern sowie ein Repertoire an (hochschul-)didaktischen Methoden. Bezüglich der Schnittstelle von Medien- und Hochschuldidaktik wurde die Kenntnis über vorhandene technische Äquivalente dieser Methoden benannt. Die Antworten spiegeln wider, wie wichtig diese Kompetenzen als Basis einer didaktisch fundierten Fachberatung sind.

Handlungsfeld Hochschule: Für hochschuldidaktische Berater/innen ist es notwendig, die Strukturen der Hochschule zu kennen und die Besonderheiten dieser Organisation zu verstehen. Als Voraussetzungen für eine erfolgreiche Beratung geben die Befragten eine gute Vernetzung innerhalb der Hochschule an. Außerdem halten sie es für wichtig, relevante Einrichtungen zu kennen, auf die in der Beratung verwiesen werden kann. Darüber hinaus sollten Beratende über den Bedarf und die Ziele ihrer Hochschule informiert sein. Mit Blick auf die Lehrenden ist es von Vorteil, wenn Beratende bestehende Kooperationen und Konkurrenzsituationen kennen. Im ersten Fall legen die Befragten nahe, dass Beratende den kollegialen Austausch über Hochschullehre anregen und fördern. Beratende sollten unbedingt die Lebens- und Arbeitsrealität der Lehrenden berücksichtigen und sie als Teil der Organisation Hochschule verstehen. Als Schwierigkeit in der Beratung wird insbesondere die zeitliche Vereinbarkeit von alltäglichen Aufgaben und dem Engagement in der Lehre dargelegt. Beratende sollten sich daher der unterschiedlichen Prioritäten der Lehrenden bewusst sein.

Praxis und Reflexion: Dieses Feld lässt sich sowohl bezüglich der Lehre als auch der Beratung auslegen. Die eigene Lehrerfahrung wird von den Expert/inn/en zum einen als 'hilfreich, aber nicht zwingend erforderlich' beurteilt. Zum anderen wird sie als 'Zugpferd' bezeichnet; sie sorge für ein besseres 'Standing' und eine höhere Authentizität des Beratenden. Nach Ansicht der Befragten erleichtert die eigene Lehrerfahrung die Einordnung der Anliegen und die passgenaue Rückmeldung. Dabei kann auch ein fachbezogenes und -übergreifendes Beispielrepertoire behilflich sein. Mit Blick auf die Beratungspraxis macht die Studie deutlich, dass sowohl Praxiserfahrung als auch deren Reflexion eine wichtige Grundlage sind. Beratende sollten verschiedene Situationen erproben und dazu Feedback erhalten. Indem ein Bewusstsein über das eigene Beratungshandeln geschaffen wird, können die eigene Haltung und das eigene Handeln kontinuierlich reflektiert werden. Dazu bietet sich auch ein kollegialer Austausch an, z.B. im Rahmen einer Supervision. Doch nicht nur die Reflexion, sondern auch die eigenen Erfahrungen werden als wichtig eingeschätzt: 'Den Teil des eigenen Selbstbewusstseins, den ich da einbringe, ich ahne, dass ich den wahrscheinlich nur über viele gute Erfahrungen und eigenes Kompetenzerleben aufbauen kann.' Demnach ist professionelle hochschuldidaktische Beratung also auch eine Frage der beruflichen Entwicklung und Erfahrung.

Die Ergebnisse der Studie belegen insgesamt, dass es sich bei der hochschuldidaktischen Beratung um einen anspruchsvollen Tätigkeitsbereich handelt. Erst das Zusammenspiel der genannten Handlungsfelder ermöglicht eine professionelle Beratung, die nach strukturellen und methodischen Gesichtspunkten gestaltet ist, die auf didaktischer Expertise beruht, die die Lehrenden in ihrem Tätigkeitsfeld wahrnimmt und die kontinuierlich reflektiert wird. Das im folgenden Kapitel näher erläuterte Weiterbildungskonzept stellt diese Komplexität in den Mittelpunkt.

3 Das Weiterbildungskonzept

Oberstes Ziel der Weiterbildung ist es, das Beratungshandeln an Hochschulen zu professionalisieren. Im Fokus stehen die theoretisch fundierte Ausbildung, die praktische Erprobung der erworbenen Fähigkeiten sowie die stetige Reflexion, um eine professionelle Haltung zu entwickeln. Im Folgenden werden Adressaten, Inhalte und Aufbau sowie Rahmenbedingungen der Weiterbildung erläutert.

3.1 Zielgruppe

Das Weiterbildungsangebot richtet sich vorrangig an Mitarbeitende in hochschul- oder mediendidaktischen Einrichtungen, die mit der Beratung von Hochschullehrenden befasst sind. Wie oben bereits deutlich wurde, sind aktuell besonders Mitarbeitende aus dem Qualitätspakt Lehre in diesem Bereich tätig. Adressiert werden darüber hinaus Personen, die an Beratung im Feld der Hochschule und an Hochschuldidaktik interessiert sind. In der Weiterbildung hat die Wertschätzung der individuellen Vorkenntnisse und Stärken einen hohen Stellenwert; Vorerfahrungen werden aufgenommen und fließen in die Arbeit ein. Das gemeinsame Ziel der Teilnehmenden sollte es sein, einen Beitrag zu einer qualitativ hochwertigen Hochschullehre zu leisten, indem sie Lehrende in ihren didaktischen Anliegen unterstützen. Vorausgesetzt wird die Bereitschaft zur persönlichen Entwicklung. Das Angebot ist weder auf eine Personen- oder Statusgruppe noch auf Mitglieder bestimmter Hochschulen beschränkt.

3.2 Lernziele, Inhalte und Struktur

Die Grundlage für die Struktur der Weiterbildung bildet die oben genannte Befragung von Expert/inn/en. Die vier etablierten Handlungsfelder galten als Orientierung; aus ihnen wurden vier Modulbereiche entwickelt. Für diese Bereiche wurden unter Rückgriff auf einschlägige Literatur jeweils sowohl ein übergreifendes als auch mehrere detaillierte Lernziel(e) formuliert. Diese sind als Wissen, Fähigkeit oder Einstellung kategorisiert. Dieser Einteilung liegt die Kompetenzdefinition von Weinberg zugrunde:

> „Für die Beschreibung dessen, was ein Mensch wirklich kann und weiß, hat sich der Begriff Kompetenz eingebürgert. Unter Kompetenzen werden alle Fähigkeiten, Wissensbestände und Denkmethoden verstanden, die ein Mensch in seinem Leben erwirbt und betätigt." (Weinberg, 1996, S. 3).

Die Weiterbildung zeichnet sich dadurch aus, dass die Handlungsfelder verzahnt werden, d.h. gegenseitig aufeinander Bezug nehmen. So wechseln sich die Modulbereiche in der konkreten zeitlichen Abfolge ab. Hervorzuheben ist außerdem das Begleitmodul zur Reflexion, in dem die Verknüpfungen der Modulbereiche zum Gegenstand werden können. Explizit werden alle Inhaltsbereiche in einem Abschlussmodul zusammengeführt.

Die folgende Darstellung gibt einen Überblick über Inhalte und Struktur des Programms:

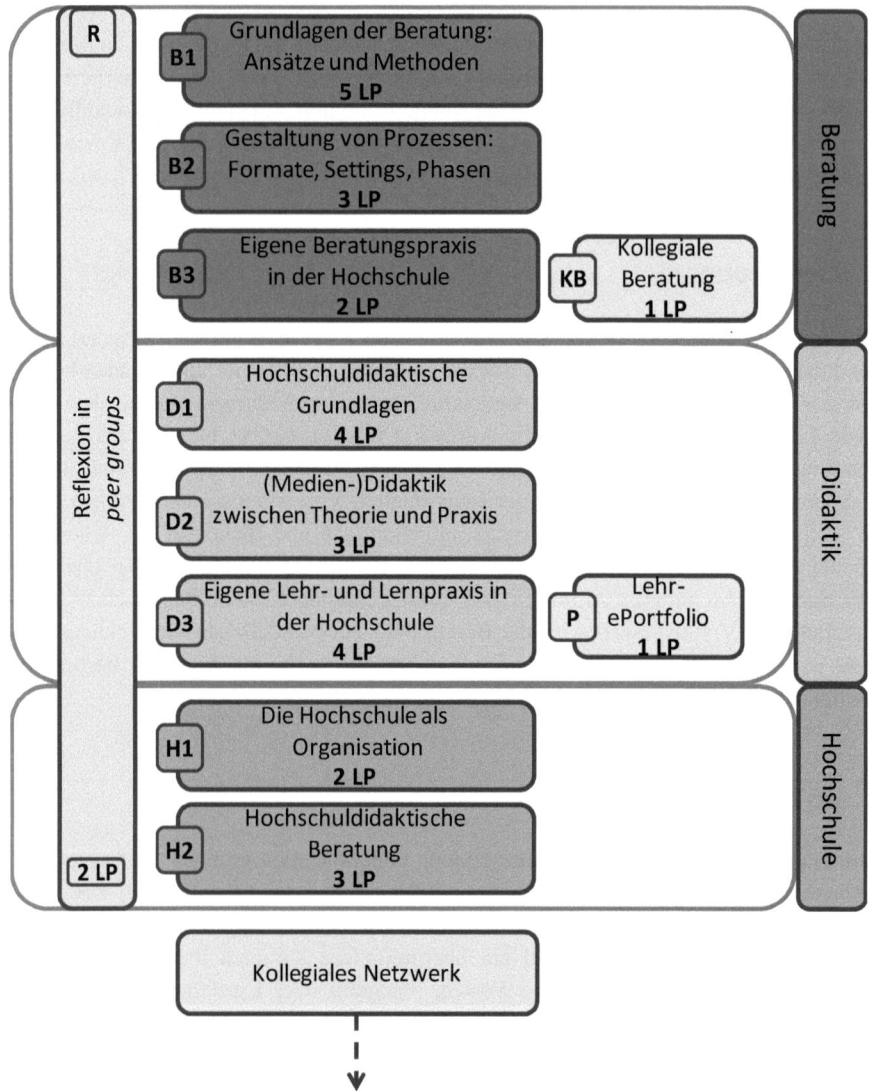

Abbildung 1:   Module der Weiterbildung „Hochschuldidaktische Beratung" inkl. Leistungspunk-
ten (LP; Dauer und Umfang siehe Kapitel 3.3.1) (eigene Darstellung)

3.2.1 Modulbereich Beratung

Das Lernziel dieses Modulbereiches ist es, Beratungskompetenz zu erwerben. Diese wird
am Gegenstand der Hochschullehre und der Organisation Hochschule erprobt.

Modul 1: Ansätze und Methoden

In diesem Modul erarbeiten die Teilnehmenden die theoretischen und methodischen Grundlagen von Beratung. Didaktisch ist darauf hinzuweisen, dass das eigene Erproben einen zentralen Stellenwert hat: In praktischen Übungen und Simulationen mit Feedback wenden die Teilnehmenden Interventionsformen an. Das Modul weist daher einen hohen Anteil an Präsenzzeit auf. Inhaltlich liegt der Schwerpunkt auf den Grundlagen der Kommunikationspsychologie und der Soziologie. Im Beratungshandeln werden die drei Formen Informieren, Beraten und Anleiten differenziert, um das Beratungsverständnis zu schärfen. Drei theoretische Ansätze der Beratung stehen im Mittelpunkt des Moduls (für einen Überblick vgl. Krause, Fittkau, Fuhr & Thiel, 2003) und werden jeweils mit konkreten hochschuldidaktischen Aspekten in Verbindung gebracht, um Bezüge zum Beratungsfeld der Teilnehmenden herzustellen.

–   Humanistisch-psychologischer Ansatz: Vor diesem Hintergrund werden die Beratungsbeziehung, die eigene Beratungshaltung und die Beratereigenschaften nach Rogers (1986) thematisiert. Im Fokus stehen außerdem das Verständnis von Beratung als Dialog sowie die Relevanz des ,Hier und Jetzt'. Beispiel: Die Beratungsbeziehung zu einem Lehrenden trotz eventueller Statusunterschiede auf Augenhöhe gestalten. Exemplarische Interventionsformen: Aktives Zuhören, Ich-Botschaften.
–   Tiefenpsychologischer Ansatz: Dieser Ansatz ermöglicht es, Unbewusstes und Widerstände in der Beratung sowie das Phänomen der Projektion/Übertragung zu behandeln. Beispiel: Das Erleben von Widerstand in eigenen Lehr- und Lernerfahrungen. Exemplarische Interventionsformen: Spiegelung, Konfrontation.
–   Systemischer Ansatz: Hier wird zum einen der Systembegriff erarbeitet sowie dessen Umsetzung in der Beratung durch Perspektivenwechsel und Umdeutungen. Anhand von Mustern, Strukturen und Zusammenhängen wird verdeutlicht, dass Veränderung an einer Stelle immer eine Veränderung im ganzen System auslöst. Beispiel: Die Lehrveranstaltung als System, d. h. als Zusammenspiel von Studierenden, Lehrenden, der Tageszeit, der Raumsituation u.v.m. Exemplarische Interventionsformen: Zirkuläre Fragen, Reframing (Umdeuten).

Modul 2: Gestaltung von Prozessen: Formate, Settings und Phasen von Beratung

Das Lernziel von Modul 2 ist es, Beratungsprozesse professionell zu gestalten sowie Settings und Formate im Hinblick auf Beratungsanliegen zu bewerten. Ein Schwerpunkt liegt auf der Prozessgestaltung: Die Teilnehmenden lernen die Phasen einer Beratung zu differenzieren und sowohl einzelne Gespräche als auch ganze Prozesse zu gliedern (Auftrags- und Zielklärung, Diagnostik, Generierung von Lösungsansätzen, Entscheidung/Vereinbarung, Ergebnissicherung). Hier spielen auch mögliche Herausforderungen im Prozess eine Rolle: Zum einen wird der Umgang mit Krisen und Störungen in der Beratung trainiert, zum anderen der Umgang mit der Diversität der Ratsuchenden. Neben der Prozessgestaltung werden verschiedene Settings thematisiert: Einzelberatung (1:1), Beratung von Teams und Projektgruppen (1:n) sowie Organisationsberatung (n:n). Die Teilnehmenden erarbeiten, welche spezifischen Rollen den Akteuren in diesen Settings zukommen und inwiefern die Passung von Anliegen und Setting im Einzelfall kritisch zu prüfen ist. Auch die Differenzierung verschiedener Beratungsformate in der Hochschuldidaktik (Wildt, 2006) wird in diesem Modul behandelt. Insbesondere der Gegensatz von Experten- und Prozessberatung (Schein, 2003) – und damit verbunden der unterschiedliche Stellenwert der Expertise der Beratenden – ist für die hochschuldidaktische Beratung zu reflektieren. Die Teilnehmenden werden dazu angeregt, die Integration dieser Formate für ihre Beratungstätigkeit zu überdenken (vgl. Königswieser et al., 2005; Reiber, 2013), ihr Rollenbewusstsein zu schärfen und eventuelle Rollenwechsel professionell zu gestalten. Als recht neues Format fügt sich die Online-Beratung in die Weiterbildung ein und schlägt die Brücke zum Schwerpunkt digitale Medien. Geißler und Metz (2012) legen dar, dass die Beratung im Gegensatz zu einer Face-to-Face-Kommunikation auch fernmündlich (z.B. Voice-Chat), per Video oder webbasiert-textlich (z.B. E-Mail) erfolgen kann. Von besonderem Interesse sind in der Online-Beratung webbasierte Äquivalente von Beratungsmethoden. Die Teilnehmenden reflektieren, für welchen Gegenstand welche Formen der (Online-) Beratung geeignet sind.

Modul 3: Eigene Beratungspraxis in der Hochschule
Im dritten Modul sollen das neu erworbene Wissen sowie die erprobten Fähigkeiten in die individuelle Beratungspraxis einfließen, welche anschließend ausführlich reflektiert wird (vgl. Kapitel 2). Die Teilnehmenden führen zwei vollständige Beratungsprozesse durch und dokumentieren ihr Vorgehen und ihre Fragen. Offene Fragen sowie Problemfälle können im begleitenden Format der Kollegialen Beratung bearbeitet werden (vgl. Kapitel 3.2.4).

3.2.2 Modulbereich Didaktik

Das Lernziel dieses Modulbereiches ist es, für die Beratungstätigkeit notwendige didaktische Kompetenzen zu erwerben beziehungsweise auf der Basis des individuellen Vorwissens zu vertiefen. Dabei sollen insbesondere die Auswahl und der Einsatz digitaler Medien und Methoden berücksichtigt werden (Modul 1). Um die Besonderheiten im Kontext der Hochschullehre zu betonen und auch die Unterschiede zu verwandten Tätigkeitsfeldern (z.B. Schule, Einrichtungen der Erwachsenenbildung) zu fokussieren, folgt das Modul „Hochschuldidaktik" (Modul 2) und wird mit einer Dokumentation und Reflexion der eigenen Lehrtätigkeit in Form eines E-Lehrportfolios abgeschlossen (Modul 3). Dieses soll sicherstellen, dass die Teilnehmenden nicht nur theoretisches Wissen in diesem Bereich erwerben, sondern in künftigen Beratungssituationen auch auf praktische Erfahrung zurückgreifen können.

Modul 1: Hochschuldidaktische Grundlagen
Die Hochschuldidaktik grenzt sich als eigenständige wissenschaftliche Disziplin von anderen Teildidaktiken ab und kennt eigene Forschungsfelder, -ziele und -themen (vgl. Battaglia, 2010; Wildt & Jahnke, 2010). Die Teilnehmenden der Weiterbildung sollen die Aufgaben und Besonderheiten der Hochschule als Ort des didaktischen Handelns kennen lernen. Exemplarische Inhalte (vgl. auch Berendt, Fleischmann, Schaper, Szczyrba & Wildt, 2002; Webler, 2006):

- Relevante Akteure und organisatorische Strukturen im Kontext Hochschule.
- Lehren und Lernen: Planung von Hochschulveranstaltungen, unterschiedliche Lehrveranstaltungsformen, Lehrmethoden und Lernsituationen.
- Beratung und Betreuung von Lernenden: Gesprächsführung, Studienfachberatung, Lern- und Prüfungsberatung.
- Leistungskontrollen und Prüfungen: Planung von formativen und summativen Assessments in unterschiedlichen Formen und Ausprägungen.
- Innovieren: Reorganisation von Lehrveranstaltungen, Modulen, Studiengängen und Prüfungsordnungen.
- Evaluieren: Veranstaltungs-, Modul-, und Studiengangsevaluation sowie Qualitätsmanagement.

Modul 2: (Medien-)Didaktik im Spannungsfeld von Theorie und Praxis
Teilweise aufbauend auf den Inhalten des ersten Moduls werden in diesem Modul didaktische und insbesondere mediendidaktische Fragestellungen (vgl. auch Kerres, 2012; Arnold, Kilian, Thillosen & Zimmer, 2011; Reinmann, 2013) behandelt und vertieft, z.B.

- Grundlegendes Wissen über Lehren und Lernen: Historische Entwicklungen, Forschungstraditionen, Erkenntnisse der Pädagogischen Psychologie, Lernzieltaxonomien,
- Bedingungs- und Entscheidungsfaktoren bei der Planung von Lernangeboten,
- Positionierung der Mediendidaktik innerhalb der Bildungswissenschaft,
- Aufgaben und Funktionen von Medien in Lehr- und Lernprozessen.

Der Schwerpunkt dieses Moduls liegt in der Planung, Konzeption sowie der mikrodidaktischen Gestaltung von Lernangeboten, insbesondere unter mediendidaktischen Gesichtspunkten. Beispielhaft seien an dieser Stelle das Rostocker Vorgehensmodell für E-Learning (ROME) und der AKUE-Prozess genannt (vgl. Hambach, 2008; Bremer, 2009).

Modul 3: Eigene Lehr- und Lernpraxis in der Hochschullehre
Die Ergebnisse der Studie von Grüter und Krüger (2013) lassen darauf schließen, dass die eigene Praxis in der Hochschullehre äußerst hilfreich bei der Beratung von Lehrenden ist. Zum einen können Beratungsanliegen besser verstanden und eingeordnet werden und ermöglichen so eine genauere Rückmeldung. Zum anderen können das ‚Standing‘ und die Authentizität der Berater/innen zunehmen und idealerweise zu einem ‚Türöffnereffekt‘ während der Akquisephase führen (vgl. ebd., 2013).

Das Weiterbildungskonzept berücksichtigt daher auch die eigene Lehr- und Lernpraxis. Die Teilnehmenden weisen diese Kompetenzen hierfür mit der Konzeption, Vorbereitung und Durchführung von zwei eigenen Lehrveranstaltungen in der Hochschule nach, wobei dieser Nachweis zu Beginn, während der Weiterbildung oder auch am Ende erbracht werden kann. Zusätzlich dazu wird ein E-Lehrportfolio geführt, welches anschließend mit den anderen Teilnehmenden der Weiterbildung gemeinsam reflektiert wird (vgl. auch Kapitel 3.2.4).

3.2.3 Modulbereich Hochschule

Das Lernziel dieses Modulbereiches ist es, Spezifika der Organisation Hochschule zu kennen (Modul 1) sowie die damit einhergehenden Besonderheiten in Form einer gezielten Zusammenführung der verschiedenen Modulbereiche in die eigene Beratungspraxis zu integrieren und zu reflektieren (Modul 2).

Modul 1: Die Organisation Hochschule
Vertiefend zum Modul „Hochschuldidaktische Grundlagen" wird in diesem Modul die Hochschule als ‚besondere' Organisation (Bessenrodt-Weberpals, Fuleda, Hamer & Wandhoff, 2013) vorgestellt. Die Teilnehmenden lernen, mit der Diversität der Lehrenden umzugehen, die Anforderungen der eigenen Hochschule zu erfassen und zu berücksichtigen. Die Feldkompetenz, also das Wissen um die spezifische Organisationsstruktur und -kultur, wird als wichtige Voraussetzung gesehen und ergibt zusammen mit den handelnden Akteuren ein anspruchsvolles Terrain für Berater/innen (vgl. Fuleda, 2010, S. 34; Fuleda, 2013, S. 75). Dazu gehört z.B. das Wissen über aktuelle hochschulpolitische Themen, Diskurse und Förderprogramme oder über das Verhältnis von Forschung und Lehre bzw. den jeweiligen Stellenwert in unterschiedlichen Kontexten. Zentraler Bestandteil dieses Moduls ist eine Organisationsanalyse der eigenen Hochschule durch die Teilnehmenden (Mayrhofer, Meyer & Titscher, 2010). Die daraus gewonnenen Erkenntnisse für die hochschuldidaktische Beratung werden festgehalten und im Rahmen eines eigenen Workshops von einem Organisationsentwicklungsexperten begleitet.

Modul 2: Hochschuldidaktische Beratung (Abschlussmodul)
In diesem abschließenden Modul der Weiterbildung sollen sämtliche Inhalte, Lernfortschritte und praktische Erfahrungen zusammengeführt und abschließend reflektiert werden. Dazu geben externe Expert/inn/en Impulse aus ihrer Praxis. Daran schließt sich eine Onlinephase an, in der die Teilnehmenden ein Online-Lernmodul mit verschiedenen Beratungskonzepten kollaborativ erstellen. Dieses wird auch nach Abschluss der Weiterbildung weitergeführt. Neben dieser Zusammenführung der Inhalte stehen in diesem Abschlussmodul besonders die eigenen Stärken und neu erworbenen Kompetenzen im Fokus: Die Teilnehmenden reflektieren abschließend ihr eigenes Profil als hochschuldidaktische/r Berater/in.

3.2.4 Begleitende Reflexion

Ein zentraler Bestandteil des Weiterbildungskonzeptes ist die begleitende Reflexion, die sich in unterschiedlicher Form durch das Programm zieht. Als zentral wird sie deshalb betrachtet, da es nur durch eine stetige Reflexion der eigenen Entwicklung gelingen kann, ein professionelles Selbstverständnis im Hinblick auf die drei inhaltlichen Schwerpunkte einzunehmen. Drei Reflexionsformate sind fest in das Programm integriert, eines ist für den Anschluss an die Weiterbildung vorgesehen, um die Nachhaltigkeit zu gewährleisten.

Reflexion in peer groups
Dieses Format ist über die gesamte Dauer der Weiterbildung angelegt und zieht sich durch alle Inhaltsbereiche (vgl. Abbildung 1). Im Fokus dieses Formates steht der eigene Lern-

und Entwicklungsprozess, der in Form eines Austausches mit anderen Teilnehmenden thematisiert wird. Dazu werden zu Beginn feste Gruppen à drei bis fünf Personen gebildet. Fünf Termine werden von erfahrenen hochschuldidaktischen Berater/inne/n begleitet, diese sind im zeitlichen Ablauf fest verankert. Weitere Treffen ohne Begleitung können je nach Bedarf von der Gruppe vereinbart werden. Auf inhaltlicher Ebene können in den *peer groups* offen gebliebene Fragen geklärt und Eindrücke der letzten Lernphase besprochen werden. Zentral für den Austausch ist die reflexive Ebene. Hier geht es darum, ein Bewusstsein für die Rollenvielfalt als hochschuldidaktische/r Berater/in und eine professionelle Haltung zu entwickeln. Unter Haltung ist die persönliche Einstellung in Bezug auf die Ausgestaltung der eigenen Arbeit zu verstehen. In den *peer groups* wird eine Auseinandersetzung mit dem eigenen Vorwissen und dem beruflichen Handeln angestrebt. Die Entwicklung eines reflektierten beruflichen Selbstverständnisses ist Teil der Professionalität und damit unabdingbar für Mitarbeiter/innen in der Hochschuldidaktik (vgl. Müller, Tillmann & Zeuch, 2013). Die Weiterbildung endet mit einem persönlichen Abschlussgespräch, das die Teilnehmenden auf Basis dieser Reflexionen mit einem/einer Berater/in führen.

Kollegiale Beratung
Das Format der kollegialen Beratung dient dazu, die parallel ablaufenden Beratungsprozesse der Teilnehmenden zu begleiten (vgl. Kapitel 3.2.1). In diesem Rahmen werden Probleme oder Praxisfälle bearbeitet, etwa eine herausfordernde Situation in der Beratung. Als methodische Grundlage dient das etablierte Konzept der Kollegialen Beratung nach Tietze (2003). Das Gespräch folgt dabei einem festen Ablauf von sechs Phasen, die Rollen (Moderator/in, Fallerzähler/in, Berater/in) werden von Fall zu Fall neu besetzt. Der kollegiale Charakter entsteht durch eben diese wechselseitige Beratung. Trotz des festen Ablaufs lässt das Konzept Freiraum, denn die Methodenauswahl für die Bearbeitung des ausgewählten Falls erfolgt gemeinsam in der Gruppe. Die Teilnehmenden der Weiterbildung erhalten so die Möglichkeit, konkrete Fälle systematisch zu reflektieren und gemeinsam Lösungsideen zu entwickeln. Für das Lernziel der Weiterbildung hat dieses Format einen doppelten Nutzen: Zum einen werden neue Handlungsoptionen gemeinsam erarbeitet, zum anderen wird die eigene Beratungskompetenz geschult.

Erstellung eines E-Lehrportfolios
Das dritte Format, die Erstellung eines elektronischen Lehrportfolios, dient zur Begleitung oder rückblickenden Dokumentation und Reflexion der eigenen Lehrerfahrung. Das Konzept des E-Portfolios auf Basis digitaler, webbasierter Medien hat sich zur Begleitung von Lernprozessen etabliert (Czerwionka, Knutzen & Bieler, 2010, S. 10). Das Lehrportfolio wird als Unterform des Entwicklungsportfolios betrachtet, wird bisher häufig in der Lehrerbildung eingesetzt und kann – wie das Beispiel des *Master of Higher Education* der Universität Hamburg eindrucksvoll zeigt – auch die Ausbildung von Hochschullehrenden sinnvoll begleiten (Merkt, 2010). Theoretisch begründet ist das Konzept im Ansatz der Selbstbestimmung (vgl. Czerwionka et al., 2010). In diesem Weiterbildungskonzept hat das Lehrportfolio zum Ziel, die Teilnehmenden bei der Entwicklung einer professionellen Lehrkompetenz zu unterstützen, denn für eine erfolgreiche hochschuldidaktische Beratung

ist auch ein professionelles Selbstverständnis als Lehrende/r von Relevanz. Professionelle Lehrkompetenz wird definiert als „eine, an die Persönlichkeit des beruflich Handelnden gebundene Kompetenz", die Hochschullehrende „zu situationsadäquatem, eigenverantwortlichem beruflichem Handeln, zur kritisch-konstruktiven Reflektion des eigenen Handelns und der eigenen beruflichen Rolle sowie zu innovativen Gestaltung des Handlungskontextes auf der Grundlage eines methodisch-didaktischen Repertoires" befähigt (Merkt, 2010, S. 4). Das E-Lehrportfolio steht in Verbindung mit Modul 3 des Modulbereiches Didaktik (vgl. Kapitel 3.2.2) und dient insbesondere zur Reflexion der beruflichen Rolle als Lehrende/r. Zugleich hat dieses elektronische Format den Vorteil, dass die Teilnehmenden an Medienkompetenz gewinnen, indem sie das Instrument sowohl anwenden als auch bewerten lernen.

Kollegiales Netzwerk
Das vierte Format ist in das Konzept integriert, geht aber über die Laufzeit der Weiterbildung hinaus. Nach Abschluss der Weiterbildung werden alle Absolvent/inn/en in ein kollegiales Netzwerk überführt, das dem Austausch, der gegenseitigen Beratung und Supervision dient. Geplant ist, dieses Netzwerk stetig zu vergrößern und dadurch einen wichtigen Beitrag zur Professionalität der hochschuldidaktischen Berater/innen zu leisten. Insbesondere ist so eine hohe Nachhaltigkeit gewährleistet.

3.3   Rahmenbedingungen

3.3.1 Dauer und Umfang

Die Weiterbildung, welche mit einem Hochschulzertifikat abgeschlossen wird, ist auf eine Dauer von 18 Monaten ausgelegt. Diese Zeit wird als notwendig angesehen, um die genannten Kompetenzen zu erwerben, die eigenen Fähigkeiten zu erproben und insbesondere, um sich persönlich und beruflich zu entwickeln.

Die Weiterbildung hat einen Umfang von 750 Stunden. Diese setzen sich zusammen aus

– 200 Stunden Präsenzstudium: Bildungsurlaub zum Auftakt, ein- bis zweitägige Präsenzworkshops, begleitete Reflexionsgespräche in *peer groups*, kollegiale Beratungen.
– 425 Stunden Onlineaktivität und Selbststudium: Bearbeitung von Online-Aufgaben, Teilnahme an Videokonferenzen, kollaboratives Erstellen von Online-Lernmodulen, kontinuierlicher und prozessbegleitender Erfahrungsaustausch in Foren, gemeinsames Erarbeiten von Inhalten in Wikis, Lektüre und Aufbereitung von Fachliteratur, Reflexion.
– 125 Stunden eigene Lehrerfahrung und Dokumentation: Konzeption und Durchführung zweier eigener Lehrveranstaltungen.

3.3.2 Vorkenntnisse und Vorleistungen

Um die Weiterbildung zu absolvieren, erbringen die Teilnehmenden eigene (Hochschul-) Lehrerfahrung im Umfang von zwei Lehrveranstaltungen (sofern noch nicht vorhanden). Für die Entwicklung der eigenen Lehrhaltung und für eine passgenaue fundierte Beratung werden sowohl die Konzeption als auch die Durchführung als notwendig erachtet (vgl. Kapitel 3.2.2). Vorab erbrachte Leistungen, z.B. in Form von bereits absolvierten Weiterbildungen, können in begrenztem Umfang angerechnet werden. Die Begrenzung begründet sich dadurch, dass in der Weiterbildung nicht nur neues Wissen erworben, sondern auch vorhandenes Wissen neu kontextualisiert, also unter neuartiger Perspektive auf neue Art durchdacht werden soll, um auf diese Weise eigene mentale Modelle zu transformieren. Weiterhin wird eine feste Lerngruppe als essentiell erachtet, um gruppendynamische Phänomene zu erleben und zu reflektieren. Diese Reflexion wird über den gesamten Prozess erfolgen und benötigt einen verbindlichen Kontext.

3.3.3 Bewerbungsverfahren

Für eine Teilnahme an der Weiterbildung sind ein tabellarischer Lebenslauf sowie ein zweiseitiges Motivationsschreiben notwendig. Sofern vorhanden kann der Nachweis über die eigene Lehrerfahrung bereits mit der Anmeldung eingereicht werden. Die Entscheidung über die Auswahl der Bewerber/innen sowie die Anrechnung von Vorleistungen wird von einem für diesen Zweck zu gründenden Gremium vorgenommen.

4 Fazit und Ausblick

Eine große Herausforderung bei der Konzepterstellung war es, eine inhaltlich angemessene Balance zwischen theoretisch begründeten Themen, empirisch belegten Handlungsfeldern und der vermuteten Nachfrage potenzieller Teilnehmer/innen herzustellen. Trotz gewissenhafter Konzeption ist zu erwarten, dass sowohl das kontinuierliche Feedback der Teilnehmenden als auch die Evaluation zum Ende des ersten Durchlaufs zusätzliche Aspekte einfließen lassen oder thematische Änderungen erfordern werden.

Der vorliegende Beitrag macht deutlich, dass die hochschuldidaktische Beratung ein anspruchsvolles Tätigkeitsfeld ist, welches Expertise in den Bereichen Beratung, Didaktik und Hochschule voraussetzt. Er gibt zugleich einen Überblick über die erforderlichen Kompetenzen für die hochschuldidaktische Beratung und zeigt auf, wie diese im Rahmen einer Weiterbildung erworben und für eine professionelle Beratung von Hochschullehrenden genutzt werden können. Die kontinuierlich entstehende Expertise zur hochschuldidaktischen Beratung sowie der Aufbau eines kollegialen Netzwerkes könnten dabei zusätzliche Faktoren bei der Entstehung einer entsprechenden Fachcommunity werden.

Literatur

Arnold, P., Kilian, L., Thillosen, A. & Zimmer, G. (2011). *Handbuch E-Learning*. Bielefeld: wbv.

Battaglia, S. (2010). Quo vadis, hochschuldidaktische (Hochschul-)Forschung? *Journal Hochschuldidaktik*, 1 (21. Jg.), 28-32.

Berendt, B., Fleischmann, A., Schaper, N., Szczyrba, B. & Wildt, J. (2002). *Neues Handbuch Hochschullehre*. Berlin: Raabe.

Bessenrodt-Weberpals, M., Fuleda, S., Hamer, B. & Wandhoff, H. (2013). *Coaching als Türöffner für gute Lehre: Auf dem Weg zu einer studierendenzentrierten Lehr- und Lernkultur*. Augsburg: ZIEL.

Bremer, C. (2009). Der AKUE-Prozess von megadigitale. In: A. Schwill & N. Apostolopoulos (Hrsg.), *Lernen im Digitalen Zeitalter. Dokumentation der Pre-Conference zur DeLFI 2009* (S. 233-240). Berlin. URL: www.e-learning2009.de/media/Workshop-Band_Delfi. pdf (19.05.2014).

Czerwionka, T., Knutzen, S. & Bieler, D. (2010). Mit ePortfolios selbstgesteuert lernen: Ein Ansatz zur Reflexionsförderung im Rahmen eines hochschulweiten ePortfoliosystems. *MedienPädagogik, Themenheft 18*. URL: www.medienpaed.com/Documents/medienpaed/ 18/czerwionka1003.pdf (19.05.2014).

Fuleda, S. (2010). Coaching an Hochschulen – Auf dem Weg zur Exzellenz. *Weiterbildung. Zeitschrift für Grundlagen, Praxis und Trends*, 32-35.

Fuleda, S. (2013). Kompetenzprofil eines Hochschulcoaches. In: M. Bessenrodt-Weberpals, S. Fuleda, B. Hamer & H. Wandhoff (Hrsg.), *Coaching als Türöffner für gute Lehre: Auf dem Weg zu einer studierendenzentrierten Lehr- und Lernkultur*. Augsburg: ZIEL.

Geißler, H. & Metz, M. (2012). *E-Coaching und Online-Beratung: Formate, Konzepte, Diskussionen*. Wiesbaden: Springer VS.

Grüter, M. & Krüger, M. (2013). *Professionell beraten: Ergebnisse einer Expertenbefragung zu erforderlichen Kompetenzen von Beratenden in der Hochschuldidaktik*. Vortrag auf der Jahrestagung der dghd, Magdeburg. URL: http://projekte2.hs-magdeburg.de/dghd/down loads/vortraege/grueter_krueger_professionell_beraten.pdf (19.05.2014).

Hambach, S. (2008). *Systematische Entwicklung von E-Learning Angeboten. Vorgehensmodell und Entwicklungsumgebung*. Stuttgart: Fraunhofer IRB Verlag.

Jank, W. & Meyer, H. (2009). *Didaktische Modelle*. Berlin: Cornelsen Verlag Scriptor.

Kerres, M. (2012). *Mediendidaktik. Konzeption und Entwicklung mediengestützter Lernangebote*. München: Oldenbourg.

Königswieser, R., Sonuç, E. & Gebhardt, J. (2005). Integrierte Fach- und Prozessberatung. In: M. Mohe (Hrsg.), *Innovative Beratungskonzepte*. Leonberg: Rosenberger Fachverlag.

Krause, C., Fittkau, B., Fuhr, R. & Thiel, H.-U. (2003). *Pädagogische Beratung*. Paderborn: Schöningh.

Mayrhofer, W., Meyer, M. & Titscher, S. (2010). *Praxis der Organisationsanalyse: Anwendungsfelder und Methoden*. Wien: Facultas-Verlag.

Merkt, M. (2010). Das studienbegleitende eLehrportfolio im „Master of Higher Education" – eine Fallstudie. *MedienPädagogik, Themenheft 18*, 1-18. URL: www.medienpaed.com/ Documents/medienpaed/18/merkt1001.pdf (16.05.2014).

Mutzeck, W. (2008). *Kooperative Beratung: Grundlagen und Methoden der Beratung und Supervision im Berufsalltag.* Weinheim: Beltz.

Müller, K., Tillmann, A. & Zeuch, M. (2013). Haltung entwickeln! Ein Erfolgsfaktor für den beruflichen Einstieg in de Hochschuldidaktik. *Neues Handbuch Hochschullehre 59.* Berlin: Raabe Fachverlag.

Reiber, W. (2013). *Vom Fachexperten zum Wissensunternehmer.* Wiesbaden: Springer Gabler.

Reinhardt, C. (2006). *Coaching und Beratung an Hochschulen.* Bielefeld: UVW.

Reinmann, G. (2013). *Studientext Didaktisches Design.* URL: http://gabi-reinmann.de/wp-content/uploads/2013/05/Studientext_DD_Fassung2013.pdf (19.05.2014).

Reinmann, G., Ebner, M. & Schön, S. (2013). *Hochschuldidaktik im Zeichen von Heterogenität und Vielfalt. Doppelfestschrift für Peter Baumgartner und Rolf Schulmeister.* Norderstedt: Books on Demand. URL: www.bimsev.de/n/userfiles/downloads/festschrift.pdf (19.05.2014).

Rogers, C. (1986). *Die klientenzentrierte Gesprächspsychotherapie.* Frankfurt am Main: Fischer.

Schein, E. (2003). *Prozessberatung für die Organisation der Zukunft: Der Aufbau einer helfenden Beziehung.* Köln: Ed. Humanistische Psychologie.

Tietze, K.-O. (2003). *Kollegiale Beratung: Problemlösungen gemeinsam entwickeln.* Reinbek: Rowohlt.

Webler, W.-D. (2006). *Hochschuldidaktische Qualifizierung: Neue Form des Kompetenzerwerbs für die Lehre – Modularisierter Auf- und Ausbau der Lehrkompetenz.* URL: www.wolff-dietrich-webler.de/weiterbildung2.htm (19.05.2014).

Webler, W.-D. (2007). *Motivierendes Lehren und Lernen.* Seminarmaterial. Bielefeld: IWBB.

Weinberg, J. (1996). Kompetenzlernen. In: Arbeitsgemeinschaft Betriebliche Weiterbildungsforschung e.V. (Hrsg.). *QUEM-Bulletin: Berufliche Kompetenzentwicklung,* 1 (S. 3-6). Berlin.

Wildt, J. (2006). Formate und Verfahren in der Hochschuldidaktik. In: J. Wildt, B. Szczyrba & B. Wildt (Hrsg.), *Consulting, Coaching, Supervision: Eine Einführung in Formate und Verfahren hochschuldidaktischer Beratung* (S. 12-39). Bielefeld: Bertelsmann.

Wildt, J. & Jahnke, I. (2010). Konturen und Strukturen hochschuldidaktischer Hochschulforschung – ein Rahmenmodell. *Journal Hochschuldidaktik,* 1 (21. Jg.), 4-8.

Autorinnen und Autoren

Claudia Albrecht, B.A.
Claudia Albrecht studierte Bildungswissenschaft an der FernUniversität in Hagen. Seit 2009 ist sie als Mitarbeiterin im Medienzentrum der TU Dresden in verschiedenen bildungsbezogenen Forschungs- und Entwicklungsprojekten beschäftigt. Ihre Arbeits- und Forschungsschwerpunkte liegen im Bereich des Einsatzes und der Evaluation E-Learning gestützter Lehr-/Lernszenarien sowie in der Vermittlung mediendidaktischer Handlungskompetenz.
Kontakt
TU Dresden
E-Mail: claudia.albrecht@tu-dresden.de
Telefon: +49 351/463-32547

Dr. Marlen Arnold
Marlen Arnold, Diplom-Kauffrau, Universität Münster, ist seit November 2011 Koordinatorin des BMBF-Verbundprojektes mint.online: Aufbau berufsbegleitender Studienangebote in MINT-Fächern. Davor war sie in verschiedenen Nachhaltigkeitsprojekten an der Universität Vaasa, der Hanken School of Economics, Vaasa, Finnland, der Technischen Universität München, dem Institut für ökologische Wirtschaftsforschung e.V., Berlin, und der Universität Oldenburg tätig. Sie ist Inhaberin von NatureInspires und Dozentin am C3L für verschiedene Studiengänge sowie an der VWA München im Fach Innovationsmanagement. Ihre Forschung ist in den Bereichen Nachhaltigkeit, Innovation und Strategie verankert.
Kontakt
Carl von Ossietzky Universität Oldenburg
E-Mail: marlen.arnold@uni-oldenburg.de
Telefon: +49 441/798-4469

Dr. Majana Beckmann (Grüter)
Majana Beckmann hat Allgemeine Sprachwissenschaft, Anglistik und Romanistik studiert und mit einer sprachvergleichenden Arbeit zum Französischen und Marokkanischen Arabisch promoviert. Sie arbeitet als didaktische Beraterin an der Leibniz Universität Hannover sowie an der HAWK Hildesheim Holzminden Göttingen. Ihr aktueller Forschungsschwerpunkt liegt in der hochschuldidaktischen Beratung. Majana Beckmann ist freiberuflich als Coach und Trainerin für Hochschulangehörige und Führungskräfte tätig.
Kontakt
Leibniz Universität Hannover, HAWK Hildesheim Holzminden Göttingen
E-Mail: grueter@elsa.uni-hannover.de
Telefon: +49 511/762-17738

Svenja Bendenlier, M.A.

Svenja Bedenlier studierte Erziehungs- und Bildungswissenschaften mit dem Schwerpunkt Lebenslanges Lernen/Bildungsmanagement an der Carl von Ossietzky Universität Oldenburg. Seit Oktober 2012 arbeitet sie als wissenschaftliche Mitarbeiterin an dieser Universität im Arbeitsbereich Weiterbildung und Bildungsmanagement (we.b). In ihrer Dissertation beschäftigt sie sich mit der Internationalisierung von Hochschulen und ihren Auswirkungen auf das akademische Personal.

Kontakt

Carl von Ossietzky Universität Oldenburg

E-Mail: svenja.bedenlier@uni-oldenburg.de

Telefon: +49 441/798-4624

Prof. Dr. Oliver J. Bott

Oliver J. Bott hat Informatik mit Anwendungsfach Medizinische Informatik studiert und in Medizinischer Informatik promoviert. Er lehrt seit 2007 als Professor für Medizinische Informatik an der Hochschule Hannover und beschäftigt sich in anwendungsorientierten und wissenschaftlichen Projekten unter anderem mit Fragen des Einsatzes digitaler Medien in Medizin, Medizinischer Informatik und der Hochschullehre insgesamt.

Kontakt

Hochschule Hannover

E-Mail: oliver.bott@hs-hannover.de

Telefon: +49 511/9296-2627

Katrin Brinkmann, MBA

Nach ihrem Studium der Wirtschafts- und Erziehungswissenschaften hat Katrin Brinkmann ein Traineeprogramm mit dem Schwerpunkt Bildungsmanagement an der Universität Oldenburg absolviert und parallel den berufsbegleitenden Masterstudiengang Bildungs- und Wissenschaftsmanagement (MBA) studiert. Seit 2011 ist sie als wissenschaftliche Mitarbeiterin im Arbeitsbereich Weiterbildung und Bildungsmanagement (we.b) der Universität Oldenburg in unterschiedlichen Forschungsprojekten tätig; z.B. im Projekt STU+BE „Studium für Berufstätige – Erfolgsfaktoren für Lifelong Learning an Hochschulen", im Modellvorhaben „Offene Hochschule Niedersachsen" und aktuell in der wissenschaftlichen Begleitung zum BMBF-Förderprogramm „Aufstieg durch Bildung: offene Hochschulen".

Kontakt

Carl von Ossietzky Universität Oldenburg

E-Mail: katrin.brinkmann@uni-oldenburg.de

Telefon: +49 441/798-4736

Susanne Dräger, Dipl.-Supervisorin

Susanne Dräger (Lehrerin, Dipl.-Supervisorin, Psychodrama-Leiterin) ist wissenschaftliche Mitarbeiterin in der Zentralen Einrichtung für Weiterbildung der Leibniz Universität

Hannover im Bereich der berufsbegleitenden Weiterbildungen „Supervision/Praxis-beratung" und „Coaching" und Fortbildungen für pädagogische Berufsgruppen.

Kontakt
Leibniz Universität Hannover
E-Mail: susanne.draeger@zew.uni-hannover.de
Telefon: +49 511/762-3965

Christian Greweling, B.Sc.
Christian Greweling studierte Medieninformatik an der Hochschule Osnabrück (B.Sc.). Seit 2012 ist er wissenschaftlicher Mitarbeiter am Zentrum für Informationsmanagement und virtuelle Lehre der Universität Osnabrück (virtUOS) und seit 2013 auch Mitarbeiter des ELAN e.V. im Bereich Videounterstütztes Lernen. Seine Arbeitsschwerpunkte liegen im Einsatz und der Entwicklung von technischen Systemen für digitale Medien in der Hochschulbildung, insbesondere in der technischen Umsetzung mit Opencast Matterhorn.

Kontakt
Universität Osnabrück, ELAN e.V.
E-Mail: christian.greweling@uni-osnabrueck.de
Telefon: +49 541/969-6520

Apl. Prof. Dr. Kai-Christoph Hamborg
Kai-Christoph Hamborg ist außerplanmäßiger Professor am Institut für Psychologie, Fach-gebiet Arbeits- und Organisationspsychologie, sowie Leiter des Geschäftsbereichs Quali-tätssicherung im Zentrum für Informationsmanagement und virtuelle Lehre (virtUOS) an der Universität Osnabrück. Darüber hinaus leitet er das Usability-Labor der Universität Osnabrück. Seine Forschungsschwerpunkte liegen in den Bereichen der Mensch-Computer-Interaktion, der Technologie-Akzeptanzforschung und des E-Learnings (hier u.a.: Akzeptanz und Gestaltung von Lernmanagement-Systemen, Nutzung und Wirksam-keit von Veranstaltungsaufzeichnungen).

Kontakt
Universität Osnabrück
E-Mail: khamborg@uni-osnabrueck.de
Telefon: +49 541/969-4703

Birte Heidkamp, M.A.
Birte Heidkamp arbeitet seit ihrem Studium der Germanistik sowie der Medien- und Kunstwissenschaften (Bachelor) und Kulturwissenschaften (Master) als E-Didaktikerin an der Universität Oldenburg und ist im Bereich der Internationalisierung der Lehre tätig.
Zurzeit promoviert sie zu dem Thema ‚Wissenskonstruktion mit digitalen Medien'. Birte Heidkamp gibt regelmäßig hochschuldidaktische und schulpädagogische Workshops zu der Nutzung digitaler Medien. Ihre Arbeitsschwerpunkte liegen u.a. in den Bereichen E-Didaktik, E-Science sowie Semiotik des Lernens.

Kontakt
Carl von Ossietzky Universität Oldenburg
E-Mail: birte.heidkamp@uni-oldenburg.de
Telefon: +49 441/798-4863

Gerd Hoffmann, Dipl.-Inf.
Gerd Hoffmann studierte Informatik (Diplom) an der Universität Oldenburg. Seit 2011 ist er wissenschaftliche Hilfskraft in den IT-Diensten der Universität Oldenburg im Bereich Anwendungsentwicklung und arbeitet dort im Projekt „eCompetence and Utilities for Learners and Teachers (eCULT)". Seine Arbeitsschwerpunkte liegen in der Entwicklung von Modellen zur Unterstützung technologisch erweiterten Lernens in der Hochschulbildung und in der Entwicklung von E-Learning-Plugins für das Lernmanagementsystem Stud.IP.
Kontakt
Carl von Ossietzky Universität Oldenburg
E-Mail: gerd.hoffmann@uni-oldenburg.de
Telefon: + 49 441/798-4214

Dr. phil. Sandra Hofhues
Sandra Hofhues studierte den B.A.-/M.A.-Studiengang „Medien und Kommunikation" an der Universität Augsburg. Nach Stationen in München, Hamburg und Heidelberg forscht sie seit 2013 als akademische Mitarbeiterin (PostDoc) am Lehrstuhl für Hochschuldidaktik an der Zeppelin Universität Friedrichshafen und ist im dortigen Higher Educational Design Research Center (HE-DeR) verantwortlich für Digital Education. Schwerpunkte in Forschung, Lehre und Entwicklung: Kompetenzentwicklung mit (digitalen) Medien, Kooperationen zwischen Bildungsinstitutionen und Organisationen, Prozesse der Öffnung und Entgrenzung mit/durch (digitale) Medien. Weitere Informationen: www.sandra hofhues.de.
Kontakt
Zeppelin Universität Friedrichshafen gemeinnützige GmbH
E-Mail: sandra.hofhues@zu.de
Telefon: +49 7541/6009-2519

Rainer Jacob, M.A.
Rainer Jacob studierte Germanistik und Alte Geschichte an der Universität Göttingen. Seit 2011 ist er wissenschaftlicher Mitarbeiter in der Funktion eines didaktisch-technischen Beraters für digitale Lerntechnologien am Zentrum für Informationsmanagement und virtuelle Lehre (virtUOS) der Universität Osnabrück. Im Rahmen des Projekts eCULT arbeitet er mit anderen niedersächsischen Hochschulen zusammen an den Arbeitsschwerpunkten Lern-Management-Systeme, videobasierte Lehre und interaktive Whiteboards.
Kontakt
Universität Osnabrück
E-Mail: rainer.jacob@uni-osnabrueck.de
Telefon: +49 541/969-6516

Dr. David Kergel

Dr. David Kergel arbeitete nach seinem Studium der Grundschulpädagogik, Germanistik sowie Deutsch als Fremdsprache u.a als wissenschaftlicher Mitarbeiter am Institute for Learning and Philosophy der Aalborg Universität Dänemark sowie als Bildungsreferent für den Berliner VSU (Verein für Sozial- und Umweltpolitik). Seit 2013 ist er als wissenschaftlicher Mitarbeiter an der Carl von Ossietzky Universität tätig und arbeitet dort im Projekt „Forschendes Lernen im Fokus" (FLiF). Seine Arbeitsschwerpunkte liegen u.a. im Bereich der E-Didaktik, des problembasierten sowie des forschenden Lernens, der Mediensozialisation und der Inklusionsforschung.

Kontakt

Carl von Ossietzky Universität Oldenburg

E-Mail: david.kergel@uni-oldenburg.de

Telefon: +49 441/798-2840

Dr. Norbert Kleinefeld

Norbert Kleinefeld hat an den Universitäten Bamberg und Oldenburg Erziehungswissenschaft mit dem Schwerpunkt Erwachsenen-/Weiterbildung studiert. Nach mehrjähriger Tätigkeit im Kulturmanagement und in der Erwachsenenbildung folgte 1996 die Promotion. Ab 2000 war er dann als Wissenschaftlicher Mitarbeiter an der Carl von Ossietzky-Universität Oldenburg tätig. Von 2002 bis 2006 war er dort Leiter des ELAN-Projekts „epolos". Seit 2009 ist er Geschäftsführer des ELAN e.V.

Kontakt

ELAN e.V.

E-Mail: norbert.kleinefeld@elan-ev.de

Telefon: +49 441/998-66610

Prof. Dr. Marc Krüger

Dr. phil. Marc Krüger ist Professor an der Hochschule für angewandte Wissenschaften in Coburg. Dort vertritt er das Lehrgebiet „Erziehungswissenschaften, Didaktik, Wissenschaftsmethodik". Seine Forschungsschwerpunkte sind Medien- und Hochschuldidaktik sowie die Professionalisierung didaktischer Beratung. Herr Krüger hat einen Blog, in dem er regelmäßig über seine wissenschaftlichen Arbeiten berichtet: www.marckrueger.de.

Kontakt

Hochschule für angewandte Wissenschaften in Coburg

E-Mail: marc.krueger@hs-coburg.de, krueger@elsa.uni-hannover.de

Telefon: +49 9561/317-466

Dr. rer. nat. Barbara Meissner

Barbara Meissner studierte Biologie (Diplom) an der Friedrich-Alexander-Universität Erlangen-Nürnberg und promovierte von Ende 2007 bis Anfang 2011 in der Lehrerbildung (Didaktik der Biologie). Seit 2012 ist sie wissenschaftliche Mitarbeiterin an der Technischen Hochschule Nürnberg Georg Simon Ohm. Dort arbeitet sie als Fachdidaktikerin im Projekt HD MINT und ist aktives Mitglied des Blended-Learning-Teams. Ihr Schwerpunkt ist die Beratung und Unterstützung von Lehrenden bei der Umsetzung lernerzentrierter Methoden in technischen Grundlagenfächern. Außerdem unterstützt sie Studierende bei der Entwicklung ihrer Lernstrategien.

Kontakt

TH Nürnberg

E-Mail: barbara.meissner@th-nuernberg.de

Telefon: +49 911/5880-4260

Denis Meyer, M.Sc.

Denis Meyer studierte Mathematik und Informatik (B.A.) und studiert Informatik (M.Sc.) an der Universität Osnabrück. Seit 2012 ist er wissenschaftlicher Mitarbeiter im Arbeitsbereich audiovisuelle Medien beim ELAN e.V. und arbeitet dort im Projekt „eCULT". Seine Arbeitsschwerpunkte liegen in der Softwarearchitektur und der Entwicklung und Anpassung von Vorlesungsaufzeichnungssystemen, im Speziellen von Opencast Matterhorn.

Kontakt

Universität Osnabrück, ELAN e.V.

E-Mail: meyer@elan-ev.de

Telefon: +49 541/969-6530

Dr. Petra Muckel

Dr. Petra Muckel studierte Psychologie, Philosophie und Germanistik an der Westfälischen Wilhelms Universität Münster und wurde 1997 an der Carl von Ossietzky Universität Oldenburg über das Thema „Der Alltag mit Akten" promoviert. Nach einer Zeit in selbstständiger Praxis als Psychologin (2001 bis 2008) arbeitete sie in verschiedenen Projekten als wissenschaftliche Mitarbeiterin an der Fakultät für Pädagogik der Universität Oldenburg, wo sie seit Oktober 2013 die Professur für forschungsbasiertes Lernen vertritt. Ihre aktuellen Arbeitsschwerpunkte sind das Forschende Lernen im digitalen Zeitalter, Grounded Theory-Methodologie und die Arbeit mit E-Portfolios.

Kontakt

Carl von Ossietzky Universität Oldenburg

E-Mail: petra.muckel@uni-oldenburg.de

Telefon: +49 441/798-4993

Daniel Otto, M.A.

Daniel Otto studierte Politik- und Geschichtswissenschaft (B.A.) an der Universität Rostock und Vergleichende Politikforschung (M.A.) an der Eberhard Karls Universität Tübingen. Seit 2009 ist er wissenschaftlicher Mitarbeiter am Lehrgebiet für Internationale Politik und dem interdisziplinären Fernstudium Umweltwissenschaften der FernUniversität in Hagen. Seine Arbeitsschwerpunkte liegen in der internationalen Umwelt- und Klimapolitik sowie in der Digitalisierung und Internationalisierung der Fernlehre.

Kontakt

FernUniversität in Hagen

E-Mail: daniel.otto@fernuni-hagen.de

Telefon: +49 2331/987-2597

Eva Poxleitner, M.Sc.

Eva Poxleitner ist seit Februar 2012 für den Bereich Lerntechnologien und hierbei insbesondere für das Projekt „iAcademy – Mobiles Lernen" bei der Fraunhofer Academy (Fraunhofer Gesellschaft) zuständig. Nach einem Abschluss als Diplom-Designerin Multimedia (Design und Informatik) an der Hochschule Augsburg, bei dem sie sich schwerpunktmäßig mit E-Learning befasste, war sie als Softwareentwicklerin in der IT-Industrie tätig. Anschließend absolvierte sie ein Studium zum Master of Science in Industrial Design an der TU München (2009 bis 2011). Hier war Frau Poxleitner an der Entwicklung von Projekten für Start-up-Unternehmen und Industriekunden unter anderem im Bereich Anwendungen für mobile Endgeräte beteiligt.

Kontakt

Fraunhofer Academy, Fraunhofer Gesellschaft

E-Mail: eva.poxleitner@fraunhofer.de

Telefon: +49 89/1205-1513

Prof. Dr. phil. Gabi Reinmann

Gabi Reinmann studierte und promovierte an der Ludwig-Maximilians-Universität München in den Fächern Psychologie, Pädagogik und Psycholinguistik, arbeitete als wissenschaftliche Mitarbeiterin, später als Assistentin am Institut für Empirische Pädagogik und Pädagogische Psychologie (Lehrstuhl Prof. Mandl). Sie habilitierte zum Thema Wissensmanagement im Jahr 2000, von 2001 bis 2010 war sie Professorin für Medienpädagogik an der Universität Augsburg, von 2010 bis 2013 Professorin für Lehren und Lernen mit Medien an der Universität der Bundeswehr München. Seit September 2013 ist sie Professorin für Hochschuldidaktik an der Zeppelin Universität. Schwerpunkte in Forschung, Lehre und Entwicklung: Hochschuldidaktik, Lehren und Lernen mit Medien, Wissen und Lernen in Organisationen, Evaluations- und Entwicklungsforschung. Weitere Informationen: http://gabi-reinmann.de

Kontakt

Zeppelin Universität Friedrichshafen gemeinnützige GmbH

E-Mail: gabi.reinmann@zu.de

Dr. Rüdiger Rhein

Rüdiger Rhein hat Erwachsenenbildung in Hannover studiert und zum Thema ‚Betriebliche Gruppenarbeit im Kontext der lernenden Organisation' promoviert. Als Mitarbeiter des Arbeitsbereiches Kompetenzorientierte Studiengangsentwicklung an der Zentralen Einrichtung für Qualitätsentwicklung in Studium und Lehre (ZQS) der Leibniz Universität Hannover beschäftigt er sich mit theoretischen und praktischen Aspekten der Hochschulbildung und der Entwicklung von Formaten für den Dialog über Studium und Lehre.

Kontakt

Leibniz Universität Hannover

E-Mail: rhein@zqs.uni-hannover.de

Telefon: +49 511/762-5793

Jana Riedel, M.A.
Jana Riedel studierte Kommunikations- und Medienwissenschaft sowie Kulturwissenschaften in Leipzig und Barcelona. Aktuell ist sie als wissenschaftliche Mitarbeiterin für das Qualifizierungsangebot E-Teaching.TUD des Medienzentrums der TU Dresden tätig. Ihre Forschungsinteressen liegen in den Bereichen der Kompetenzentwicklung, der Medienkompetenz, des E-Learnings und der Social Media.
Kontakt
TU Dresden
E-Mail: jana.riedel@tu-dresden.de
Telefon: +49 351/463-34951

Rüdiger Rolf, M.A.
Rüdiger Rolf studierte an der Universität Osnabrück Computerlinguistik und künstliche Intelligenz mit den Nebenfächern Psychologie und Informatik (M.A.). Seit 2002 arbeitet er im Zentrum für Informationsmanagement und virtuelle Lehre der Universität Osnabrück (virtUOS). Derzeit ist er dort technischer Leiter des Bereiches Medien. Seit 2011 ist er im Vorstand des Opencast-Projektes.
Kontakt
Universität Osnabrück
E-Mail: ruediger.rolf@uni-osnabrueck.de
Telefon: +49 541/969-6511

Karin Julia Rott, Dipl.-Päd.
Karin Julia Rott studierte Pädagogik (Diplom) an der Otto-Friedrich-Universität Bamberg. Seit 2012 ist sie als wissenschaftliche Mitarbeiterin in der Abteilung Erwachsenenbildung/Weiterbildung an der Eberhard Karls Universität Tübingen und arbeitet dort im Projekt „Aufbau von Medienkompetenz und beruflich relevantem Informationsverhalten im Studium". Ihre Arbeitsschwerpunkte liegen in der Erfassung von Medienkompetenz sowie deren Entwicklung im Studium und in der Auseinandersetzung von Medien in und für die Erziehung.
Kontakt
Eberhard Karls Universität Tübingen
E-Mail: karin-julia.rott@uni-tuebingen.de
Telefon: +49 7071/29-75020

Lisa Rupp, B.Sc.
Lisa Rupp studiert interkulturelle Psychologie (M.Sc.) an der Universität Osnabrück. 2013 erwarb sie hier den Bachelor of Science in Cognitive Science. Seit August 2014 setzt sie ihr Studium an der Tilburg University in den Niederlanden am Institute of Social and Behavioral Sciences fort. Ihre Forschungsschwerpunkte liegen auf den kognitiven Effekten von E-Learning, im Besonderen auf dem Einfluss von Gestik und Mimik von Vortragenden in Veranstaltungsaufzeichnungen auf den Informationstransfer zu Lernenden.

Kontakt
Universität Osnabrück
E-Mail: lrupp@uni-osnabrueck.de

Jun.-Prof. Dr. phil. Mandy Schiefner-Rohs
Mandy Schiefner-Rohs studierte Erziehungswissenschaft, Kunstgeschichte und Informationswissenschaft an der Universität des Saarlandes. Nach Stationen an der FHNW in Basel und den Universitäten Zürich und Duisburg-Essen lehrt und forscht sie seit 2013 am Fachbereich Sozialwissenschaften der TU Kaiserslautern an der Schnittstelle von medien- und (hoch-)schulpädagogischen Fragestellungen. Schwerpunkte in Forschung und Lehre sind pädagogische (Hoch-)Schulentwicklung, Medien(-bildung) in Institutionen, forschungsorientiertes Lehren und Lernen sowie die Professionalisierung von Lehrpersonen. Weitere Informationen unter about.me/mandy.rohs
Kontakt
TU Kaiserslautern
E-Mail: mandy.rohs@sowi.uni-kl.de
Telefon: +49 631/205-2025

Dr. Lars Schlenker
Lars Schlenker studierte Architektur (Dipl.-Ing.) an der TU Dresden und Educational Media (M.A.) an der Universität Duisburg-Essen. Er arbeitet als wissenschaftlicher Mitarbeiter und Abteilungsleiter am Medienzentrum sowie als Mediendidaktiker am Zentrum für Weiterbildung der TU Dresden. Er forscht und lehrt zu Technology Enhanced Learning sowie zu interaktiven Umgebungen im Kontext von Wissensarbeit und Bildungsprozessen.
Kontakt
TU Dresden
E-Mail: lars.schlenker@tu-dresden.de
Telefon: +49 351/463-35397/37839

Dr. Carmen Schmitz-Feldhaus
Carmen Feldhaus studierte Lehramt Sonderpädagogik mit den Fächern Biologie und Technik von 2001 bis 2006 und von 2003 bis 2006 Diplom-Pädagogik an der Universität Oldenburg. Im Jahr 2011 hat sie im Fach Pädagogik an der Universität Oldenburg mit dem Dr. phil. promoviert. Seit 2007 arbeitet sie als wissenschaftliche Mitarbeiterin am Institut für Sonder- und Rehabilitationspädagogik. Ihre Forschungsschwerpunkte liegen im Bereich Lebenszufriedenheit von Menschen mit Autismus-Spektrum-Störung und Sense of Coherence.
Kontakt
Carl von Ossietzky Universität Oldenburg
E-Mail: carmen.feldhaus@uni-oldenburg.de
Telefon: +49 441/798-4862

Christian Schöne, Dipl.-Phys.
Christian Schöne studierte Physik (Diplom) an der Carl von Ossietzky Universität Olden-
burg. Seit 2010 ist er dort als wissenschaftlicher Mitarbeiter beschäftigt und arbeitet aktu-
ell im Querschnittsbereich „Bildungstechnologien" des BMBF geförderten Projektes
„mint.online". Seite Arbeitsschwerpunkte liegen in der Konzipierung und Entwicklung
webbasierter Dienste und Lernmanagementsystemen.
Kontakt
Carl von Ossietzky Universität Oldenburg
E-Mail: ch.schoene@uni-oldenburg.de
Telefon: +49 441/789-4517

Dr. Ralf Steffen
Ralf Steffen ist Mediator, Coach und freiberuflicher Trainer in der Hochschuldidaktik. Er
studierte Landschaftsarchitektur- und Umweltentwicklung an der Leibniz Universität in
Hannover mit Schwerpunkt Kommunikation und Prozessmanagement, promovierte im
Themenfeld mediengestützter Meinungsbildung und Demokratieentwicklung und ist seit
2002 im Themenfeld E-Learning unterwegs. Er koordiniert den Bereich E-Assessment im
BMBF-Projekt eCult und leitet das mediendidaktische Team der elsa/ZEW der Leibniz
Universität Hannover.
Kontakt
Leibniz Universität Hannover
E-Mail: steffen@elsa.uni-hannover.de
Telefon: +49 511/762-17436

Hans-Jürgen Stenger
Hans-Jürgen Stenger studierte Mathematik (Diplom) an der Universität Heidelberg. Seit
2012 ist er als Referent für Blended Learning an der Technischen Hochschule Nürnberg
Georg Simon Ohm tätig. Sein Arbeitsschwerpunkt liegt in der Verbreitung, Vertiefung
und nachhaltigen Verankerung von Blended Learning in der Praxis der Lehre. Daneben
unterstützt er selbstgesteuertes Lernen (individuell und in Gruppen), Agiles Arbeiten (Zer-
tifizierter Scrum-Master) sowie die Nutzung von Social Web, Technologie und digitalen
Ressourcen für Lernen und Lehren.
Kontakt
TH Nürnberg
E-Mail: hans-juergen.stenger@th-nuernberg.de
Telefon: +49 911/5880-4223

Joachim Stöter, Dipl.-Psych.
Joachim Stöter studierte an den Universitäten Osnabrück, Bremen und Wien Psychologie
mit Schwerpunkten in den Bereichen Pädagogischer, Rechts-, Politischer- und Organisationspsychologie. Seit Februar 2011 ist er wissenschaftlicher Mitarbeiter im Arbeitsbereich
Wissenstransfer und Lernen mit neuen Technologien bei Prof. Dr. Olaf Zawacki-Richter
an der Carl von Ossietzky Universität Oldenburg und seit März 2014 arbeitet er im Projekt

FLiF im Team von Dr. Petra Muckel. Sein Promotionsvorhaben behandelt Charakteristika heterogener Zielgruppen an Hochschulen sowie Mediennutzungstypen im Lehr-Lern-Kontext.

Kontakt

Carl von Ossietzky Universität Oldenburg
E-Mail: j.stoeter@uni-oldenburg.de
Telefon: +49 441/798-2052

Dr. Stephan Tjettmers

Stephan Tjettmers hat Erziehungswissenschaft in Münster studiert und zum Thema ‚Social Software in der Hochschullehre' promoviert. Als Leiter des E-Learning-Centers der Hochschule Hannover beschäftigt er sich intensiv mit theoretischen und praktischen Aspekten zum Einsatz digitaler Medien in der Hochschullehre sowie den damit verbundenen hochschuldidaktischen Fragestellungen.

Kontakt

Hochschule Hannover
E-Mail: stephan.tjettmers@hs-hannover.de
Telefon: +49 511/9296-2588

Benjamin Wulff, B.Sc.

Benjamin Wulff studiert Cognitive Science (M.Sc.) an der Universität Osnabrück, wo er bereits den Bachelor of Science in Cognitive Science erwarb. Seit 2010 arbeitet er als wissenschaftlicher Mitarbeiter beim ELAN e.V. am Standort Osnabrück beim Zentrum für Informationsmanagement und virtuelle Lehre – virtUOS, wo er zuvor als studentischer Mitarbeiter angestellt war. Seine Arbeitsschwerpunkte liegen in den Bereichen Softwarearchitektur und Computer Vision, Spezialgebiet People Tracking. Benjamin Wulff ist Mitglied des IEEE Signal Processing und der Computational Intelligence Society.

Kontakt

Universität Osnabrück, ELAN e.V.
E-Mail: bwulff@uni-osnabrueck.de
Telefon: +49 541/969-6530

Prof. Dr. Olaf Zawacki-Richter

Olaf Zawacki-Richter hat an der Universität Oldenburg über die Entwicklung von Online-Studiengängen promoviert. Die Habilitation im Fach Erziehungswissenschaften mit dem Schwerpunkt Weiterbildung hat Olaf Zawacki-Richter im Juni 2010 an der Universität Mainz abgeschlossen. Nach einer Vertretungsprofessur für Bildungstechnologie an der Fernuniversität in Hagen ist er seit Oktober 2010 Professor für Wissenstransfer und Lernen mit neuen Technologien an der Universität Oldenburg. Professor Zawacki-Richter ist wissenschaftlicher Leiter des „Master of Distance Education and E-Learning"-Studiengangs, der gemeinsam mit dem University of Maryland University College (USA) angeboten wird. Er ist Mitherausgeber der Zeitschriften „International Review of Research in

Open and Distance Learning", „Open Learning", „Distance Education", „Interdisziplinäres Journal für Technologie und Lernen" sowie des „eLearn Magazine".

Kontakt

Carl von Ossietzky Universität Oldenburg
E-Mail: olaf.zawacki.richter@uni-oldenburg.de
Telefon: +49 441/798-2765